Werner Bessei
Bäuerliche Hühnerhaltung

# Bäuerliche Hühnerhaltung

## Junghennen, Legehennen, Mast

Von Prof. Dr. Werner Bessei

2., überarbeitete und ergänzte Auflage
23 Farbfotos
54 Schwarzweißfotos
56 Zeichnungen

VERLAG
EUGEN
ULMER

Prof. Dr. Werner Bessei ist Leiter des Fachgebiets Nutztierethologie und Kleintierzucht am Institut für Tierhaltung und Tierzüchtung der Universität Hohenheim

Die Deutsche Bibliothek – CIP-Einheitsaufnahme

**Bessei, Werner:**
Bäuerliche Hühnerhaltung : Junghennen, Legehennen, Mast / von
Werner Bessei. – 2., überarb. und erg. Aufl. – Stuttgart (Hohenheim) :
Ulmer, 1999
    ISBN 3-8001-4537-5

© 1988, 1999 Eugen Ulmer GmbH & Co.
Wollgrasweg 41, 70599 Stuttgart (Hohenheim)
Printed in Germany
Einbandgestaltung: Alfred Krugmann
mit einem Foto von Agrarpress, Dr. Schiffer
Satz: Typomedia Satztechnik GmbH, Ostfildern
Druck: Druckerei Grammlich, Pliezhausen
Buchbinderische Verarbeitung: Dollinger, Metzingen

# Vorwort

Hühner gehören ebenso wie Rinder, Schweine und Pferde traditionsgemäß zum Tierbestand des bäuerlichen Betriebes. Geflügelfleisch und Eier waren stets geschätzte und meist gut bezahlte Produkte. Dennoch wurde die Geflügelhaltung über lange Zeit nicht als vollwertiger Betriebszweig angesehen. Die Haltung und Zucht wurden als Nebenbeschäftigung betrieben. Der Hauptzweck war die Selbstversorgung mit Geflügelfleisch und Eiern. Durch den Verkauf von Überschüssen wurde lediglich ein geringfügiges Einkommen erwirtschaftet.

Die relativ geringe wirtschaftliche Bedeutung im herkömmlichen bäuerlichen Betrieb hat verschiedene Ursachen. Hühner sind nicht so prestigeträchtig wie Pferd, Rind oder Schwein. Die Geflügelhaltung wurde deshalb auf dem bäuerlichen Betrieb meist Frauen und Kindern überlassen. Auch in der Forschung und Beratung wurde die Geflügelzucht über lange Zeit gegenüber der Großtierhaltung vernachlässigt. Hühner galten im allgemeinen als empfindlich gegenüber Krankheiten, und der häufige Ausbruch von Seuchen brachte der Geflügelhaltung den Ruf eines unzuverlässigen und risikoreichen Gewerbes ein.

Eine entscheidende Wende bahnte sich erst vor etwa 30 Jahren an. Intensive Forschung auf dem Gebiet der Züchtung, Haltung und Hygiene machten die Hühnerhaltung sehr schnell zu einem zuverlässigen und äußerst profitablen Betriebszweig. Intensive Haltungssysteme gewährten eine rasche und flächenunabhängige Ausdehnung der Produktion. Die Entwicklung von Impf- und Hygieneprogrammen reduzierte das Krankheitsrisiko drastisch. Somit wuchs auch das Interesse nicht-landwirtschaftlich orientierter Gesellschaften an der Geflügelhaltung, und ein immer größerer Anteil der Eier- und Fleischproduktion erfolgte in industriellen Großfarmen. Es mußte deshalb befürchtet werden, daß dieser Betriebszweig nun völlig aus den bäuerlichen Betrieben verschwinden würde. Diese Befürchtung hat sich glücklicherweise nicht bestätigt. Es hat sich vielmehr gezeigt, daß der bäuerliche Betrieb auch heute noch die Möglichkeit hat, die Geflügelproduktion als rentablen Betriebszweig zu betreiben. Der Stand der Produktionstechnik bietet dem bäuerlichen Betrieb eine breite Palette von Möglichkeiten – von der extensiven Auslaufhaltung bis zur Intensivhaltung – die eine kostengünstige Produktion auch im begrenzten Rahmen des Familienbetriebes erlauben. Durch optimale Nutzung von vorhandenen Gebäuden, Arbeitskräften, Betriebsmitteln und hofeigenem Futter lassen sich Eier und Fleisch zu Kosten produzieren, die oft mit industriellen Geflügelfarmen vergleichbar sind. Die eindeutige Stärke des bäuerlichen Betriebes liegt jedoch in seiner Nähe zum Verbraucher. Besonders in den letzten Jahren hat es sich gezeigt, daß der Verbraucher in zunehmendem Maße die direkte Beziehung zum Produzenten von Eiern und Fleisch sucht. Dies schafft eine günstige Voraussetzung für die Direktvermarktung, von welcher der bäuerliche Betrieb und der Verbraucher in gleichem Maße profitieren. Sie sichert dem Verbraucher ein höchstes Maß an Frische und Qualität der Produkte und dem bäuerlichen Betrieb einen relativ günstigen und stabilen Preis.

Es besteht jedoch kein Zweifel, daß auf dem Geflügelsektor eine ständige Marktkonkurrenz vorhanden ist, die den Betrieb zu höchster Aufmerksamkeit verpflichtet. Die Voraussetzung für eine rentable Geflügelwirtschaft ist deshalb die ständige Verbesserung der Produktionstechnik zur Kostensenkung und die konsequente Nutzung der Marktnischen.

Das vorliegende Buch soll dem bäuerlichen Geflügelhalter das grundlegende Wissen über die allgemeinen Aspekte der Hühnerhaltung sowie den neuesten Stand der Haltung, Fütterung, Hygiene und Vermarktung vermitteln.

Frühjahr 1988
Werner Bessei

## Vorwort zur 2. Auflage

Die Hühnerhaltung hat seit der Herausgabe der ersten Auflage erhebliche Veränderungen erfahren. War die Perspektive für die Einführung alternativer Haltungssysteme in die Praxis am Ende der 80er Jahre noch unsicher, so zeichnete sich in der letzten Zeit ein deutlicher Aufwärtstrend ab. Die Hersteller von Geflügelställen und Einrichtungen haben sich darauf eingestellt und die Entwicklung vorangetrieben. Somit entstand eine Vielfalt von Varianten der Boden- und Volierenhaltung. Die wichtigen Elemente dieser Haltungssysteme, wie z.B. Nester, Sitzstangen, sowie Abdeckung der Kotgrube, wurden im Detail verbessert. Dabei spielten hygienische und arbeitswirtschaftliche Aspekte sowie umweltrelevante Faktoren eine wichtige Rolle.

In Hinsicht auf die gesetzlichen Rahmenbedingungen wurden weitreichende Änderungen eingeführt. Sowohl das Tierschutzgesetz als auch die baurechtlichen Auflagen wurden erheblich verschärft. Die EU-Vermarktungsordnung für Eier und Geflügelfleisch wurde grundlegend geändert.

Die zweite Auflage erforderte deshalb eine weitreichende Überarbeitung des Textes in den genannten Bereichen. Auch die Futterwerttabellen und die Kalkulation der Produktionskosten wurden dem derzeitigen Stand angepaßt. Sie sollen dem Geflügelhalter helfen, die Erzeugung von Eiern und Geflügelfleisch den veränderten Bedingungen anzupassen und somit seine Wettbewerbsfähigkeit zu erhalten.

Hohenheim, Frühjahr 1999
Werner Bessei

Der Einsatz von Rassegeflügel und die natürliche Reproduktion auf dem bäuerlichen Betrieb sind in den letzten Jahrzehnten durch spezialisierte Lege- und Mastlinien ersetzt worden, die in der Kunstbrut reproduziert werden. (Foto: Erika Bessei)

# Inhaltsverzeichnis

Auslaufhaltung für Legehennen: Auch bei geringer
Besatzdichte wird der Bewuchs im Stallbereich durch
die Hennen zerstört (Foto: K. Reiter)

# Körperbau und Organe des Huhnes

## Skelett: Knochen und Gelenke

Das Skelett des Huhnes hat verschiedene Funktionen. Es dient in erster Linie als Stützgewebe. Darüber hinaus spielen bestimmte Knochen eine wichtige Rolle bei der Bildung der Blutkörperchen und fungieren als Speicher für die wichtigsten Mineralstoffe, wie z.B. Calcium, Phosphor, Magnesium und Natrium.

Das Skelett bei Vögeln ist so angelegt, daß sich das gesamte Gewicht im Schwerpunkt des Tieres konzentriert. Dies ist eine wichtige Voraussetzung sowohl für das Fliegen als auch für die Fortbewegung auf zwei Beinen. Eine weitere Besonderheit des Vogelskeletts ist die „Pneumatisierung", d.h. die Füllung vieler Knochen mit Luft. Dies führt zu einer Verringerung des Skelettgewichts und ist vor allem für die Flugtüchtigkeit bestimmter Vogelarten von Bedeutung.

## Kopf

Die Knochen des Schädels werden in die des Gesichtsschädels und des Hirnschädels eingeteilt. Der Gesichtsschädel besteht aus den nach vorn gerichteten Knochen. Er ist vor allem durch die Form des Schnabels gekennzeichnet (Abb. unten). Der Schnabel wird aus dem Zwischenkieferbein mit den deutlichen Nasenöffnungen und dem Unterkiefer gebildet. Durch diese Knochen wird der für das Huhn typische, spitze Schnabel der Körnerfresser geformt. Auffallend groß sind im Schädel des Huhns die Augenhöhlen, die nach der Seite hin geöffnet sind. Die Augen sind somit gut geschützt in die Schädelknochen eingebettet.

Die Knochen des Schädels sind beim erwachsenen Tier fest miteinander verwachsen, so daß sich die Einzelknochen nur schwer erkennen lassen.

**Skelett eines Huhnes.**

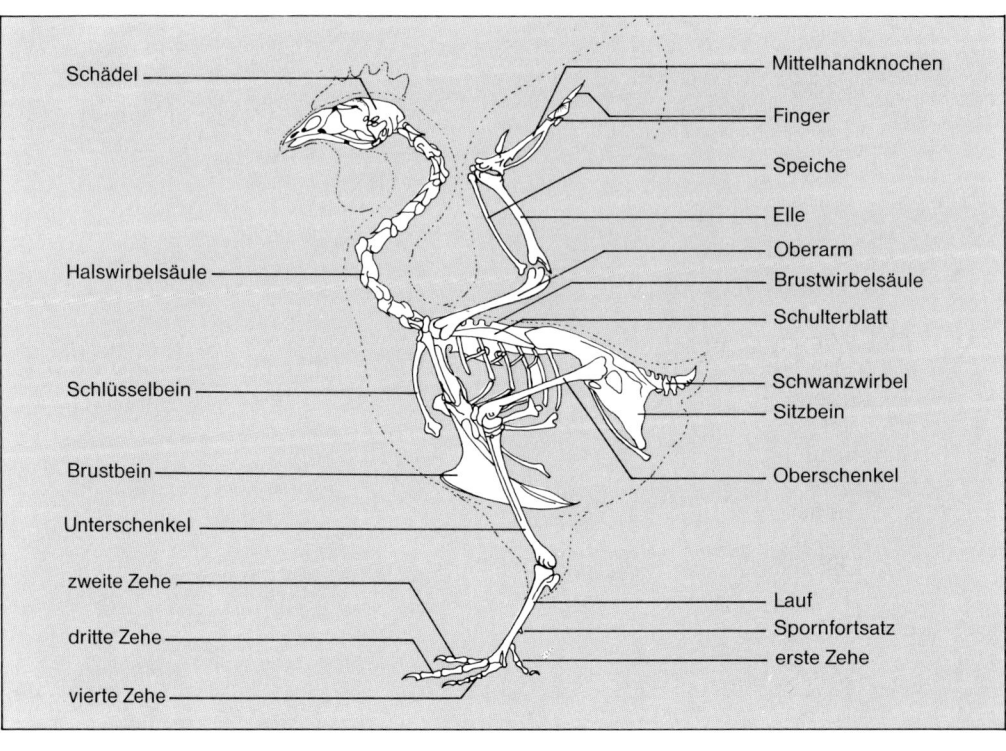

Die stark ausgebildeten Knochen des Hinterhauptbeins, Keilbeins, Schläfenbeins, Scheitel- und Stirnbeins bilden eine Kapsel, die das Hirn des Huhnes nach oben und zur Seite hin umschließen.

Die Schnabelbewegung beim Vogel erfolgt über ein kompliziertes Gelenksystem, das eine gleichzeitige Bewegung von Ober- und Unterschnabel erlaubt. Über ein Hebelsystem bewirkt die Senkung des Unterschnabels gleichzeitig die Hebung des Oberschnabels.

Der Schnabel des Huhnes ist ein empfindliches „Greif"- und Tastorgan, das mit zahlreichen Rezeptoren versehen ist. Mit Hilfe des Schnabels ertastet es feine Unterschiede in Oberflächenbeschaffenheit, Größe und Härte von Futterpartikeln.

## Wirbelsäule und Rumpf

Der Kopf des Huhnes sitzt auf der äußerst beweglichen Halswirbelsäule. Diese ist S-förmig gebogen und besteht aus 14 Wirbeln. Die Drehung des Kopfes beim Vogel erfolgt nicht wie beim Säuger zwischen dem ersten und zweiten Halswirbel (Atlas und Dreher), sondern zwischen dem Kopf und dem Atlas. Die Beweglichkeit der Halswirbelsäule ist für das Huhn deshalb wichtig, weil die Augen in den Schädelknochen fest verankert sind, und die Sehrichtung nur über die Kopfbewegung bestimmt werden kann.

Den Halswirbeln schließen sich sieben Brustwirbel an, die weitgehend miteinander verwachsen sind. Der 7. Brustwirbel ist mit dem sich anschließenden Synsacrum verwachsen. Das Synsacrum besteht aus der Verschmelzung von Kreuz-, Lenden- und Schwanzwirbeln. Von den Schwanzwirbeln sind im Anschluß an das Synsacrum fünf einzeln ausgebildet. Das Pygostyl und der „Bürzel" bilden den Abschluß der Wirbelsäule.

Die Rippen des Huhnes bestehen aus jeweils zwei knöchernen Teilen, die durch Gelenke verbunden sind. Sie setzen an den Brustwirbeln an und führen zum Brustbein. Mit beiden Stellen sind sie gelenkig verbunden. Beim ersten der 7 Rippenpaare des Huhnes fehlt der zum Brustbein führende Teil.

Die Beweglichkeit des Brustkorbs durch die gelenkig verbundenen Rippenteile dient der Atmung der Tiere. Da Vögel kein Zwerchfell besitzen, ist die Dehnung der Lungen nur auf diesem Weg möglich. Die Elastizität der Rippenbögen birgt jedoch die Gefahr, daß die Tiere leicht ersticken, wenn der Brustkorb zusammengepreßt wird. Eine gewisse Versteifung des Brustkorbes wird durch knöcherne Hakenfortsätze erreicht, die jeweils zu der dahinterliegenden Rippe reichen.

Das Brustbein umschließt den unteren Teil des Vogelkörpers. Seine langgezogene, stark ausgeprägte Gräte bietet der Brustmuskulatur eine große Ansatzfläche.

## Schultergürtel und Flügel

Der Schultergürtel besteht aus den Rabenbeinen, den Schulterblättern und dem Gabelbein. Die Rabenbeine sind die beim Huhn am stärksten entwickelten Knochen des Schultergürtels. Sie bilden die Verbindung zwischen Schultergelenk und Brustbein und sind wichtige Ansatzpunkte für die Flugmuskulatur. Am vorderen Teil der Schultergelenke setzen die Schlüsselbeine an, die sich an der Spitze des Brustbeins zum Gabelbein verbinden. Das Gabelbein beim Huhn besitzt eine charakteristische V-Form. Das Schulterblatt ist schmal und säbelförmig. Es liegt parallel zur Brustwirbelsäule. Der Oberarmknochen, der ebenfalls am Schultergelenk ansetzt, ist beim Huhn stark entwickelt. Er besitzt Höcker, an denen die Flugmuskulatur ansetzt. Die Oberarmknochen sind über die Schlüsselbein-Luftsäcke pneumatisiert. Die Pneumatisierung umfaßt beim Huhn die gesamte Markhöhle des Knochens.

Der Oberarmknochen ist über das Ellbogengelenk mit Speiche und Elle verbunden. Im Gegensatz zu den Säugetieren ist bei den Vögeln die Elle stärker entwickelt als die Speiche. Die sich anschließende Handwurzel besteht nur aus zwei Knochen, die nach außen hin über ein Gelenk mit der Mittelhand in Verbindung stehen. Die Mittelhand besteht aus zusammengewachsenen Handwurzel- und Mittelhandknochen. Das Huhn besitzt 3 Finger mit je 1 bis 3 Gliedern.

## Beckengürtel und Hintergliedmaßen

Das Becken setzt sich aus Darmbein, Schambein und Sitzbein zusammen. Diese Teile sind beim erwachsenen Tier fest miteinander verbunden. Darüber hinaus besteht, wie schon erwähnt, eine starre Verbindung zu den verknöcherten Teilen der Wirbelsäule, dem Synsacrum. Diese weitreichenden, festen

Knochengefüge bilden eine wirkungsvolle Stütze für die Muskeln der Hintergliedmaßen. Im Bereich des Legebauches bleiben jedoch weite Flächen frei von Knochen und bieten somit Raum für den Austritt der relativ großen, hartschaligen Eier. Der Abstand zwischen den beidseitig angelegten Schambeinen verändert sich bei Legehennen in Abhängigkeit von der Legetätigkeit. Eine enge Lage der Schambeine (Abstand kleiner als 3 cm) kann bei nicht-legenden Tieren beobachtet werden. Durch Abtasten können auf diese Art legende und nicht-legende Tiere unterschieden werden.

Das Oberschenkelbein bildet mit dem Darm-, Scham- und Sitzbein das Hüftgelenk. Über das Kniegelenk ist der kräftig entwickelte Oberschenkelknochen des Huhnes mit dem Schienbein verbunden. Am Kniegelenk sitzt die länglich-ovale Kniescheibe. Das Schienbein ist länger als das Oberschenkelbein. Fußwurzelknochen, Roll- und Fersenbein sind mit dem Schienbein verschmolzen.

Das Wadenbein ist nur als kleiner, nach unten hin spitz zulaufender Knochen am Schienbein vorhanden.

Der Laufknochen wird aus den verschmolzenen Fußwurzel- und Mittelfußknochen gebildet. Er ist beim Huhn länger als das Schienbein. Am unteren Ende des Laufknochens ist beim Hahn ein nach hinten ausgerichteter, spitzer Knochenfortsatz ausgebildet, der als Ansatzpunkt für den Sporn dient.

Das Huhn besitzt 4 bis 5 Zehen. Die erste Zehe ist nach hinten innen ausgerichtet. Die zweite bis vierte bzw. fünfte Zehe weisen nach vorn. Die Anzahl der Zehenglieder ist unterschiedlich. Die erste Zehe weist zwei, die zweite drei, die dritte vier und die vierte fünf Glieder auf. Am Ende des letzten Zehengliedes sitzt eine Kralle. Bei den Hühnerrassen mit 5 Zehen (z.B. Lachs- und Seidenhühner) sitzt die zusätzliche Zehe zwischen der ersten und zweiten Zehe.

# Muskelgewebe

Bei der Skelettmuskulatur lassen sich nach ihrer Farbe zwei verschiedene Typen unterscheiden, die weiße und die rote Muskulatur. Die Farbe wird durch ein Protein, das Myoglobin, bewirkt, das für die Sauerstoffversorgung der Muskulatur eine wichtige Rolle spielt. In der weißen Muskulatur fehlt das Myoglobin weitgehend.

Die rote Muskulatur findet man beim Huhn hauptsächlich in den stark beanspruchten Körperpartien, z.B. am Hals und am Schenkel. Rein weiße Muskeln sind der oberflächliche und der tiefe Brustmuskel.

Ebenso wie das Skelett weist auch das Muskelgefüge des Vogels Besonderheiten auf, die durch die Fortbewegungsarten, nämlich Fliegen und Laufen bestimmt sind. Entsprechend sind die Muskeln im Brust- und Flügelbereich (Flugmuskulatur), sowie die an den Beinen (Laufmuskulatur) besonders gut entwickelt. Bei der Selektion von Mastrassen wurden diese von Natur aus schon stark ausgebildeten Muskelpartien weiter vergrößert.

Die Muskeln im Kopf- und Halsbereich sind nur schwach entwickelt. Kopf- und Schnabelbewegungen werden durch eine Vielzahl kleiner Muskeln ausgeführt, auf die nicht im einzelnen eingegangen werden kann.

Im Bereich des Rumpfes existieren ebenfalls eine Reihe sehr kleiner Muskeln und Muskelgruppen. Die Zwischenrippenmuskeln dienen der Erweiterung des Brustkorbes beim Einatmen. Sie werden hierbei durch Muskeln unterstützt, die von den Querfortsätzen der Brustwirbel zu den Rippen führen. Die inneren Zwischenrippenmuskeln ziehen den Brustkorb beim Ausatmen zusammen. Auch die relativ schwach ausgebildeten Bauchmuskeln sind für die Atmung der Vögel von Bedeutung. Sie übernehmen die Funktion des beim Säugetier existierenden Zwerchfelles. Die Bauchmuskeln des Huhnes bestehen aus mehreren Schichten gurtartiger Muskeln, die in unterschiedlicher Richtung verlaufen und somit im wesentlichen die Bauchwand bilden.

Die wichtigsten Teile der Flugmuskulatur sind der oberflächliche und der tiefe Brustmuskel. Der oberflächliche Brustmuskel entspringt an der Brustbeingräte und am Gabelbein und setzt am Oberarmkopf an. Mit seiner Hilfe wird der Flügel abwärts bewegt. Der tiefe Brustmuskel liegt unter dem oberflächlichen Brustmuskel fest am Brustbein und ist ebenfalls mit dem Schlüsselbein verbunden. Die Endsehne führt über ein Loch (Dreiknochenloch) im Schultergelenk zum Oberarmkopf. Dadurch wird der Flügel beim Zusammenziehen des Muskels angehoben. Der Deltamuskel unterstützt das Heben des Oberarms auf direktem Weg. Beide Muskeln sind langfaserig und weiß. Der breite Rückenmuskel entspringt an den Dornfortsätzen der Brustwirbel und setzt seitlich am Oberarmkopf an. Er hält den Flügel in seiner Ruhelage fest. Der Bizeps entspringt an drei verschiedenen Knochen, nämlich am Rabenbein, Schlüsselbein und Oberarmknochen und läuft zum Unterarmknochen. Er beugt das Ellbogengelenk. Der Trizeps entspringt an Schulterblatt und Oberarmbein und endet an der Elle. Der Bizeps ist der wichtigste Beuger, der Trizeps der wichtigste Strecker des Ellbogengelenkes. Am Unterarm und an den Mittelhandknochen setzen kleinere Muskeln an, die am Oberarmbein entspringen. Ellbogen- und Mittelhandgelenk werden – bedingt durch die besondere Konstruktion der Knochen und Gelenke – stets gleichzeitig gebeugt und gestreckt. In der Ruhestellung wird der Flügel durch vier Spannmuskel der Flügelhaut gehalten. Die Muskeln an den Fingern sind schwach ausgebildet und unbedeutend.

Im Bereich des Beckens und des Oberschenkels sind beim Huhn, das sich überwiegend im Laufen fortbewegt, gut entwickelte Muskelpartien vorhanden. Die Gruppe der Glutäus-Muskeln entspringt am Darmbein und setzt am Oberschenkelhals an. Ein Teil des M. glutaeus superficialis wirkt als Beuger des Hüftgelenkes. Er wird dabei vom M. sartorius und vom M. pectineus unterstützt. Alle anderen Glutäusmuskeln sind Strecker des Hüftgelenks.

Der wichtigste Strecker des Kniegelenkes ist der am Oberschenkel entspringende und am Schienbein ansetzende Quadrizeps femoris.

Eine weitere Muskelgruppe entspringt am hinteren Teil des Beckens oder an den Querfortsätzen des Synsacrums und setzt im Bereich des Kniegelenkes an. Sie dient als Strecker und Beuger des Kniegelenkes.

Die Beuger des Sprunggelenkes sind gleichzeitig Strecker der Zehengelenke. Sie liegen am vorderen Teil des Unterschenkels. Am hinteren Teil des Unterschenkels liegen ihre Gegenspieler, die Strecker des Sprunggelenkes und Beuger der Zehengelenke. Diese Muskelgruppen entspringen am unteren Teil des Oberschenkels oder am oberen Teil des Unterschenkels und setzen am Laufknochen oder an den Zehenknochen an.

Im Bereich des Sprunggelenkes gehen alle Muskeln in Sehnen über. Die zahlreichen sehnigen Muskelansätze kennzeichnen den unteren Teil des Unterschenkels. Am Laufknochen sowie an den Zehen sind keine Muskeln, sondern nur noch Sehnen vorhanden. Die Zehen werden über eine Sehne, die an der Hinterseite des Laufs über das Sprunggelenk hinweg läuft, gemeinsam gebeugt. Diese Sehne bewirkt, daß sich die Zehen beim Beugen des Sprunggelenkes und Entspannen der

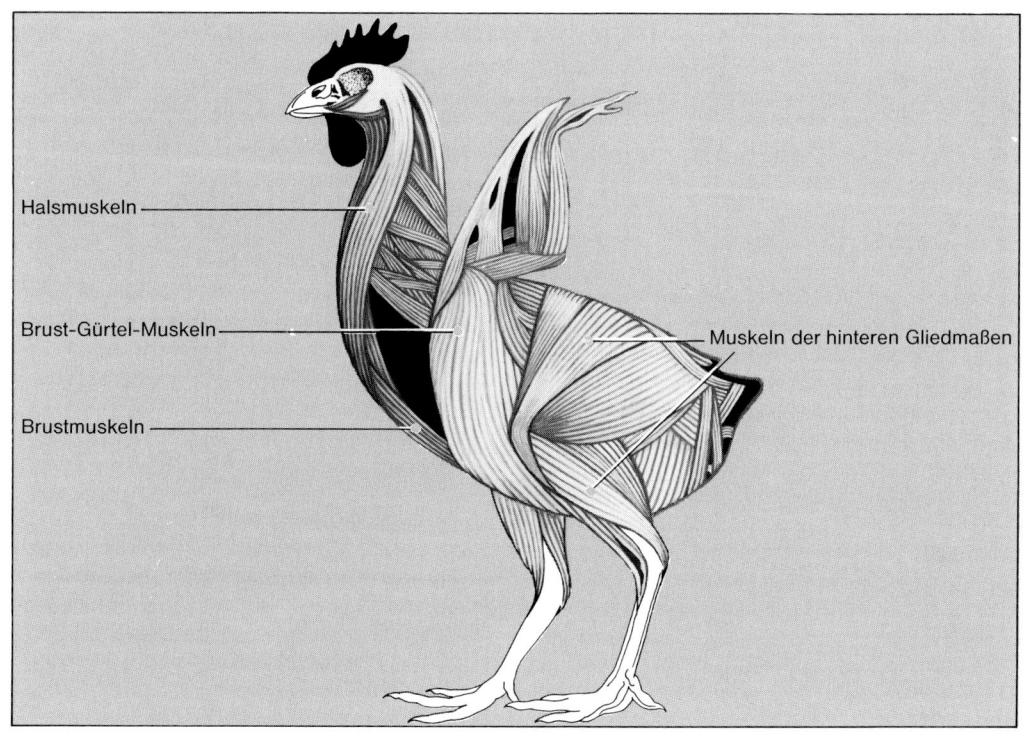

**Wichtige Muskelpartien beim Huhn: Die kräftigen Schenkel- und Brustmuskeln bilden den größten Teil der Muskelmasse.**

Halsmuskeln

Brust-Gürtel-Muskeln

Brustmuskeln

Muskeln der hinteren Gliedmaßen

**Schematische Darstel-
lung des Herz-Lungen-
Kreislaufes: Das
sauerstoffarme venöse
Blut wird in der Lunge
mit Sauerstoff versorgt
und anschließend über
das linke Kammersy-
stem wieder in den Kör-
per gepumpt.**

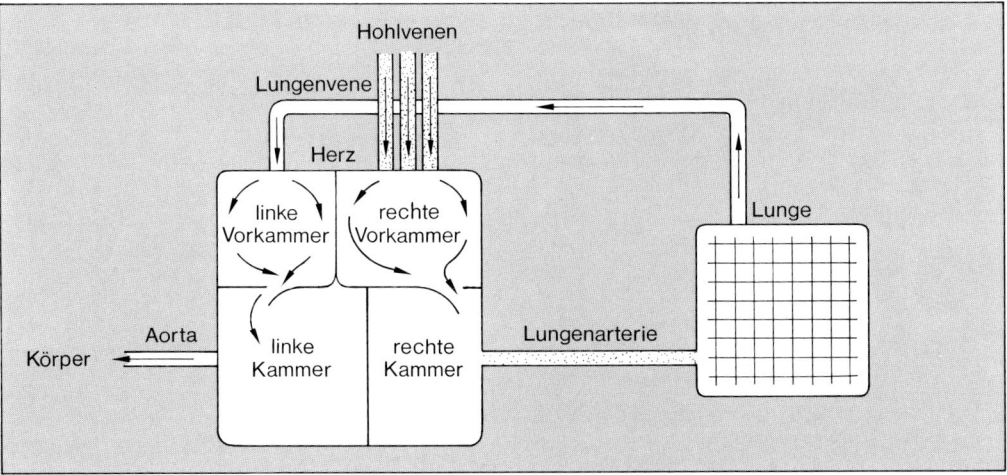

Schematische Darstellung des Herz-Lungen-Kreislaufes: Das sauerstoffarme venöse Blut wird in der Lunge mit Sauerstoff versorgt und anschließend über das linke Kammersystem wieder in den Körper gepumpt.

Beinmuskulatur automatisch krümmen. Beim Ruhen auf einem Ast oder der Sitzstange drückt das Körpergewicht das Sprunggelenk in eine Beugestellung und spannt dadurch die Sehne. Somit umklammern die Zehen automatisch die Unterlage und verhindern eine Lockerung des Griffes der Vögel bei weitgehend entspannter Muskulatur.

## Herz und Blutkreislauf

Das Herz des Huhnes liegt im oberen Teil des Brustraumes zwischen Brustwirbelsäule und Brustbein. Es liegt an den Brustluftsäcken und der Leber an. Das kegelförmige Organ wird durch quergestreifte Muskeln gebildet, die sich jedoch in ihrer Struktur von den Skelettmuskeln unterscheiden. Der hohe Myoglobingehalt der Herzmuskelzellen gibt dem Organ die dunkle Farbe.

Das Herz besitzt zwei Vorkammern und zwei Kammern. Vorkammern und Kammern sind durch Klappensysteme miteinander verbunden. Das venöse Blut aus dem Körper tritt durch die Hohlvene in die rechte Vorkammer ein und wird in die rechte Kammer weitergeleitet (Abb. oben). Von hier aus wird es über die Lungenarterie in die Lunge gepumpt, wo es sich mit Sauerstoff anreichert. Das sauerstoffreiche Blut tritt durch die Lungenvenen über die linke Vorkammer in die linke Kammer ein. Anschließend wird es über die Aorta wieder in den Körper gepumpt und versorgt dort die Organe mit Sauerstoff. Die Herzschlagrate liegt beim Huhn zwischen 350 und 450 Schlägen pro Minute. Sie hängt von Alter, Geschlecht, Rasse und Erregungszu-

stand ab. Junge Tiere haben eine höhere Herzschlagrate als alte, weibliche eine höhere als männliche, schwere Rassen eine geringere als leichte Rassen. Bei starker Erregung kann die Herzschlagrate auf über 450 Schläge ansteigen.

Das Minutenvolumen, d.h. der Blutausstoß pro Minute, variiert ebenfalls sehr stark. Es konnten Werte von 120 bis 270 ml Blut pro kg Körpergewicht festgestellt werden. Für eine 2 kg schwere Henne bedeutet dies, daß pro Minute 240 bis 540 ml Blut ausgestoßen werden. Bei einer Gesamtblutmenge von 130 ml bedeutet dies eine sehr rasche Zirkulation.

Die Verteilung des Blutes erfolgt über die sich verzweigenden und in ihrem Querschnitt enger werdenden Arterien. Das sauerstoffarme und mit $CO_2$ angereicherte Blut fließt über das Venensystem zum Herzen zurück. Durch spezielle Mechanismen in dem Gefäßsystem kann die Blutzufuhr zu bestimmten Organen und Körperteilen gesteuert werden. Das Öffnen von besonderen Verbindungen zwischen Arterien und Venen, den arteriovenösen Anastomosen, führt zu einem raschen Rückfluß des arteriellen Blutes und somit zu einer verringerten Durchblutung von weiter entfernten Körperteilen. Solche „Kurzschlüsse" sind z.B. an der Basis von Kamm- und Kehllappen sowie an den Ständern vorhanden. Sie spielen in der Wärmeregulation eine große Rolle (siehe Kamm, Kehllappen).

## Lymphsystem

Das Lymphsystem des Huhnes wird aus den Lymphgefäßen, den Lymphfollikeln, der

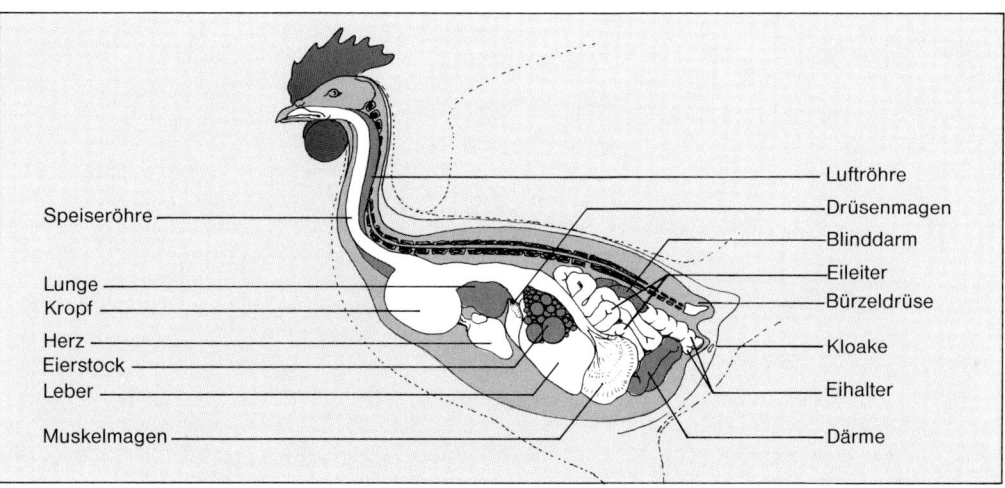

Speiseröhre

Lunge
Kropf
Herz
Eierstock
Leber
Muskelmagen

Luftröhre
Drüsenmagen
Blinddarm
Eileiter
Bürzeldrüse
Kloake
Eihalter
Därme

Milz, der Bursa fabricii und dem Thymus gebildet. Das Huhn besitzt keine Lymphknoten. Das Lymphsystem dient dem Abfluß von Abbauprodukten aus dem Zellgewebe. Abgestorbene weiße Blutkörperchen (Leukozyten) oder eingedrungene kleinste Fremdkörper werden über dieses Gefäßsystem parallel zum Venensystem abtransportiert und somit unschädlich gemacht. In der Nähe des Herzens münden die Lymphgänge in die großen Venen. Im ganzen Körper verteilen sich Lymphfollikel. Diese sind Anreicherungsstätten von Lymphozyten, einer Art von weißen Blutkörperchen. Sie bilden Antikörper gegen spezielle Krankheiten und sind die Grundlage für die Immunitätsbildung beim Huhn.

Besondere Anreicherungen von Lymphfollikeln sind in den Blinddärmen, der Bursa fabricii, der Milz und dem Thymus vorhanden.

# Atmungsorgane

Die Lunge des Huhnes liegt fest mit der Wirbelsäule im Brustbereich verbunden in der Bauchhöhle (Abb. oben). Sie ist symmetrisch angelegt und besitzt eine schwammige Struktur von hellroter Farbe. Im Gegensatz zur Säugerlunge ist die Vogellunge nur in geringem Umfang dehnbar. Die Atemluft wird über die Luftröhre aus dem Nasen- und Rachenraum in die Bronchien gezogen. Am Übergang zwischen der Luftröhre und den beiden Hauptbronchien, die zu den Lungenflügeln führen, liegt das Stimmorgan des Huhns, der Syrinx. Die Bronchien verzweigen sich in den Lungenflügeln zu einem ausgedehnten System feiner werdender Röhren (Bronchien II. und III. Ordnung). Die Bronchien III. Ordnung oder Lungenpfeifen sind mit einem weitläufigen Geflecht feinster Luftkapillaren umgeben. In unmittelbarer Nähe der Luftkapillaren verlaufen Blutkapillare. Hier erfolgt die Anreicherung des venösen Blutes mit Sauerstoff. Die relativ große Fläche macht die Lunge des Vogels wirksamer als die des Säugers.

Mit der Lunge verbunden sind zahlreiche in der Bauchhöhle verteilte Luftsäcke. Die Pneumatisierung verschiedener Knochen (s. auch Seite 10) erfolgt ebenfalls über Luftsäcke. Die Luftsäcke dienen als „Blasebälge", die die Atemluft durch die Lunge pressen. Die Atemluft passiert somit sowohl beim Ein- als auch beim Ausatmen die Lunge und verbessert auch hierdurch ihre Wirksamkeit. Neben der Atmung fallen den Luftsäcken Aufgaben im Bereich der Wärmeregulation des Körpers zu. Das Huhn besitzt keine Schweißdrüsen wie Säugetiere, die es ihm erlauben, bei hohen Umwelttemperaturen durch Verdunstung von Wasser Abkühlung zu erreichen. Diese Funktion übernehmen beim Huhn die Luftsäcke und in geringerem Umfang die Lunge. Steigt die Umgebungstemperatur an, beginnt das Huhn zu hecheln und steigert hierdurch die Verdunstung in den Atmungsorganen. Das Fassungsvermögen des gesamten Atmungssystems beträgt etwa 550 ml beim Hahn und 300 ml bei der Henne. Davon entfallen auf die Lunge nur ca. 11 bis 13%. Die normale Atemfrequenz des Huhns liegt bei 20 bis 40 Atemzügen pro Minute. Bei großer Hitze steigt die Atemfrequenz auf über 200 Atemzüge pro Minute an.

## Verdauungsorgane

Der Schnabel des Huhns bildet den Eingang des Verdauungssystems. Er hat die Aufgabe, die aufgenommenen Partikel geschmacklich und taktil, d.h. mit dem Tastsinn zu prüfen. Verzehrbare Teilchen werden mit der Schnabelspitze aufgenommen, mit knabbernden Bewegungen in die geeignete Lage gebracht und zum Schlund befördert. Hier werden sie abgeschluckt und gelangen über die Speiseröhre in Kropf und Magen. Die Grenze der Verzehrbarkeit ganzer Körner oder Futterpartikel liegt bei einem Durchmesser von etwa 6–8 mm. Zwar werden nicht allzu harte, große Futterbrocken mit dem Schnabel zerkleinert. Zum Zerquetschen oder Kauen von harten Getreidekörnern ist der Schnabel aber nicht geeignet. Aus Speicheldrüsen in der Mundhöhle wird ein schleimiges Sekret ausgeschieden, das die Nahrung gleitfähig macht.

Vor dem Gabelbein liegt der Kropf, eine sackartige Erweiterung der Speiseröhre. Er dient als Speicherorgan für die Nahrung. Darüber hinaus können hier Körner aufgeweicht und für die Verdauung aufbereitet werden. Im Kropf sammelt sich erst dann Nahrung an, wenn der sich anschließende Magen gefüllt ist. Bei leerem Magen wird die Nahrung durch die Kropfstraße am Kropf vorbei geleitet. Der Kropf des Huhnes ist sehr stark dehnbar. Im Extremfall kann die gesamte Tagesration eines Tieres darin aufgenommen werden. Der Vorrat wird dann langsam an den Magen weitergegeben. Die Aufnahme ungünstig strukturierten Futters, z.B. langer Grashalme, kann zur Verstopfung des Kropfes führen.

Der Magen des Huhnes gliedert sich in den Drüsenmagen und den Muskelmagen. Im Drüsenmagen werden Salzsäure und Pepsinogen, eine Vorstufe des eiweißspaltenden Enzyms Pepsin, ausgeschieden. Diese bereiten die Eiweißverdauung vor.

Der Muskelmagen des Huhnes ist wie bei allen Körnerfressern dazu angelegt, harte Futterteilchen zu zermahlen. Hierzu ist die Innenwand mit harten Wänden versehen, die nach ihrer Abnutzung wieder erneuert werden können. Das Zermahlen wird durch Ringmuskeln ermöglicht. Zwei sehr starke Hauptmuskeln und zwei schwächere Nebenmuskeln liegen sich jeweils gegenüber. Die Hauptmuskeln zerreiben durch schiebendes Gegeneinanderpressen der harten Innenwände die Nahrung. Die Nebenmuskeln schieben die Nahrung zwischen die Hauptmuskeln. Die Mahlwirkung des Muskelmagens wird durch Magensteine (Grit) unterstützt.

Nach ausreichender Zerkleinerung gelangt der Nahrungsbrei in den Dünndarm. Der Dünndarm besteht aus Zwölffingerdarm, Leerdarm und Hüftdarm. Der Zwölffingerdarm umgibt in einer großen Schleife die Bauchspeicheldrüse. Die Sekrete dieser Drüse liefern Enzyme für die Spaltung von Eiweiß, Kohlenhydraten und Fetten. Darüber hinaus münden die Gallengänge in diesen Darmbereich. Die Gallenflüssigkeit dient als Neutralisationsmittel und als Emulgator für Nahrungsfette. Im anschließenden Leerdarm wird ein großer Teil der vorher aufgeschlossenen Nahrung resorbiert. Der Hüftdarm bildet den Übergang vom Dünndarm zum Dickdarm. Parallel zum Hüftdarm liegen die beiden zum Dickdarm gehörenden Blinddärme. In den Blinddärmen wird durch Bakterien Cellulose aufgeschlossen. Sie dienen außerdem der Wasserresorption. Der Blinddarmkot hat eine schmierige Konsistenz und wird vom Dickdarmkot getrennt abgesetzt. Im Dickdarm wird der Kot ausgetrocknet und bis zur periodisch erfolgenden Ausscheidung gesammelt. In den anschließenden Teil der Kloake münden Ei- bzw. Samenleiter, Harnleiter und der Ausgang der Bursa fabricii. Die Kloake wird nach außen durch den Schließmuskel geschlossen.

## Leber

Die Leber ist ein ca. 35–50 g schweres, rotbraunes Organ. Sie besteht aus zwei Lappen, von denen der linke größer ist als der rechte. Sie liegt im unteren Bereich am Brustbein und im oberen Bereich eng an Magen, Milz und Zwölffingerdarm an. Sie dient als Speicherorgan für Energie in Form von Glucose, die hier als Glucagen abgelagert ist und bei Bedarf sehr schnell über die Hormone der Bauchspeicheldrüse aktiviert werden kann. Darüber hinaus werden hier Aminosäuren aufgebaut und giftige Abbauprodukte aus dem Eiweißstoffwechsel abgebaut. Z.B. wird aus dem anfallenden Ammoniak Harnsäure gebildet, die dann über die Nieren und Harnleiter ausgeschieden wird. In bestimmten Teilen der Leber wird die Gallenflüssigkeit gebildet. Sie wird über Gallengänge zur Gallen-

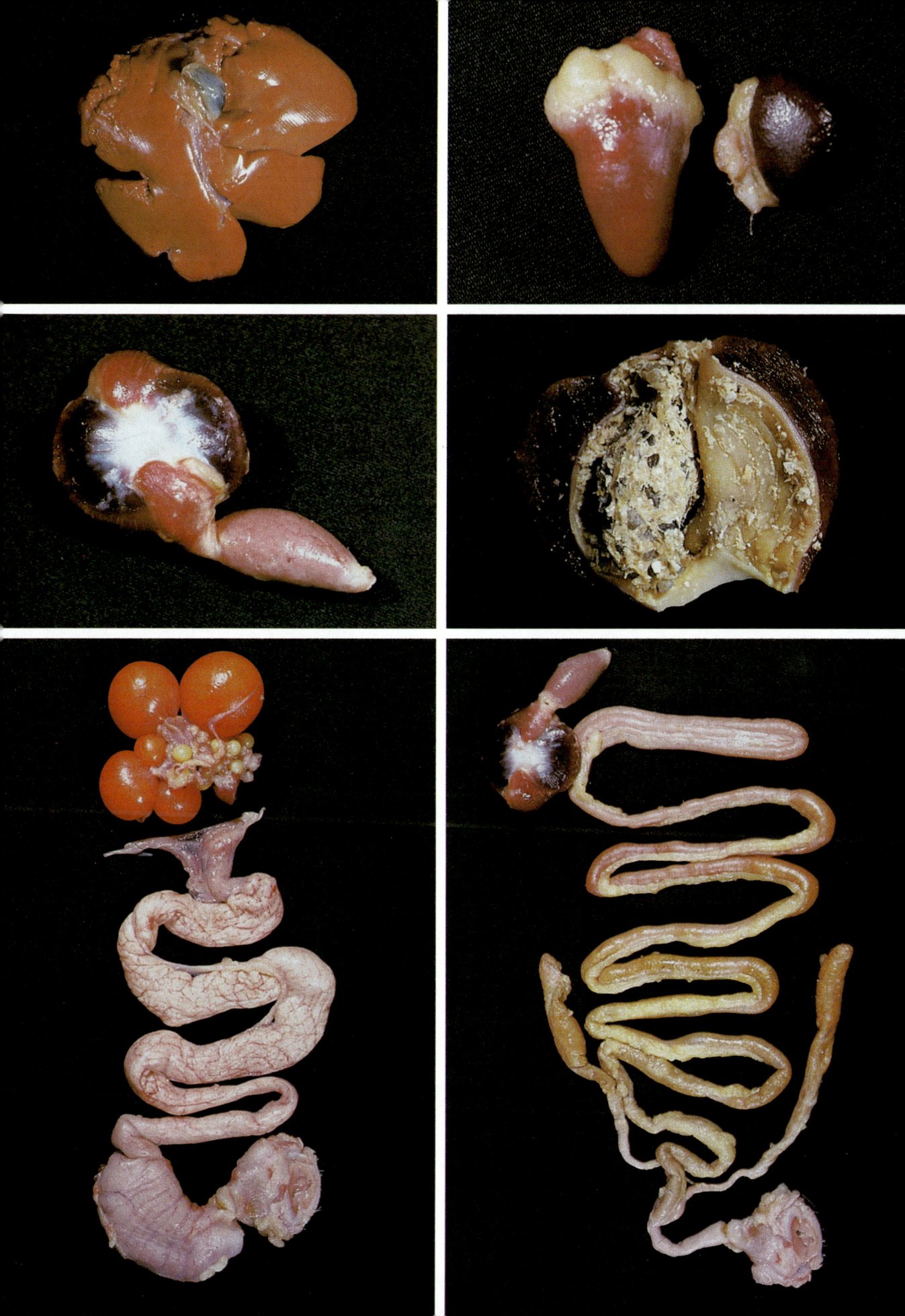

blase gleitet und gelangt von hier aus in den Zwölffingerdarm. Die Gallenflüssigkeit hebt den sehr niedrigen pH des Nahrungsbreies aus dem Magentrakt an und emulgiert das Fett. Sie schafft somit günstige Bedingungen für die folgenden Verdauungsvorgänge.

Durch die hohe Stoffwechselaktivität des Huhns ist die Leber eines der am stärksten belasteten Organe. Es treten des öfteren krankhafte Leberveränderungen in Form von Fettlebern auf. Die gesunde Leber ist rotbraun, elastisch und weist scharf abgegrenzte, klare Ränder auf. Fettlebern sind gelb bis ockergelb, reißen leicht ein und weisen manchmal Blutergüsse (Hämorrhagien) auf.

# Harnapparat

Zum Harnapparat des Huhnes gehören die Nieren und der Harnleiter. Die Nieren sind paarig angelegte, dunkelbraune Organe, die eng an der Wirbelsäule des Beckenbereiches (Synsacrum) anliegen. Sie sind ca. 7 bis 9 cm lang und bestehen aus mehreren Lappen, die sich wiederum aus zahlreichen Läppchen zusammensetzen. Der Harnleiter läuft an den Nierenlappen entlang und bildet Zweigkanäle in die Läppchen. Die stickstoffhaltigen Abbauprodukte aus der Leber werden in den Nieren in Harnsäure überführt. Dies erfolgt zunächst über die Bildung von Primärharn, der sehr stark eingedickt als Endharn in die Kloake eintritt. Die Eindickung des Primärharns erfolgt über Wasserentzug in den Harnkanälchen. In der Kloake wird der Wasserentzug fortgesetzt, bis der Harn schließlich mit dem Kot vermengt ausgeschieden wird. Auf die Rückresorption des Wassers aus dem Harn ist es zurückzuführen, daß das Huhn mit relativ wenig Wasser auskommt. Allerdings führt längerer Wasserentzug häufig zu einer nicht rückgängig zu machenden Harnleiterverstopfung, an der die Tiere verenden. Der Harn des Huhnes ist weiß und somit leicht im Kot zu erkennen. Er enthält etwa 0,75% Stickstoff, der überwiegend in Form von Harnsäure und nur in geringem Umfang als Ammoniak, Harnstoff und Aminosäuren anfällt.

# Männliche Geschlechtsorgane

Die Geschlechtsorgane beim Hahn bestehen aus den paarig angelegten Hoden, den Samenleitern und einem rudimentären Begattungsorgan.

Die Hoden liegen am oberen Ende der Nieren zu beiden Seiten der Wirbelsäule. Sie sind gelblich-weiße oder weiße, ovale Organe. Größe und Gewicht sind sehr unterschiedlich. Beim sexuell aktiven, ausgewachsenen Hahn sind sie etwa 3 bis 5 cm lang und wiegen 20 bis 30 g. In den Hodenkanälchen findet die Spermienbildung statt. Diese gelangen über die Samenleiter entlang der Wirbelsäule zur Kloake. Die Samenleiter sind vor der Mündung in die Kloake etwas erweitert. Diese Erweiterung bildet zusammen mit den Kanälen der Hoden das Reservoir für die Spermien.

Das Begattungsorgan des Hahnes besteht aus einem flachen, stempelförmigen Schwellkörpersystem, das die Mündung des Samenleiters umgibt. Bei der Begattung wird die Kloake ausgestülpt und auf die ebenfalls ausgestülpte Kloake der Henne gepreßt. Gleichzeitig wird das Sperma durch Kontraktion der Samenleiter ausgestoßen. Die Spermamenge bei jeder Ejakulation beträgt 0,3 bis 1,3 ml. Die Spermiendichte beträgt 1 bis 5 Millionen Spermien pro mm$^3$. Spermamenge und -dichte nehmen mit zunehmender Anzahl aufeinanderfolgender Paarungen ab. Die Anzahl der Tretakte des Hahns pro Tag hängt von zahlreichen Faktoren ab (Rasse, Alter, Jahreszeit) und ist deshalb sehr variabel. Sie schwankt zwischen 20 und 70 Begattungen pro Tag.

# Weibliche Geschlechtsorgane

Die weiblichen Geschlechtsorgane bestehen aus Eierstock, Eileiter, Eihalter (Uterus) und Scheide (Farbfoto Seite 17). Eierstock und Eileiter sind beim Embryo paarig angelegt. Es entwickelt sich jedoch nur der linke Teil. Der rechte Teil wird zurückgebildet.

Der Eierstock liegt unterhalb der Wirbelsäule zwischen Lunge und Niere. Im Eierstock ist eine große Anzahl von Eizellen angelegt. Zu Beginn der Geschlechtsreife, im Alter von 18–20 Wochen, nimmt der Eierstock sehr schnell an Größe und Gewicht zu. Die Eizellen reifen in Follikeln heran. Diese schwellen an der Oberfläche des Eierstockes an und werden aus ihm herausgedrückt, bis sie schließlich nur noch über einen Stiel mit ihm verbunden sind. In den Follikeln wird die Dottermasse gebildet. Sie ist von einer mit

**Farbfotos von links oben nach rechts unten:**

**Weiße Leghorn (Hahn und Henne), wichtigste leichte Legerasse, zunächst in Italien gezüchtet und später in den USA auf höchste Legeleistung gebracht.**

**Rhodeländer (Henne und Hahn), weil verbreitete Zweinutzungsrasse, äußerst robust und besonders für die bäuerliche Auslaufhaltung geeignet.**

**Italiener, leichte Legerasse, geeignet für die extensive Haltung, jedoch problematisch in intensiven Haltungssystemen.**

**Bantam (Columbiafarben), beliebte Zwergrasse, in vielen Farbschlägen gezüchtet; die Legeleistung ist mäßig, der Bruttrieb stark ausgeprägt.**

Blutgefäßen durchzogenen Bindegewebshülle umgeben. Nach dem Platzen der Hülle (Follikel- oder Eisprung) wandert die Eizelle mit der Dottermasse in den Trichter des Eileiters. Am Eierstock einer legenden Henne befinden sich Follikel von unterschiedlicher Größe und unterschiedlichem Reifezustand, so daß in relativ langen Serien täglich ein Follikelsprung erfolgen kann. Der Follikelsprung findet etwa 15 bis 20 Minuten nach der Eiablage statt. Der Zeitraum zwischen dem Follikelsprung und der Ablage des sich daraus entwickelnden Eies ist sehr unterschiedlich. Er schwankt zwischen 23 und 27 Stunden.

Der obere Teil des Eileiters, der Trichter, wird relativ schnell durchlaufen. Im anschließenden Teil, dem Magnum, wird Eiklar angelagert. Vor dem Eintritt in den Eihalter passiert das Ei einen Engpaß, den Isthmus.

Im Eihalter (Uterus) wird die Eischale gebildet. Jedoch auch noch während der Schalenbildung wandert Eiklar durch die äußeren Hüllen und trägt zum Anwachsen des äußeren, dünnflüssigen Eiklars bei. Im Uterus verweilt das Ei die längste Zeit (etwa 20 Stunden). Die Scheide produziert ein Sekret, das die sehr dünne Schalenoberhaut des Eies, die Kutikula, bildet.

Das Ausstoßen des Eies erfolgt durch ein Ausstülpen der Scheide. Dieser Vorgang dauert nur wenige Minuten. Die Henne kann ihn bei Störungen bis zu mehrere Stunden lang verzögern.

Oberhalb des Uterus sowie unterhalb des Trichters befinden sich im Eileiter sehr kleine Ausbuchtungen in der Eileiterwand, die sogenannten Samentaschen. Hier lagern sich die Spermien nach der Befruchtung ein. Sie erhalten somit über eine längere Zeit ihre Befruchtungsfähigkeit. Durch allmähliche Rückwanderung in den Eileiter können bis zu 14 Tage nach erfolgter Besamung noch Eier befruchtet werden.

## Aufbau des Eies

Das Ei ist von mehreren Hüllen umgeben. Auf der harten, 0,2 bis 0,4 mm dicken Eischale liegt die feine, glänzende Schicht der Schalenoberhaut (Kutikula). Durch die Kutikula werden die in der Kalkschale befindlichen Poren verschlossen. Sie verhindert einerseits das Eindringen von Krankheits- oder Fäulniserregern in das Eiinnere und andererseits einen schnellen Austritt von Feuchtig-

keit aus dem Ei. Eine unverletzte Kutikula ist deshalb eine wichtige Voraussetzung für die Lagerfähigkeit des Eies. Beim Waschen der Eier wird die Kutikula zerstört. In verschiedenen Ländern werden gewaschene Eier geölt, um somit wieder eine Schutzschicht zu schaffen. In der EG sind Waschen und Ölen von Eiern aus hygienischen Gründen verboten. Wie schon erwähnt, ist die Kalkschale beim Hühnerei mit Poren versehen, die einen gewissen Gasaustausch ermöglichen. Dieser ist besonders bei der Entwicklung von Küken im Ei notwendig.

Unter der Schale befindet sich die Schalenhaut. Sie liegt eng an der Kalkschale an. Weiter innen folgt die Eimembran. Am stumpfen Pol des Eies bilden Schalenhaut und Eimembran einen Zwischenraum, die Luftkammer. Ein erster Ansatz der Luftkammer bildet sich bei der Abkühlung des Eies nach dem Legen. Hierbei zieht sich das Eiklar zusammen und verursacht ein Auseinanderweichen der beiden Membranen. Die Luftkammer vergrößert sich mit zunehmenden Alter des Eies durch langsames Austreten von Wasser aus dem Ei. Die Größe der Luftkammer kann somit in gewisser Hinsicht als Maß für die Lagerdauer eines Eies herangezogen werden (Abb. Seite 172). Allerdings ist der Wasserverlust des Eies auch von anderen Umweltfaktoren, wie Temperatur und Luftfeuchte abhängig, so daß die Luftkammergröße kein sicheres Merkmal für das Alter des Eies ist.

Das Eiklar besteht aus vier Schichten. Auf eine dünnflüssige äußere Schicht folgt eine dickflüssige Schicht, die wieder von einer dünnflüssigen gefolgt ist. Zum Dotter hin befindet sich wieder eine dickflüssige Eiklarschicht, die an den beiden Polen die Hagelschnüre bildet. Diese haben die Aufgabe, den Dotter in der Mitte des Eies zu verankern. Der Dotter ist von einer Dottermembran umgeben. Er besteht ebenfalls aus mehreren Schichten, die eine unterschiedliche Helligkeit zeigen. Auf dem Dotter liegt die Keimscheibe mit dem Keimbläschen, aus der sich dann beim befruchteten Ei das Küken entwickelt.

Die Stärke der Dotter- und Eimembranen läßt bei zunehmendem Alter des Eies nach. Beim Aufschlagen ist deshalb mit fortschreitendem Alter des Eies ein zunehmendes Auseinanderlaufen von Dotter und Eiklarschichten zu beobachten. Dieses Merkmal kann deshalb auch als Anzeichen für die Frische der Eier herangezogen werden.

Die Dotterfarbe entsteht durch Pigment-Einlagerungen hauptsächlich in Form von Carotinoiden. Dies sind gelbe und rote Farbstoffe, die in Pflanzen aufgebaut werden. Sie können jedoch auch synthetisch hergestellt und dem Legehennenfutter beigemischt werden (s. Seite 80).

Die Schalenfarbe entsteht durch Einlagerung von Pigmenten in die Kalkschale. Sie erfolgt in den letzten Stunden vor der Eiablage. Die Farbe der Eischale ist weitgehend genetisch bedingt. Jedoch gibt es auch einige andere Faktoren, die zu Farbveränderungen beitragen. Es ist bekannt, daß braune Eier, die von einer Henne in ununterbrochener Serie gelegt werden, am Ende der Serie heller sind als zu Beginn. Auch Krankheiten können zu Entfärbungen der Eischale führen (s. Kapitel Gesunderhaltung und Abb. Seite 172).

## Abnorme Eier

Rauhe oder wellige Eischalen sind auf Störungen der Kalkeinlagerung im Uterus zurückzuführen. Ihre Ursachen sind weitgehend unbekannt. Wird die Eischale während ihres Aufbaues im Uterus durch mechanische Einflüsse beschädigt, sind die Bruchstellen später noch beim Durchleuchten festzustellen. Es können meist ringförmige Aufhellungen, sogenannte Eihaltersprünge, beobachtet werden (s. Abb. Seite 172). Eihaltersprünge schwächen die Schalenstabilität, sind jedoch keine Qualitätsmängel im Sinne der Handelsverordnungen.

Blut- und Fleischflecken im Eiklar werden durch kleine Verletzungen im Legetrakt verursacht. Bei Rassen und Herkünften mit braunschaligen Eiern treten Flecken häufiger auf als bei Herkünften, die weiße Eier legen. Diese Eier können unbedenklich verzehrt werden. Aufgrund des unästhetischen Aussehens können sie jedoch nicht als A-Qualität angeboten werden (s. Seite 171).

Blut- und Fleischflecken werden bei weißen Eiern beim Durchleuchten erkannt und aussortiert. Bei braunschaligen Eiern ist das Erkennen meist nicht möglich.

Eier mit doppelten Dottern treten bei Junghennen zu Beginn der Legeperiode auf, wenn sich der Rhythmus der Ovulation noch nicht eingespielt hat. Es gibt jedoch auch Hennen, die aufgrund ihrer genetischen Veranlagung während der gesamten Legeperiode Eier mit zwei Dottern legen. Diese Eier entstehen, wenn zwei Dotter im Legetrakt gemeinsam durch eine Eiklarhülle und Schale umgeben werden. Küken aus doppeldottrigen Eiern sind in der Regel nicht lebensfähig.

Spar- oder Spureier werden Eier ohne Dotter genannt. Wind- oder Fließeier sind Eier mit nur schwach oder überhaupt nicht verkalkter Schale. Sie entstehen durch Störungen an den Schalendrüsen und treten gehäuft am Ende der Legeperiode, vor der Mauser und bei schweren Fütterungsfehlern auf.

Sehr selten werden Eier gefunden, die innen eine zweite Eischale aufweisen. Die Ursachen der doppelten Eischalenbildung sind nicht bekannt.

Schließlich müssen noch die Schichteier erwähnt werden. Schichteier sind eiförmige Gebilde, die aus zahlreichen übereinanderliegenden Schichten einer fibrinösen Masse bestehen. Sie sind die Folge von Entzündungsprozessen im Eileiter.

## Haut und Gefieder

Die Haut des Huhns ist relativ dünn. Sie ist meist weißlich, kann aber durch Fetteinlagerung im Unterhautgewebe einen mehr oder weniger intensiven Gelbton erhalten. Die Intensität der Farbe läßt sich durch Fütterung von natürlichen oder synthetischen Karotinoiden beeinflussen. An den nicht-befiederten Ständern weist die Haut eine hornartige, schuppige Struktur auf. Sie liegt hier straff auf den Gliedmaßen auf und läßt sich nicht wie am Körper verschieben. Beim Hahn bildet die Haut über dem Spornfortsatz des Laufknochens den eigentlichen Sporn.

Die Haut ist ein sehr gut durchblutetes Organ. Von Federn entblößte Körperteile werden zum Ausgleich für die entfallende Isolierung stärker durchblutet und nehmen eine intensiv rote Färbung an. Auf diese Weise werden diese Stellen vor Unterkühlung geschützt.

## Kamm und Kehllappen

Kamm und Kehllappen sind Hautgebilde am Kopf des Huhns, die sich unter dem Einfluß der Geschlechtshormone entwickeln. Sie können deshalb als sekundäre Geschlechtsmerkmale angesehen werden. Bei Hähnen entwickeln sie sich früher und stärker als bei Hennen. Die Kopfanhänge dienen unter hei-

Verschiedene Kammfor-
men beim Huhn nach
Lucas und Stettenheim
(1972).

Aufbau der Kontur- und
Dunenfedern des
Huhnes.

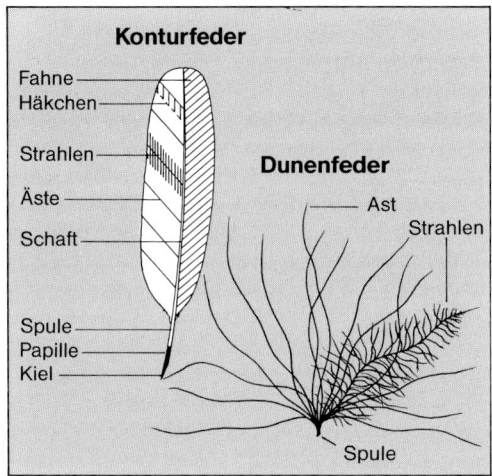

sitzen meist kleinere, am Kopf anliegende Kämme, wie Rosen-, Walnuß- und Erbsenkamm. Darüber hinaus kommen bei Zierrassen extreme Kammformen, wie Geweih- und Schmetterlingskamm vor.

Der Kamm eines gesunden Huhns ist blaßrosa bis tiefrot und gut entwickelt. Unter künstlicher Beleuchtung in der Intensivhaltung ist eine sehr starke Entwicklung der Kopfanhänge zu bemerken. Die Kämme sind hier groß, fleischig und hellrot. Bei natürlicher Beleuchtung sind sie kleiner und von tiefroter Farbe.

## Das Gefieder

Das Gefieder des Huhnes dient in erster Linie dem Schutz der Tiere gegen Kälte, Nässe, Sonnenstrahlen und mechanische Beschädigungen der Haut. Daneben hat es eine wichtige Funktion beim Fliegen.

Die Federn sind in den sogenannten Federfluren, d.h. Bereichen mit gleichartigen Federn, angeordnet. Wir unterscheiden zwei Haupttypen: die Konturfedern und die Dunenfedern (Abb. links). Konturfedern sind so angelegt, daß sie hohen mechanischen Belastungen widerstehen können. Am oberen Teil des Federkiels, dem Schaft, sitzen parallel angeordnete Äste. Sie bilden die Fahne, die meist symmetrisch ausgebildet ist.

Die Innenfahne ist meist schmaler als die Außenfahne. An den Ästen befinden sich mit Häkchen besetzte Strahlen. Die Häkchen halten die Fahne wie durch einen Reißverschluß dicht zusammen. Reißt sie bei großer Belastung dennoch auf, so kann sie durch Putzbewegung wieder in den ursprünglichen Zustand versetzt werden. Der untere Teil des Kieles wird Spule genannt. Er sitzt fest in der Haut. Während des Federwachstums wird die Spule über eine feine Öffnung, den Nabel, mit Blut versorgt. Später ist sie hohl.

Bei den Dunenfedern fehlen die Häkchen. Echte Dunen haben keinen Schaft. Die Äste sitzen wie in Büscheln auf der Spule. Bei den Halbdunen ist ein mehr oder weniger stark entwickelter Schaft vorhanden. Beim Huhn besitzen auch die meisten Konturfedern am unteren Teil der Fahne eine dunige Struktur. Dunenfedern sind wärmedämmend, bieten jedoch keinen Schutz gegen Nässe. Beim erwachsenen Huhn sitzen die Dunen unter den Konturfedern und sind somit vor Feuchtigkeit geschützt. Küken, deren Gefieder zunächst

ßen Bedingungen aufgrund ihrer guten Durchblutung der Wärmeabgabe. Kupieren von Kämmen und Kehllappen vermindert deshalb die Anpassung an große Hitze. Bei Frost können an diesen Kämmen jedoch leicht Erfrierungen auftreten. Rassen mit großen Kämmen sind deshalb vor allzu starker Kälte zu schützen.

Der Kamm ist ein wichtiges Merkmal für das gegenseitige Erkennen der Tiere einer Herde. An ihm kann auch die Rangordnung eingeschätzt werden. Tiere mit gut entwickelten Kämmen stehen in der Regel höher in der sozialen Rangordnung als Tiere mit schlecht entwickelten Kämmen.

Die Form des Kammes ist genetisch bedingt. Am weitesten verbreitet ist der Einfachkamm, den z.B. die Weißen Leghorn, Rhodeländer und New Hampshire tragen (s. Farbfotos Seite 35). Schwerere Rassen benur aus Dunen besteht, müssen sorgfältig vor Nässe geschützt werden. Feuchte, verklebte Dunen verlieren ihre isolierende Wirkung und führen zu einer schnellen Unterkühlung der Tiere.

Neben Konturfedern und Dunen sind beim Huhn noch Faden-, Haar- oder Borstenfedern zu erwähnen. Sie sind über den ganzen Körper verteilt. Ihre Funktion ist nicht bekannt.

Durch Abnutzung verliert das Gefieder des Huhnes mit der Zeit seine funktionellen Eigenschaften. Die Tiere besitzen deshalb Reparaturmechanismen zur Erneuerung des Federkleides, die vom Auswechseln einzelner Federn über Teilmauser bis zum vollständigen Federwechsel reichen. Bekannt ist die Halsmauser bei Legehennen. Sie kann durch Störungen verschiedenster Art hervorgerufen werden. Die Federn im Halsbereich werden sehr schnell abgestoßen und wachsen über einen Zeitraum von 2 bis 3 Monaten nach. Halsmauser geht in der Regel mit einer Verringerung der Legeleistung in einer Herde einher. Allerdings können einzelne Hennen auch eine solche Teilmauser durchmachen, ohne die Legetätigkeit einzustellen. Bei der vollständigen, schlagartigen Mauser, die in der Produktionstechnik künstlich ausgelöst wird, geht der Federwechsel immer mit einer Legepause einher. Es gibt Anzeichen dafür, daß ein hoher Gehalt an bestimmten Geschlechtshormonen (Östrogenen) im Blut, der als Voraussetzung für eine hohe Legeleistung angesehen werden muß, die Gefiederneubildung verhindert. Somit scheint der Gefiederwechsel bei gleichzeitig hoher Legeleistung gehemmt zu sein.

## Nervensystem und Hormone

Das Nervensystem des Tieres kann in das Zentralnervensystem mit Gehirn und Rückenmark, sowie in das periphere und das vegetative Nervensystem untergliedert werden.

Das Gehirn ist die Schaltstelle für fast alle nervösen Vorgänge. Die Reize aus den Sinnesorganen werden hier erfaßt und verarbeitet. Die Reaktion des Tieres auf die empfangenen Reize erfolgt dann durch nervöse Anweisungen an die entsprechenden Stellen (z.B. die Muskeln). Außerdem befinden sich im Gehirn die wichtigsten Steuerzentralen für hormonproduzierende Organe, die mit zentralnervösen Vorgängen in ständiger Wechselwirkung stehen. Die Reaktion auf Umweltreize, die durch hormonelle Veränderungen hervorgerufen wird, erfolgt in der Regel langsamer als die auf nervösen Vorgängen beruhenden Reaktionen. Das Nervensystem wird deshalb allgemein als Mechanismus der unmittelbaren Anpassung, und das hormonale System als Mechanismus der langfristigen Anpassung angesehen.

## Vegetatives und peripheres Nervensystem

Das vegetative Nervensystem ist für die Steuerung der Aktivität der inneren Organe wie Magen, Darm, Blutgefäße, Drüsen etc. verantwortlich. Es besteht aus zwei Systemen, dem Sympathikus und dem Parasympathikus. Während der Sympathikus die genannten Organe aktiviert, wirkt der Parasympathikus hemmend und führt zu einem Ruhezustand. Die Aktivität der inneren Organe hängt davon ab, ob das sympathische oder das parasympathische System dominiert. Das vegetative Nervensystem wurde bisher auch autonomes Nervensystem genannt, da es weitgehend unabhängig von bewußten Vorgängen reagiert. Allerdings wird auch dieses System von Vorgängen des Zentralnervensystems und von hormonalen Vorgängen beeinflußt, die die angenommene Autonomie widerlegen.

Das periphere Nervensystem wird aus dem motorischen und dem sensiblen Nervensystem gebildet. Die *motorischen Nerven* führen vom Zentralnervensystem zu den Muskeln. Die *sensorischen Nerven* melden die von den Rezeptoren in den Sinnesorganen empfangenen Reize dem Zentralnervensystem. Hierzu gehören z.B. die Nerven, das Riechen, Sehen, Hören, Schmecken und Schmerzempfindungen.

## Großhirnrinde

Der größte Teil des Gehirns wird von der Großhirnrinde eingenommen. Sie liegt im vorderen Bereich des Schädels. Hier werden Sinneseindrücke wie Sehen, Hören, Riechen, Schmecken und Fühlen verarbeitet. Sie dient als übergeordnetes Zentrum für Verhaltensabläufe und Lernvorgänge. Am vorderen Teil des Großhirns befindet sich als relativ kleine Ausstülpung das Riechhirn. Es ist beim Vogel gegenüber Säugetieren sehr wenig entwickelt.

Ein großer Bereich der Großhirnrinde steht dem Sehvorgang zur Verfügung. Nervenfasern aus der Netzhaut des Auges vereinigen sich zum Sehnerv, der sich in den Sehregionen der Großhirnrinde wieder aufteilt. Das Erkennen von Bildern, Farben und Bewegung findet in diesen Teilen des Gehirns statt. Auch die Signale des Hörnervs werden zur Großhirnrinde geleitet und hier in speziellen Zentren zu Lauteindrücken verarbeitet. Ebenso gelangen Geschmacks-Reize aus dem Schnabelbereich und taktile Eindrücke zur Großhirnrinde.

## Zwischenhirn

Im Zwischenhirn, das unterhalb der Großhirnrinde liegt, befinden sich wichtige Steuerungszentren für Stoffwechselvorgänge und die Verbindungsstelle zwischen nervösen und hormonellen Vorgängen. Hierzu gehören Hypothalamus, Hypophyse und Epiphyse. Im Hypothalamus befinden sich Zentren zur Steuerung der Körpertemperatur, der Futteraufnahme und des Wasserhaushaltes. Darüber hinaus ist der Hypothalamus eine übergeordnete Schaltstelle für hormonelle Vorgänge. Hier werden nervöse Signale in hormonale Aktivitäten umgesetzt, und umgekehrt; bestimmen hormonale Einflüsse die nervöse Aktivität des Gehirns. Eng verbunden mit dem Hypothalamus ist die Hypophyse (Hirnanhangdrüse). Diese produziert spezifische Hormone, die über die Blutbahn zu ihren „Zielorganen" gelangen. Durch die Aktivität der Hypophyse wird die Hormonproduktion in den Geschlechtsorganen, in der Schilddrüse sowie in den Nebennieren gesteuert.

Hypophysenhormone sind für die Produktion der Geschlechtshormone in Ovar und Hoden verantwortlich. Sie beeinflussen damit in erheblichem Maße die Fruchtbarkeit der Tiere. Die Schilddrüsenhormone regulieren den Energiestoffwechsel der Tiere und wirken sich auf die allgemeine Aktivität der Tiere aus.

Die von den Nebennieren produzierten Hormone dienen der Anpassung der Tiere an kurzfristige und langfristige Streßsituationen (s. Seite 25).

Die Epiphyse (Zirbeldrüse) empfängt Lichtreize und steuert hiermit den Tagesrhythmus oder die jahreszeitlichen Veränderungen im Stoffwechsel der Tiere. Der Effekt der Tageslichtdauer auf die Entwicklung der Geschlechtsreife und später auf die Legeleistung und den Zeitpunkt der Eiablage (s. Seite 142) wird durch die Zirbeldrüse vermittelt.

## Mittelhirn

Im Mittelhirn befinden sich ebenso wie in der Großhirnrinde Bereiche, die mit den Seh- und Hörvorgängen verbunden sind. Des weiteren gehen vom Mittelhirn aus wichtige Nervenbahnen zu den verschiedensten Bereichen des Körpers. Auf diesem Weg werden Befehle des Zentralnervensystems an die Organe und Gliedmaßen des Körpers übermittelt. Das Mittelhirn kann deshalb als eine Zentrale für motorische Aktivitäten des Körpers angesehen werden.

## Kleinhirn

Das Kleinhirn ist beim Huhn – im Vergleich zu den Säugern – besonders stark entwickelt. Es dient der Aufrechterhaltung des Gleichgewichts und der motorischen Koordination der Bewegungen. Dies ist bei Vögeln besonders wichtig, da das Fliegen hohe Anforderungen an den Gleichgewichtssinn und die Koordination der Bewegungen stellt. Ein Beispiel für die im Kleinhirn organisierten Bewegungen ist beim Huhn die enge Beziehung zwischen Kopf- und Beinbewegungen beim Laufen. Bei typischen Laufbewegungen wird der Kopf im Rhythmus der Beinbewegungen nach vorn gestreckt. Dabei erfolgt je eine Kopfbewegung nach einer doppelten Schrittbewegung. Erst beim schnellen Rennen des Huhns setzt dieser im Kleinhirn fixierte Mechanismus aus und das Huhn läuft mit ständig vorgestrecktem Kopf.

## Nachhirn

Im Nachhirn oder dem verlängerten Rückenmark, das den Übergang vom Zentralnervensystem zum Rückenmark bildet, befinden sich Bereiche, die für die selbständigen (autonomen) Bewegungen des Körpers verantwortlich sind. Sie sorgen dafür, daß z.B. die Atmung aufrechterhalten wird. Das Rückenmark verläuft in der Wirbelsäule vom Hirn bis zu den Schwanzwirbeln. Vom Rückenmark

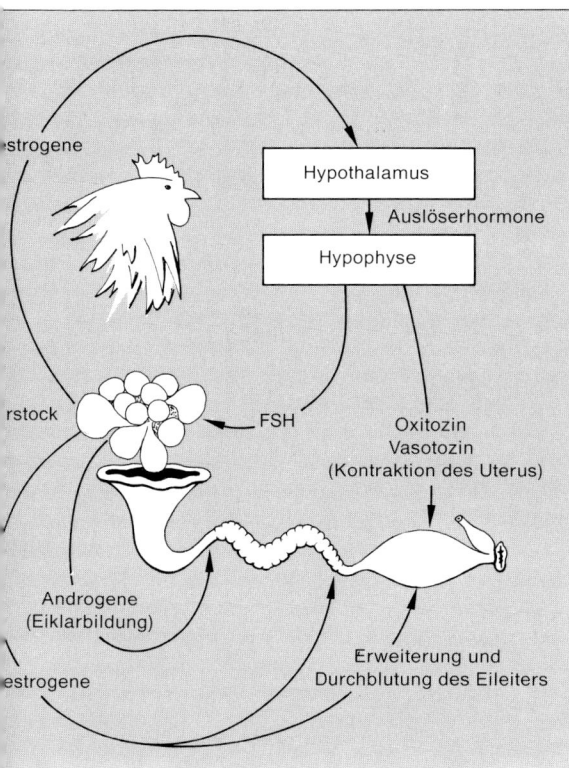

Hormone bei der Eibildung: Follikelreifung und Eisprung werden durch FSH und LH der Hypophyse beeinflußt. Im Eistock werden Oestrogene und Androgene gebildet, die einen zentralen Einfluß auf die weitere Eibildung, die Ausbildung geschlechtsspezifischer Merkmale und das Verhalten haben.

aus zweigen Nervenbahnen ab, die die Gliedmaßen und die inneren Organe mit dem Zentralnervensystem verbinden. Im Rückenmark können einfache Reflexe verarbeitet werden. Reflexe, z. B. der Kniesehnenreflex beim Menschen, sind Bewegungen, bei welchen die Reize über Nervenbahnen zum Rückenmark geleitet werden und von hier aus direkt eine Reaktion, z. B. die Beinbewegung, auslösen. Sie dienen vor allem als Abwehrbewegung bei überraschenden Reizen und werden deshalb auch „Schutzreflexe" genannt.

## Hormone und Eibildung

Bei der Entwicklung des Eies sind eine Reihe verschiedener Hormone beteiligt, deren Zusammenspiel noch nicht eindeutig geklärt ist. Im folgenden sollen nur die wichtigsten Hormone und ihre Rolle bei der Eibildung behandelt werden. Hierzu gehören das Follikelstimulierende Hormon (FSH), das luteinisie-

rende Hormon (LH), das Vasotozin und das Oxitozin.

Gesteuert von sogenannten Auslöser- oder Releaser-Hormonen des Hypothalamus wird aus der Hypophyse FSH ausgeschüttet. FSH regt die Reifung eines Ei-Follikels im Eierstock an. Das LH unterstützt das Wachstum des Follikels, das durch das Wachstum des Dotters deutlich sichtbar wird, und löst später den Eisprung aus. Vasotozin und Oxytozin werden ebenfalls von der Hypophyse gebildet. Sie sind für die Kontraktion des Uterus zum Ausstoßen des Eies verantwortlich.

## Hormone und Streß

Der allgemein geläufige Begriff „Streß" wurde ursprünglich im Zusammenhang mit hormonphysiologischen Untersuchungen geprägt. Er bezeichnet einen Belastungszustand des Organismus, bei dem bestimmte Hormonsysteme aktiviert werden, die dem Tier helfen, die Belastung zu überstehen. In diesem Zusammenhang müssen zwei verschiedene hormonale Vorgänge erwähnt werden, das „Angriffs- und Fluchtsystem" und das „Allgemeine Anpassungssystem".

Das Angriffs- und Fluchtsystem bewirkt eine schnelle Anpassung der Tiere an plötzliche Störungen, wie z. B. das Erscheinen eines fremden Artgenossen oder gar eines Raubfeindes. Nach der Wahrnehmung der Störung werden innerhalb von Bruchteilen von Sekunden Hormone des Nebennierenmarks, hauptsächlich Adrenalin, ausgeschüttet. Die Anregung hierzu erfolgt auf nervösem Weg von den Sinnesorganen über das Zentralnervensystem und den Hypothalamus zu den Nebennieren.

Adrenalin beschleunigt den Herzschlag, verengt die peripheren Blutgefäße, vertieft die Atmung und bewirkt einen Abbau von Glykogen in der Leber. Auf diese Art bereitet sich der gesamte Organismus auf außergewöhnliche Belastungen vor – sei es ein bevorstehender Kampf mit der Nachbarhenne oder die Flucht vor einem Raubfeind.

Das zweite zu erwähnende Hormonsystem baut sich langsamer auf und bewirkt eine langfristigere Anpassung an streßauslösende Faktoren. Die aus dem Zentralnervensystem gemeldeten Reize bewirken über Auslöserfaktoren des Hypothalamus die Ausschüttung eines Hormons aus der Hypophyse (ACTH), das die Nebennierenrinde zur Freisetzung

| Angriffs- und Fluchtsystem | Allgemeines Anpassungssystem |
|---|---|
| Zentralnervensystem | Zentralnervensystem |
| ↓ | ↓   Auslöserhormon |
| Hypothalamus | Hypothalamus |
| ↓ | ↓   ACTH |
| Nebennierenmark | Nebennierenmark |
| ↓   Adrenalin | ↓   Glukokortikoide (Corticosteron) |
| erhöhte Herzfrequenz<br>erhöhte Atemfrequenz<br>Verengung der peripheren Blutgefäße<br>Abbau von Glykogen (Bereitstellung von Energie) | Entzündungshemmung<br>Glykogenaufbau in der Leber<br>bei anhaltendem Streß: Schädigung<br>des lymphatischen Systems, Rückbildung<br>von Ovar und Hoden |

von Kortikosteroidhormonen anregt (z.B. Corticosteron). Diese Hormone besitzen eine entzündungshemmende Wirkung und fördern den Glykogenaufbau in der Leber und der Muskulatur. Der Abwehrmechanismus wird nicht nur bei Krankheit, sondern auch bei einer Vielzahl anderer Faktoren wie Hitze, Kälte, körperlicher und psychischer Belastungen aktiviert. Hält der Streßzustand über längere Zeit an, wird vor allem das lymphatische System der Tiere angegriffen, das eine wichtige Rolle in der Immunreaktion bei der Abwehr von Krankheiten spielt.

Durch die Rückbildung der lymphatischen Organe nach anhaltendem Streß können auch Hoden und Eierstöcke in Mitleidenschaft gezogen werden. Anhaltender Streß führt somit zum Rückgang der Fruchtbarkeit bei männlichen Tieren und zur Verminderung der Legeleistung bei Hennen.

## Sinnesorgane

Das Huhn war über lange Zeit ein beliebtes Forschungsobjekt für Sinnesphysiologen. Ihrer intensiven Forschung verdanken wir es, daß über die Sinnesorgane des Huhnes und ihre Leistungsfähigkeit sehr umfangreiche Kenntnisse vorhanden sind.

## Auge und Gesichtssinn

Die Augen des Huhns sind fest im Schädel verankert. Durch seitliche Anordnung und Ausrichtung des Augapfels erhalten die Tiere ein sehr weites Gesichtsfeld. Allerdings ist der Bereich, in dem Hühner „binokular" sehen, d.h. das gleiche Feld mit beiden Augen gleichzeitig erfassen, gering. Nur in diesem Bereich ist ein räumliches Sehen und das Abschätzen von Entfernungen möglich. Zur Schätzung von Entfernungen außerhalb dieses Sehbereichs verfügt das Huhn über einen speziellen Ersatzmechanismus. Es fixiert Objekte durch ruckartiges Drehen des Kopfes abwechselnd mit den beiden Augen. Dieses Verhalten wird auch „Zielen" genannt. Die Aufnahme optischer Eindrücke und die Fixierung von Entfernungen erfolgen äußerst rasch.

Die Aufmerksamkeit des Huhns richtet sich hauptsächlich auf seine nähere Umgebung. Zwar kann es Personen und Artgenossen auch über Distanzen von mehr als 30 bis 50 m wahrnehmen. Ihnen wird jedoch in der Regel keine große Beachtung geschenkt. Im Nahbereich besitzt das Huhn eine sehr hohe Sehschärfe. Im Abstand von 4 cm vom Auge kann es noch Objekte von etwa einem halben Millimeter erkennen.

Das Farbsehen ist beim Huhn ebenfalls sehr gut entwickelt. Wir können davon ausgehen, daß es eine ähnliche Farbtüchtigkeit besitzt wie der Mensch. Allerdings ist diese Fähigkeit im Bereich des blauen Lichtes eingeschränkt. Dagegen scheint sie im roten bis infraroten Bereich stärker ausgeprägt zu sein.

## Gehör und Gleichgewichtssinn

Gehör und Gleichgewichtssinn sind beim Huhn ähnlich aufgebaut wie beim Säuger. Allerdings ist das äußere Ohr nur wenig entwickelt. Der kurze Gehörgang, der zum inneren Ohr, dem eigentlichen Gehörorgan, führt, wird von kurzen Federchen bedeckt. Daneben sind die Ohrscheiben zu erwähnen, die als Hautgebilde in ihrem Aufbau Kamm und Kehllappen ähneln und das äußere Ohr umgeben. Der Bereich der Lautwahrnehmungen entspricht etwa dem Frequenzbereich des menschlichen Ohrs. Allerdings ist der Hörbereich des Huhns in den Bereichen sehr hoher und sehr niedriger Frequenzen gegenüber dem menschlichen Gehör eingeschränkt, also eher unempfindlicher.

## Geruchssinn

Obwohl das Huhn alle Voraussetzungen für den Geruchssinn aufweist, nämlich eine Riechschleimhaut mit Rezeptoren, Riechnerven und ein Riechzentrum im Zentralnervensystem, scheint der Geruchssinn sehr schwach ausgebildet zu sein. Es ist sehr schwierig nachzuweisen, daß Hühner auf Geruchsstoffe reagieren. Man nahm deshalb lange Zeit an, Hühner besäßen keinen Geruchssinn. Neuere Ergebnisse haben allerdings gezeigt, daß Hühner im Prinzip riechen können. In der Praxis der Hühnerhaltung, z.B. der Fütterung, spielt der Geruchssinn des Huhns keine Rolle.

## Geschmackssinn

Im Schnabel und Gaumen des Huhnes befinden sich zahlreiche Geschmackspapillen, die denen der Säugetiere ähnlich sind. Allerdings reagieren Hühner auf das Angebot von Geschmacksstoffen, die wir als süß, bitter, sauer oder salzig beurteilen, sehr unterschiedlich. Allgemein reagieren Hühner bei trockenem Futter nur sehr schwach auf dessen Geschmack. Allerdings kann eine ausgeprägte Präferenz für Futter oder Wasser festgestellt werden, das Rohrzucker enthält. Diese Reaktion ist jedoch nicht auf den süßen Geschmack zurückzuführen, sondern wird durch physiologische Vorgänge des Verdauungstraktes verursacht.

Auf den gleichen Vorgängen beruht der bekannte „spezifische Appetit" der Hühner. Wir wissen, daß Hühner kalziumreiche von kalziumarmen Futtermitteln unterscheiden können. Bei hohem Kalziumbedarf, z.B. beim Eintreten der Legetätigkeit, nehmen die Tiere, wenn sie die Wahl haben, besonders hohe Mengen des kalziumreichen Futters auf. Das gleiche wurde für eine Reihe anderer Mineralstoffe und Spurenelemente wie Natrium und Zink nachgewiesen. Man kann deshalb annehmen, daß die Tiere sich in einem gewissen Maße die Nährstoffe nach ihrem Bedarf aussuchen und somit Mangelerscheinungen vermeiden können – sofern ihnen die entsprechenden Komponenten zur freien Wahl angeboten werden.

Es muß jedoch darauf hingewiesen werden, daß diese Vorgänge des „spezifischen Appetits" häufig nicht auf eine direkte Geschmacksreaktion zurückgeführt werden können, sondern auf Informationen beruhen, die aus dem Stoffwechsel in das Zentralnervensystem gelangen.

## Tastsinn

Der Schnabel des Huhnes als wichtigstes Tast- und Greiforgan ist mit einer großen Anzahl von Tastkörperchen versehen. Futterpartikel werden sehr intensiv nach taktilen Merkmalen beurteilt. Die wichtigsten Merkmale sind hierbei Härte und Oberflächenbeschaffenheit. Harte Futterpartikel sind kein Grund zur Ablehnung – sofern sie eine verzehrbare Größe von 4 bis 5 mm nicht überschreiten. Bei Dunkelheit können Partikel unterschiedlicher Größe durch den Tastsinn selektiert werden. Durch Veränderung der taktilen Eigenschaften von Getreidekörnern kann die Reaktion der Tiere sehr stark beeinflußt werden. Werden z.B. Weizenkörner mit Talkumpuder oder Wasserglas behandelt, führt dies zu einer heftigen Ablehnungsreaktion der Hühner. Die taktilen Eigenschaften scheinen somit für das Huhn wichtiger zu sein als Farbe, Geruch und Geschmack von Partikeln.

Gegenüber unterschiedlichen Temperaturen von Futter oder Wasser zeigt sich das Huhn weitgehend unempfindlich. Zwar können wir davon ausgehen, daß das Huhn mit seinem Schnabel unterschiedliche Temperaturen feststellen kann. Ablehnungsreaktionen treten jedoch erst bei Temperaturen des Futters von 55 bis 60 °C auf.

# Beurteilung des Huhnes

Die Beurteilung des Huhnes nach dem äußeren Erscheinungsbild und dem Verhalten ist für den Hühnerhalter äußerst wichtig. Anhand äußerer Merkmale ist es möglich, ohne großen Aufwand den Gesundheits- und Legezustand der Tiere und eine eventuelle Mauser oder Brütigkeit deutlich zu erkennen. Die Beurteilung ist nicht nur beim Ankauf von Tieren wichtig, sondern auch für die laufende Kontrolle des Hühnerbestandes unerläßlich. Zur gründlichen Beurteilung eines Huhns reicht eine Betrachtung des allgemeinen Erscheinungsbildes nicht aus. Es sollte vielmehr eine systematische Beobachtung von Einzelkörperteilen erfolgen, die schließlich durch den Gesamteindruck ergänzt wird. Im allgemeinen sollten folgende Kriterien berücksichtigt werden:

## Die Augen

Die Augen sollten klar sein und auf Bewegungen und Lichtreize reagieren. Trübe Augenlinsen und Schwellungen im Augenbereich weisen auf infektiöse Krankheiten oder Mangelerscheinungen, z.B. Vitamin A- oder -E-Mangel hin.

## Kamm- und Kehllappen

Eine gesunde Henne besitzt einen blaßroten Kamm mit unverfärbten Spitzen, klare Augen und einen Schnabel mit ausgeprägten Kanten. Die Spitze des Oberschnabels steht leicht über den Unterschnabel vor.

Der normale Zustand von Kamm- und Kehllappen hängt von der Rasse, dem Entwicklungszustand und der Haltungsart ab. Um eine zuverlässige Beurteilung vornehmen zu können, muß der Tierhalter diese Faktoren berücksichtigen. Hühner, die in Ställen mit Kunstlicht gehalten werden, haben in der Regel blaßrosafarbene, große Kämme. Tageslicht dagegen bewirkt eine tiefrote Farbe und ein weniger ausgeprägtes Wachstum. Ausgehend vom normalen Kammzustand geben Veränderungen wichtige Aufschlüsse über den Zustand der Tiere. Laufen die Kämme blau an, deutet dies auf ernsthafte Störungen, z.B. Wassermangel oder beginnende Krankheit hin, leicht bläuliche Kammspitzen sind normal. Stark geschrumpfte Kämme und Kehllappen bei Legehennen sind ein sicheres Zeichen, daß die Tiere nicht legen. Sie treten bei Mauser und Brütigkeit auf, können jedoch auch eine Folge von Krankheit oder Stoffwechselstörung sein.

## Schnabel

Der Schnabel soll beim Huhn normal ausgebildet sein. Die Spitze des Oberschnabels steht dabei etwas über den Unterschnabel vor. Die Schnabelkanten sind deutlich ausgeprägt und fest. Die Nasenöffnungen sollen ohne Ausfluß sein. Im Schnabelwinkel ist auf die eventuelle Ansammlung von Parasiten zu achten. Verschmutzung oder Verklebung der Schnäbel können durch ungeeignete Futterstruktur oder durch Nasenausfluß bei Erkrankung der oberen Atemwege verursacht werden.

## Brustbemuskelung

Der Zustand der Brustbemuskelung kann durch Abtasten des Brustbeines beurteilt werden. Er gibt gleichzeitig Aufschluß über den allgemeinen Ernährungszustand des Huhns. Bei abgedrängten, unterernährten Tieren tritt das Brustbein scharf hervor. Es muß jedoch

beachtet werden, daß das Hervortreten des Brustbeines stark rassenabhängig ist. Bei Legerassen mit extrem schmalem Körperbau, wie z. B. Weißen Leghorn, tritt das Brustbein natürlich auch in gutem Ernährungszustand stärker hervor als bei mittelschweren Legetypen oder ausgeprägten Fleischrassen.

## Legebauch

Der Legebauch der legenden Henne ist gut ausgebildet und weich. Der Abstand zwischen den Schambeinen kann mit den Fingern leicht ertastet werden. Ist er weniger als etwa 2 Finger breit, so legt die Henne mit großer Sicherheit nicht. Starkes Anschwellen des Legebauches ist meist durch Krankheit, wie z. B. Leukose oder Legenot (s. Seite 59 und 68) bedingt.

## Kloake

Die Kloake sollte durch leichtes Auseinanderziehen der Öffnung geprüft werden. Sie sollte rosa gefärbt, feucht und elastisch sein. Außerdem muß auf eine eventuelle Verschmutzung oder Verklebung der Haut und des Gefieders um die Kloake geachtet werden, die auf Erkrankung des Darmtraktes oder Eileiters schließen lassen. Bei nichtlegenden Hennen ist der Kloakenschließmuskel stark zusammengezogen und läßt sich nur schwer öffnen. Verfärbungen der Kloakenöffnung sowie Verschmutzung der Kloakenregion lassen auf Erkrankungen des Darmtraktes oder des Harnapparates schließen.

## Ständer, Zehen, Krallen, Gelenke

Die Ständer und Zehen sollen gerade und kräftig und die Gelenke leicht beweglich sein. Zehenverkrümmungen treten zuweilen schon beim Eintagsküken auf. Sie können jedoch auch durch ungeeignete Böden oder durch Mangelernährung verursacht werden. Bei Käfighennen sind die Krallen sehr lang. Dies ist durch die fehlende Abnutzung bedingt. Schiefe Beinstellungen, deformierte Mittelfußknochen und Schwellungen an den Fußgelenken treten bei Hühnern des Legetyps selten auf, sind jedoch bei schweren Rassen weit verbreitet. Die Ursachen für Beinschäden beim Huhn können vielfältig sein: Vitamin D- oder Mineralstoffmangel, spezielle Krankheitserreger (s. Seite 68) oder mechanische Verletzungen. Bei schnell wachsenden Broilern resultiert die Beinschwäche oft aus der Tatsache, daß die Skelettentwicklung dem Zuwachs an Gewicht nicht folgen kann, und deshalb unter der Last des schweren Körpers Schaden erleidet.

## Rücken

Der Rücken der meisten Hühnerrassen bildet eine gerade Linie vom Hals zum Schwanzansatz. Zuweilen können ausgeprägte Deformationen der Rückenpartie bei Hühnern beobachtet werden. Verkrümmungen der Wirbelsäule, zum Beispiel, können eine starke Wölbung des Rückens, den sogenannten Karpfenrücken, verursachen. Als Ursache hierfür sind vor allem genetische Defekte infolge von Inzucht zu nennen.

## Befiederung

Die Befiederung ist ebenfalls ein wichtiges Beurteilungskriterium. Das Gefieder einer ausgewachsenen Henne sollte komplett und sauber sein und locker am Körper anliegen. Permanent gesträubtes, glanzloses, struppiges Gefieder weist auf Krankheit oder Mangelzustände hin. Es muß jedoch beachtet werden, daß das Gefieder von Jung- und Legehennen im Gefiederwechsel und das von brütigen Hennen vorübergehend stumpf und struppig wirkt. Durch Federpicken in Herden kann sich der Befiederungszustand erheblich verschlechtern (s. Seite 50 und 138).

## Reaktionsvermögen

Nicht zuletzt sollte auch die allgemeine Reaktion des Huhns beurteilt werden. Das gesunde Huhn verfolgt aufmerksam alle Bewegungen in seiner Nähe. Es reagiert sichtbar auf Geräusche und Lichtquellen. Apathie gegenüber den genannten Umweltreizen läßt auf gemindertes Wahrnehmungsvermögen oder Krankheit schließen.

# Vererbung

Die Vererbung beruht auf der Weitergabe genetischer Informationen von den Eltern auf die Nachkommen. Die genetischen Informationen sind in Form von Aminosäuren in den Kernen der Geschlechtszellen, nämlich im Ei und im Spermatoid enthalten. Sie sind dort auf Chromosomen angeordnet. Die Anzahl der Chromosomen ist für jede Tierart unterschiedlich und unveränderlich. Das Huhn besitzt 78 Chromosomen.

In normalen Körperzellen sind die Chromosomen in jeweils 2 homologen, d.h. gleichartig aufgebauten Chromosomenpaaren angeordnet. An den jeweils gegenüberliegenden Genorten der homologen Chromosomen sitzen die Allele, die für die Ausprägung bestimmter Merkmale verantwortlich sind. Bei der Teilung von Körperzellen werden zunächst die Chromosomen verdoppelt, d.h. von jedem Chromosom entsteht eine Kopie.

Danach erfolgt die Trennung der nun doppelt vorhandenen Chromsomensätze, so daß nach der Zellteilung wieder jede Zelle den identischen Chromosomensatz enthält. Diese Art der Zellteilung wird Mitose genannt.

Die Teilung der Geschlechtszellen, die für die Vererbung ausschlaggebend sind, erfolgt durch einen zweistufigen Vorgang. Hierbei erfolgt zwar zunächst auch eine Verdoppelung der Chromosomensätze mit anschließender Zellteilung. Danach erfolgt ein weiterer Teilungsschritt ohne Verdoppelung der Chromosomen. Die Ei- oder Samenzellen, die hierbei gebildet werden, besitzen somit nur den halben Chromosomensatz, der erst bei der Befruchtung durch die Verschmelzung von Ei- und Samenzelle wieder den vollständigen Satz ergibt.

An jedem Genort sitzen in normalen Körperzellen zwei Allele (Abb. Seite 32). Befinden sich Allele gleicher Art am gleichen Gen-

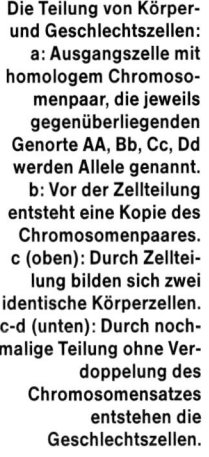

Die Teilung von Körper- und Geschlechtszellen: a: Ausgangszelle mit homologem Chromosomenpaar, die jeweils gegenüberliegenden Genorte AA, Bb, Cc, Dd werden Allele genannt. b: Vor der Zellteilung entsteht eine Kopie des Chromosomenpaares. c (oben): Durch Zellteilung bilden sich zwei identische Körperzellen. c-d (unten): Durch nochmalige Teilung ohne Verdoppelung des Chromosomensatzes entstehen die Geschlechtszellen.

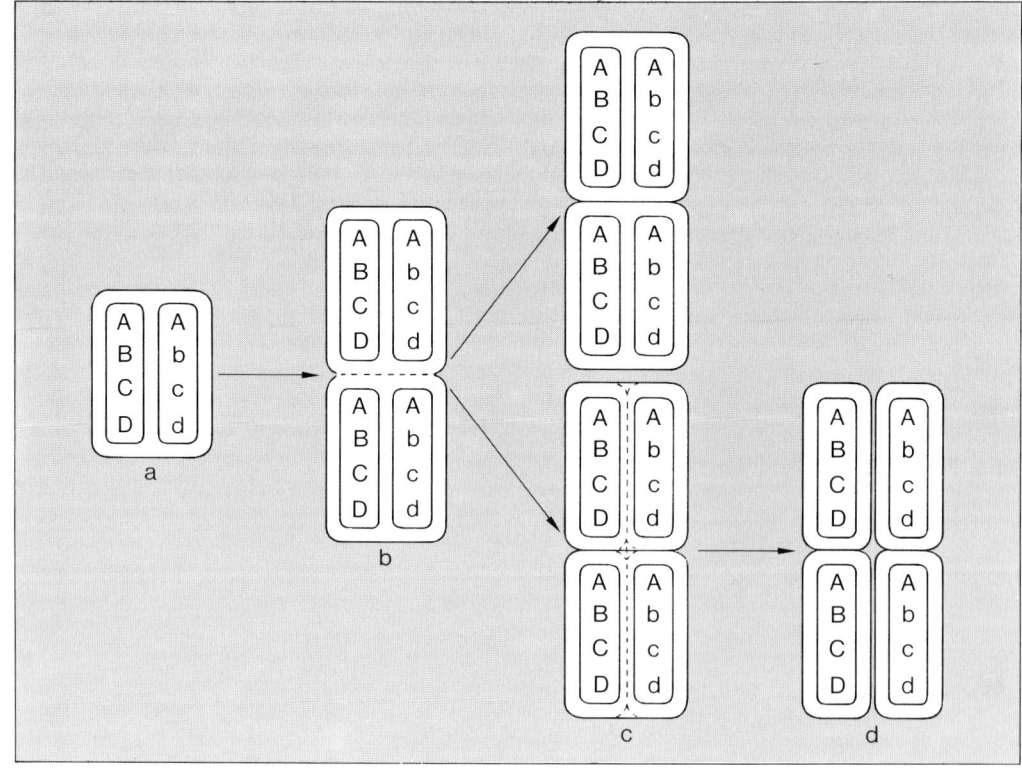

ort, so ist das Tier homozygot oder „reinerbig". Treffen bei der Befruchtung verschiedene Allele am gleichen Genort zusammen, so spricht man von Heterozygotie oder Mischerbigkeit.

Die Bildung der halben Chromosomensätze in den Geschlechtszellen und die Wiederherstellung der kompletten Chromosomensätze nach der Befruchtung, d. h. nach der Verschmelzung der Kerne einer Ei- und einer Samenzelle, tragen dazu bei, daß bei der Fortpflanzung keine mit den Elterntieren identischen Nachkommen entstehen. Die Nachkommen tragen jeweils die Hälfte der genetischen Information des Vaters und der Mutter. Wie sich diese Kombination der Chromosomen auf das Aussehen, das Verhalten und die Leistung der Tiere auswirkt, hängt von der Art der Vererbung ab.

## Mendel'sche Vererbung

Mendel'sche Vererbung, auch qualitative Vererbung genannt, tritt dann auf, wenn die Ausprägung eines Merkmals auf der Wirkung der Allele eines Genortes beruht. In diesem Fall gelten die von Mendel aufgestellten drei Vererbungsregeln: Uniformitätsregel, Spaltungsregel und Unabhängigkeitsregel.

### Uniformitätsregel

Nach der Uniformitätsregel entstehen aus der Anpaarung homozygoter (reinerbiger) Elterntiere in der ersten Nachkommengeneration ($F_1$) in ihrem Aussehen (Phänotyp) gleiche Tiere (Abb. Seite 32 oben).

Die Uniformitätsregel legt fest, wie die Nachkommen aussehen. Als Beispiel sollen in der Abbildung die Allele A schwarzes Gefieder und die Allele B weiße Federn bewirken. Aus Eltern, die beide homozygot für A sind, können nur schwarze und aus solchen, die homozygot für B sind, nur weiße Nachkommen entstehen. Bei der Kreuzung homozygot schwarzer und weißer Tiere entsteht eine Mischfarbe, z.B. ein aufgehelltes Blauschwarz oder Grau.

Es kann jedoch auch sein, daß die Wirkung eines Allels den Einfluß des anderen völlig unterdrückt. Dann entstehen, wie im Beispiel Abb. Seite 32 Mitte links nur schwarze Nachkommen. In diesem Fall dominiert Schwarz über Weiß. Das dominante Allel wird symbolisch mit großen Buchstaben, das unterdrückte, rezessive Allel mit kleinen Buchstaben bezeichnet. Die Uniformitätsregel bestätigt sich auch in diesem Fall. Die Nachkommen aus einer solchen Kreuzung sind jedoch alle heterozygot, d.h. sie tragen zwei verschiedene Allele am gleichen Genort.

### Spaltungsregel

Paart man die $F_1$-Tiere untereinander, so entstehen nach der Spaltungsregel schwarze und weiße Tiere im Verhältnis 3:1 (Abb. Seite 32 Mitte rechts). Alle weißen Tiere sind homozygot für das rezessive Allel b.

Da sich in diesem Fall die homozygoten Tiere mit den Allelen AA und die heterozygoten mit der Kombination Ab im Aussehen nicht unterscheiden, kann nur in weiterer Kreuzungen getestet werden, wie die Allele zusammengesetzt sind.

Ist das zu prüfende schwarze Huhn homozygot, so gehen aus der Paarung nur schwarze Tiere hervor, ist es dagegen heterozygot, so spalten sich die Nachkommen im Verhältnis 1:1 in schwarze und in weiße Tiere auf (Abb. Seite 32 unten).

### Unabhängigkeitsregel

Die Unabhängigkeitsregel bezieht sich auf die Vererbung verschiedener Merkmale nach dem Prinzip der Spaltungsregel. Paart man z.B. Hühner, die jeweils homozygot für Gefiederfarbe und Kammform sind, so entstehen in der $F_1$-Generation gleich aussehende Tiere in bezug auf beide Merkmale. Die Verpaarung der $F_1$-Tiere untereinander führt in der $F_2$-Generation wieder zur oben beschriebenen Aufspaltung der Merkmale. Hierbei entstehen neue Merkmalskombinationen von Gefiederfarbe und Kammformen. Die Aufspaltung nach den Gesetzen der Wahrscheinlichkeit kann jedoch nur dann erfolgen, wenn die beiden Merkmale unabhängig voneinander vererbt werden, d.h. wenn sie auf verschiedenen Chromosomen sitzen. Befinden sich die Anlagen für verschiedene Merkmale auf dem gleichen Chromosom, so sind die Merkmale genetisch gekoppelt. Solche genetischen Kopplungen spielen in der Geflügelzucht eine nicht unbedeutende Rolle. Es ist z.B. bekannt, daß eine Reihe von Anlagen für die Farbausprägung und Befiederung, aber

**Uniformitätsregel: Aus der Anpaarung homozygoter (reinerbiger) Elterntiere entstehen in ihrem Aussehen identische Nachkommen.**

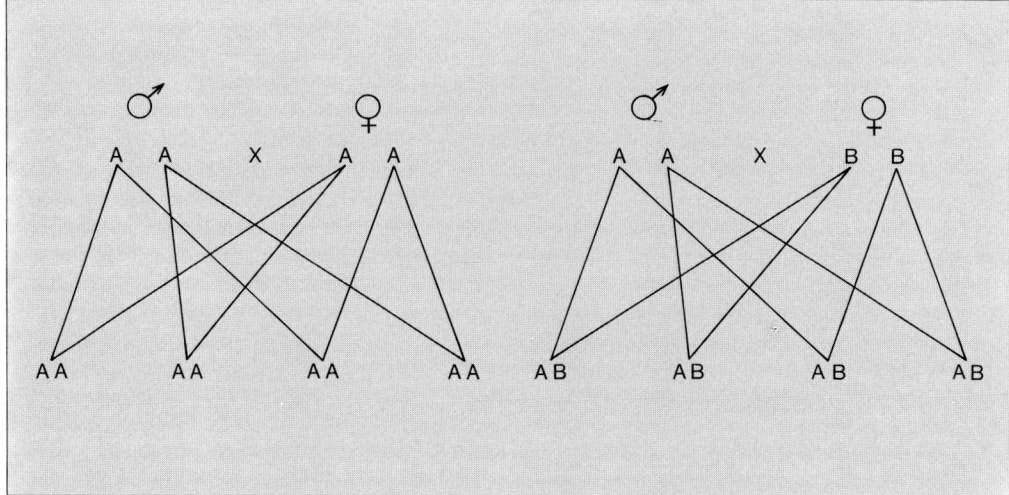

**Aus der Anpaarung homozygoter Elterntiere mit den Allelen für dominantes Schwarz (AA) bzw. rezessives Weiß (bb) entstehen nach der Uniformitätsregel nur heterozygote schwarze Tiere (Ab).**

**Aus der Anpaarung der heterozygoten schwarzen Tiere (Ab) spalten sich die Nachkommen in schwarze und weiße Tiere im Verhältnis 3:1 auf.**

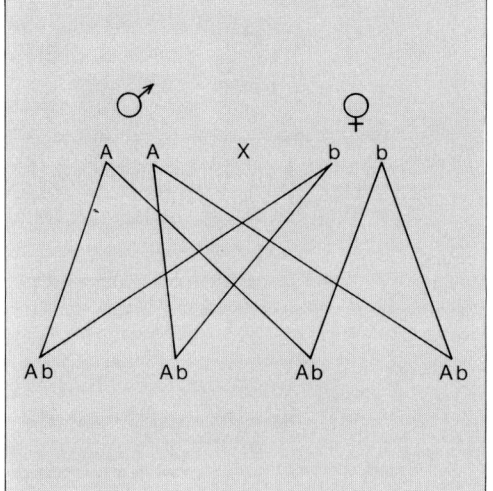 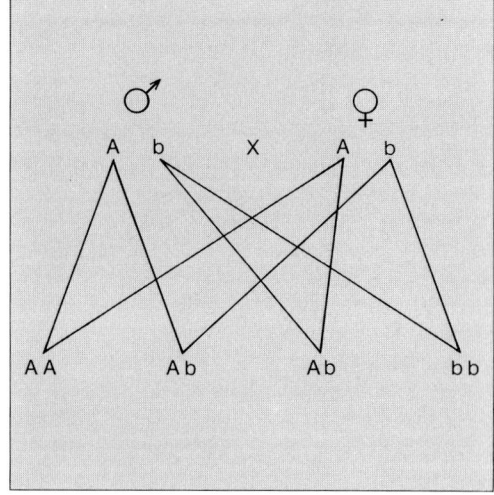

**Prüfung auf Heterozygotie: Paart man das zu prüfende schwarze Tier mit einem homozygot weißen Partner an, so entstehen nur schwarze Nachkommen (Ab), wenn der Prüfling homozygot ist. Ist der Prüfling heterozygot, entstehen schwarze (Ab) und weiße (bb) Nachkommen im Verhältnis 1:1.**

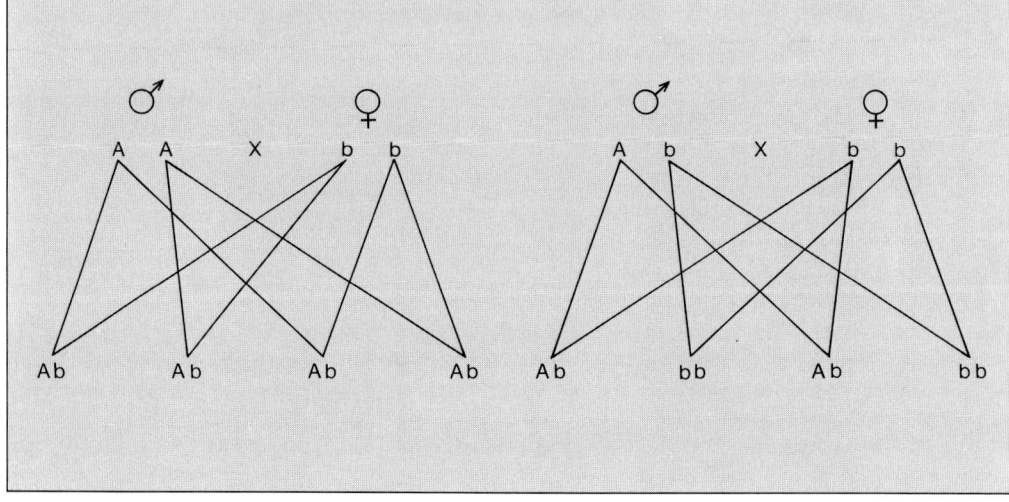

auch für das Wachstum, an die Geschlechtschromosomen gebunden ist. Diese Merkmale werden dann „geschlechtsgebunden" vererbt. Die Vererbung des Geschlechts unterscheidet sich grundsätzlich von der Vererbung anderer Merkmale.

Bei Vögeln besitzt das männliche Tier zwei gleiche, das weibliche dagegen zwei unterschiedliche Geschlechtschromosomen. Die für das Geschlecht verantwortlichen Genorte werden beim Huhn deshalb mit xx (Hahn) und x- (Henne) bezeichnet. Da auf dem Geschlechtschromosom nicht nur die Information für die Geschlechtsausbildung, sondern auch noch eine Vielzahl anderer Informationen sitzen, die somit „geschlechtsgebunden" vererbt werden, ist die Asymmetrie dieser Chromosomen von besonderer Bedeutung.

Die geschlechtsgebundene Vererbung wird zur Erzeugung von „Kennküken" genutzt. Damit kann anhand der Gefiederfarbe beim Eintagsküken das Geschlecht bestimmt werden. Die Ausbildung gelber, roter oder brauner Farbtöne wird z.B. durch ein geschlechtsgebundenes Allel verhindert. Helle Sussex besitzen dieses Allel, den sog. Silberfaktor (S), der dominant gegenüber dem homologen Allel (s) ist, das die Ausprägung der o.g. Farben zuläßt. Sie können somit zur Kennkükenproduktion herangezogen werden. Paart man Helle Sussex Hennen (S-) an braune Rhodeländer Hähne (ss) an, so entstehen – vorausgesetzt die Hähne sind jeweils homozygot für diese Anlagen – nur weiße männliche und braune weibliche Küken (Abb. rechts oben).

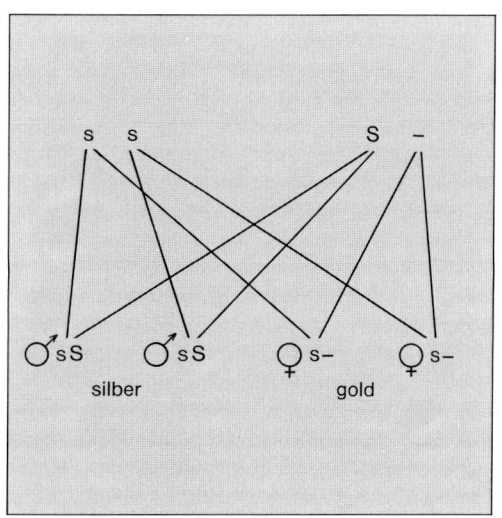

Erstellung von Kennküken mit Hilfe des geschlechtsgebundenen Silberfaktors (S): Helle Sussex Hennen (S-) mit Rhodeländer Hähnen (ss) gepaart ergeben nur „silberfarbene" Hähne und „goldfarbene" Hennen.

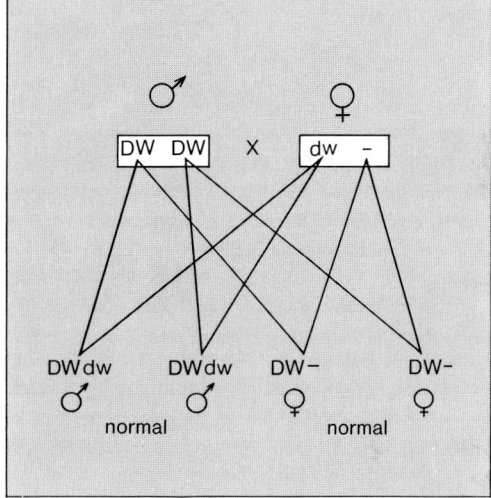

Homozygot normalwüchsige Hähne (DWDW) ergeben mit verzwergten Hennen (dw-) nur normalwüchsige Nachkommen.

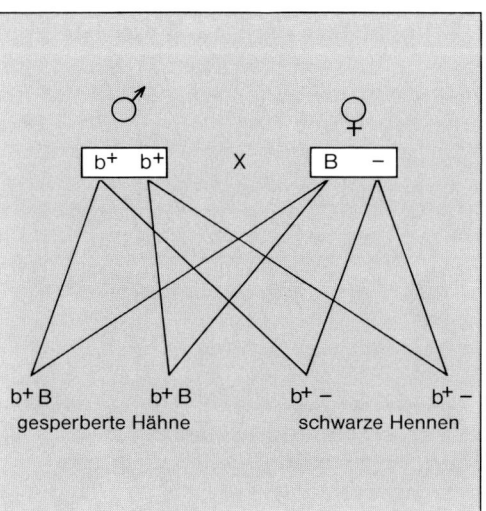

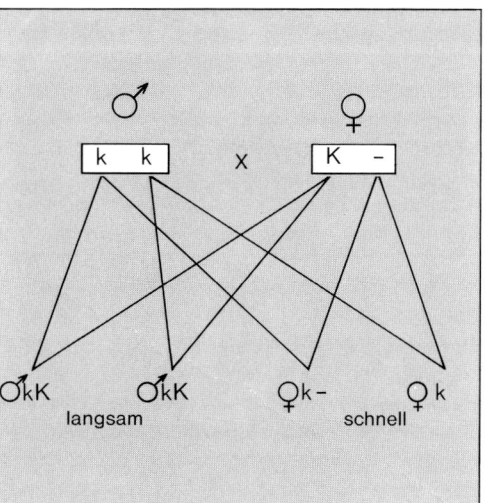

Die Kreuzung schwarzer oder brauner Hähne (b⁺ b⁺) mit gesperberten Hennen (z.B. Plymouth Rock) (B-) ergibt schwarze Küken, von welchen die männlichen einen auffallenden weißen Kopffleck (Sperberfleck) aufweisen. Später entwickeln die Hähne ein gesperbertes Gefieder, die Hennen behalten ein schwärzliches Federkleid.

Bei der Kreuzung schnell befiedernder Hähne (kk) mit langsam befiedernden Hennen (K-) entstehen nur schnell befiedernde weibliche und langsam befiedernde männliche Küken.

In ähnlicher Weise lassen sich der Sperrungsfaktor B und der Faktor für die Befiederungsgeschwindigkeit K zur Kennkükenproduktion verwenden (Abb. Seite 32 Mitte und Seite 125). In der Produktion von Mastküken spielt das geschlechtsgebundene, rezessive Zwerg- oder Dwarf-Gen (dw) eine immer größere Rolle (verzwergte Rassen s. Farbfotos Seite 36). Aufgrund des hohen Erhaltungsbedarfes der Henne zur Produktion von Mastküken wurde die Möglichkeit genutzt, mit Hilfe dieses Gens leichte Mütter zu züchten, ohne die Mastfähigkeit ihrer Nachkommen in entsprechendem Ausmaß zu mindern.

## Quantitative Vererbung

Die meisten Leistungsmerkmale des Huhns, wie Eiproduktion und Mastfähigkeit, sind nicht das Ergebnis einzelner oder weniger, sondern einer Vielzahl von Genen. Daher lassen sich die Populationen nicht in wenige Klassen einteilen. Die Ausprägung der Merkmale folgt vielmehr einer kontinuierlichen Verteilung (Abb. unten).

Diese Verteilung und Variation kommt dadurch zustande, daß die Tiere in unterschiedlichem Maße positive oder negative Anlagen für das entsprechende Merkmal besitzen. Bei der Paarung ist deshalb mit einer Addition der Anlagen zu rechnen. Das entsprechende Merkmal wird demnach bei den Nachkommen im Mittel zwischen der Elternleistung liegen (Abb. rechts unten). Merkmale, die einer solchen Variationsbreite unterliegen, lassen sich nicht durch qualitative Begriffe be-

schreiben. Es müssen hier Mittelwerte der Population und die Varianz als Maß für die Streuung des Merkmals herangezogen werden.

Die genetische Veranlagung dieser Merkmale wird oft jedoch in hohem Maße von der Umwelt überdeckt. Fütterung, Haltung, Klima und eine Vielzahl anderer Faktoren überlagern die genetische Leistungsfähigkeit der Tiere. Die tatsächlich beobachtete (phänotypische) Variation der Leistung einer Population ist somit ein Ergebnis der genetischen *und* der umweltbedingten Variation. Da für die züchterische Verbesserung des Tiermaterials nur die genetische Variation von Bedeutung ist, muß der Züchter versuchen, diese von den rein umweltbedingten Effekten zu trennen. Zur Schätzung genetisch- und umweltbedingter Effekte werden statistische Methoden der Populationsgenetik herangezogen.

## Genetische und phänotypische Variation

Die Möglichkeit, die Leistung einer Population durch Selektion zu beeinflussen, hängt somit davon ab,
- wie groß die genetische Variation ($V_g$) ist und
- in welchem Maße sich die genetische von der gesamten phänotypischen Variation ($V_p$) abhebt,

wobei sich, wie schon erwähnt, die phänotypische Varianz aus genetischer ($V_g$) und umweltbedingter Varianz ($V_u$) zusammensetzt.

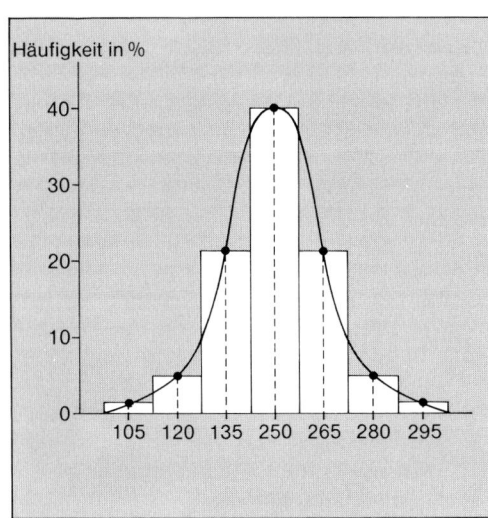

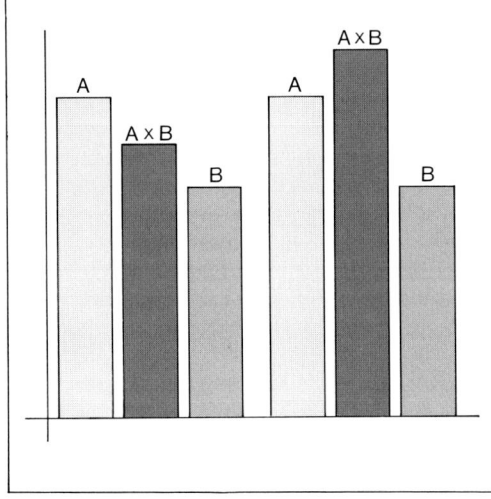

## Heritabilitätskoeffizienten einiger Leistungsmerkmale bei Legehennen und Broilern

|  | Merkmal | $h^2$ |
|---|---|---|
| Legehennen | Alter bei 50% Legeleistung (Tage) | 0,3–0,4 |
|  | Legeleistung pro Anfangshenne (%) | 0,1–0,2 |
|  | Eigewicht (g) | 0,5–0,6 |
|  | Körpergewicht (g) | 0,5–0,6 |
|  | Knickeier (%) | 0,2 |
|  | Futterverbrauch (g/Tag) | 0,2 |
|  |  |  |
| Broiler | Endgewicht (g) | 0,3 |
|  | Futterverzehr (g) | 0,2–0,3 |

Farbfotos von links oben nach rechts unten:

Altenglische Kämpfer und moderne Englische Kämpfer aus asiatischen Kämpferrassen, im malayischen Typ auf Körperform gezüchtet. Die Aggressivität ging dabei weitgehend verloren.

Indische Kämpfer, breitbrüstige und mit guter Schenkelbemuskelung ausgestattete Kämpferrasse. Wichtige Ausgangsrasse für Mastrassen.

Nackthalshuhn und Zwerg-Nackthals. Die auf Einzelgenwirkung beruhende Nackthalsigkeit und Verzwergung lassen sich leicht in beliebige Wirtschaftsrassen einführen. Beide Faktoren verbessern die Hitzeresistenz der Tiere und finden zur Zeit verstärkt Eingang in die kommerzielle Züchtung.

Der Anteil der genetischen Varianz läßt sich mit Hilfe statistischer Methoden aufgrund der Ähnlichkeit verwandter Tiere im Vergleich zu nichtverwandten Tieren ermitteln. Man geht davon aus, daß verwandte Tiere untereinander ähnlicher sind als nicht verwandte. Hierbei muß natürlich der Verwandtschaftsgrad berücksichtigt werden. Bei Vollgeschwistern beträgt der Anteil gemeinsamer Erbanlagen 50%, bei Halbgeschwistern nur 25%. Ebenso kann die Heritabilität aufgrund der Eltern-Nachkommen-Ähnlichkeit geschätzt werden.

Aufgrund dieser Zusammenhänge läßt sich als Maß für die Erblichkeit (Heritabilität, $h^2$) quantitativer Merkmale das Verhältnis aus genetischer ($V_g$) und phänotypischer ($V_p$) Variation heranziehen.

$$h^2 = \frac{V_g}{V_p} = \frac{V_g}{V_g + V_u}$$

Die auf diese Art errechneten Heritabilitätskoeffizienten sind Schätzwerte, die dem Züchter Anhaltspunkte dafür liefern, ob eine Selektion auf dieses Merkmal erfolgversprechend ist. Sie bewegen sich von 0 (keine genetisch nutzbare Varianz vorhanden) bis 1 (die gesamte vorhandene Varianz ist genetisch nutzbar). Wie schon erwähnt, sind die auf diese Weise ermittelten Heritabilitätskoeffizienten Schätzwerte, die nur ungefähre Anhaltspunkte für die Erblichkeit eines Merkmals liefern. Die tatsächliche oder realisierte Heritabilität ($h^2_r$) läßt sich erst im Selektionsexperiment ermitteln. Sie errechnet sich aus dem Verhältnis von Selektionserfolg (SE) zum Selektionsdifferential:

$$h^2_r = \frac{SE}{SD}$$

SE = Selektionserfolg (Differenz der Leistung der Elterngeneration und der Nachkommengeneration)

SD = Selektionsdifferential (Differenz zwischen der Leistung der gesamten Elternpopulation und der Leistung der zur Weiterzucht selektierten Tiere).

**Beispiel:** Aus einer Legehennenpopulation durchschnittlicher Leistung von 280 Eiern pro Jahr werden ca. 20% der besten Tiere zur Weiterzucht benutzt. Der Mittelwert der selektierten Tiere beträgt 290 Eier pro Jahr. Das Selektionsdifferential als Differenz zwischen den Mittelwerten der Ausgangspopulation und der zur Weiterzucht benutzten Tiere (Eltern der Nachfolgegeneration) beträgt somit 10 Eier. Der Selektionserfolg als Differenz der Mittelwerte der Ausgangsgeneration und der Nachkommen beträgt 2 Eier. Hieraus ergibt sich eine realisierte Heritabilität von

$$h^2_r = \frac{SE}{SD} = \frac{2}{10} = 0,20$$

Allerdings sind die aufgrund der Eltern-Nachkommen-Vergleiche ermittelten $h^2_r$-Werte von einer Generation ebenfalls mit einer großen Unsicherheit behaftet. Wie aus zahlreichen Selektionsexperimenten hervorgeht, unterliegt der Selektionsfortschritt von Generation zu Generation starken Schwankungen. In der Regel werden deshalb die über mehrere

Generationen aufaddierten (kumulierten) Selektionsdifferentiale und Selektionserfolge zur Schätzung der realisierten Heritabilität herangezogen. In der Tab. Seite 37 sind die Heritabilitätskoeffizienten einiger Merkmale aufgeführt. Hieraus geht hervor, daß Legeleistung und Fruchtbarkeit geringe, das Eigewicht eine mittlere und das Körpergewicht eine hohe Heritabilität aufweisen.

## Zuchtmethoden

**Reinzucht:** Reinzucht ist die Selektion und Paarung innerhalb einer geschlossenen Population. Die Population kann entweder eine Rasse oder eine Linie innerhalb einer Rasse sein. Ausgehend von gleichen Rassen bildeten sich z.B. in regional geschlossenen Zuchtgebieten verschiedene Landschläge. Die Züchtung der bekannten Rassen und Landschläge beruht hauptsächlich auf Reinzucht. Hierbei wird die Variation innerhalb einer Population zur Selektion auf bestimmte Ziele wie z.B. Legeleistung oder Wachstum genutzt.

---

Der Selektionserfolg bei der Züchtung ist von drei Faktoren abhängig:
1. von der genetischen Varianz des Merkmals ($V_g$)
2. von der Zuverlässigkeit der Zuchtwertschätzung ($r_{gi}$) und
3. von der Selektionsintensität (i).
$$SE = Vg \cdot r_{gi} \cdot i$$

---

## Genetische Varianz

Der Selektionserfolg ist um so größer, je breiter die vorhandene genetische Variation ist. Bei langanhaltender intensiver Selektion wird die genetische Variation verringert und der Zuchtfortschritt nimmt somit ebenfalls ab. In diesem Fall muß nach Wegen der Erweiterung der genetischen Varianz gesucht werden. Eine wichtige Methode ist hierbei die Einkreuzung anderer Rassen.

## Zuverlässigkeit der Zuchtwertschätzung

Die Zuverlässigkeit der Zuchtwertschätzung hängt davon ab, auf welchen Informationen die Leistungskriterien beruhen.

Der Informationswert aus der Leistung verwandter Tiere (Eltern, Nachkommen, Geschwister) ist gegenüber der Eigenleistung entsprechend dem Verwandtschaftsgrad verringert. Allerdings kann er durch die Verwendung mehrerer verschiedener Informationen, z.B. Vater- und Mutterleistung, oder der Leistung mehrerer Geschwister erhöht werden.

Beträgt zum Beispiel die Zuverlässigkeit der Zuchtwertschätzung aufgrund der Eigenleistung $r_{gi} = 0,3$, so beträgt der entsprechende Wert aus der Vater-, Mutter- oder Nachkommenleistung nur $r_{gi} = 0,08$, und aus der Leistung eines Großelternteils nur noch $r_{gi} = 0,02$. Die Großelternleistung trägt somit nicht wesentlich zur Verbesserung des Selektionserfolges bei.

Der Informationsverlust kann durch die Addition von Informationen jedoch wieder ausgeglichen werden. Erfaßt man z.B. im oben genannten Fall die Information von 10 Nachkommen, so erhält man einen Wert von $r_{gi} = 0,45$ und übertrifft somit den Wert der Eigenleistung.

## Selektionsintensität

Die Selektionsintensität i wird durch den Anteil der Tiere, die für die Nachzucht ausgewählt werden – die Remontierung – bestimmt. Sie liegt beim Huhn aufgrund seiner hohen Reproduktionsrate sehr günstig. Bei Hähnen werden in der Regel nur 1–2%, bei Hennen 10% der Nachkommen für die Weiterzucht benötigt.

## Selektionsindex

Sollten bei der Selektion nicht nur ein, sondern mehrere Merkmale, z.B. Eizahl, Eigewicht, Schalenstabilität und Futterverwertung berücksichtigt werden, so wird ein Selektionsindex gebildet. Hierbei werden die zu berücksichtigenden Merkmale gemäß ihrer wirtschaftlichen Bedeutung gewichtet. Je nach dem Gewicht, das der Züchter einem Merkmal beimißt, kann der Zuchtfortschritt hierfür gezielt verstärkt oder vermindert werden. Dabei muß jedoch berücksichtigt werden, daß sich der gesamte Zuchtfortschritt nicht beliebig vergrößern läßt. Die Aufnahme eines jeden zusätzlichen Merkmals in den Index oder die verstärkte Betonung eines Merkmals müssen stets mit einer Verminderung des Zuchtfortschrittes bei den anderen Merkmalen erkauft werden.

## Inzucht

Das Problem der Inzucht tritt besonders bei der Züchtung in kleinen, geschlossenen Populationen auf. Die Häufung der Verpaarung eng verwandter Tiere führt zu einer Ansammlung negativer Genkombinationen, die eine Reduktion der Fruchtbarkeit, erhöhte Anfälligkeit gegen Krankheiten und teilweise auch ein Ansteigen von Mißbildungen zur Folge haben. Bei der zufälligen Paarung innerhalb einer Population läßt sich die Inzuchtsteigerung pro Generation nach folgender Formel schätzen:

$$\Delta F = \frac{1}{8\,N_m} + \frac{1}{8\,N_w}$$

$\Delta F =$ Inzuchtsteigerung pro Generation
$N_m =$ Anzahl männlicher Tiere in der Population
$N_w =$ Anzahl weiblicher Tiere in der Population

Durch gezielte Paarungspläne kann die Inzuchtsteigeurng jedoch stark reduziert werden.

Bei einer Populationsgröße von etwa 300 Hennen und 20 Hähnen sind bei sorgfältiger Zuchtplanung keine ernsthaften Inzuchtdepressionen zu erwarten ($\Delta F = 0,009$ oder $\sim 1\%$).

## Kreuzungszucht

Kreuzungszucht beruht auf der Anpaarung von Tieren verschiedener Rassen oder Linien. Wie schon vorher erwähnt, weisen Kreuzungstiere spezielle Eigenschaften in bezug auf Lebensfähigkeit, Wachstum und Leistung auf. Die Überlegenheit der Kreuzungstiere gegenüber den reinen Ausgangslinien wird auf **Heterosis** zurückgeführt. Heterosis kann als Ansammlung positiver Geneffekte verstanden werden. Da sich Heterosiseffekte nicht aus der Leistung der Elternpopulationen voraussagen lassen, müssen hier spezielle Verfahren angewandt werden. Zur Feststellung von Heterosiseffekten werden die Linien in der Regel zunächst reziprok gekreuzt. Das

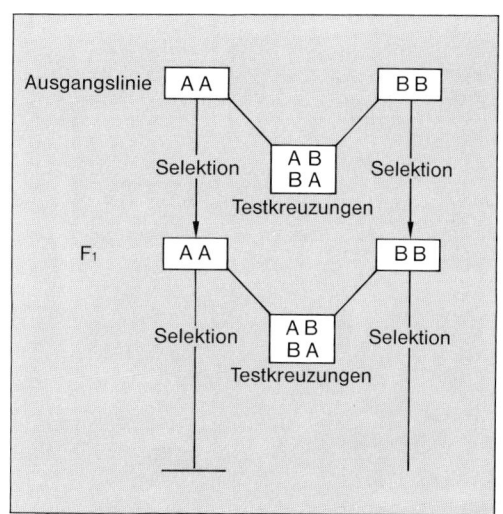

**Schema des Zuchtprogrammes bei der reziproken rekurrenten Selektion: Die zur Nachzucht eingesetzten Tiere werden auf der Basis der Leistung ihrer Kreuzungsnachkommen selektiert.**

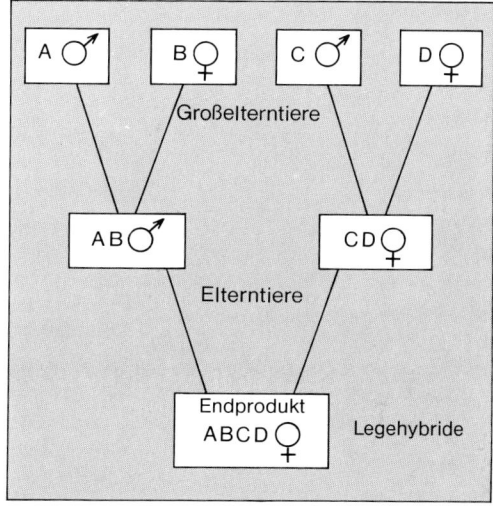

**Die Erstellung von Legehybriden ist meist das Ergebnis einer Vierlinienkreuzung.**

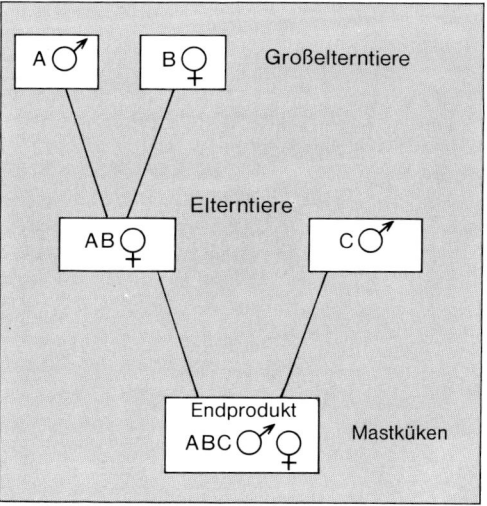

**Schema einer Dreilinienkreuzung, die meist zur Produktion von Masthybriden durchgeführt wird.**

heißt, jede Linie wird als Vater- und als Mutterlinie eingesetzt. Weichen die Kreuzungstiere signifikant vom Mittelwert der beiden Ausgangspopulationen ab, kann dies als Heterosiseffekt angesehen werden (Abb. Seite 34). Kreuzungsprodukte, die sich durch positive Effekte auszeichnen, werden für das Zuchtprogramm ausgewählt. Nun werden innerhalb der ausgewählten Linien die zur Weiterzucht bestimmten Tiere anhand der Leistung der Kreuzungsnachkommen selektiert. Diese Methode wird „reziproke rekurrente Selektion" genannt. Da der Aufwand für die Weiterführung der reinen Linien und der Leistungsprüfung in beiden reziproken Kreuzungen sehr hoch ist, wird oft nur eine einfache Kreuzung erstellt. D.h. eine Linie dient ständig nur als Vater- oder als Mutterlinie. Diese vereinfachte Zuchtmaßnahme heißt „rekurrente Selektion" (Abb. Seite 39 oben).

Durch die Verwendung mehrerer Linien in einem Zuchtprogramm können zum einen die Heterosiseffekte genutzt werden, zum anderen dient sie der Kombination von antagonistischen Merkmalen, d.h. von Merkmalen, die sich innerhalb von Reinzuchtlinien gegensätzlich verhalten, wie z.B. Eizahl und Eigewicht oder Legeleistung und Wachstum. Es muß jedoch berücksichtigt werden, daß die Ansprüche an die Organisation des Zuchtablaufs und die Prüfkapazität mit zunehmender Anzahl der benötigten Linien stark ansteigen. Bei zwei Linien beträgt die Anzahl der zu prüfenden Gruppen 4, bei drei Linien 9 und bei vier Linien schon 16.

Die Zweilinienkreuzung ist in der Legehennenzüchtung durchaus gebräuchlich, z.B. wird durch die Kreuzung von Rhodeländer Hähnen mit gestreiften Plymouth Rock Hennen eine relativ robuste und leistungsfähige Legehybride produziert. Legehybriden mit Höchstleistung sind meist das Ergebnis von Vierlinienkreuzungen (Abb. Seite 39 Mitte).

Die Dreilinienkreuzung ist in der Zucht von Broilern vertreten. Hierbei werden aus der Kreuzung von zwei frohwüchsigen Rassen oder Linien (A und B), die noch eine befriedigende Legeleistung aufweisen, Mutterlinien (AB) erstellt. Diese werden mit einer Vaterlinie (C) angepaart, welche hohe Mastleistungen erbringt. Hierdurch werden im Endprodukt hohes Wachstum und hohe Schlachtausbeute erreicht.

Somit werden Heterosiseffekte sowohl auf der Stufe der Mutterlinie als auch bei den Endprodukten genutzt. Durch gezielte Kreuzungen können Mütter mit hoher Legeleistung und Vitalität erzeugt werden. Bei Broilern erbringen Heterosiseffekte neben der erhöhten Vitalität, Verbesserungen im Wachstum und in der Futterverwertung, sowie eine höhere Ausgeglichenheit. In der Vierlinienkreuzung sind sowohl die Väter als auch die Mütter der Endprodukte Kreuzungen und profitieren somit von Heterosiseffekten in bezug auf Fruchtbarkeit und Vitalität. Darüber hinaus ist es möglich, im Endprodukt die Merkmalsantagonismen zwischen Eizahl und Eigewicht, oder Eigewicht und Schalenstabilität zu bereinigen.

## Gentechnik

Mit Hilfe von molekulargenetischen Methoden ist es möglich, genetische „Fingerabdrücke" von Einzeltieren oder von Linien zu erstellen. Für diese Untersuchungen werden Proben von Blut oder Gewebeteilen (z.B. Muskeln, Haut oder Federn) herangezogen. Die Ähnlichkeit dieser Fingerabdrücke geben Aufschluß über die Familien- und Rassezugehörigkeit der Einzeltiere.

Zur Zeit werden über gentechnische Methoden die auf den Chromosomen befindlichen Erbanlagen untersucht. Durch die sogenannte „Genkartierung" wird festgestellt, auf welchen Chromosomen und in welchen Bereichen auf den Chromosomen sich bestimmte Erbanlagen, wie z.B. für die Gefiederfarbe oder die Kammformen befinden.

Für zahlreiche Merkmale, die auf einzelne Gene zurückzuführen sind, wie z.B. Nackthalsigkeit, Kammform oder Gefiederfarbe, ist die Lage der Gene bekannt und katalogisiert. Bei Merkmalen, die auf einer Vielzahl von Genen beruhen, wird auf der molekularen Ebene der Chromosomen nach Strukturen gesucht, die mit den entsprechenden Merkmalen in Beziehung stehen. Diese werden „genetische Marker" genannt. Sind solche Marker bekannt, können sie als Selektionskriterien genutzt werden. Ob die Strukturen, die als Marker gefunden werden, das Leistungsmerkmal direkt beeinflussen, ist meist nicht bekannt.

Das gezielte Übertragen von Merkmalen durch Gentransfer wäre bei Merkmalen, die auf Einzelgenwirkung beruhen möglich. Ob und wann diese Technik in der praktischen Geflügelzüchtung genutzt werden kann, ist nicht absehbar.

# Hühnerrassen

D as Huhn ist eines der ältesten und am weitesten verbreiteten Haustiere. Es stammt vom Bankiva-Huhn ab, das heute noch in verschiedenen asiatischen Ländern in freier Wildbahn lebt. Im Laufe der Haustierwerdung wurden Hühner nicht nur zur Produktion von Eiern und Fleisch, sondern auch zu Zwecken der „Freizeitgestaltung" gezüchtet und gehalten. So wurden Rassen in den verschiedensten Formen, Farben und Verhaltensweisen selektiert.

Unter den Spielformen sei nur die Vielfalt der Farbschläge, der Befiederungstypen, der extremen Körpergrößen, z.B. riesige Brahma oder zwerghafte Bantam sowie der Kräher und Kämpfer genannt. Einige Merkmale der Spielformen haben später auch in der Wirtschaftsgeflügelzucht eine gewisse Bedeutung erlangt: Bestimmte Gefiederfarben, die geschlechtsgebunden vererbt werden, werden als Hilfsmerkmale für die Geschlechtssortierung von Eintagsküken benutzt; Nackthälse mit lockerer Befiederung und verzwergte Rassen zeigen sich besonders für den Einsatz unter tropischen Bedingungen geeignet; die kräftige Brust- und Schenkelbemuskelung der Kämpfer dient als Ausgangsbasis für Mastrassen.

Da an dieser Stelle nicht auf die Vielfalt der existierenden Hühnerrassen eingegangen werden kann, sollen nur die charakteristischen Merkmale einiger Rassen beschrieben werden, die im bäuerlichen Betrieb als reine Linien oder als Ausgangsbasis für die Hybridzucht eine Bedeutung haben.

Die Nutzungsrassen lassen sich in drei Kategorien einteilen: leichte Legerassen, mittelschwere Legerassen, schwere Mastrassen.

**White Rock Hahn, mittelschwere Rasse, die hauptsächlich zur Erstellung der Mutterlinie in Mastprogrammen dient.**

## Leichte Legerassen

Leichte Legerassen stammen hauptsächlich aus dem Mittelmeer-Raum. Ihre typischen Vertreter sind die Weißen Leghorn, die Italiener und die aus Spanien stammenden leichten Rassen, die Kastilianer, Andalusier und Minorka.

Die Weißen Leghorn und Italiener haben eine ausgezeichnete Legeleistung (250 Eier und darüber), ein hohes Eigewicht und eine hohe Fruchtbarkeit. Das Körpergewicht der Hennen im Alter von 20 Wochen liegt zwischen 1500 und 2000 g, das der Hähne ist etwa 15–20% höher. Das Alter beim ersten Ei liegt bei etwa 18 Wochen. Die Weißen Leghorn stammen aus einer italienischen Landrasse, die in den USA auf hohe Legeleistung selektiert wurden und dann wieder zurück nach Europa kamen. Die typische weiße Farbe wird durch einen dominanten Farbunterdrückungsfaktor hervorgerufen. Das Wachstum ist bei den Weißen Leghorn so stark gebremst, daß sie für Mastzwecke ungeeignet sind. Neben ihrer hohen Legeleistung weisen diese

Tiere auch eine hervorragende Anpassungsfähigkeit an unterschiedliche Klimabedingungen und Haltungssysteme auf.

Die Italiener wurden in zahlreichen verschiedenen Farbschlägen gezüchtet. In Deutschland war besonders der rebhuhnfarbene Typ verbreitet. Er wurde in der Wirtschaftsgeflügelhaltung eingesetzt, ist derzeit aber nur noch bei Rassegeflügelhaltern zu finden. Es wird berichtet, daß diese Rasse nicht für die Intensivhaltung geeignet ist und deshalb keinen Eingang in die kommerzielle, intensive Geflügelzucht fand. Für die bäuerliche Extensivhaltung sind diese farbenfrohen und leistungsfähigen Tiere jedoch durchaus nutzbar.

Die leichten spanischen Rassen sind ebenso wie die rebhuhnfarbigen Italiener aus der Wirtschaftsgeflügelhaltung verschwunden. Sie weisen ebenfalls eine gute Legeleistung auf und sind deshalb für die Extensivhaltung zu empfehlen.

## Zweinutzungsrassen

Die Rassen sind aus der Kreuzung leichter Legerassen mit schweren Rassen entstanden. Sie sollen die gute Legeleistung der oben genannten Rassen mit der Mastfähigkeit der schweren Rassen verbinden. Die wichtigsten Vertreter dieser Gruppe sind Rhodeländer, New Hampshire, Plymouth Rocks, White Rocks, Sussex, Wyandotten, Welsumer, Barnevelder, La Bresse und Australorps.

In der Legeleistung stehen diese Rassen den leichteren Tieren nur wenig nach. Das Eigewicht entspricht dem der leichten Rassen, die Legereife ist jedoch etwas verzögert. Das Körpergewicht der Hennen im Alter von 20 Wochen liegt im Bereich von 2000 bis 2500 g. Auch hier sind die Hähne etwa 15–20% schwerer als die Hennen. Aufgrund des höheren Körpergewichtes ist die Futterverwertung schlechter als bei den reinen Legerassen.

Da sich das Zweinutzungshuhn in der Praxis nicht durchsetzen konnte, wurden die mittelschweren Rassen für die Wirtschaftsgeflügelhaltung immer stärker in die Richtung der leichten Rassen selektiert. Die Legeleistung konnte ebenso wie die Futterverwertung erheblich verbessert werden. Gleichzeitig erfolgte eine Reduktion des Körpergewichts und des Alters beim ersten Ei. Zur Zeit wird das Zweinutzungshuhn wieder als Wirt-schaftsgeflügel für Betriebe des ökologischen Landbaus in Betracht gezogen.

Des weiteren sind hohe Legeleistung und Fruchtbarkeit der mittelschweren Linien erwünschte Merkmale der Hennenlinien in Broiler-Zuchtprogrammen. Da diese Tiere jedoch auch Mindestanforderungen in Mastleistung erbringen müssen, war eine Weiterentwicklung der mittelschweren Tiere in die Richtung eines höheren Körpergewichts erforderlich.

Es existieren somit innerhalb der mittelschweren Rassen erhebliche Variationen in Legeleistung und Körpergewicht, so daß Angaben bezüglich der Leistungsmerkmale für bestimmte Rassen kaum möglich sind.

## Schwere Rassen

Unter den schweren Rassen sind zwei verschiedene Typen zu nennen: die Kämpfer und die Rassen im asiatischen Typ. Von den schweren asiatischen Rassen sind in Europa vor allem die Brahma, Cochin, Orpington und Langschan vertreten. Es sind riesige Hühner, die ein Gewicht von bis zu 6 kg erreichen. Die Cochin und Brahma besitzen einen relativ kleinen Kopf und haben stark befiederte Füße. Sie legen nur wenige und kleine Eier. Sie sind spätreif, weisen jedoch ein rasches Wachstum auf.

Kämpfer gehören zu den ältesten Geflügelrassen, die für die Veranstaltung von Hahnenkämpfen gezüchtet wurden. Die Merkmale der Kämpfer sind eine breite, kräftige Brust, starke Läufe, gut bemuskelte Schenkel und aufrechte Körperhaltung. Die Kämme sind meist als kleine Rosen- oder Erbsenkämme ausgebildet. Kämpfer sind meist aggressiv und schwer zu halten. Die Legeleistung und die Fruchtbarkeit sind sehr gering, so daß sie sich in Reinzucht nicht für die wirtschaftliche Geflügelhaltung eignen, sondern nur zur Verbesserung der Konformation von Broilerlinien dienen. Auf der Basis von Kampfhuhnrassen und schweren asiatischen Rassen wurden neue Rassen entwickelt, die zwar dem Kämpfer im Exterieur ähnlich, jedoch weniger aggressiv und leichter zu halten sind. Hierzu gehören die Indischen Kämpfer und die Cornish. Die hervorragende Brust- und Schenkelbemuskelung, die guten Zunahmen sowie der ruhige Charakter machen diese Rasse für die Broilerzucht unentbehrlich.

# Verhalten und Tierschutz

Probleme des Tierschutzes nehmen seit einigen Jahren in der Geflügelhaltung eine wichtige Stelle ein. Von seiten der Tierschutzverbände wird vor allem die intensive Käfighaltung stark angegriffen. Die hohe Besatzdichte, das Fehlen von Einstreu, Nestern und Sitzstangen, sowie das mehlförmige Futter in der üblichen Käfighaltung werden als nicht artgemäß angesehen. Hieraus wird die Forderung nach der Abschaffung der Käfighaltung hergeleitet. Das Tierschutzgesetz von 1998 fordert, daß den Tieren eine angemessene Nahrung und Pflege, sowie eine verhaltensgerechte Unterbringung zu gewähren ist. Des weiteren darf die Möglichkeit des Tieres zu artgemäßer Bewegung nicht so eingeschränkt werden, daß den Tieren vermeidbare Schmerzen, Leiden oder Schäden zugefügt werden.

Die unbestimmten Rechtsbegriffe der „artgemäßen Nahrung und Pflege", der „verhaltensgerechten Unterbringung" oder des „artgemäßen Bewegungsbedürfnisses" und der „vermeidbaren Schmerzen, Leiden oder Schäden" haben zu langandauernden Diskussionen zwischen Tierschutzverbänden und Geflügelhaltern im wissenschaftlichen und juristischen Bereich geführt. Im Mittelpunkt der Diskussionen stand dabei das Verhalten der Hühner, da sich – nach Ansicht des Tierschutzes – hieran die Artwidrigkeit der Käfighaltung am deutlichsten zeige.

Um die Diskussion im Tierschutzbereich besser zu verstehen, ist es wichtig, die Grundlagen des Verhaltens beim Huhn zu kennen. Des weiteren können Erkenntnisse über das Verhalten der Tiere dazu dienen, Probleme in Hühnerherden rechtzeitig zu erkennen und Maßnahmen zu ergreifen, um Schäden zu verhindern. Im folgenden soll deshalb zunächst auf die Zusammenhänge zwischen dem Verhalten des Huhnes und den verschiedenen Haltungssystemen eingegangen werden.

## Funktionskreise des Verhaltens

Das Verhalten der Tiere wird in der Regel in verschiedene „Funktionskreise" untergliedert. Das heißt, man ordnet die beobachteten Verhaltensabläufe bestimmten Funktionen zu, die der Erhaltung und dem Schutz der Tiere dienen. Im Allgemeinen unterscheidet man folgende Funktionskreise:

- Nahrungsaufnahme
- Sozialverhalten
- Komfortverhalten
- Fortbewegung
- Ruhen und Schlafen
- Ausscheidungsverhalten
- Feindvermeidung
- Fortpflanzung

## Dauer und Tagesrhythmik einiger Verhaltensweisen

Bestimmt man aufgrund von Beobachtungen die Dauer, welche Hühner mit bestimmten Verhaltungsabläufen zubringen, ergibt sich folgendes Bild:

| Relative Dauer verschiedener Verhaltensabläufe von Legehennen in Käfigen, während einer 13stündigen Lichtperiode | |
|---|---|
| Verhalten (Funktionskreis) | Anteil in % |
| Futteraufnahme (Nahrungsaufnahme) | 40 |
| Wasseraufnahme (Nahrungsaufnahme) | 14 |
| Laufen (Fortbewegung) | 21 |
| Federputzen (Komfortverhalten) | 10 |
| Sitzen/Ruhen (Ruhen und Schlafen) | 3 |
| Federpicken (Nahrungsaufnahme?) | <1 |
| Aggressives Picken (Sozialverhalten) | <1 |
| Koten (Ausscheidungsverhalten) | <1 |

Die Futteraufnahme nimmt mit 40% den größten Teil in Anspruch. Es folgen Laufen, Wasseraufnahme und Federputzen mit 21, 14 und 10%. Die meisten anderen Verhaltensweisen nehmen nur einen geringen Zeitaufwand in Anspruch.

Wichtig ist jedoch nicht nur die Dauer, die die Tiere täglich mit verschiedenen Verhaltensweisen verbringen, sondern auch, zu welcher Tageszeit bestimmte Verhaltensweisen auftreten. Wird der Tagesrhythmus verschiedener Verhaltensabläufe in Kurven aufgezeichnet, so zeigt sich, daß verschiedene Verhaltensweisen wie Futteraufnahme, Wasseraufnahme und Fortbewegung deutlich zweigipflige Tagesverläufe haben. Die Maxima befinden sich am Morgen und am Abend. Federputzen und Sitzen dagegen weisen nur einen Gipfel während der Mittagszeit auf. Federpicken nimmt zum Ende der Lichtperiode hin leicht zu.

## Futteraufnahmeverhalten

Das Futterpicken ist eine dem Huhn angeborene Verhaltensweise. Das heißt, das Küken muß Futterpicken nicht erlernen, sondern beherrscht es schon unmittelbar nach dem Schlüpfen. Lediglich die Pickgenauigkeit, mit welcher kleine Futterpartikel getroffen werden, nimmt im Laufe der ersten Lebenstage zu. Schon vom ersten Tag an bevorzugt das Küken bestimmte Partikelgrößen und Farben. Körner in der Größe von etwa 2,5 mm werden spontan gegenüber größeren oder kleineren Partikeln bevorzugt. In bezug auf Farben bevorzugen Küken und Legehennen gefärbten Mais in der folgenden Reihenfolge gelb, grün, rot und blau. Geschmackliche Gesichtspunkte sind bei der Futterwahl von geringerer Bedeutung. Zwar können Hühner mit Hilfe ihrer Geschmacksknospen im Zungen- und Gaumenbereich durchaus verschiedene Geschmacksrichtungen unterscheiden, die Reaktion auf verschiedene Bitterstoffe z. B. ist jedoch von der des Menschen verschieden. Zuckerhaltige Futterstoffe werden in der Regel gegenüber Futtermitteln ohne Zucker bevorzugt. Das beruht aber nicht auf dem süßen Geschmack des Zuckers, sondern auf chemischen Mechanismen aus dem Magen-Darm-Bereich. Aufgrund solcher Mechanismen können Hühner auch feststellen, ob ein Futtermittel Kalk, Kochsalz oder andere Minerale enthält. Entzieht man den Tieren zum Beispiel für einige Zeit Kalk oder Kochsalz und setzt ihnen dann Rationen, die das Mangelelement enthalten oder frei davon sind, zur Wahl vor, wählen sie in sehr kurzer Zeit die Kalk- bzw. kochsalzreiche Ration. Dies zeigt, daß Hühner Mineralstoffmängel selbst beheben können, wenn man ihnen die entsprechenden Stoffe zur Verfügung stellt.

Das Unterscheidungsvermögen des Huhnes für verschiedene Futterbestandteile kann sich der Tierhalter in Wahlfütterungssystemen zunutze machen. Geruchliche Wahrnehmungen spielen bei der Futteraufnahme offensichtlich eine geringe Rolle. Während man früher annahm, daß Hühner keine Gerüche wahrnehmen können, wurden in der letzten Zeit deutliche Beweise dafür gefunden, daß Hühner auf Geruchsstoffe reagieren. Z. B. gehen vom Blut frisch geschlachteter Hühner Geruchsstoffe aus, die eine Ablehnungsreaktion der Tiere verursachen.

Küken in typischer Trinkhaltung: Durch Anheben des Schnabels rinnt das Wasser in den Schlund.

## Wasseraufnahmeverhalten

Beim Trinken taucht das Huhn zunächst den Schnabel in das Wasser ein und hebt dann den Kopf, um das Wasser in den Schlund rinnen zu lassen. Die ersten Trinkbewegungen beim unerfahrenen Küken erfolgen, wenn das Tier zufällig mit Wasser in Berührung kommt. Durch andere Küken, die schon Trinken „gelernt" haben, können unerfahrene Küken ebenfalls zum Trinken animiert werden.

Das Auffinden des Wassers ist für Küken zuweilen ein Problem. Vor allem nach langem Transport und großer Hitze ist es wichtig, daß die Küken das Wasser schnell finden, damit sie nicht austrocknen. Es ist deshalb wichtig, daß ausreichend Wasserstellen im Bereich der Tiere vorhanden sind, und daß sich diese in leicht erreichbarer Höhe befinden.

## Sozialverhalten

Das Sozialverhalten beim Huhn äußert sich überwiegend in Form sozialer Auseinandersetzungen. Das Vorhandensein einer sozialen Rangordnung wurde bei Hühnern um 1920 entdeckt und erforscht. In der Regel spielt sich in einer Kükenherde im Alter von 7 bis 8 Wochen eine bestimmte Rangordnung ein, in der die soziale Stellung der Einzeltiere festgelegt wird. Die ranghöheren Tiere verschaffen sich durch aggressives Hacken oder Drohen den Vortritt am Futtertrog oder an bevorzugten Aufenthaltsplätzen. Die Rangordnung ergibt sich meist durch heftige Zweikämpfe zwischen den Tieren. Sind die Ränge einmal festgelegt, werden in der Regel nur noch selten Kämpfe beobachtet. Die Rangordnung wird dann durch Drohen und gelegentliches Hacken der unterlegenen Tiere bestätigt und aufrechterhalten.

In kleinen Herden von etwa 10 Hühnern oder weniger ist die Rangordnung meist „linear". Das heißt, das ranghöchste, oder Alpha-Tier, ist allen anderen Tieren der Herde überlegen, das rangzweite oder Beta-Tier ist allen Tieren der Herde, mit Ausnahme des Alpha-Tieres, überlegen usw. In größeren Herden allerdings treten komplizierte Rangordnungsverhältnisse auf, in denen Tiere, die einen allgemein niederen Rang einnehmen, durchaus auch einzelnen Tieren überlegen sind, die einen relativ hohen Platz in der Rangordnung einnehmen.

lineare Rangordnung
A → B → C → D → E → F

nicht-lineare Rangordnung
A → B → C → D → F
                  ↖ ↗
                   E

Wie schon erwähnt, verschaffen sich ranghöhere Tiere Vorteile bei der Futterversorgung. An der Tränke und im Ruhebereich (Sitzstangen) werden selten Auseinandersetzungen beobachtet. Im allgemeinen wurde bisher angenommen, daß ranghöhere Hennen aufgrund ihrer Vorteile am Futtertrog und des geringeren sozialen Stresses ein höhere Leistung aufweisen. Exakte Untersuchungen hierüber haben aber gezeigt, daß der soziale Rang nur einen geringen Einfluß auf die Leistung der Tiere hat.

**Faktoren für die Rangordnung**

**Geschlecht:** Hähne sind in der Regel ranghöher als Hennen.
**Alter:** Ältere Tiere sind der Regel ranghöher als jüngere.
**Körpergewicht:** Innerhalb der Rassen oder Linien haben schwere Tiere meist einen höheren Rang. Leichte Rassen aber haben oft eine höhere Aggressivität und können somit über schwerere dominieren.
**Hormoneller Status:** Bei Brütigkeit oder Mauser verliert die Henne vorübergehend ihren sozialen Rang und rückt an die letzte Stelle in der Herde.

## Komfortverhalten

Zum Komfortverhalten gehören alle Verhaltensabläufe, die der Reinigung und Pflege des Gefieders und anderer Körperteile dienen. In diesem Funktionskreis besitzt das Huhn ein besonders reichhaltiges Verhaltensinventar.

**Federputzen:** Dabei werden mit Hilfe des Schnabels Federn oder Gefiederbereiche geglättet und geordnet.

**Federschütteln:** Beim Schütteln des Körpers werden die Federn geordnet und Fremdkörper (Sand, Parasiten) aus dem Gefieder entfernt.

**Kopfschütteln, Kopf- und Schnabelkratzen:** Dieses Verhalten dient dem Entfernen von Schmutzpartikeln im Kopf- und Schnabelbereich.

**Flügelschlagen, Flügelbeinstrecken:** Diese Verhaltensabläufe treten meist nach Ruhepausen auf und können als Streck- und Räkelbewegungen angesehen werden.

**Sandbaden:** Das Huhn bildet eine Mulde im Sand oder in der Einstreu. Durch eine Reihe verschiedener Einzelbewegungen wird das Gefieder mit Sand oder Einstreu bedeckt. Diese werden am Ende des Sandbadens durch Schüttelbewegungen wieder entfernt. Sandbaden dient der Instandhaltung des Gefieders. Außerdem sollen mit dem Staub auch Parasiten aus dem Gefieder entfernt werden.

## Die Paarung

Das Sexualverhalten des Hahnes reift im Laufe der Aufzucht heran und ist im Alter von etwa 15 Wochen abgeschlossen. Einzelne

**Vor der Eiablage zieht sich die Henne in das Nest zurück und bleibt auch nach dem Legen noch einige Zeit im Nest sitzen.**

Komponenten des Paarungsverhaltens wie Krähen, Futterlocken und Tretversuche werden jedoch schon wesentlich früher beobachtet.

Beim Eintreten der Geschlechtsreife der Henne, im Alter von ca. 18 Wochen ist auch das Sexualverhalten voll entwickelt. Es zeigt sich darin, daß sie sich für Nester zu interessieren beginnt und sich bei der Annäherung des Hahnes niederduckt. Die Paarung wird in der Regel durch die Balzaktivität des Hahnes eingeleitet. Hierzu gehören das „Futterlokken", das „Stolpern über den Flügel", die Jagd nach der Henne in „Puterhaltung" und das „Aufbäumen". Beim Futterlocken pickt der Hahn eifrig nach (meist nicht vorhandenen) Futterpartikeln und stößt dabei kurze, charakteristische Rufe aus, um die Henne anzulocken. Das Stolpern über den Flügel ist eine der auffälligsten Balzbewegungen. Hierbei senkt der Hahn einen Flügel zum Boden und umkreist die umworbene Henne, indem er seitlich über den abgesenkten Flügel „stolpert". Entzieht sich die Henne der Werbung durch Flucht, wird sie vom Hahn mit abgesenkten Flügeln und gesträubtem Gefieder, die den gespreizten Bewegungen eines Puters ähneln, verfolgt. Eine weniger auffallende Balzbewegung ist die Aufbäumhaltung, bei welcher der Hahn hinter die Henne tritt, sich aufbäumt und auf die Henne hinunterblickt. Die paarungsbereite Henne duckt sich vor dem Hahn nieder. Der Hahn besteigt die Henne, faßt mit dem Schnabel ihre Nackenfedern und preßt seine Kloake auf die ausgestülpte Kloake der Henne. Die meisten Paarungen erfolgen am Morgen nach dem Verlassen der Schlafplätze und am späten Nachmittag. Hähne haben meist Präferenzen für bestimmte Hennen ihrer Herde, die dann häufiger getreten werden. In der Rangordnung hochstehende Hennen weichem dem Hahn häufiger aus und werden demzufolge weniger häufig getreten.

## Eiablage

Mit dem Follikelsprung werden physiologische Reaktionen ausgelöst, die das Verhalten der Henne in der Zeit vor der Eiablage am folgenden Tag bestimmen. Etwa 2 Stunden vor der Eiablage beginnt die Henne unruhig zu werden. Sie zeigt eine erhöhte Laufaktivität und beginnt Nester zu besichtigen. Futter- und Wasseraufnahme gehen zurück. Meist ist

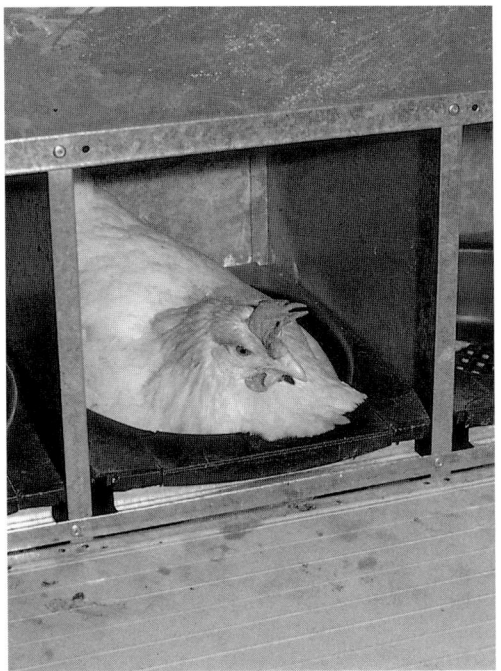

das Verhalten vor dem Legen auch mit einem ausgeprägten Legegackern verbunden. Einige Minuten vor der Eiablage setzt sich die Henne auf dem Nest nieder. Beim Eiausstoß sträubt die Henne ihr Gefieder und richtet den Oberkörper auf. Das Ei kann im Sitzen, in hockender oder stehender Position ausgestoßen werden. Die Henne bleibt noch eine Weile auf dem Ei sitzen. Rollt das Ei aus dem Nest, wird es mit einer typischen Schnabelbewegung wieder zurückgerollt. Nach dem Verlassen des Nestes geht die Henne meist zu Futter und Wasser. Das vor dem Legen charakteristische Gackern kann auch nach dem Legen auftreten. Zur Eiablage ziehen sich die Hennen von der Herde zurück. Geschützte Nester (meist höher gelegene, dunkle Nester) oder Stallecken werden bevorzugt aufgesucht. Jedoch existieren in der Wahl des Netzplatzes große individuelle Unterschiede. So gibt es Hennen, die auch hell beleuchtete Nester bevorzugen oder auch ihre Eier in der Einstreu oder auf dem Drahtgitter des Kotkastens ablegen. In engen Einzelnestern drängen sich oftmals aus unbekannten Gründen mehrere Hennen zusammen, auch wenn genügend Nestplätze vorhanden sind. Die Beschaffenheit des Nestbodens spielt ebenfalls eine wichtige Rolle für die Annahme eines Nestes. Eingestreute Nester werden von den Hennen gerne angenommen. In Wahlversuchen mit

Wärme, Wasser und Futter sind die wichtigsten Bedingungen für Küken in den ersten Lebenstagen. In der intensiven Aufzucht ersetzt die künstliche Wärmequelle die Körperwärme der Glucke.

unterschiedlichen Nestböden hat es sich gezeigt, daß das entscheidende Kriterium für die Bevorzugung eines Nestbodens die Formbarkeit ist. Ist ein Boden schon der Körperform der Henne angepaßt, wird er auch bei festen Materialien wie z.B. Plastik, eher angenommen.

Auch in der Käfighaltung zeigen die Hennen eine auffallende Steigerung der Aktivität vor der Eiablage. Diese äußert sich in stereotypem Laufen, häufigem Herausstrecken des Kopfes aus dem Käfig und Unterschlüpfen unter Käfiggenossen. Die Unruhe dauert meist bis unmittelbar vor Ausstoßen des Eies an. Da das Ei hier häufig sofort abrollt und für die Henne unerreichbar ist, geht die Henne nach der Eiablage sofort zum Trog und beginnt zu fressen.

## Brut- und Aufzuchtverhalten

Die Umstimmung der Hennen von der Legetätigkeit zur Brut erfolgt auf hormonellem Weg. In erster Linie ist hierfür die vermehrte Prolaktinausschüttung aus der Hypophyse verantwortlich. Brütigkeit kann auch künstlich durch Injektion von Prolaktin oder durch den engen Kontakt der Henne mit Küken über mehrere Tage induziert werden. Die brütige Henne verändert ihr Aussehen und ihr Verhalten. Kamm- und Kehllappen schrumpfen ein, das Gefieder verliert seinen Glanz und wird meist gesträubt gehalten. Die Henne beginnt gluckende Laute auszustoßen. Sie sucht das Nest auf und verläßt es täglich nur für kurze Zeit, um Futter und Wasser aufzunehmen. Während der Brut der Eier verliert sie etwa ein Drittel ihres Körpergewichts. Sie ist äußerst aggressiv gegen Menschen und Tiere, die sich dem Nest nähern.

Hühnerküken schlüpfen nach einer Brutzeit von 21 Tagen. Nach erfolgtem Schlupf bleiben die Küken unter der Glucke bis sie völlig abgetrocknet sind. Bald verläßt die Glucke das Nest und die Küken folgen ihr nach. Schon in der letzten Phase der Brut nehmen Glucke und Küken über die Glucklaute bzw. das Piepen Kontakt auf. Die Küken lernen somit die Stimme „ihrer" Glucke kennen und können sie später gegenüber anderen unterscheiden. Nach dem Schlupf erfolgt in einem Zeitraum von etwa 24 Stunden eine „Prägung" der Küken auf die Gestalt der Glucke, d.h. das Aussehen der Glucke prägt sich den Küken innerhalb von kurzer Zeit so stark ein, daß sie nur ihr nachfolgen. In dieser Zeit können Küken, die ohne Glucke aufgezogen werden, auch auf andere belebte oder auch unbelebte Objekte geprägt werden. Werden Küken vom Schlupf an von Glucke und Kumpanen isoliert und vom Menschen aufgezogen, vollzieht sich innerhalb von 24 Stunden eine Prägung auf den Menschen, und das Küken folgt diesem nach.

In den ersten Lebenstagen bleiben die Küken ständig in engem Kontakt mit der Glucke. Diese ist in erster Linie als Wärmequelle unentbehrlich. Von Zeit zu Zeit werden die Küken unter dem Gefieder der Glucke gehudert, d. h. sie wärmen sich auf, um danach wieder eine Zeitlang mit der für sie zu geringen Umwelttemperatur auskommen zu können. Erst im Alter von etwa 3 Wochen sind das Wärmeregulationssystem und das Gefieder der Küken soweit ausgebildet, daß sie ohne Zusatzwärme auskommen. Die Küken entfernen sich dann auch immer weiter und für immer längere Zeit von der Glucke. Im Alter von 6 bis 7 Wochen beginnt sich die Familie aufzulösen. Die Glucke macht eine Mauser durch und fängt anschließend wieder an zu legen. Mit der hormonellen Umstellung auf die Legeleistung geht eine Vergrößerung der Kopf- und Kehllappen einher. Die Henne gliedert sich in ihre Herde ein und erlangt meist wieder den vorherigen Rangplatz.

## Fortbewegung

Wie schon erwähnt, zeigen Hühner einen deutlich zweigipfligen Tagesrhythmus in der Laufaktivität. Dieser Rhythmus wird vom Licht gesteuert und kann in allen Haltungssystemen – in Auslauf-, Boden- oder Käfighaltung – festgestellt werden. Die Dauer der Laufaktivität ist natürlich unter den eingeschränkten Bedingungen der Käfighaltung gegenüber Auslauf- oder Bodenhaltung reduziert.

Beobachtungen an Hühnern, die in freier Wildbahn ausgesetzt wurden, zeigten, daß die Laufaktivität stark von der Futtersuche bestimmt ist: Im Frühling, wenn sich die Tiere weitgehend von Insekten ernähren, war die Laufaktivität sehr hoch. Fanden die Hühner im Sommer genügend Nahrung in Getreidefeldern, wurde die Fortbewegung stark reduziert.

Im unbegrenzten Auslauf entfernen sich Hühner im allgemeinen nicht mehr als 50 m von ihrem Stall. Sind Büsche oder Bäume als Schutz vorhanden, wagen sich die Tiere jedoch bis zu 200 oder 300 m weit von ihrem Ausgangsort weg. Auch in großen, geschlossenen Ställen nutzen Hennen meist nicht die gesamte Fläche, sondern halten sich bevorzugt in einem gewissen, vertrauten Bereich auf. Allerdings wurde auch beobachtet, daß manche Hennen keinen bevorzugten Stallbereich hatten und sich im gesamten zur Verfügung stehenden Raum bewegten.

Werden Küken in fensterlosen Ställen aufgezogen, sind sie nur schwer an den Auslauf zu gewöhnen. Meist müssen sie zur Gewöhnung an den Auslauf aus dem Stall getragen und „ausgesperrt" werden. Sobald die Tiere sich an den Auslauf gewöhnt haben, nutzen sie diesen intensiv als Weide. Bei geringem Raumangebot und ständiger Benutzung wird der Grasbewuchs des Auslaufes in kurzer Zeit durch Picken und Scharren vernichtet. Aufgrund des meist sehr geringen Aktionsradius der Tiere werden allerdings auch reichlich bemessene Ausläufe im Bereich des Stallausganges stark abgeweidet, so daß die Stellen bei nassem Wetter verschlammen.

## Ruhen und Schlafen

Über Ruhen und Schlafen des Huhnes ist noch wenig bekannt. Neben den nächtlichen Ruhe- und Schlafphasen ruhen Hühner am Nachmittag häufig im Sitzen oder im Stehen. Hierbei ziehen sie den Kopf dicht an den Körper und schließen die Augen. Es ist jedoch schwierig festzustellen, ob die Hühner dabei nur ruhen oder tatsächlich schlafen. Durch Erfassung der Gehirnströme beim Huhn wurde festgestellt, daß Hühner – ähnlich wie Menschen und Säugetiere – Tief- und Wachschlafphasen aufweisen. Im Tiefschlaf stecken die Tiere den Kopf unter den Flügel.

Sind Sitzstangen vorhanden, suchen Hühner diese meist als Schlafplatz auf und verbringen hier in engem Kontakt mit ihren Artgenossen die Nacht. Die Auswahl des Platzes auf der Sitzstange wird von der Rangordnung nicht beeinflußt. Rangordnungskämpfe um den Platz auf der Sitzstange wurden bisher nicht beobachtet auch wenn nicht genügend Platz für alle Hennen auf den Sitzstangen vorhanden war. In der Auslaufhaltung kommt es vor, daß Hühner abends nicht in den Stall gehen, sondern einen Schlafplatz in Bäumen aufsuchen. Hat sich dieses Verhalten einmal ausgebildet, ist es kaum noch rückgängig zu machen. Die Hühner müssen dann jeden Abend von den Betreuern in den Stall gebracht werden. Durch Beleuchtung der Schlupföffnungen können die Hennen abends in den Stall gelockt werden.

## Ausscheidungsverhalten

Über das Ausscheidungsverhalten des Huhnes gibt es nur wenige Untersuchungen. Legehennen setzen etwa zweimal pro Stunde Kot ab. Die Kothäufigkeit und -menge ist gleichmäßig über den Tag verteilt. Darüber hinaus gibt es Hinweise, daß Hühner unter Furchtsituation häufiger als unter normalen Bedingungen Kot absetzen.

## Feindvermeidung

Hühner in Freilandhaltung sind einer Reihe verschiedener Gefahren ausgesetzt. Habicht, Fuchs und Marder sind traditionelle Feinde von Hühnervögeln, gegen die im Laufe der Entwicklungsgeschichte verschiedene Abwehrmechanismen entwickelt wurden. Erscheint ein Raubvogel in der Nähe eines Hühnerhofes, werden langgezogene Warnrufe ausgestoßen, worauf alle Hühner Deckung aufsuchen. Die Warnung vor Bodenfeinden erfolgt dagegen meist durch lautes, aufgeregtes Gackern. Auch in ihrem Bewegungsverhalten sind verschiedene Mechanismen der Feindvermeidung festgelegt. Besonders Küken zeigen ein reichhaltiges Reaktionsinventar, das sich vom „Erstarren" oder „Sich-tot-stellen" bis zur panischen Flucht erstreckt.

Das Erstarren kann als die stärkste Reaktion unter extremen Schreckbedingungen angesehen werden. Hierbei schließen die Tiere die Augen und sind eine Zeitlang unempfindlich gegenüber äußeren Reizen. Nach dem Abklingen des Erstarrens oder unter Einfluß geringerer Furchtsituationen können Fluchtreaktionen beobachtet werden. Die tonische Starre kann bei Küken und erwachsenen Hühnern durch verschiedene furchtauslösende Reize hervorgerufen werden. Küken verfallen oft auch minutenlang in eine tonische Starre, wenn sie auf den Rücken gelegt werden. Erwachsene Hühner können durch Seitenlage in Starre versetzt werden (Abb. unten).

Die panische Flucht spielt in der intensiven Geflügelhaltung eine Rolle, da sie die Grundlage für die sogenannte Hysterie ist. Hierbei flüchten Hühnerherden in Schrecksituationen plötzlich in eine Stallecke und drängen sich dort so zusammen, daß ein großer Teil der Herde erstickt. Die auslösenden Ursachen sind oft nicht erkennbar.

Auch der Betreuer der Hühnerherde wird in gewisser Weise als „Feind" betrachtet. Es ist deshalb wichtig, daß durch intensiven Umgang mit den Tieren die Furcht abgebaut wird. In verschiedenen Untersuchungen hat sich gezeigt, daß der Abbau der Furcht zwischen Hühnern und dem Menschen besonders bei jungen Tieren erfolgreich ist. Feh-

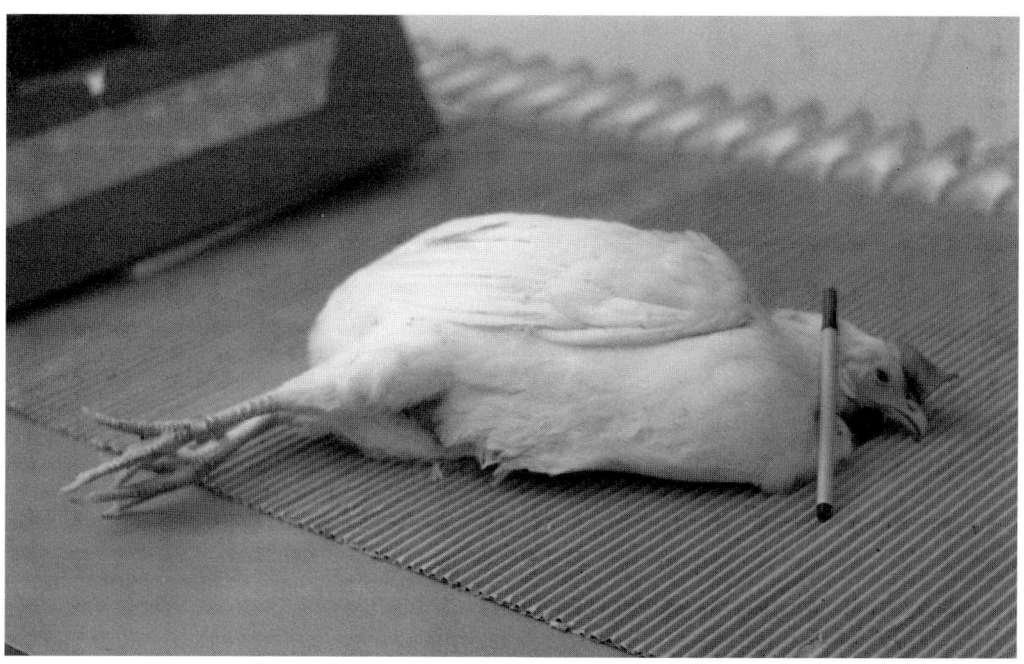

Das „Erstarren" ist eine elementare Reaktion im Rahmen der Feindvermeidung. Auch bei erwachsenen Hühnern läßt sich diese Reaktion noch durch verschiedene Manipulationen auslösen.

lende Kontakte bei Küken können bei älteren Tieren nur unter hohem Zeitaufwand wieder ausgeglichen werden.

## Unerwünschte Verhaltensweisen

Hühner zeigen wie die meisten anderen Haustierarten, eine Reihe von Verhaltensweisen, die vom Tierhalter nicht erwünscht sind. Solche Verhaltensweisen werden oft als „Fehlverhalten", „anomales Verhalten" oder auch als „Verhaltensunart" bezeichnet. Hierzu gehören Federpicken, Kannibalismus, Eierfressen und Hysterie.

## Federpicken und Kannibalismus

Federpicken ist eine häufig zu beobachtende Verhaltensweise, die in allen Haltungsarten auftritt. Schon im Alter von wenigen Tagen beginnen Küken am Federkleid ihrer Gruppengenossen zu zupfen. Im Alter von 4 bis 6 Wochen kann das Federpicken sich so stark entwickeln, daß erhebliche Schäden am Gefieder auftreten. In manchen Fällen kommt es erst im Alter von 15 bis 18 Wochen zu einer Steigerung des Federpickens und somit zu Gefiederschäden. Betroffen sind vor allem die Schwanzfedern, die Flügelspitzen und der Rücken. Teilweise sind jedoch auch Kopf, Hals oder die Kloakengegend die zuerst bepickten Körperregionen. Die Intensität des Federpickens ist, ebenso wie der Beginn, äußerst variabel und schwer voraussagbar. Das Bild der Gefiederschäden reicht von leicht ausgefransten Schwanzfedern bis zur völligen Entblößung der Tiere (Abb. S. 51 oben). Häufig sind Verletzungen der Haut bei starkem Federpicken der Beginn des Kannibalismus. Es muß hier jedoch erwähnt werden, daß auch starkes Federpicken nicht zwangsweise zu Kannibalismus führt. Es gibt Hühnerherden, die aufgrund des Federpickens einen desolaten Gefiederzustand aufweisen und trotzdem nur eine geringe Mortalität durch Kannibalismus haben. Federpicken und Kannibalismus werden deshalb von einigen Verhaltenforschern als unterschiedliche Verhaltensmechanismen angesehen. In manchen Fällen ist Kannibalismus aber auch eine direkte Folge intensiven Federpickens. Verletzte Hauptpartien üben offensichtlich eine besondere Anziehungskraft auf Hühner aus. Durch intensives Bepicken werden tiefe Wun-

den geschaffen, die schließlich zum Tod der Tiere führen. Verletzte Tiere werden ständig von „Pickern" verfolgt. Werden sie nicht von der Herde getrennt oder durch entsprechende Mittel behandelt, können sie in wenigen Stunden von ihren Gruppengenossen getötet werden. Das Bepicken der Kloake führt besonders schnell zum Tode des betroffenen Tieres. Häufig löst ein Eileitervorfall das zum Kannibalismus führende Picken aus. Legehennen, die zum Eileitervorfall neigen, sind deshalb besonders gefährdet.

In selteneren Fällen bricht in Herden das Picken nach anderen Körperteilen, z.B. nach Zehen oder Kämmen und Kehllappen aus. Hierbei werden die betroffenen Körperteile durch Picken in kurzer Zeit amputiert. In Anbetracht der schweren Verletzungen, die durch diese Art des Pickens entstehen, wird das Verhalten oft mit Aggressivität in Verbindung gebracht. Die Art des Pickens und auch die Reaktion des bepickten Tieres sind jedoch völlig verschieden von den bekannten aggressiven Verhaltensweisen und dürfen damit nicht verwechselt werden.

Als Ursache für Federpicken und Kannibalismus ist ein Komplex von zahlreichen Risikofaktoren anzusehen.

---

**Ursachen für Federpicken**

**Genetische Veranlagung.** Manche Rassen bzw. Herkünfte neigen mehr zum Federpicken und Kannibalismus als andere.

**Nährstoffmangel.** Mangel an verschiedenen Mineralstoffen, Vitaminen, essentiellen Aminosäuren, sowie Futterrestriktion fördern Federpicken und Kannibalismus.

**Futterstruktur.** Pelletfütterung bei Legehennen fördert Federpicken und Kannibalismus.

**Licht.** Hohe Lichtintensität fördert Federpicken und Kannibalismus.

**Klima.** Hohe Temperaturen, zu hohe oder zu geringe Luftfeuchte, hohe Schadstoffgehalte fördern Federpicken und Kannibalismus.

---

Zum Auslösen des Federpickens tragen in der Regel mehrere der genannten Faktoren bei. Sein Auftreten ist deshalb schwer voraussagbar und kontrollierbar. Es sollte jedoch versucht werden, die genannten Faktoren günstig zu gestalten. Darüber hinaus existieren verschiedene Methoden, das unerwünschte Verhalten einzuschränken. Die wirksamste

Maßnahme ist das Schnabelstutzen. Da dieser Eingriff mit Schmerzen für das Tier verbunden ist, darf es nur mit der Genehmigung der zuständigen Behörde (Amtstierarzt) vorgenommen werden. Darüber hinaus muß Schnabelstutzen mit den geeigneten Geräten und von geschultem Personal durchgeführt werden. Das Angebot von Körnern in der Einstreu oder von Grünfutter soll die Hennen vom Federpicken ablenken. Die Wirksamkeit dieser Methoden ist jedoch meist zeitlich begrenzt. Sehr schnell gewöhnen sich die Tiere

Federpicken ist ein weitverbreitetes Problem, das in allen Haltungssystemen auftritt. Bevorzugt werden Kopf-, Hals- und Kloakenregion bepickt.

Die Einstreu ist ein wichtiges Element in der Bodenhaltung. Die Möglichkeit, in der Einstreu zu picken, verhindert jedoch das Federpicken nicht. Durch das Angebot von Körnern in der Einstreu oder Grünfutter gelingt es zuweilen, die Hühner vom Federpicken abzulenken.

an das höhere Reizangebot und kommen dann wieder zum Federpicken zurück.

Zur Verhütung des Kannibalismus bei Einzeltieren können bepickte Stellen mit Holzteer oder ölhaltigen Substanzen behandelt werden. Allerdings ist die Wirkung dieser Mittel nur auf wenige Stunden und Tage begrenzt, so daß häufige Nachbehandlungen nötig sind. Meist hilft nur eine völlige Trennung des bepickten Tieres von der Herde.

## Eierfressen

Ein anderes wirtschaftlich bedeutsames und deshalb unerwünschtes Verhalten ist das Eierfressen. Offensichtlich erfahren Hühner durch Zufall, daß Eier durchaus verzehrbare Objekte sind und fressen dann gezielt alle erreichbaren Eier auf. Durch Nachahmung pflanzt sich dieses Verhalten sehr schnell in der Herde fort, so daß bei offenen Nestern zuweilen die gesamte Produktion auf diese Art verschwindet. Das Auftreten des Eierfressens wird meist erst spät entdeckt, da der Vorgang bei „geübten" Eierfressern nur Sekunden dauert, und Eier meist mit der Schale verzehrt werden. Erst durch sorgfältiges Beobachten der Tiere oder durch Zufall wird dann entdeckt, daß der Rückgang des Eierertrages nicht durch eine geringere Legeleistung, sondern durch Eierfressen bedingt ist (Abb. Seite 153).

Da die Ursachen dieses ungewöhnlichen Verhaltens nicht bekannt sind, ist auch eine Behandlung nicht möglich. Zwar werden in älteren Beschreibungen des Problemes zahlreiche Rezepte zur Unterbindung des Verhaltens erwähnt, unseres Erachtens existiert jedoch keine tatsächlich wirksame Behandlung. Der einzige sichere Weg zur Lösung des Problems sind Abrollnester oder die in den Käfigen üblichen Abrollböden, die verhindern, daß die Tiere ihre Eier anpicken können.

## Tierschutz

Die drastische Einschränkung des Lebensraumes der Legehennen in der üblichen Käfighaltung, sowie das Fehlen von Strukturelementen wie Einstreu, Sitzstangen und Legenestern haben zu starken Angriffen der Tierschützer gegen diese Haltungsform geführt. Das Verhalten spielte in der Frage, ob die Käfighaltung mit dem derzeit geltenden Tierschutzgesetz in Einklang gebracht werden kann, eine zentrale Rolle. Es besteht kein Zweifel, daß die Käfighaltung gegenüber der Auslauf- und Bodenhaltung eine erhebliche Einschränkung der möglichen Verhaltensweisen der Tiere bewirkt. Hier sind besonders die raumgreifenden Verhaltensabläufe wie Flügelschlagen, Flügel-Bein-Strecken und die Fortbewegung zu nennen.

Verschiedene andere Verhaltensweisen, wie Federputzen, Futteraufnahme, Wasseraufnahme, sowie Sitzen und Ruhen werden vom Haltungssystem nur in geringem Maße beeinflußt.

Über die Bedeutung der Verhaltensänderungen unter dem Einfluß der Käfighaltung in bezug auf den Tierschutz bestehen sehr gegensätzliche Auffassungen.

Die geringere Laufaktivität von Hühnern in Käfigen wird vielfach darauf zurückgeführt, daß die Enge des Raumes das angeborene Laufbedürfnis die Tiere stark behindert. Andererseits ist bekannt, daß Hühner ihre Laufaktivität in hohem Maße ihren Umweltbedingungen anpassen können. Da bisher keine Anzeichen dafür gefunden worden sind, daß die geringere Laufaktivität der Legehennen mit Streß oder Leiden der Tiere verbunden ist, kann die geringe Laufaktivität nicht als Argument im Sinne des Tierschutzes verwandt werden.

---

**Einfluß der Käfighaltung auf das Verhalten**

Die Laufaktivität von Legehennen in Käfigen ist geringer als in Boden- oder Auslaufhaltung.

Flügelschlagen und Flattern sind in Käfigen nur andeutungsweise möglich.

Sandbadebewegungen werden in Käfighaltung auch bei fehlender Einstreu auf dem Drahtgitter durchgeführt.

Die „Unruhe vor dem Legen" ist bei Legehennen in Käfigen stärker ausgeprägt.

Das Aggressivitätsniveau ist in der Käfighaltung geringer.

---

Die Tatsache, daß Legehennen in Käfigen auch ohne Einstreu Sandbewegungen ausführen, weist auf den starken inneren Drang der Tiere zum Ausüben dieses Verhaltens hin. Das Sandbadeverhalten wird deshalb als ein Musterbeispiel dafür angesehen, daß die Käfighaltung nicht verhaltensgerecht sei, da das eigentliche Objekt zur Ausführung des Verhaltens fehle. Das Sandbaden auf dem Drahtgitter wird deshalb in gewisser Weise als Verhaltensabweichung angesehen. Es kann jedoch beobachtet werden, daß das Sandbadeverhalten der Hühner im Käfig dem Sandbaden in der Einstreu sehr ähnlich ist. Es wurde festgestellt, daß selbst Bankivahühner auf Drahtgitter Sandbadebewegungen ausführen, die in ihrer Form und Dauer dem Verhalten in der Natur gleichen. Er stellt sich deshalb die Frage, ob das Verhalten im Käfig nicht auch in ähnlicher Weise empfunden wird wie in der Einstreu. Die Annahme, wonach das Fehlen von Einstreu die Ausführung des Verhaltens verhindere, und hierdurch zum Stau des Sandbadetriebes führe, konnte in neueren Untersuchungen nicht bestätigt werden. Auch konnten bei Käfighennen keine Anzeichen von Frustration festgestellt werden, die auf das Fehlen von Einstreu zurückzuführen waren.

Die „Unruhe vor dem Legen", die in Käfighaltung stärker ausgeprägt ist als in Boden- oder Auslaufhaltung, wird oft als Anzeichen von Streß und Frustration angesehen. Tatsächlich können ähnliche Laufstereotypien dann beobachtet werden, wenn Hühner gezielt in frustrierende Situationen gebracht werden. Es muß jedoch erwähnt werden, daß die Eiablage allgemein – sei es im Käfig oder im Nest – mit einer bestimmten Erregung einhergeht. Selbst Tiere, die keine offensichtliche Unruhe zeigen, sondern das Ei im ruhigen Sitzen ablegen, zeigen in physiologischen Untersuchungen (Herzfrequenz, Körpertemperatur, Streßhormone) einen deutlichen Anstieg von Erregungsmerkmalen, der sich meist nicht von „aufgeregten" Tieren unterscheidet. Auch in diesem Fall ist deshalb schwer festzustellen, ob die Käfighaltung tatsächlich eine unzumutbare Belastung darstellt.

Bei der Einführung der Käfighaltung wurde angenommen, daß die Tiere aufgrund der räumlichen Enge eine starke Aggressivität gegenüber Käfiggenossen entwickeln würden. Verhaltensuntersuchungen haben jedoch gezeigt, daß Legehennen in Volieren-, Boden- oder Auslaufhaltung aggressiver sind als in Käfighaltung. Sowohl die Anzahl der aggressiven Pickschläge als auch die Häufigkeit von Kammverletzungen, die durch Aggression verursacht werden, waren in den alternativen Haltungssystemen höher als in der Käfighaltung. Dies ist auf verschiedene Faktoren zurückzuführen:

> **Ursachen geringerer Aggressivität bei Käfighaltung**
>
> Die geringere Gruppengröße im Käfig schafft optimale Voraussetzungen für eine klare Rangordnung und verringert somit die Anzahl aggressiver Auseinandersetzungen.
> Die Anzahl der möglichen Rangordnungskämpfe ist bei kleineren Gruppen geringer als in großen Gruppen.
> Die ständige Nähe des ranghöchsten Tieres bei Käfighaltung hat einen schlichtenden Einfluß auf mögliche Auseinandersetzungen zwischen rangniederen Tieren.

Wenn auch vom Tierhalter aus gesehen eine „friedliche" Herde erwünscht ist, und ein hohes Aggressionsniveau – zumindest in bezug auf die rangniederen Tiere – als negativer Einfluß für das Wohlbefinden der Herde angesehen wird, so sollte man die Aggressivität hinsichtlich des Tierschutzes nicht überbewerten. Abgesehen von Einzelfällen, in denen in der Rangordnung unterlegene Tiere von despotischen Nachbarhennen extrem stark und langanhaltend verfolgt werden, hat die Aggressivität nur einen geringen Einfluß auf das Wohlbefinden der Tiere in einer Herde. Auch Leistung und Aggression stehen in keinem Zusammenhang.

Wie die Verhinderung von raumgreifenden Bewegungen in der Käfighaltung in Hinsicht auf den Tierschutz zu beurteilen ist, ist ebenfalls umstritten. Fliegen, Hüpfen und Flügelschlagen z.B. sind in der normalen Käfighaltung nicht möglich. Von seiten des Tierschutzes wird nun angenommen, die Behinderung des Verhaltens sei mit dem Tierschutzgesetz nicht zu vereinbaren.

Im Tierschutzgesetz aus dem Jahr 1998 wird gefordert, daß die Möglichkeit zu artgemäßer Bewegung der Tiere nicht so eingeschränkt werden darf, daß den Tieren vermeidbare Schmerzen, Schäden oder Leiden zugefügt werden. Die Einschränkungen der Bewegungsfreiheit der Tiere muß demnach an den Folgen in bezug auf Schmerzen, Schäden oder Leiden bei den Tieren gesehen werden. Durch eine vereinfachte Schlußfolgerung vom Bewegungsbedürfnis des Menschen auf das Huhn, wird nun häufig geschlossen, daß die drastische Einschränkung der Bewegungsfreiheit der Hühner im Käfig unvermeidlich zu Leiden im Sinne des Tierschutzgesetzes führen muß. Die Tatsache, daß dieser einfache Vergleich von Mensch und Huhn nicht zuverlässig und zulässig ist, sowie die Schwierigkeiten, tatsächlich eindeutige Anzeichen von Leiden bei Hennen im Käfig zu finden, verdeutlicht die Problematik der Tierschutzdiskussion auf dem Gebiet der Verhaltensforschung.

Neben den ethologischen Erkenntnissen müssen auch die Probleme der Tiergesundheit und der Wirtschaftlichkeit in die Tierschutzdiskussion einfließen. Es besteht kein Zweifel, daß die Haltung der Tiere im Käfig in bezug auf die Tiergesundheit vorteilhaft ist. Durch Ektoparasiten und Darmparasiten verursachte Krankheiten, die in der Bodenhaltung eine große Rolle spielen, können in der Käfighaltung verhindert werden. Rückstandsprobleme, die mit der Vorbeuge und Behandlung dieser Krankheit einhergehen, werden somit ebenfalls vermieden. Hinzu kommt, daß das Risiko des Auftretens von Kannibalismus in alternativen Haltungssystemen größer ist. Somit steigt die Verletzungsgefahr bei den Tieren. In bezug auf die Wirtschaftlichkeit sprechen Arbeitsersparnis, bessere Futterverwertung und geringerer Flächenbedarf für die Käfighaltung der Hennen.

Auf der Suche nach Kompromissen zwischen den Forderungen des Tierschutzes nach mehr Bewegungsfreiheit und einer besser strukturierten Umwelt für die Tiere einerseits sowie den Ansprüchen einer hygienisch einwandfreien und wirtschaftlichen Hühnerproduktion andererseits wurden verschiedene alternative Haltungssysteme entwickelt. Eines davon ist die Volierenhaltung (s. Seite 158), die sich aus der konventionellen Bodenhaltung ableiten läßt. Doch auch zur Verbesserung der Käfige in bezug auf das Verhalten der Tiere gibt es verschiedene Vorschläge. Das Einführen von Sitzstangen in gewöhnlichen Legebatterien ermöglicht den Hühnern „aufzubaumen". Der sogenannte „Get-away-Käfig" (zu deutsch „Ausweichkäfig") ist ein Großraumkäfig für 15–30 Hennen, in welchem Sitzstangen, Nester und zum Teil auch Sandbademöglichkeiten angeboten werden. Problematisch ist der Get-away-Käfig insofern als darin relativ große Gruppen von Hennen in mehreren Etagen gehalten werden. Somit werden die unten sitzenden Hennen durch den Kot der darüber sitzenden beschmutzt. Des weiteren vergrößert sich durch die Tierzahl im Käfig das Risiko der aggressiven Auseinandersetzungen und des Kannibalismus. Schließlich wurde das Problem des Verlegens der Eier bisher nicht gelöst. Die Eier werden teilweise im Sandbad abgelegt und durch den Kontakt mit Kot verschmutzt. Es kommt auch vor, daß sie beim Sandbaden zerbrochen oder von den Hennen gefressen werden. Es ist aus diesen Gründen bisher nicht sinnvoll, Praktikern den Get-away-Käfig zu empfehlen.

Eine neuere Haltungsform stellt der ebenfalls in England entwickelte „modified enriched cage" (EMC) dar. Dies ist ein mit Strukturelementen „bereicherter" Käfig für kleine Gruppen von 4–5 Hennen (Abb. S. 55). Ein konventioneller Käfig wird mit einer Sitzstange versehen. Darüber hinaus werden seitlich oder an der Rückwand zwei Boxen angebracht, von denen eine als Nest und eine als Sandbad ausgelegt ist. Der Vorteil dieses alternativen Käfigs liegt gegenüber dem Get-away-Käfig und den Volierensystemen in der kleinen Gruppe, die für eine stabile Rangordnung und geringe Aggression steht. Allerdings scheinen die Sitzstangen das Risiko von Kannibalismus zu verstärken. Es ist auch damit zu rechnen, daß durch Sitzstangen Brustbeinverkrümmungen auftreten. Das Problem der verlegten Eier ist in diesem System ebenfalls noch nicht gelöst. Automatische Vorrichtungen zum Öffnen und Schließen der Nester und Sandbäder helfen, das Problem zu verringern. Wenn die Nester nur morgens und die Sandbäder nur nachmittags geöffnet sind, wird der Anteil verlegter Eier deutlich reduziert. Diese Käfigsysteme sind erfolgversprechend, jedoch noch nicht praxisreif. Die Nester und Sandbäder erfordern gegenüber der konventionellen Käfighaltung eine zusätzliche Fläche von ca. 300 cm$^2$ pro Henne.

Bei Masthühnern liegen die Probleme hinsichtlich des Tierschutzes in anderen Bereichen. Küken von Mastrassen unterscheiden sich schon in den ersten Lebenstagen deutlich in ihrem Verhalten von Küken des Legetyps. Sie haben eine geringere Bewegungsaktivität und bringen mehr Zeit im Sitzen und Liegen zu. Besonders nach der 2. Lebenswoche ist ein starkes Absinken der Laufaktivität und eine Zunahme des Ruhens zu verzeichnen. Es wird angenommen, daß geringe Laufaktivität die bei Masttieren vorhandenen Anlagen für Beinschäden noch verstärkt. Häufiges und lang andauerndes Sitzen kann zu Brustblasen und Druckstellen an den am meisten belasteten Stellen führen. Diese Gefahr besteht insbesondere bei feuchter Einstreu.

## Die wichtigsten Bestimmungen zum Schutz von Legehennen bei Käfighaltung („Legehennenverordnung")

Hennen dürfen nur in Käfigen gehalten werden, die den folgenden Anforderungen entsprechen:

• Für jede Henne mit einem Körpergewicht von unter 2 kg muß eine uneingeschränkt nutzbare Käfigbodenfläche von 450 qcm, für Hennen über 2 kg müssen 550 qcm vorhanden sein. Für die Berechnung der Mindestbodenflächen sind diese in der Waagrechten zu messen.

• Die lichte Höhe des Käfigs muß über mindestens 65% der Käfigbodenfläche mindestens 40 cm und darf an keiner Stelle weniger als 35 cm betragen.

• Die Käfigöffnung muß so gestaltet und bemessen sein, daß die Hennen ohne Zufügung von Schmerzen oder Schäden herausgenommen werden können.

• Der Käfigboden muß so beschaffen sein, daß Hennen, ohne Schäden an den Ständern zu erleiden, stehen und auftreten können. Besteht der Käfigboden aus Drahtgitter oder Maschendraht, so muß jede Henne mit mindestens drei Zehen jedes Ständers sicher fußen können.

• Das Gefälle des Käfigbodens darf höchstens 14% betragen.

• Die uneingeschränkt nutzbare Länge des Futtertroges muß für jede Henne mindestens 10 cm betragen. Von jedem Käfig aus müssen zwei Nippel oder Bechertränken (Cups) zugänglich sein.

• Wenn die Käfige in mehr als drei Etagen übereinander angeordnet sind, muß durch geeignete Vorrichtungen (z.B. erhöhte Laufgänge oder fahrbare Plattformen) eine einwandfreie Überwachung der Tiere ermöglicht werden.

• Die tägliche Beleuchtungsdauer darf 16 Stunden nicht überschreiten; die Beleuchtungsintensität soll im Arbeitsbereich und im Kontrollgang 15 lux betragen und alle Tiere gleichmäßig beleuchten. Außerhalb der Beleuchtungszeit soll die Lichtintensität unter 0,5 lux liegen.

• Die Tiere müssen täglich einmal überprüft werden; es muß sichergestellt sein, daß alle Tiere täglich Zugang zu Futter und jederzeit Zugang zu Trinkwasser haben. Der völlige Entzug von Wasser, Futter oder Licht zur Durchführung einer Zwangsmauser (Legepause) ist verboten.

• In Beständen über 1000 Hennen ist das Ergebnis der täglichen Überprüfung (z.B. Zahl und Ursache von Verlusten) aufzuzeichnen.

Das Angebot von Sitzstangen wird auch bei der Haltung von Masthühnern zuweilen empfohlen. Wie die Küken von Legerassen nehmen auch Mastküken erhöhte Plattformen oder Sitzstangen gern an. Das Anfliegen von Sitzstangen ist jedoch durch das hohe Gewicht der Tiere erschwert. Der Zugang kann durch Rampen ermöglicht werden. Das Anbringen von Rampen hat sich hinsichtlich der Beinkondition als positiv herausgestellt. Die erhöhten Sitzplätze müssen so beschaffen sein, daß keine Brustblasen entstehen. Herkömmliche Sitzstangen aus Rund- oder Kant-

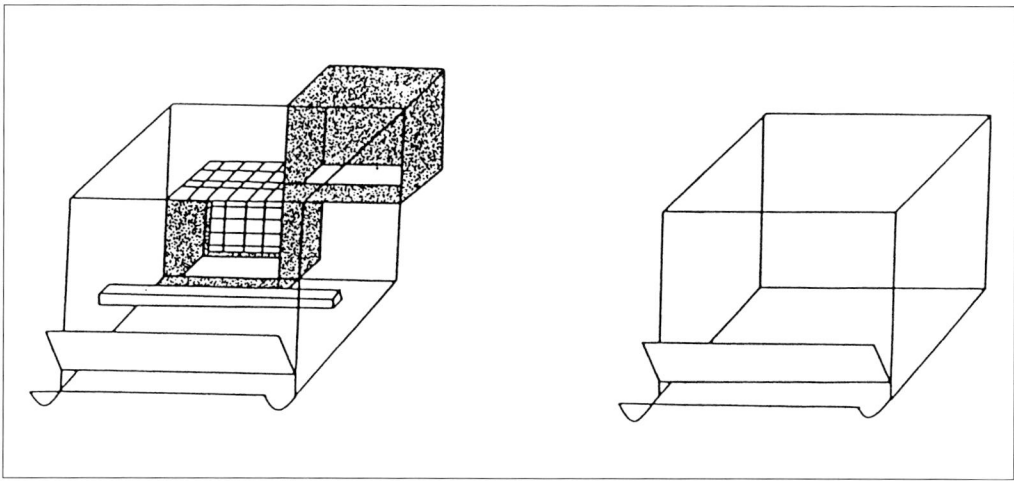

**Strukturierte (Enriched) Experimental-Käfige mit Nest, Sandbad und Sitzstange (Appleby et al. 1993).**

## Die wichtigsten Punkte des BML-Sachverständigengutachtens zur tiergerechten Haltung von Masthähnchen (Stand 1993)

- Stallbau, Aufstallungstechnik und Ausrüstung haben dem Bedarf der Tiere nach Schutz auch vor ungewöhnlicher Witterung und Bränden Rechnung zu tragen. Die Haltungstechnik ist diesbezüglich dem neuesten Stand der Technik anzupassen.
- Ungehinderter Zugang zu Futter und Wasser ist zu gewährleisten.
- Die Entfaltung des für das Masthähnchen wichtigen Verhaltensrepertoirs muß möglich sein.
- Das Stallklima ist so zu gestalten, daß es vermeidbare Belastungen von den Tieren fernhält. Es liegt in der Sorgfaltspflicht des Tierhalters, die Klimafaktoren so zu steuern, daß schädliche Effekte vermieden werden.
- Licht ist für das tagaktive Huhn notwendig. Ein Hell-Dunkel-Wechsel, sei es durch Kunstlicht oder natürliches Licht wird als erforderlich angesehen. Empfehlungen hinsichtlich der Struktur des Lichtprogrammes können auf Grund fehlender wissenschaftlicher Ergebnisse zu diesem Thema nicht gegeben werden.
- Die Frage der Besatzdichte muß im Zusammenhang mit dem Management, Stallklima und der Stalluft betrachtet werden. Das Stallklima muß insbesondere bei extremen Außentemperaturen im Sommer und Winter den Anforderungen entsprechend angepaßt werden. Es werden Werte zwischen 30 und 37 kg Lebendgewicht pro qm Stallfläche diskutiert.
- Die Tiere müssen durch qualifiziertes Fachpersonal täglich kontrolliert werden.
- Technische Anlagen müssen regelmäßig auf Funktion überprüft werden.
- Einfangen und Verladen der Tiere muß tierschutzgerecht erfolgen.
- Medikamentelle Prophylaxe soll erst nach einer Optimierung der Fütterung und der Umweltbedingungen eingesetzt werden. Sie soll also nicht als Ersatz für schlechtes Management dienen.

hölzern sind ungeeignet. Verwendet werden können Kunststoffrohre mit einem Durchmesser von ca. 10 cm.

Die Besatzdichte hat einen sehr geringen Einfluß auf das Verhalten von Masthühnern. Im Bereich von 10–25 Tieren pro m$^2$ sind keine signifikanten Einflüsse auf die Bewegungsaktivität, das Ruheverhalten, Futter- und Wasseraufnahme sowie auf das Sozialverhalten zu erwarten. Allerdings muß beachtet werden, daß sich mit zunehmender Besatzdichte oft auch andere Umweltfaktoren verändern. Hierzu gehören die Qualität der Einstreu, Temperatur, Luftfeuchte und Schadgasgehalte in der Stalluft. Der Einfluß hoher Besatzdichte auf die Gesundheit der Tiere ist nur dann gering, wenn Management und Klimaregulation dem Tierbestand angepaßt werden.

Das Lichtprogramm beeinflußt die Rhythmik der meisten Verhaltensabläufe auch beim Mastgeflügel. Werden die Tiere bei Dauerlicht gehalten, bildet sich offensichtlich kein ausgeprägter Tagesrhythmus der Futteraufnahme und der Aktivität aus. Es sind dann die Kurzzeitrhythmen mit einer Dauer von unter

zwei Stunden vorherrschend. Wenn längere Dunkelphasen gegeben werden, konzentriert sich die Aktivität der Tiere auf die verbleibende Lichtphase. Auch wenn die gesamte Bewegungsaktivität sich nicht verändert, scheint die kurzzeitig höhere Belastung der Beine sich positiv auf die Beingesundheit in den Herden auszuwirken.

Die **Haltung von Masthühnern** ist nicht durch eine Verordnung geregelt. Hierzu existiert lediglich ein Sachverständigengutachten des Bundesministeriums für Ernährung, Landwirtschaft und Forsten. Die wichtigsten Punkte dieses Gutachtens sind in der Übersicht aufgeführt.

Der **Transport** von Nutztieren allgemein war in den letzten Jahren Anlaß zu Beschwerden von Seiten des Tierschutzes. Beim Transport von Eintagsküken bestehen wenig Probleme, da die Tiere in der Regel mit speziellen belüfteten und beheizten Transportern befördert werden. Aufgrund der Nahrungsvorräte im Dottersack ist die Futter- und Wasserversorgung der Küken für 72 Stunden gesichert. Wichtig ist, daß die Tiere immer in Gruppen verschickt werden. Durch gegenseitiges Wärmen können zeitweilige Untertemperaturen ausgeglichen werden. Beim Transport von Junghennen und Masthähnchen ist die Belüftung der Transportbehälter entscheidend. Die stapelbaren Behälter müssen mit ausreichenden Lüftungsöffnungen versehen sein. Bei stehendem Wagen steigt die Temperatur durch die metabolische Wärme schnell an und erreicht schon bald Werte, die lebensbedrohend sind. Längere Stehzeiten sind deshalb unter allen Umständen zu vermeiden, wenn der Frachtraum nicht zwangsbelüftet ist. Im Sommer sollte der Transport nachts oder in den frühen Morgenstunden erfolgen. Es wird dringend empfohlen, daß die Temperatur im Frachtraum in der Führerkabine angezeigt wird, damit der Fahrer bei drohender Überhitzung Gegenmaßnahmen treffen kann. Die wichtigsten Regeln der Transportverordnung, die das Huhn betreffen, sind in der folgenden Übersicht dargestellt.

## Die wichtigsten Bestimmungen zum Transport von Geflügel (Verordnung zum Schutz von Tieren bei der Beförderung in Behältnissen, 1988)

- Tiere dürfen nur in solchen Behältnissen befördert werden, die sie vor vorhersehbaren Witterungseinflüssen schützen. Bei Eintagsküken muß gesichert sein, daß eine Temperatur von 25 bis 30 °C herrscht.
- Der Absender hat dafür Sorge zu tragen, daß die Tiere während der Beförderung, spätestens nach jeweils 24 Stunden, gefüttert und getränkt werden. Diese Vorschrift entfällt bei Eintagsküken, die innerhalb von 72 Stunden nach dem Schlupf den Empfänger erreichen.
  Diese Fristen können geringfügig überschritten werden, wenn dies sich nicht nachteilig auf das Wohlbefinden der Tiere auswirkt.
- An den Behältnissen müssen Ventilationsöffnungen angebracht sein, die gewährleisten, daß auch in gestapelten Behältnissen jederzeit eine ausreichende Sauerstoffzufuhr und Ventilation sichergestellt ist. Zu hohe oder zu niedrige Temperaturen sind zu vermeiden. Dies gilt auch für stehende Fahrzeuge.
- Soweit Geflügel auf offenen Lastkraftwagen befördert wird, müssen geeignete technische Einrichtungen verfügbar sein, mit denen die Tiere bei ungünstiger Witterung vor Nässe oder niedrigen Temperaturen geschützt werden können.
- Die Laderäume von Lastkraftwagen müssen in der Vorderwand oder in der ganzen Länge der Seitenwände mit Lüftungsöffnungen versehen sein, die bei Bedarf dicht verschlossen werden können, es sei denn, das Fahrzeug hat andere Be- oder Entlüftungsmöglichkeiten, die auch bei stehendem Fahrzeug ausreichend wirken.
- Behältnisse zum Versand von Hühnerküken müssen eine Fläche von 25 qcm pro Tier vorsehen; die Anzahl der Tiere pro Gruppe muß mindestens 10 und darf höchstens 105 betragen.
- Transportbehältnisse für Hühner müssen mindestens 23 cm hoch sein. Die Mindestfläche pro Tier ist in Abhängigkeit vom Gewicht zu bemessen. Sie beträgt 200 qcm bei Tieren bis 1 kg Lebendgewicht, 300 qcm bis 1,5 kg; 350 qcm bis 2 kg; 400 qcm bis 2,5 kg; 500 qcm bis 3 kg und 600 qcm bis 3,5 kg.

# Gesunderhaltung

Seuchen und Krankheiten sind ständige wirtschaftliche Risiken in der Tierhaltung. Dank intensiver Forschung sowie Vorsorgemaßnahmen von staatlicher und privater Seite konnten diese jedoch gerade in der Geflügelhaltung drastisch vermindert werden. Die Furcht vor unvorhergesehenen und unheilbaren Krankheiten sollte zum gegenwärtigen Zeitpunkt kein Grund sein, auf Geflügelhaltung zu verzichten.

Gefährliche Seuchen sind anzeigepflichtig. Tierbesitzer und Personen, die beruflich mit lebenden oder toten Tieren zu tun haben, sind verpflichtet, die Krankheit bei der Polizeibehörde, beim amtlichen Tierarzt oder bei der Gemeindeverwaltung anzuzeigen. Diese Seuchen werden staatlich bekämpft. Hierzu gehören aus dem Bereich der Hühnerhaltung die Geflügelcholera, Geflügelpest und die Newcastle-Krankheit (atypische Geflügelpest).

Für andere ansteckende Krankheiten wie Geflügelpocken, Gumborokrankheit, infektiöse Laryngotracheitis, Listeriose, Marek' sche Geflügellähme, Ornithose und Tuberkulose besteht Meldepflicht. In diesem Fall sind der Tierarzt und die tierärztlichen Untersuchungsstellen zur Meldung an den beamteten Tierarzt verpflichtet. Die Meldepflicht dient der Sammlung von Informationen über die Ausbreitung seuchenartiger Krankheiten, damit gegebenenfalls zentrale Maßnahmen zur Bekämpfung gefordert werden können.

---

**Anzeigepflichtige Seuchen**
Geflügelcholera
Geflügelpest
Newcastle-Krankheit

**Meldepflichtige Krankheiten**
Gumboro-Krankheit
Infektiöse Laryngotracheitis (ILT)
Listeriose
Marek'sche Krankheit (akute Form)
Ornithose (außer Psittakose)
Tuberkulose des Geflügels
Vogelpocken (Avipoxinfektion)

---

Im folgenden sollen die wichtigen Krankheiten des Geflügels sowie die Möglichkeiten ihrer Bekämpfung beschrieben werden.

## Durch Viren verursachte Krankheiten

Viren sind Mikroorganismen in der Größe von 0,2 Mikrometern, die in gesunde Zellen von Organen eindringen. Sie verändern die Funktion der Zellen oder zerstören diese. Eine Bekämpfung, d. h. ein Abtöten der Viren in einem befallenen Tier ist meist nicht möglich. Es gibt jedoch gerade beim Geflügel sehr gute Möglichkeiten, die Tiere durch Impfung gegen Viruserkrankungen immun zu machen. Die Impfung erfolgt durch lebende oder abgetötete Krankheitserreger.

Damit wird eine gezielte Infektion ausgelöst, die das Tier veranlaßt, Abwehrstoffe aufzubauen, ohne daß es dabei ernsthaft geschädigt wird. Es muß jedoch betont werden, daß jede Impfung eine Belastung ist. Die Tiere sollten deshalb nur dann vorsorglich geimpft werden, wenn sie sich in einem guten Zustand befinden.

## Infektiöse Bronchitis (IB)

Durch die IB-Viren werden Luftröhren und Bronchien angegriffen. Typische Erscheinungsbilder sind Niesen, Kopfschütteln und Atemnot. Es kommt zu einem verzögerten Wachstum bei Jungtieren und zum Leistungsabfall bei Legehennen. Die Eier infizierter Legehennenherden sind klein, ihre Schale wird rauh und teilweise sehr brüchig. Wirtschaftsgeflügel sollte deshalb gegen IB geimpft werden. Die angestrebte Immunität für die gesamte Legeperiode einer Henne kann zur Zeit nur durch zwei Impfungen während der Junghennenzeit erreicht werden. Im Alter von 3 bis 4 Wochen werden die Küken mit einem schwach wirksamen Virusstamm vorgeimpft (IB 1). Die langandauernde Immunität wird jedoch erst durch die Impfung mit einem stärkeren Virusstamm (IB 2) im Alter von etwa 10 bis 14 Wochen erreicht. Aufgrund der Belastung, die die Bronchitis-Impfung für die Tiere darstellt, sollte zwischen dieser und anderen Impfungen ein Abstand von zwei Wochen eingehalten werden. Geimpfte Tiere scheiden das Virus nach der Impfung etwa 30 Tage lang aus. Sie sollten deshalb nicht in Kontakt mit nicht geimpften Tieren kommen, da diese dann erkranken können. Geimpfte Tiere sollten deshalb auch erst 30 Tage nach der Impfung an andere Betriebe abgegeben werden.

## Ansteckende Gehirn- und Rückenmarksentzündung (Aviäre Encephalomyelitis, AE)

Durch die Krankheit werden die Nervenzellen des Gehirns und des Rückenmarks geschädigt. Erkrankte Küken zeigen Lähmungserscheinungen. Zuweilen kann ein Zittern des Kopfes und der Flügel beobachtet werden. Die Krankheit wird deshalb auch Zitterkrankheit genannt. Elterntiere, die durch Impfung oder Durchseuchung Schutzstoffe (Antikörper) entwickelt haben, geben diese über das Brutei an die Küken weiter, so daß diese im Normalfall in den ersten Wochen nicht betroffen werden. Eine vorsorgliche Impfung der Tiere ist im Alter von 13 bis 15 Wochen angebracht.

## Leukose

Das Leukose-Virus befällt die weißen Blutkörperchen in den inneren Organen des Tieres. Dies führt zu Wucherungen in der Leber, der Milz, den Nieren, im Eierstock und in der Bürzeldrüse. Die Infektion erfolgt meist im Kükenalter durch erkrankte, ältere Tiere. Zum Ausbruch der Krankheit kommt es meist erst nach der Legereife, besonders, wenn die Tiere durch andere Krankheiten, z.B. Parasiten, geschwächt sind. Eine besondere Form der Leukose befällt das Knochengerüst und führt zu Knochenbrüchigkeit.

Eine Impfung gegen diese Krankheit ist zur Zeit nicht möglich. Man versucht durch genetische Züchtung eine Resistenz gegen Leukose zu erreichen. Im allgemeinen hat sich gezeigt, daß die Impfung gegen die Marek'sche Krankheit auch die Abwehrkräfte gegen Leukose verstärkt.

## Marek'sche Krankheit (MD)

Das Marek-Virus greift das Nervensystem an. Es führt zu Entzündungen und Geschwulstbildungen an Nervenbahnen. Die Tiere zeigen während der Aufzucht oder der Legeperiode Lähmungserscheinungen der Gliedmaßen (Käfiglähme). Da die Viren sich über lange Zeit im Staub von Hühnerställen aufhalten können, ist ein Schutz gegen die Infektion schwer möglich. Als Vorbeugemaßnahme werden deshalb die Küken sofort nach dem Schlupf geimpft.

## Newcastle Krankheit (ND, Atypische Geflügelpest)

Das Virus verursacht Atmungsbeschwerden und Durchfall. Die Tiere machen allgemein einen geschwächten Eindruck. Die Sterblichkeit ist sehr hoch. Die Newcastle-Krankheit wird deshalb landläufig als Geflügelpest bezeichnet. Die klassische Geflügelpest ist jedoch weitgehend ausgerottet und spielt praktisch keine Rolle mehr. Eine Infektion mit dem ND-Virus ist in jeder Altersstufe möglich. In der Regel werden hier Lebendvakzine über das Wasser verabreicht. Der Impfschutz hält jedoch nur 3 bis 4 Monate an, so daß eine häufige Wiederholung der Impfung notwendig ist. Eine Verlängerung der Immunität ist auch hier durch einen stärker wirksamen Impfstoff (La Sota) möglich. Junghennen werden während der Aufzucht dreimal geimpft (z.B. im Alter von 3, 7 und 18 Wochen). Später ist die Impfung im Abstand von 3–4 Monaten zu wiederholen. Wegen der hohen Ansteckungsgefahr ist die Impfung gegen ND seit einigen Jahren für jeden Hühnerhalter Pflicht. Auch Kleinstbestände sind hiervon nicht mehr ausgenommen. Trotz des Aufwandes für die Impfung gerade in den Kleinstbeständen sollte auf die Einhaltung der Impftermine geachtet werden. Wenn durch nichtgeimpfte Tiere andere Bestände infiziert werden, kann der säumige Halter damit rechnen, für den Schaden haftbar gemacht zu werden.

## Infektiöse Bursa-Krankheit (IBD, Gumboro)

Das Virus ruft eine Infektion der Bursa (Bürzeldrüse) hervor. Außerdem werden Nieren und Blutgefäße geschädigt, so daß es zu hohen Ausfällen kommt. Betroffen sind besonders Jungtiere im Alter von 3 bis 8 Wochen. Auch Mastbestände sind gefährdet, da hier keine Impfung durchgeführt wird. Junghennen sollten auf jeden Fall im Alter von 2 Wochen geimpft werden.

## Ansteckende Kehlkopf-Luftröhren- entzündung (ILT, Infektiöse Laryngotracheitis)

Das ILT-Virus befällt die oberen Atmungsorgane des Huhnes. Die Tiere haben Nasenausfluß, Entzündung der Bindehaut und starke Atembeschwerden. Die Krankheit kann sehr schnell und heftig, mit hoher Mortalität und absinkender Legeleistung auftreten; häufig wird jedoch auch eine schleichende Form beobachtet. Dabei sind keine Leistungseinbußen festzustellen. Auf Impfungen kann in diesem Fall verzichtet werden. Als Impfstoffe stehen Vakzine zur Verfügung, die über das Trinkwasser, in Form von Spray oder als Augentropfen verabreicht werden können. Wegen der Schwierigkeiten bei der Durchführung der Spray-Impfung und der verzögerten Wirkung des Impfschutzes (4 bis 6 Wochen nach der Impfung) ist zur Zeit den Augentropfen der Vorzug zu geben.

## Geflügelpocken oder Pocken-Diphterie

Durch diese Krankheit werden die unbefiederten Hautteile wie Kamm- oder Kehllappen, Zehen, oder die Schleimhäute im Schnabel-Rachen-Bereich bis hin zum Kehlkopf befallen. Es bilden sich typische Pocken auf der Haut und anschwellende, teilweise blutige Beläge auf den Schleimhäuten. Der Ausbruch der Krankheit erfolgt meist im Herbst oder Winter. Die Folgen sind Leistungsrückgang und erhebliche Mortalität. Als Schutz gegen Pocken ist eine Impfung möglichen.

Da Pocken zur Zeit in der Bundesrepublik kein aktuelles Problem darstellen, wird diese Impfung häufig vom Impfplan gestrichen.

Als Schutzmaßnahmen gegen Viruserkrankungen stehen dem Geflügelhalter bewährte Impfprogramme zur Verfügung, die er selbst unter der Anleitung des zuständigen Tierarztes durchführen kann. Der Tierarzt erhält für die Abgabe von Impfstoffen an Geflügelhalter eine Sondergenehmigung. Die Impfstoffe (Vakzine) werden meist über das Trinkwasser verabreicht. Es stehen jedoch auch Spray-Vakzine und Impfstoffe für Injektionen oder zur Verabreichung als Augentropfen zur Verfügung.

Die Marek-Impfung erfolgt durch Injektion beim Eintagsküken. Sie wird in der Regel schon in der Brüterei routinemäßig vorgenommen, so daß der Geflügelhalter bereits geimpfte Tiere bezieht. Verschiedene Vakzine können über Versprühen oder Vernebeln im Stall eingesetzt werden. Die Tiere nehmen dabei den Impfstoff über die Atemwege auf. Hierbei ist auf das Einhalten der vorgeschriebenen Tröpfchengröße zu achten. Auch Stalltemperatur und relative Luftfeuchte beeinflussen den Impferfolg. Bei der Augentropf-Methode wird die Impfdosis über einen Tropfer ins Auge appliziert. Diese Methode ist wie die Injektion wegen des hohen Arbeitsauf-

---

### Beispiel eines Impfplanes für Jung- und Legehennen

Die Impfpläne werden jeweils dem vorherrschenden Infektionsrisiko angepaßt. Die Geflügelhalter sollten sich deshalb beim zuständigen Tierarzt oder Geflügelgesundheitsdienst informieren.

| | |
|---|---|
| 1. Tag | Marek'sche Lähme |
| 2 Wochen | Newcastle Disease (atyp. Geflügelpest) |
| 3 Wochen | Gumboro |
| 4 Wochen | Infektiöse Bronchitis (IB$_1$-Vorimpfung) |
| 5 Wochen | Gumboro |
| 6–7 Wochen | Newcastle Disease |
| 12 Wochen | Aviäre Encephalomyelitis (AE) |
| 14 Wochen | Infektiöse Bronchitis (IB$_2$-Nachimpfung) |
| 18–20 Wochen | Newcastle Disease-Impfung über das Trinkwasser im Abstand von 3–4 Monaten wiederholen |

---

## Arbeitsgänge bei der Trinkwasser-Impfung

- Reinigung des Tränksystems von Schmutz, und Durchspülen mit klarem Wasser am Tag vor der Impfung
- Wasserentzug für einige Stunden vor der Impfung
- Vorbereitung der erforderlichen Wassermenge ggf. mit Zusatz von Magermilchpulver
- Ansetzen des Impfstoffes gemäß Gebrauchsanleitung
- Zugabe des Impfstoffes zum Wasser und gründliches Vermischen
- Öffnung der normalen Trinkwasserzufuhr erst nachdem der Impfstoff aufgebraucht ist.

### Wassermengen für die Trink-wasser-Impfung

| Alter | Liter pro 100 Tiere |
| --- | --- |
| 1. Woche | 0,25 |
| 2.-3. Woche | 0,5-1,0 |
| 4.-8. Woche | 2 |
| 9.-14. Woche | 3 |
| 15.-20. Woche | 4 |
| über 20 Wochen | 5 |

wandes wenig verbreitet. Sie ist jedoch das Mittel der Wahl, wenn eine zuverlässige Impfung über das Trinkwasser oder Sprays nicht möglich ist. Die Pockenimpfung wird meistens über die Flügelstichmethode verabreicht. Die meisten Impfungen können über das Trinkwasser verabreicht werden. Die Tabelle (S. 60) zeigt einen gängigen Impfplan.

## Impfung über Trinkwasser

Impfstoffe werden bei hohen Temperaturen sehr schnell unwirksam. Auch bei Raumtemperatur ist ihre Lebensdauer auf wenige Stunden begrenzt. Die Dosierung des Impfstoffes im Trinkwasser ist deshalb so zu bemessen, daß die Tiere die vorgeschriebene Menge innerhalb von ca. 2 Stunden aufnehmen.

Die Impfung sollte morgens bei Beginn der Lichtphase durchgeführt werden, da die Wasseraufnahme in dieser Zeit höher ist als in der Mittagszeit. Auch Wasserentzug für einige Stunden oder die gesamte Dunkelperiode beschleunigt die Aufnahme des Impfstoffes.

Das Trinkwasser muß sauber und frei von chemischen Substanzen sein, die die Impfstoffe inaktivieren. Hohe Gehalte an Chlor, Nitrat, Eisen oder Mangan beeinflussen die Impfung negativ. Besonders wichtig ist, daß alle Reste von Desinfektionsmitteln aus dem Trinkwasser ausgespült worden sind. Die Bei-

gabe von Magermilchpulver, ca. 250 g je 100 l Wasser, verringert die Schadwirkung der o.g. Stoffe und verbessert somit die Lebensfähigkeit der Impfstoffe.

Besonders in kleinen Geflügelbeständen und in der Extensivhaltung ist es kaum möglich, die genannten Voraussetzungen für eine sichere Impfung über das Trinkwasser zu erfüllen. Es wird in diesem Fall empfohlen, den Tieren die Impflösung kontrolliert einzuflößen. Die erforderliche Dosis ist dann auf eine geringe Wassermenge (ca. 1 ml) zu konzentrieren. Diese kann leicht mit Hilfe einer Spritze über den Schnabel verabreicht werden.

## Durch Bakterien verursachte Krankheiten

Bakterien sind Kleinstlebewesen in der Größe von etwa 1 µm. Sie vermehren sich durch Spaltung in sehr kurzer Zeit. Teilweise kann alle 20 bis 30 Minuten ein Teilungsvorgang erfolgen. Viele Bakterien bilden Dauerformen, die zum Teil extreme Umweltbedingungen (Hitze, Kälte) überstehen. Verschiedene krankmachende Bakterienarten sind für die praktische Geflügelhaltung von Bedeutung.

## Geflügelschnupfen (Coryza)

Eine der wichtigsten durch Bakterien verursachen Krankheiten des Geflügels ist der Geflügelschnupfen. Er ist meist eine Mischinfektion aus *Haemophilus gallinarum* - Bakterien und Mykoplasmen, die die oberen Luftwege und die Augenhöhlen des Huhns befallen. Diese bakteriellen Infektionen treten häufig nach einer Virusinfektion, zum Beispiel nach infektiöser Bronchitis auf, so daß die eigentliche Ursache oft verdeckt bleibt. Die Symptome sind Nasen- und Augenausfluß, Niesen, Kopfschütteln und ein geschwollener

Kopf (Eulenkopf). Das Nasensekret ist zunächst klar, wird später jedoch gelblich und zäh und verbreitet einen typischen, üblen Geruch. Die Verbreitung in der Herde erfolgt oft über die Tränke oder die Wasserauffangrinne.

Unter guten Klimabedingungen kann der Schnupfen eine relativ leichte Verlaufsform zeigen. Häufig treten jedoch erhebliche Leistungseinbußen ein. Für die Behandlung in schweren Fällen ist die Injektion von Antibiotika geeignet. Sie ist durch den Tierarzt durchzuführen. Die Verabreichung über das Trinkwasser muß in sehr hohen Dosen erfolgen und ist in ihrem Erfolg nicht sicher. Bei der Behandlung sollte gleichzeitig ein Vitaminstoß verabreicht werden.

## Mykoplasmose (Chronische Atmungskrankheit, CRD, PPLO-Infektion)

Mykoplasmose befällt ebenso wie die Erreger des Geflügelschnupfens die oberen Luftwege und den Augenbereich der Hühner. Die Erreger sind Mykoplasmen. Diese Mikroorganismen liegen in ihrer Größe zwischen Viren und Bakterien. Die Übertragung erfolgt über Krankheitserreger im Stallstaub oder im Trinkwasser, durch Geräte oder durch den Menschen. Als Anzeichen treten Sekrete aus den Nasenöffnungen und Augen aus. Die Augenlider schwellen an. Der Atem wird schniefend und rasselnd, die Tiere machen einen matten Eindruck, fressen schlecht und fallen deshalb in der Leistung zurück. Bei dem meist schleichenden Verlauf der Krankheit geht die Legeleistung selten um mehr als 20% zurück. Entwickelt sich die Mykoplasmose zu einem chronischen Prozeß, schwillt der Kopf der Tiere zum „Eulenkopf" an und es treten Todesfälle auf. Meist werden Mykoplasmose-Erkrankungen durch Coryza- und Coli-Keime verstärkt.

Bei der Bekämpfung der Mykoplasmose muß erwähnt werden, daß sie eine sogenannte Faktorenerkrankung ist, die in der Regel nur dann zum Ausbruch kommt, wenn viele ungünstige Faktoren zusammentreffen. Gute Klimaführung, Hygiene und Fütterung sind deshalb eine wichtige Voraussetzung zur Vermeidung der Krankheit. Eine Behandlung kann durch Antibiotika über das Futter oder das Wasser erfolgen. Im fortgeschrittenen Stadium ist die Behandlung jedoch weniger wirk-

sam, da die Tiere ihre Futter- und Wasseraufnahme stark reduzieren. In diesem Fall sind Injektionen notwendig.

## Geflügel-Salmonellosen

Geflügel-Salmonellosen sind hochanstekkende Krankheiten, die auch auf andere Tierarten und den Menschen übertragen werden können. Die Infektion durch Salmonellen kann über sehr verschiedene Wege erfolgen: Küken, Futter, Wasser, Eier, Fleisch, Kot, Staub, Transportbehälter, Eierkartons, usw. Es ist deshalb wichtig, bei der Suche nach der Infektionsquelle die gesamte Umgebung und auch das Pflegepersonal mit einzubeziehen. An der Verbreitung der Salmonellen über das Futter sind oft verunreinigte Fisch-, Fleisch-, Blut-, Knochen- und Federmehle beteiligt. Prinzipiell können auch alle Rohstoffe pflanzlicher Herkunft infiziert sein.

Durch die Eier kann die Infektion von den Elterntieren auf die Küken übertragen werden. Die Erreger befinden sich sowohl auf der Schale als auch im Innern von Eiern infizierter Hennen. Sie vermehren sich während der Brut. Stirbt nicht schon der Embryo unter dem Infektionsdruck ab, schlüpfen infizierte Küken, die schließlich eine Infektion durchlaufen. Durch rohe und unzureichend erhitzte Eier und Eiprodukte können Salmonellen auch auf den Menschen übertragen werden. Das gleiche gilt für die Infektion über das Geflügelfleisch. Da Geflügelfleisch nicht roh gegessen wird, entsteht hier die Gefahr durch den Kontakt mit anderen Lebensmitteln während der Zubereitung. Das Fleisch und der Fleischsaft sollten deshalb stets getrennt von anderen Lebensmitteln, insbesondere von Saucen und Mayonnaisen, die ein ideales Verbreitungsmilieu für Salmonellen darstellen, aufbewahrt und zubereitet werden.

Salmonellen sind kälteresistent. Sie bleiben auch in tiefgefrorenem Zustand lebensfähig und vermehren sich sofort wieder, wenn die Temperatur ansteigt. Häufiges Auftauen von befallenem Fleisch oder Eiprodukten führt somit zu einer Anreicherung der Krankheitserreger.

Die Übertragung von Salmonellen durch Kot und Staub spielt vor allem in Bodenhaltungssystemen eine wichtige Rolle. Über den Kot ausgeschiedene Salmonellen werden von anderen Tieren durch Picken in der Einstreu oder durch das Einatmen der staubigen Luft aufgenommen.

Insbesondere muß berücksichtigt werden, daß Tiere und Menschen, die eine Salmonelleninfektion überstanden haben, offensichtlich gesund sind, jedoch die Krankheitserreger noch über lange Zeit ausscheiden (Dauerausscheider). Sie stellen somit eine versteckte Infektionsquelle dar. Auch außerhalb der Wirte, z.B. in der Einstreu, überleben Salmonellen bis zu 20 Wochen.

Eine der wichtigsten Salmonellen-Erkrankungen beim Huhn ist die Weiße Kükenruhr oder Pullorum-Krankheit. Sie wird durch *Salmonella pullorum-gallinarum* verursacht und ruft bei Küken erhebliche Verluste hervor. Die Infektion erfolgt entweder über die Bruteier, über den Kükenstaub in der Brüterei oder über die Aufnahme des Kotes erkrankter Tiere. Die ersten Anzeichen für die Erkrankung sind das Zusammendrängen der Tiere unter der Heizlampe, Hängenlassen des Kopfes und der Flügel, gesträubtes Gefieder (Trauern) sowie Durchfälle. Wegen des weißen, harten Kotes, der die Kloakenregion verklebt, heißt diese Krankheit Weiße Kükenruhr. Bei älteren Küken treten auch Gelenkentzündungen auf. Ausgewachsene Hühner zeigen Mattigkeit, Durchfall, Entzündung des Legetraktes und Bauchwassersucht.

Durch konsequente Bekämpfung der Pullorum-Seuche in den Elterntierherden ist diese Krankheit in kommerziellen Legehennenherden weitgehend ausgemerzt. Allerdings tritt sie bei kleineren Tierbeständen mit eigener Nachzucht immer wieder auf. Durch rasches Erkennen und Behandeln mit Nitrofuranen (z.B. Furoxan oder Furazolidon) über das Trinkwasser oder das Futter sinkt die Kükensterblichkeit, die im Normalfall 50–90% betragen kann, erheblich. Allerdings bleibt die Gefahr der Verschleppung groß, so daß ein Ausmerzen erkrankter Tiere oder Herden insbesondere in Zuchtbetrieben notwendig ist.

Das Risiko der Übertragung von Salmonellen, die für den Menschen gefährlich sind, über Eier kann zur Zeit nicht völlig ausgeschlossen werden. Es sollte jedoch so gering wie möglich gehalten werden. Zu den Maßnahmen gehören eine regelmäßige Untersuchungen von Kotproben und Eiern auf den Befall mit Salmonellen. Außerdem sind Impfstoffe verfügbar, die in der Junghennenaufzucht das Infektionsrisiko auf einem sehr geringen Niveau halten.

## Coli-Infektionen

Coli-Bakterien sind Mikroorganismen, die auch beim gesunden Tier in der Darmflora vorhanden sind. Bestimmte Stämme, die sich von den normalen harmlosen Coli-Keimen unterscheiden, rufen jedoch Entzündungen in den verschiedensten Körperregionen hervor. Ihre krankmachende Wirkung kann sich nur unter allgemein ungünstigen Bedingungen voll entfalten. Betroffen werden können die Augen, Gelenke, Herzbeutel, Leber, Eileiter, Luftsäcke und andere Organe. Häufig treten auch Nabelentzündungen beim Küken auf, die zu Verklebungen der Kloake führen. Durch verhärtete Kotballen am After kann es zu Verstopfung des Darmausganges führen. Die Sterblichkeit bei Küken kann sehr hoch sein. Als Ursache ist in diesen Fällen oft mangelnde Bruthygiene in Betracht zu ziehen.

Zur Behandlung können Antibiotika und Furoxan eingesetzt werden. Die Erreger weisen jedoch häufig Resistenzen auf, so daß hier vor der Behandlung ein Resistenztest durchgeführt werden sollte.

## Geflügeltuberkulose

Die Geflügeltuberkulose war in der Zeit der Auslaufhaltung des Geflügels eine der wichtigsten Erkrankungen. Sie ging mit zunehmender Intensivierung der Haltungssysteme und Trennung der Hühner von anderen Tierarten zurück. Sie wird heute jedoch immer noch in extensiven Auslaufbeständen angetroffen. Die Geflügeltuberkulose ist nicht nur für die Tiere selbst gefährlich, sondern befällt auch Schweine, Rinder und Menschen. Die Erreger der Geflügeltuberkulose *(Mycobacterium avium)* sind nicht mit der Tuberkulose der Säugetiere und des Menschen identisch. Sie werden fast ausschließlich über den Darmtrakt aufgenommen und infizieren von hier aus die übrigen Organe. Die Geflügeltuberkulose zeigt meist einen schleichenden Verlauf. Die Inkubationszeit (Dauer von der Aufnahme der Erreger bis zum Ausbruch der Krankheit) dauert meist 2 bis 3 Monate und kann sich über ein Jahr hinziehen. Meist werden deshalb bei älteren Tieren Anzeichen von Tuberkulose festgestellt. Diese äußern sich in Abmagern und Leistungsrückgang trotz guter Futteraufnahme, Kamm- und Kehllappen schrumpfen, und schließlich treten Lähmungen und Todesfälle auf. Hinweise auf Tuberkulose geben helle, knotige Veränderungen am Darm, an der Leber und der Milz. Diese können allerdings mit entsprechenden Symptomen von Coli-Entzündungen und Leukose verwechselt werden. Eine Behandlung der Tiere ist nicht möglich. Mit Tuberkulose verseuchte Bestände sollten ausgemerzt werden.

Ein sicherer Schutz gegen Tuberkulose ist in der Auslaufhaltung nicht möglich, da sich die Erreger in der Erde sehr lange halten können (1 bis 2 Jahre) und eine Neuinfektion durch Wildvögel schwer zu vermeiden ist.

## Durch Pilze verursachte Krankheiten

Pilze können die Gesundheit des Geflügels auf verschiedene Art bedrohen. Zum einen kann die Ansiedlung von Sporen und Ausbreitung des Pilzgeflechts das Atmungssystem direkt schädigen. Zum anderen produzieren Pilze im Futter giftige Stoffwechselprodukte, die in der Hühnerhaltung erhebliche Schäden verursachen.

### Aspergillose

Schimmelpilze in der Einstreu und im Futter stellen ein erhebliches Krankheitsrisiko für Hühner, besonders Küken, dar. Verschiedene *Aspergillus*-Arten produzieren Sporen, die von den Tieren über die Atemluft aufgenommen werden und sich im Atemtrakt, hauptsächlich in der Lunge und den Luftsäcken ansiedeln.

Bei Küken in den ersten Lebenswochen führen diese Infektionen häufig zu Todesfällen. Die Tiere leiden unter Atembeschwerden, die sich in ihrer Haltung (vorgestreckter Hals und geöffneter Schnabel) äußern. Daneben treten Durchfallerscheinungen auf. Die Küken werden apathisch und magern ab.

Bei der Untersuchungen zeigen sich zunächst stecknadelgroße, weiße Pilzknoten in der Lunge und in den Luftsäcken. Diese entwickeln sich innerhalb von wenigen Tagen zu größeren, flächigen Herden. Bei ausgewachsenen Tieren können Schimmelpilzrasen in den Luftsäcken beobachtet werden. Schimmelpilzerkrankungen können schon in der Brüterei die Embryonen schädigen, und somit die Schlupfrate beeinträchtigen. Infizierte Schlupfküken sind schwach und weisen in den ersten Tagen eine hohe Mortalität auf. Die Gefahr der Verpilzung von Bruteiern tritt vor allem dann auf, wenn die Elterntiere in Nestern mit verpilzter Einstreu gehalten werden. Die Pilze siedeln sich schließlich in den Brutschränken und Brüträumen an und sind nur schwer wieder auszurotten.

In der Praxis ist es meist nicht möglich festzustellen, ob eine aufgetretene Aspergillose bei Küken aus der Elterntierhaltung und Brüterei eingeschleppt wurde, oder im Stall entstanden ist.

Die Bekämpfung der Aspergillose durch Medikamente ist prinzipiell möglich, jedoch in der praktischen Geflügelhaltung nicht wirtschaftlich. Die Maßnahmen sollten sich auf Vorbeugen durch Desinfektion der Ställe, besonders der Luftschächte und der Futtersilos beschränken. Durch feuchte Lagerung verpilztes Material darf nicht als Einstreu für Hühner benutzt werden.

### Kammgrind (Favus)

Der Kammgrind wird durch einen Hautpilz *(Trichophyton)* verursacht, der die unbefiederten Teile des Kopfes befällt. Er tritt in gut gepflegten Herden selten auf. Leichte Erkrankungen können durch Salicylsalbe behandelt werden. Stärker befallene Tiere sollten getötet werden.

### Pilzvergiftungen

Neben der direkten, krankmachenden Wirkung von Pilzen müssen die Vergiftungen, die durch verpilztes Futter entstehen, behandelt werden. Als besonders gefährlich und weit verbreitet hat sich das Aflatoxin, ein Stoffwechselprodukt des Schimmelpilzes *Aspergillus flavus*, erwiesen. Erdnußschrot hat sich bisher durch einen hohen Befall an Aflatoxinen als besonders kritisch in Geflügelfutterrationen gezeigt. Aber auch feucht gelagertes Getreide aller Art kann dieses Gift aufweisen. Aflatoxin schädigt das Knochenmark und verursacht Blutungen in den inneren Organen. Junges Geflügel ist besonders empfindlich gegen Pilzgifte. Kükenfutter darf kein Aflatoxin enthalten. Bei Mastfutter und Legehennenfutter dürfen Höchstwerte von 0,025 bzw. 0,038 mg/kg nicht überschritten werden. Weitere gefährliche Pilzgifte sind Ochratoxin, Citrinin und Zearalenon.

## Außenparasiten

Außenparasiten sind beim Huhn durch die Einführung moderner Haltungssysteme und strenger Hygieneprogramme stark zurückgegangen. In konventionellen bäuerlichen Haltungssystemen treten sie jedoch noch häufig auf und können erhebliche Schäden verursachen und die Tiere stark belasten. Das Erkennen der Parasiten und die Kenntnis ihrer Lebensweise ist zu ihrer Bekämpfung äußerst wichtig.

## Rote Vogelmilbe

Die rote Vogelmilbe *(Dermanyssus gallinae)* ist einer der gefährlichsten Ektoparasiten des Huhnes. Sie ist etwa 0,7 mm groß und besitzt vier Beinpaare. Im nüchternen Zustand ist sie gelbgrau. Mit Blut vollgesaugt erhält sie eine schwarz-rote Farbe. Die Milben leben tagsüber in Ritzen von Wänden und Nestern. Bevorzugt halten sie sich auch an der Unterseite von Sitzstangen auf. Nachts befallen sie die Hühner und saugen Blut. Die Tiere werden durch den Blutverlust stark geschwächt und können daran verenden. Anzeichen für Milbenbefall sind schwache, unruhige Tiere, blasse Kämme und Muskulatur sowie Blutspritzer in den Nestern und auf den Eischalen.

Geschlechtsreife Milben bilden Gelege mit 3 bis 7 Eiern in Ritzen der Gebäudeteile. Der Schlupf erfolgt bei Temperaturen zwischen 10 und 35 °C. Die Entwicklung der Larven, die nur drei Beinpaare aufweisen, bis zur geschlechtsreifen Milbe dauert etwa 7 Tage. Im leeren Stall können Milben bis zu 5 Monate überleben! Beim Kontakt mit Vogelmilben kann auch der Mensch befallen werden. Die Bekämpfung erfolgt durch Sprühen von Insektiziden (Phosphorsäureesther) in den Verstecken. Es ist darauf zu achten, daß Nester und Sitzstangen intensiv und vollständig behandelt werden. Die Behandlung muß im Abstand von 7 bis 12 Tagen wiederholt werden.

## Zecken

Zecken sind etwa 7 mm groß und haben eine längsovale Form. Ebenso wie die rote Vogelmilbe leben sie tagsüber in Ritzen von Holzteilen, bevorzugt in Nestern, und befallen nachts die Tiere. Die Bekämpfung erfolgt ebenfalls mit Insektiziden. Hierbei sollten sowohl die Tiere als auch die möglichen Verstecke behandelt werden.

## Räudemilben

Durch eine Art von Räudemilben werden Kalkbeine verursacht. Diese 0,2–0,5 mm großen Milben leben ständig auf den Tieren. Sie befallen die Ständer der Hühner und rufen dort borkige Verdickungen (Kalkbeine) hervor.

Eine andere Milbenart, die Hauträudemilben, befallen hauptsächlich den Rücken von Hühnern und verursachen Federausfall. Zur Bekämpfung dieser Milben werden die befallenen Körperteile der Tiere mit Insektizidlösungen behandelt.

## Federlinge

Federlinge gehören zu den Läusen. Sie besitzen nur drei Beinpaare. Sie befallen die Federn von Hühnern und zerstören diese. Anhand von Nissen, die die Größe einer Haselnuß erreichen können, ist der Befall leicht zu erkennen. Die Entwicklung der Federlinge dauert 3 bis 5 Wochen. Die Behandlung der Tiere und des Stalles mit Insektiziden sollte im Abstand von 20 Tagen erfolgen.

## Hühnerflöhe

Hühnerflöhe sind blutsaugende Parasiten. Ihre Entwicklung dauert 17 bis 30 Tage. Eine Insektizidbehandlung sollte nach 14 Tagen wiederholt werden.

## Innenparasiten

Die wirtschaftlich bedeutendsten Innenparasiten sind die Kokzidien. Ihnen ist deshalb besonders in bäuerlichen Haltungssystemen eine besondere Beachtung geschenkt worden. In intensiven Bodenhaltungssystemen und speziell in Auslaufhaltung muß jedoch auch immer mit Würmern gerechnet werden. Da die Behandlung von Kokzidiose und Wurmbefall teuer ist, muß äußerste Sorgfalt auf die Verhütung einer Infektion verwandt werden.

Blinddarmkokzidiose
(Rote Kükenruhr): Die
beiden Blinddärme sind
geschwollen und weisen
einen blutigen Inhalt auf.

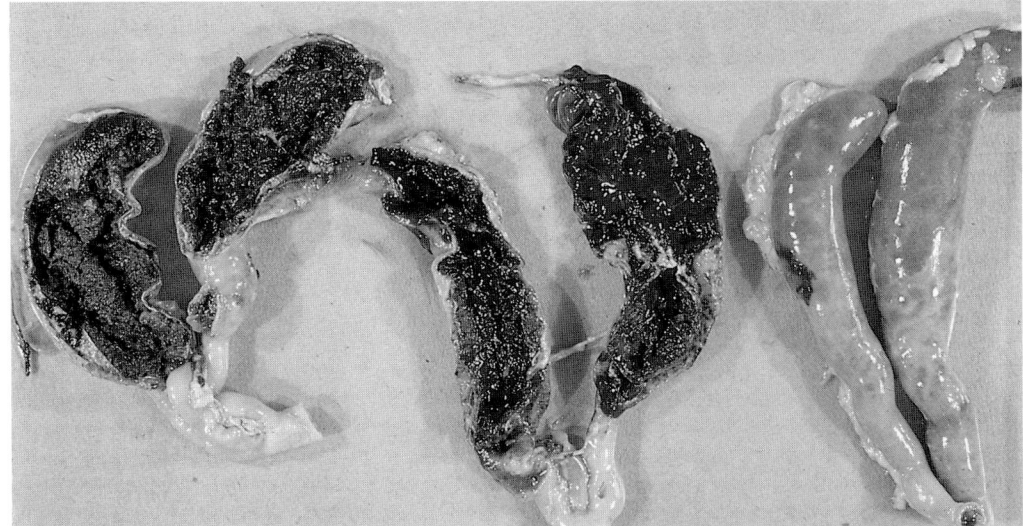

Dünndarmkokzidiose:
Der Dünndarm ist stark
angeschwollen und die
Blutgefäße treten her-
vor.

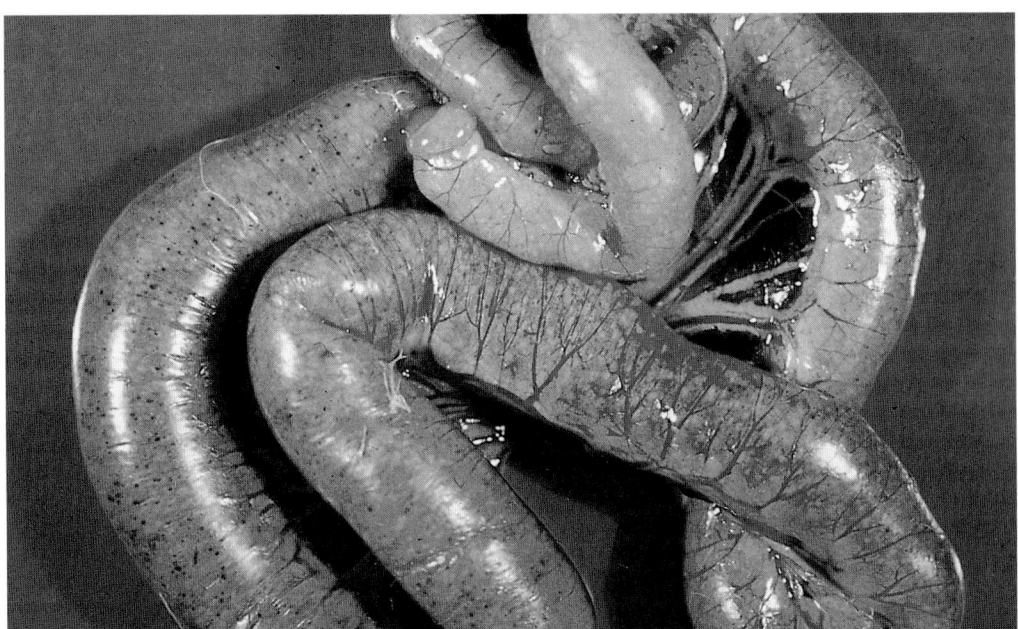

## Kokzidiose

Die Kokzidiose ist eine der wichtigsten Krankheiten in der Geflügelhaltung. Sie wird durch bestimmte Darmparasiten, die Kokzidien, verursacht. Gefährdet hiervon sind besonders die Bodenhaltungssysteme, d.h. Mast, Junghennenaufzucht und Legehennenhaltung in Boden- und Auslaufsystemen.

Kokzidien sind Einzeller (*Eimeria*-Arten), die in die Darmzellen eindringen und diese zerstören. Im Verlauf der Entwicklung der Kokzidien werden Dauerformen, die Oozysten, gebildet. In jeder Oozyste entwickeln sich vier Sporen mit jeweils zwei Sporozoiten. Die Oozysten werden von infizierten Tieren über den Kot ausgeschieden. Sie bilden die Infektionsquelle für andere Tiere. Werden die Oozysten aus der Einstreu aufgenommen, löst sich ihre äußere Hülle im Darmtrakt auf und die Sporozoiten werden frei. Sie befallen die Darmzellen und entwickeln sich nach mehrfacher Teilung zu Schizonten, die wiederum neue Darmzellen befallen. Danach erfolgt eine geschlechtliche Vermehrung. Männliche und weibliche Geschlechtszellen verschmelzen und bilden eine dauerhafte Hülle. So entsteht die Oozyste. Diese löst sich aus der Darmwand und wird über den Kot ausgeschieden. Der Zyklus ist somit geschlossen.

Durch die verschiedenen Vermehrungsstufen kann sich die Krankheit schnell ausbreiten. Aus einer Oozyste können bis zu 10 000 neue gebildet werden. Da der Zyklus je nach Kokzidienart und Umweltbedingungen innerhalb von wenigen Tagen abgeschlossen ist, muß mit einem akuten Verlauf der Krankheit gerechnet werden, wenn die Tiere keine Widerstandskraft besitzen.

Nach dem Ort des Befalls lassen sich prinzipiell zwei Arten von Kokzidiosen unterscheiden, die Blinddarm- und die Dünndarmkokzidiose. Die Blinddarmkokzidiose wird durch *Eimeria tenella* verursacht und betrifft nur die Blinddärme des Huhns (s. Abb. links oben). Bei Küken tritt sie etwa im Alter von 3 Wochen auf. Die Tiere zeigen Appetitlosigkeit und ein erhöhtes Wärmebedürfnis. Sie sind matt, sträuben das Gefieder und drängen sich unter der Wärmequelle zusammen. Sie leiden unter Durchfall, der zunächst dunkelbraun und später blutig-rot ist. Deshalb wird diese Kokzidioseform auch die Rote Kükenruhr genannt. Der Tod kann innerhalb von wenigen Stunden eintreten. Bei Jung- und Legehennen in späteren Altersstufen tritt diese Krankheit seltener auf.

Die Dünndarmkokzidiose wird durch eine Reihe verschiedener Kokzidienarten verursacht (u.a. *Eimeria necatrix, E. averculina, E. maxima, E. brunetti*). Sie befällt hauptsächlich den Dünndarm von Masttieren, Jung- und Legehennen. Ihr Verlauf ist weniger dramatisch als der der Blinddarmkokzidiose. Die Tiere leiden unter Durchfall, der jedoch nicht bei allen Formen blutig sein muß. Futteraufnahme und Leistung gehen jedoch zurück. Im Dünndarm befallener Tiere treten je nach der vorherrschenden Kokzidienart unterschiedliche Krankheitsbilder auf. Meist sind blutiger Schleim und Veränderungen der Darmwand festzustellen (s. Abb. links unten).

Wie aus dem Lebenszyklus der Kokzidien hervorgeht, ist die Aufnahme von Kot für die Vermehrung der Krankheitserreger von entscheidender Bedeutung. Da dies in der Käfighaltung nicht gegeben ist, spielt hier die Kokzidiose keine Rolle.

In der Behandlung der Kokzidiosen ist die vorbeugende Verabreichung von Medikamenten sehr wichtig. Durch den Einsatz von Antikokzidia im Küken- und Junghennenfutter wird die Entwicklung der Kokzidien so weit unterdrückt, daß keine ernsthafte Gefährdung auftreten kann. Unter dem Schutz der *Antikokzidia* kann jedoch eine leichte Durchseuchung erreicht werden, die den Tieren in späteren Altersstufen eine gewisse Immunität verleiht, so daß Legehennen nicht mehr behandelt werden müssen (s. Seite 80). Bei der Geflügelmast ist eine Immunitätsentwicklung nicht notwendig. Hier werden, um die Leistungsdepression so gering wie möglich zu halten, höhere Dosen an Antikokzidia eingesetzt. Dabei ist zu beachten, daß Antikokzidia vor dem Schlachten abgesetzt werden müssen.

Die Absetzfrist oder Wartezeit ist je nach Produkt unterschiedlich lang. Bei den meisten Mitteln beträgt sie 3 oder 5 Tage. Allerdings sind auch Produkte mit 7 oder 9 Tagen Wartezeit im Handel. Um Rückstände im Fleisch zu vermeiden, sind die Wartezeiten unbedingt einzuhalten. Bei Legehennen sind Antikokzidia als Zusatzstoffe im Futter nicht zugelassen. Bei schwerwiegenden Infektionen ist eine Behandlung durch den Tierarzt erforderlich. Die Eier der behandelten Hennen sind nicht für den Konsum geeignet.

Neuerdings werden Junghennen in Auslauf- und Bodenhaltung gegen Kokzidien geimpft. Die Impfung ist zur Zeit noch relativ schwierig und bietet keinen perfekten Schutz gegen alle Arten von Kokzidien. Es ist damit zu rechnen, daß die Impfung gegen Kokzidien weiterentwickelt wird und den Einsatz von Antikokzidia verringert.

Wichtig zur Bekämpfung der Kokzidiose sind die allgemeinen Haltungsbedingungen, nämlich trockene Einstreu, gutes Stallklima und eine ausreichende Versorgung mit Vitaminen, speziell mit Vitamin A und K.

## Haarwürmer, Kapillarien

Diese sind feine, 0,5 bis 0,6 cm lange Würmer, die Schlund, Kropf, Blinddarm und Dünndarm befallen. Bei einer Haarwurmart dient der Regenwurm als Zwischenwirt. Die Tiere in Auslaufhaltung sind deshalb stark gefährdet. Allerdings benötigt eine andere Haarwurmart *(Capillaria obsiquata)* keinen Zwischenwirt. Sie wird durch Fliegen übertragen und kann deshalb auch in der Käfighaltung zum Problem werden. Zu ihrer Behandlung werden Wurmkuren über das Trinkwasser oder das Futter durchgeführt. Zweckmäßig ist die Wurmkur vor dem Umstallen der Junghennen in Legeabteile. Eine Wiederholung sollte im Abstand von 3 Wochen erfolgen.

### Spulwürmer, Askaridien und Pfriemenschwänze, Heterakiden

Sie können ebenfalls ohne Zwischenwirt übertragen werden. Die Ausbreitung erfolgt über Wurmeier in der Einstreu oder im Auslauf. Pfriemenschwänze werden jedoch auch durch Regenwürmer als Sammelwirt verschleppt.

### Bandwürmer

Hühner werden sowohl vom großen, bis zu 25 cm langen, als auch vom kleinen, wenige mm langen Bandwurm befallen. Zur Entwicklung der Bandwürmer sind Zwischenwirte nötig. Als Zwischenwirte dienen beim großen Bandwurm Fliegen, Lauf- und Mistkäfer, Mehlkäfer und Ameisen. Beim kleinen Bandwurm sind Schnecken die Zwischenwirte. Zur Bekämpfung der Bandwürmer stehen spezielle Präparate zur Verfügung.

### Lufröhrenwurm, Syngamus

Er kommt beim Huhn nur in Auslaufhaltung vor. Die etwa 2 cm langen weiblichen Tiere sind ständig mit den männlichen verbunden und bilden ein Paar. Die Würmer setzen sich an der Luftröhre fest und saugen Blut. Als Anzeichen für die Krankheit treten Atembeschwerden und Husten auf. Die Behandlung erfolgt mit Wurmmitteln (zum Beispiel Thibenzolen) über das Futter.

## Sonstige Erkrankungen

Neben des bisher erwähnten Krankheiten treten beim Huhn eine Reihe von Gesundheitsproblemen auf, die sich nicht speziellen Gruppen von Erregern zurechnen lassen.

### Ballengeschwüre

Ballengeschwüre oder Ballenabszesse treten meist durch kleine Verletzungen auf, in denen sich Entzündungen durch Eitererreger, Staphylokokken, bilden (Abb. links). Die ballenartigen Verdickungen bestehen aus festen, gelblich-weißen Eiteransammlungen. Die Abszesse können leicht geöffnet und ausgedrückt werden.

### Eileiterentzündung

Eileiterentzündungen treten meist bei Legehennen als Folge von kleinen Verletzungen in der Schleimhaut auf. Diese Verletzungen können durch passierende Eier, durch Bepicken der Kloakenregion und durch das sogenannte „Eierfühlen" entstehen. Beim „Eierfühlen" versucht der Hühnerhalter festzustellen, ob die Henne ein Ei im Legetrakt hat. Wird bei dieser Maßnahme ein Finger in die Kloake eingeführt, kann es zu den erwähnten Verletzungen kommen. Liegen schon Infektionen vor, so können die Krankheitserreger durch die Manipulation von Tier zu Tier übertragen werden. Das Eierfühlen in dieser Art sollte deshalb unterlassen werden. Durch Coli-Bakterien aus dem Darmbereich der Kloake entstehen eitrige Entzündungen, die über den Eileiter aufsteigen und in die Bauchhöhle gelangen. Dabei wird auch eine Bauchfellentzündung hervorgerufen. Neben Coli-Bakterien können in einzelnen Fällen auch andere Mikroorganismen wie Viren, Salmonellen und Pasteurellen zur Infektion führen.

Zuweilen tritt die Eileiterentzündung auch infolge von Legenot auf. Hierbei ist das Tier nicht in der Lage, das im Uterus befindliche Ei auszustoßen. Das Ei wird dann durch

Ballengeschwüre werden durch das Eindringen von Eitererregern in kleine Wunden am Fußballen verursacht.

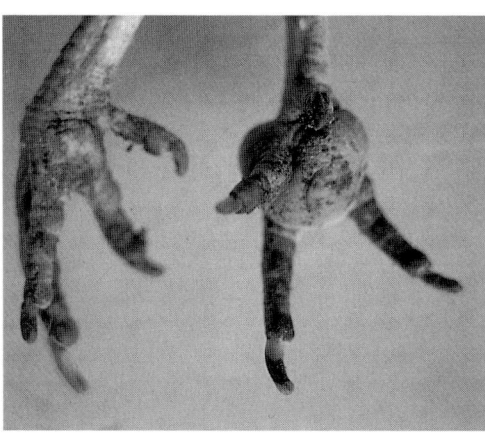

Schichten von Dotter- und Eiklarmasse des folgenden Eies umschlossen. Es entstehen die sogenannten Schichteier von enormer Größe. Der Legebauch der Henne schwillt unter der sich ausdehnenden Masse aus Eibestandteilen und Eiter an und zwingt die Tiere in eine aufrechte, pinguinartige Haltung. Teilweise sind bei Eileiterentzündungen lediglich Ansammlungen von weißen, schleimigen Massen, sowie Resten von Eiklar, Dotter und Eischalen vorhanden.

In vielen Fällen tritt der Tod bei akuten Eileiterentzündungen sehr schnell ein. Die unmittelbare Ursache ist eine Blutvergiftung. Eine Behandlung von Eileiterentzündungen ist meist nicht angebracht. Der Einsatz von Antibiotika ist nur dann sinnvoll, wenn diese Krankheit ein erhebliches Ausmaß annimmt, und nachgewiesen ist, daß sie nicht das Ergebnis einer mangelhaften Stallhygiene, sondern durch spezielle Erreger bedingt ist.

## Reinigung und Desinfektion

Die Desinfektion von Ställen und Geräten ist die wichtigste Vorbeuge gegen das Auftreten und die Verbreitung von Krankheiten.

Vor der Desinfektion ist eine gründliche Reinigung des Stalles vorzunehmen. Nach dem Entmisten sind Kotreste sorgfältig zu entfernen. Eingetrockneter Kot haftet hartnäckig am Boden und insbesondere an Holzteilen. Es empfiehlt sich deshalb, diese Stellen zunächst einzuweichen und erst am folgenden Tag die Naßreinigung durchzuführen.

Einweichen reduziert den Zeitaufwand der Endreinigung. Am effektivsten hat sich ein zweimaliges Einweichen erwiesen. Das erste sollte am Tag vor der Endreinigung erfolgen. Hierbei werden 1–1,5 l Wasser je m$^2$ auf die Oberfläche von Boden und Wänden versprüht. Ein bis zwei Stunden vor der Reinigung sollte nochmals eingeweicht werden. Nach sorgfältigem Einweichen kann bei der Endreinigung mit geringerem Wasserdruck gearbeitet werden. Somit spart das Einweichen nicht nur etwa 40% der Arbeitszeit, sondern auch Wasser. Das Zufügen von Detergentien (Spülmittel) bringt keine wesentliche Arbeitsverkürzung. Lediglich durch Ätznatron kann eine Reduktion des Arbeitsaufwandes um 20–25% erzielt werden.

Hochdruckreiniger erleichtern die Entfernung von restlichem Schmutz und Staub bei der Endreinigung. Einen besonders guten Reinigungseffekt haben Heißwassergeräte (Dampfstrahlgeräte), die in Temperaturbereichen von 40–70 °C arbeiten. Sie sind jedoch etwa doppelt so teuer wie Kaltwasser-Hochdruck-Reiniger. Die Desinfektionswirkung der Dampfstrahlgeräte wird meist überschätzt. Der Dampfstrahl kühlt schon in geringer Entfernung von der Düse stark ab, so daß ein Abtöten von Krankheitserregern nicht erreicht wird. Der Einsatz von Dampfstrahlgeräten erbringt somit zwar einen guten Reinigungseffekt, erspart jedoch nicht die Desinfektion.

Häufig vergessen werden bei der Reinigung und Desinfektion die Ventilatoren und Luftschächte. Wenn dann nach dem Einsetzen der Tiere die Ventilatoren in Gang gesetzt werden, wird der hier verbliebene, mit Krankheitserregern behaftete Staub, in den Stall geblasen und macht die Desinfektion wirkungslos.

Als Desinfektionsmittel kommen verschiedene chemische Stoffgruppen in Frage: Formaldehyd (Formalin), Phenole, Kresol, quartäre Ammoniumbasen, Schwefelkohlenwasserstoff u.a. Diese Verbindungen sind in verschiedenen Formulierungen auf dem Markt. Die Anwendungskonzentration liegt zwischen 1 und 3%. Die meisten Gruppen sind gegen Bakterien, Viren und Pilze wirksam. Gegen Wurmeier und die Oozysten der Kokzidien wirken nur relativ wenige Mittel. Hiergegen werden hauptsächlich Kombinationen von Schwefelkohlenwasserstoffen und Phenolen eingesetzt. Beim Befall von Ektoparasiten ist eine zusätzliche Desinfektion mit Insektiziden durchzuführen. Der Stallboden und die Wände werden mit der Desinfektionslösung besprüht. Zur Ausbringung der Desinfektionslösung sind die im Pflanzenschutz üblichen Sprühgeräte geeignet. Für eine Bodenfläche von 3 m$^2$ wird etwa 1 Liter Lösung benötigt. Die Einwirkzeit sollte mehrere Stunden betragen.

Die Wirksamkeit der Desinfektion hängt auch von der Stalltemperatur ab. Bei Temperaturen unter 10 °C ist sie äußerst gering.

Die Stallgeräte können in eine Wanne mit Desinfektionslösung gelegt werden. Die Verweildauer sollte 30 Minuten betragen.

Neben der Naßdesinfektion ist die Vernebelung mit Formalin mit speziellen Geräten äußerst wirksam. Die Bildung kleinster Tröpfchen gewährleistet eine gute Benetzung der Stallteile und das Eindringen in Fugen, Ritzen sowie in Schächte. Bei der Vernebelung müssen alle Türen, Fenster und Lüftungsöffnungen geschlossen werden. Diese Behandlung kann nur mit Hilfe von Atemschutzvorrichtungen (Gasmaske) durchgeführt werden, da es sonst zu Vergiftungen kommen kann. Der Stall ist danach zu verschließen, damit das Mittel seine Wirkung entfalten kann. Rechtzeitig vor dem Einsetzen der Tiere ist jedoch eine Entlüftung vorzunehmen, damit die Tiere keinen Schaden durch das Formalin davontragen.

Holzteile im Stall können mit Karbolineum behandelt werden. Hiermit werden Ektoparasiten abgetötet. Die Behandlung der Holzteile oder der Wände und Decken mit Ätzkalk (5%igen Lösungen) oder Chlorkalk ist zum Abtöten von Viren, Bakterien, Pilzen, Kokzidien oder Wurmeiern ungeeignet. Hierdurch können jedoch feine Risse in diesen Stallteilen verschlossen werden, die als Verstecke für Ektoparasiten dienen.

Besondere Beachtung sollte der Reinigung und Desinfektion der Futtersilos geschenkt werden. Diese Maßnahmen werden oft deshalb nicht durchgeführt, weil die Silos zum Zeitpunkt der Umstallung nicht leer sind. Während der Lege- oder Mastperiode ist eine völlige Entleerung nicht möglich, wenn nur ein Silo zur Verfügung steht. Mindestens einmal pro Jahr sollte jedoch eine gründliche Reinigung und Desinfektion durchgeführt werden. Hierzu müssen zunächst alle Futterreste von den Silowänden entfernt werden, da sich hier vor allem Pilze und Milben ansammeln. Danach ist eine Naßdesinfektion durchzuführen. Es ist jedoch darauf zu achten, daß ausreichend Zeit zum Abtrocknen vor der Neubeschickung zur Verfügung steht. Geschlossene Silos können durch Begasung mit Formalin und Kaliumpermanganat desinfiziert werden. Dabei werden pro m$^3$ Siloinhalt 17 cm$^2$ Wasser, 25 g Kaliumpermanganat und 35 cm$^3$ konzentriertes Formalin in einen Topf gegeben. Es muß beachtet werden, daß für die Durchführung der Formalinbegasung ein Sachkundenachweis erforderlich ist.

Das Abflammen mit einem Gasbrenner ist ebenfalls ein wirksames Mittel zur Desinfektion von Einrichtungsgegenständen oder von Stallböden. Die Brandgefahr im Stall sollte jedoch nicht unterschätzt werden. Diese Maßnahme muß deshalb mit äußerster Vorsicht vorgenommen werden.

Zur Desinfektion stehen eine große Anzahl verschiedener Präparate zur Verfügung, die hier nicht behandelt werden können. Sämtliche Desinfektionsmittel werden von der Deutschen Veterinärmedizinischen Gesellschaft auf ihre Wirksamkeit geprüft und in einer Liste zusammengestellt. Darüber hinaus prüft die DLG weitere wichtige Eigenschaften für den praktischen Einsatz, z. B. die Aggressivität der Mittel gegenüber den Geräten und Bauteilen, Benetzungsvermögen und Ausbringungseigenschaften. Geeignete Mittel erhalten das DLG-Gütesiegel. Der Anwender kann über den Tierarzt, über das Landwirtschaftsamt oder über die DLG direkt die aktuelle Liste der Desinfektionsmittel beziehen.

## Die Untersuchung kranker Tiere

Beim Verdacht einer Krankheit, z. B. bei unerklärlichem Rückgang des Futterverzehrs und der Leistung oder bei auffälligen Verhaltensveränderungen muß unverzüglich der Tierarzt zu Rate gezogen werden. Bei größeren Geflügelbeständen sollte der Betriebsleiter in ständigem Kontakt mit dem zuständigen Geflügelgesundheitsdienst bleiben.

Kann vor Ort keine eindeutige Krankheitsdiagnose gestellt werden, müssen verendete oder erkrankte Tiere an die zuständige tierärztliche Untersuchungsstelle gebracht werden. Die Adressen dieser Institute sowie der Geflügelgesundheitsdienste sind im Anhang aufgeführt. Nach Möglichkeit sollten die Tiere direkt überbracht werden. Der Postversand erfordert besondere Maßnahmen und sollte nur nach telefonischer Absprache erfolgen. Die toten Tiere müssen in starke, wasserdichte Tüten gepackt werden. Zusätzlich ist das Päckchen oder der Versandkarton mit saugfähigem Material (Zellstoff) auszulegen. Es dürfen nur Tiere eingeschickt werden, die erst kurze Zeit tot sind, denn insbesondere bei hohen Temperaturen tritt sehr schnell ein Verwesungsprozeß ein, der nicht nur die Diagnose unmöglich macht, sondern auch zu einer erheblichen Geruchsbelästigung führt. Jeder Sendung ist ein Begleitschreiben beizufügen, das dem untersuchenden Tierarzt Hinweise auf den allgemeinen Zustand der Herde und das Haltungssystem sowie auf eventuelle auffällige Beobachtungen geben soll. In der Regel verfügen alle Untersuchungsstellen über solche Formulare, die man sich vorsorglich schicken lassen sollte. Zum Schutz gegen Feuchtigkeit sollte das Begleitschreiben gesondert in einer wasserdichten Plastikhülle untergebracht werden.

# Fütterungsgrundlagen

Die Bedeutung der Fütterung in der praktischen Hühnerhaltung kann nicht hoch genug eingeschätzt werden. Eine angemessene Versorgung der Tiere mit Nährstoffen ist nicht nur wichtig für die Entwicklung und Leistung der Tiere, sondern auch eine entscheidende Voraussetzung für die Gesunderhaltung des Bestandes. Angemessen bedeutet jedoch nicht nur die Deckung des Bedarfes an Nährstoffen, sondern auch das Vermeiden von Überschüssen. In diesem Sinne muß besonders darauf geachtet werden, daß überflüssige Gehalte an Stickstoff und Phosphor zum Schutz der Umwelt vermieden werden. Stickstoffanteile des Proteins, die nicht vom Huhn verwertet werden, tragen zur Anreicherung von Treibhausgasen in der Atmosphäre bei.

## Nährstoffe und Nährstoffbedarf

Aus diesem Grund sollte der Hühnerhalter ein solides Basiswissen auf dem Gebiet der Geflügelernährung besitzen, d.h. er muß wissen, wie hoch der Bedarf seiner Tiere an Nährstoffen - Energie, Protein, Mineralstoffen und Vitaminen - ist, und wie der Bedarf gedeckt werden kann.

## Energie

Der Energiebedarf ergibt sich aus Erhaltung, Legeleistung und Wachstum. Er wird in Kalorien oder Joule „Umsetzbarer Energie" (UE) angegeben.

Obwohl die derzeitige offizielle Maßeinheit für Energie im Futter „Joule" ist, findet man noch häufig Angaben in „Kalorien". Beide Maßeinheiten lassen sich nach folgendem Schlüssel umrechnen:

| |
|---|
| 1 kcal = 4,186 kJ = 0,004186 MJ |
| 1 MJ = 238,892 kcal |
| kcal = Kilokalorie |
| kJ = Kilojoule |
| MJ = Megajoule |

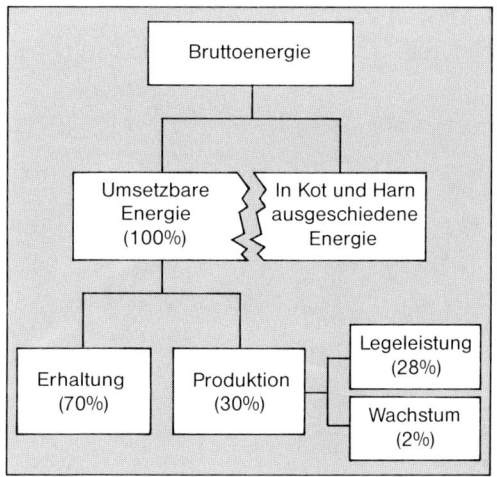

Die „Umsetzbare Energie" ist der Anteil der Futterenergie, der für Wachstum, Produktion und Erhaltung „umgesetzt" wird. Sie kann deshalb aus der Differenz des Energiewertes des Futters und des Kotes (einschließlich Harn) errechnet werden. Die praktische Bestimmung der Energie im Futter und im Kot-Harngemisch erfolgt durch Verbrennung der Substanzen in der Kalorimeterbombe. Die auf diese Art bestimmte umsetzbare Energie wird auch „scheinbare umsetzbare Energie" genannt. Scheinbar deshalb, weil ein Teil der im Kot ausgeschiedenen Energie zuvor verdaut wurde und in den intermediären Stoffwechsel gelangte, dann jedoch wieder über den Darm ausgeschieden wurde. Zieht man diesen Teil der Energie von der scheinbaren umsetzbaren Energie ab, so erhält man die „wahre" umsetzbare Energie, die etwa 5–10% höher liegt. Da diese Methode jedoch sehr aufwendig ist, beruhen die bisher verfügbaren Tabellenwerte auf der scheinbaren UE. Die Aufteilung der UE für Erhaltung und Produktion, sowie Nettoerhaltung, Nettoproduktion und die entsprechenden Anteile, die für Wärmeproduktion umgesetzt werden, sind in der Abb. oben aufgeführt. Insgesamt werden bei der Legehenne 70% der UE für die Erhaltung und 30% für die Produktion eingesetzt. Bei Legehennen kann der Bedarf an Energie mit Hilfe einer Schätzgleichung relativ zuverlässig geschätzt werden. In die Gleichung gehen Körpergewicht, Legeleistung und Zunahme ein. Des weiteren werden die Stalltemperatur und die Art des Tiermaterials (leichte oder mittelschwere Hybriden) berücksichtigt:

$$UE_1 = (170\text{-}2,2\ T)\ KG + 2 \times EM + 5 \times ZN$$
$$UE_m = (140\text{-}2\ T)\ KG + 2 \times EM + 5 \times ZN$$

$UE_1$ = Aufnahme an Umsetzbarer Energie pro Tier und Tag (kcal) bei leichten Legehybriden
$UE_m$ = Aufnahme an Umsetzbarer Energie pro Tier und Tag (kcal) bei mittelschweren Legehybriden
KG = Körpergewicht (kg)
T = Temperatur (°C)
EM = Eimasse pro Tier und Tag (g)
ZN = Zunahme pro Tier und Tag (g)

**Beispiel:** leichte bzw. mittelschwere Legehybride: 1,8 (2,4) kg KG, 20 °C, 45 g EM, 1 g ZN

$$UE_1 = (170\text{-}2,2 \times 20)\ 1,8 + 2 \times 45 + 5 \times 1 = 321,8\ kcal\ oder\ 76,87\ kJ$$
$$UE_m = (140\text{-}2,0 \times 20)\ 2,4 + 2 \times 45 + 5 \times 1 = 335,0\ kcal\ oder\ 80,03\ kJ$$

Bei einem Energiegehalt des Futters von 2750 kcal UE (657 kJ) benötigen die leichten Hybriden 117 g, die mittelschweren 122 g Futter pro Tag.

In bezug auf die Wärmeabgabe der Tiere ist nicht nur die Umwelttemperatur, sondern auch die Befiederung zu berücksichtigen. Bei schlecht befiederten Tieren müssen höhere Werte für den Multiplikator von T in die Formel eingesetzt werden.

## Energetische Bewertung von Futtermitteln

Die experimentelle Erfassung der Umsetzbaren Energie ist sehr arbeitsaufwendig und schwierig. Es wird deshalb an Methoden gearbeitet, den energischen Wert eines Futtermittels anhand der chemischen Analyse der wichtigsten Komponenten zu schätzen. Die gebräuchlichste Methode ist die Energieschätzgleichung der World's Poultry Science Association (WPSA):

$$UE\ (MJ/kg\ Futter) = 15,51 \times g\ Rohprotein + 34,31 \times g\ Rohfett + 16,69 \times g\ Stärke + 13,01 \times g\ Zucker$$

Diese Formel wurde von der EG als Grundlage für die Schätzung der Energie in einer einheitlichen Futtermittelregelung in den Ländern der Gemeinschaft übernommen.

Die Analysenwerte eines Futtermittels ergeben zum Beispiel folgende Nährstoffgehalte:

| | |
|---|---|
| Rohprotein | 160,0 g/kg |
| Rohfett | 55,0 g/kg |
| Stärke | 39,5 g/kg |
| Zucker | 37,0 g/kg |

Die Umsetzbare Energie berechnet sich dann folgendermaßen:

| | |
|---|---|
| $15,51 \times 160$ g Rohprotein | = 2482 |
| $34,31 \times 55$ g Rohfett | = 1887 |
| $16,69 \times 395$ g Stärke | = 6593 |
| $13,01 \times 37$ g Zucker | = 481 |
| Umsetzbare Energie (kJ/kg Futter) | = 11443 |

dies entspricht 2734 kcal/kg Futter

## Protein

Der Proteingehalt im Futter ist für den Aufbau von Muskeln, die Bildung von Eiern und zur Aufrechterhaltung wichtiger Stoffwechselvorgänge wichtig. Entscheidend für die Qualität eines Futters ist jedoch nicht der analytisch bestimmte Rohproteingehalt, sondern der Gehalt an verfügbaren Aminosäuren. Aminosäuren, die das Tier nicht selbst produzieren kann, werden als „essentielle Aminosäuren" bezeichnet. Das Aminosäuremuster im Futter muß dem Bedarf der Tiere entsprechen. Bei Unterversorgung an einer oder wenigen Aminosäuren sinkt die Verwertung des vorhandenen Proteins ab. Auch Überschüsse an einzelnen Aminosäuren wirken sich negativ auf die Verwertung des Proteins aus, da diese in der Leber abgebaut und über den Harn ausgeschieden werden müssen. Proteinüberschüsse verbrauchen deshalb Energie und belasten den Stoffwechsel. Zum Aufbau von Muskel- oder Eiprotein werden die Aminosäuren des Futters zerlegt und wieder zusammengesetzt. Dieser Prozeß erfordert Energie. Soll das im Futter angebotene Protein optimal verwertet werden, ist also darauf zu achten, daß die Ration ein ausgewogenes Aminosäuremuster und ausreichend Energie enthält. Unterversorgungen treten bei Legehennen und wachsenden Tieren meist beim Lysin und den schwefelhaltigen Aminosäuren, Methionin und Cystin, auf. Der Lysingehalt zur Deckung des Bedarfs sollte beim Küken in den ersten 6 Wochen ca. 1–0,8% betragen und kann im Junghennenalter auf 0,6–0,7% absinken. Die entsprechenden Gehalte für Methionin und Cystin zusammen sind 0,8–0,7% beim Küken und 0,5% bei der Junghenne. Bei Legehennen ist der Bedarf an Lysin und Methionin/Cystin weitgehend von der Leistung abhängig. Er läßt sich überschlagsmäßig nach folgenden Formeln errechnen:

$$\text{Lysinbedarf (mg/Henne und Tag)*} = 0{,}04 \times \text{KG} + 8{,}6 \times \Delta\text{KG} + 12{,}6 \times \text{EM}$$
$$\text{Methioninbedarf (mg/Henne und Tag)*} = 0{,}037 \times \text{KG} + 4{,}5 \times \Delta\text{KG} + 5{,}39 \times \text{EM}$$
KG = Körpergewicht (g)
ΔKG = Veränderung des Körpergewichts Zunahme (g/Tag)
EM = durchschnittliche Eimasse (g/Tag)
* Quelle: INRA, Paris, 1984: Die Ernährung monogastrischer Tiere, Schwein, Kaninchen, Geflügel

**Beispiel:** Eine Henne mit 1800 g Gewicht produziert bei 80% Legeleistung und einem durchschnittlichen Eigewicht von 60 g durchschnittlich 48 g Eimasse pro Tag. Die Zunahme beträgt 1 g pro Tag. Der Bedarf an Lysin liegt demnach bei 685 mg/Tier und Tag. Bei einem Futterverbrauch von 115 g pro Tier und Tag sollte die Ration demnach 0,6% Lysin enthalten. Der Methioninbedarf beläuft sich auf 330 mg oder 0,3% im Futter.

Der Bedarf an Cystin liegt etwa 10% unter dem Bedarf an Methionin, also bei etwa 300 mg oder 0,26%. Werden Futtermittel mit geringen Gehalten an den limitierenden Aminosäuren eingesetzt, besteht die Möglichkeit, die Proteinqualität durch Zusatz synthetischer Aminosäuren zu verbessern. Dies ist besonders dann empfehlenswert, wenn der Proteingehalt niedrig gehalten werden soll.

Der Bedarf einer Legehenne an Rohprotein läßt sich ebenfalls mit Hilfe einer einfachen Schätzgleichung ermitteln.

$$\text{Rohproteinbedarf (g/Henne und Tag)} = 0{,}035 \times \text{KG} + 0{,}25 \times \text{EM}$$
KG = Körpergewicht (g)
EM = Eimasse (in g pro Tag)

**Beispiel:** Eine 1800 g schwere Henne mit einer durchschnittlichen Eimasseproduktion von 48 g pro Tag benötigt 18,3 g Rohprotein. Bei einem Futterverzehr von 115 g pro Tag muß der Rohproteingehalt des Futters 15,9% betragen. In Abhängigkeit vom Körpergewicht und der Leistung normaler Legehennen liegt der Rohproteingehalt im Bereich von etwa 13–19%.

## Fette und Öle

Fette und Öle sind wichtige Energielieferanten und -speicher für Tiere. Sie bestehen aus der Verbindung von Glyzerin und Fettsäuren. Die Art der am Glyzerin angelagerten Fettsäuren ist wichtig für die Konsistenz des Fettes und seine physiologische Wirkung. Fette, die aufgrund ihrer Fettsäurenzusammensetzung bei Raumtemperatur flüssig sind, werden Öle genannt. Fette und Öle für das Geflügelfutter stammen zu einem bestimmten Teil aus dem Getreide. Des weiteren werden sie aus verschiedenen Saaten (Soja, Raps, Lein) gewonnen und dem Futter in reiner Form zugesetzt. Fette tierischen Ursprungs fallen in der Tierkörperbeseitigung an. Der Einsatz von Fetten oder Ölen ist meist unumgänglich, wenn man sehr energiereiche Rationen erstellen will. Er erfordert jedoch eine besondere Sorgfalt in bezug auf die Qualität und Art der enthaltenen Fettsäuren. Die positive Wirkung der Linolsäure beim Geflügel ist seit langem bekannt. Sie verbessert die Legeleistung, die Eimasse und verhindert die Leberverfettung. Der Linolsäuregehalt im Legehennenfutter sollte 0,8–1,0% betragen. Es ist jedoch damit zu rechnen, daß auch eine weitere Steigerung über diese Werte hinaus positive Effekte erbringt.

Hohe Gehalte an Linolsäure besitzen Mais (2%) und Hafer (9,5%). In maisreichen Rationen ist der Bedarf an Linolsäure weitgehend gedeckt. Besteht die Getreidekomponente jedoch aus linolsäurearmen Bestandteilen, wie z.B. Weizen, sollte gezielt Linolsäure zugeführt werden. Dies kann durch Mais-, Soja-, Erdnuß- oder Sonnenblumenöl erfolgen, die über 5% Linolsäure aufweisen.

Neuerdings werden Eier auf dem Markt angeboten, die relativ hohe Gehalte an ernährungsphysiologisch wertvollen Fettsäuren enthalten. Hier sind besonders die mehrfach ungesättigten Omega-3-Fettsäuren zu erwähnen. Eine solche Anreicherung der Eier kann durch die Verfütterung von speziellen Algenprodukten oder bestimmten Futtermitteln, besonders Leinsaat oder Leinöl, erreicht werden.

Negative Effekte können verschiedene Fettsäuren wie die Erucasäure im Rapsschrot oder die Sterkulasäure im Baumwollsaatöl hervorrufen.

Weitere negative Auswirkungen auf die Qualität des Futters sind durch verdorbenes Fett zu erwarten. Lange und bei hohen Temperaturen gelagerte Fette werden ranzig und bilden außerdem schädliche chemische Verbindungen (Polymere), die – im Gegensatz zum ranzigen Fett – nicht durch Geruch feststellbar sind. Bei der Verwendung von Fetten und Ölen im Geflügelfutter sind deshalb stets Stabilisatoren in Form von Antioxidantien zu verwenden (vgl. Seite 80).

## Kohlenhydrate

Kohlenhydrate sind die wichtigsten Energielieferanten im Geflügelfutter. Sie werden in der Regel über die Getreidekomponente in Form von Stärke eingebracht. Zucker, als weitere Kohlenhydratquelle, spielt im Geflügelfutter nur eine geringe Rolle, da die üblichen Rohstoffe nur wenig Zucker enthalten.

Neben dem Getreide können in der bäuerlichen Geflügelhaltung auch gekochte Kartoffeln als Stärkequelle dienen. Für die Herstellung von Mischfutter kommen preiswerte importierte Stärketräger wie Tapioka, Maniok oder Cassava-Mehl in Frage. Allerdings muß hier mit Schadstoffen gerechnet werden, die den Einsatz dieser Futtermittel begrenzen (siehe Tab. Seite 92).

## Mineralstoffe

**Calcium (Ca).** Bedingt durch die Bildung der Eischale werden hohe Anforderungen an den Calciumstoffwechsel gestellt. Die Schale eines Eies enthält etwa 2 g Ca. Dies entspricht etwa 10% des gesamten Calcium-Gehaltes im Körper der Legehenne. Diese Menge muß innerhalb weniger Stunden über das Blut zur Schalendrüse transportiert und in die vorgesehene Eischalenmatrix eingebaut werden. Für die relativ hohen Calcium-Mengen, die in der Zeit der Schalenbildung benötigt werden, reichen bei hoher Legeleistung die vom Darm aufgenommenen Anteile nicht aus. Es müssen deshalb Calcium-Ionen aus dem Knochengewebe, hauptsächlich aus dem Mark, mobilisiert werden. Bei einer ausreichenden Calcium-Versorgung über das Futter wird die gleiche Menge in Zeiten geringeren Calcium-Bedarfs wieder eingelagert, so daß die Bilanz ausgeglichen ist.

Legehennen passen ihre Calcium-Aufnahme im Tagesverlauf dem durch die Schalenbildung bedingten Bedarf an. Erhalten die Tiere ein Calcium-reiches Futter oder Muschelschalen getrennt von den übrigen Nährstoffen, so zeigen sie besonders zur Zeit des höchsten Bedarfes, am Ende der Lichtperiode, einen verstärkten Verzehr an Calcium.

Der Ca-Bedarf von Mastküken wird durch Ca-Gehalte von 1% in den ersten 3 Wochen und 0,8% in der späteren Mastperiode gedeckt. Küken der Legerassen sollten zunächst 0,7–0,9% in der Ration erhalten. Bei Junghennen sinkt der Ca-Bedarf auf 0,6% ab. Die Ca-Versorgung der Legehennen muß der Legeleistung angepaßt werden. Geht man davon aus, daß für ein Ei 2–2,2 g Ca benötigt werden, und der Erhaltungsbedarf mit 0,1 g Ca pro Tag zu veranschlagen ist, so läßt sich aus dem Futterverzehr und der Ausnutzungsrate der benötigte Ca-Gehalt errechnen. Bei einer Ausnutzungsrate von 50%, einer Legeleistung von 90% und einer Futteraufnahme von 120 g pro Tier und Tag sollte das Futter 3,5% Ca enthalten:

| Ca-Gehalt der Schale: | |
|---|---|
| 2,2 g × 0,90 = | 2,0 g |
| Erhaltungsbedarf | 0,1 g |
| | |
| Ca-Bedarf pro Henne und Tag | 2,1 g |
| Erforderliches Angebot bei | |
| 50%iger Ausnutzung | 4,2 g |

Mit abnehmender Legeleistung geht der Calcium-Bedarf zurück. Da sich die Ca-Ausnutzung jedoch mit zunehmendem Alter verschlechtert, und die Eigröße und hiermit auch die zu produzierende Schalenmenge ansteigt, kann es am Ende des Legejahres angebracht sein, den Ca-Gehalt des Futters bis auf 4% zu steigern.

Die Versorgung der
Tiere mit hochwertigem
Futter ist eine Grundvor-
aussetzung für eine wirt-
schaftliche
Hühnerhaltung.

## Calcium und Phosphorgehalte im Geflügelfutter
in % der Ration (nach Empfehlungen der WPSA)

|  | Calcium | Gesamtphosphor | Nicht-Phytin-Phosphor* |
|---|---|---|---|
| Mastküken | 0,8–1,0 | 0,75 | 0,52 |
| Legeküken | 0,7–0,9 | 0,60 | 0,40 |
| Junghennen | 0,5–0,6 | 0,40 | – |
| Legehennen | 3,0–4,0 | 0,50 | 0,30–0,35 |

* Nicht-Phytin-Phosphor läßt sich annäherungsweise aus der Summe Anorganischer P + tierischer P + $\frac{1}{3}$ pflanzlicher P errechnen.

Als Ca-Quelle dienen in der Regel kohlensaurer Futterkalk (Calciumkarbonat) mit 38% Ca, Dicalciumphosphat mit 23% Ca, Muschel- und Austernschalen mit 38% Ca oder Knochenfuttermehl mit 29% Ca.

Austernschalen haben offensichtlich einen positiven Effekt auf die Eischalenstabiltät in den kritischen Phasen am Ende der Legeperiode. In der Boden- und Auslaufhaltung können sie in separaten Behältern zur freien Verfügung angeboten werden. Bei automatischen Fütterungssystemen können die relativ groben Partikel in das Futter eingemischt werden oder – im Falle der Futterwagenfütterung – aus speziellen Behältern über das Futter gestreut werden.

**Phosphor (P).** Phosphor ist neben Ca der wichtigste Mineralstoff in der Geflügelfütterung. Hohe Zunahmen und Legeleistung sind ohne ein ausreichendes Angebot an Phosphor nicht möglich. Die Verfügbarkeit des Phosphors ist von seiner chemischen Bindung abhängig. Phosphor pflanzlicher Herkunft, der Phytin-Phosphor, ist für Hühner nur zu einem geringen Anteil verfügbar. Um eine ausreichende P-Versorgung zu sichern, sollte etwa 60% des Gesamtphosphors einer Ration Nicht-Phytin-Phosphor sein. Als Nicht-Phytin-Phosphor gelten alle anorganischen Phosphorquellen, tierisches Phosphor und 30% des pflanzlichen Phosphors.

Das Ca : P-Verhältnis ist für die Gestaltung der Ration bei Jungtieren wichtig. Es sollte hier im Bereich von 1,6 : 1 liegen. Legehennen dagegen sind relativ unempfindlich gegenüber Schwankungen im Ca : P-Verhältnis, solange der Bedarf an beiden Mineralstoffen gedeckt ist. Lediglich bei extremen Abweichungen des Ca : P-Verhältnisses sind negative Auswirkungen auf die Legeleistung, die Schalenstabilität und auch die Gesundheit der Tiere zu erwarten.

**Magnesium (Mg).** Der Bedarf an Magnesium ist in den meisten Rationen durch die Magnesium-Gehalte der Rohstoffe so weit gedeckt, daß keine offensichtlichen Mangelerscheinungen auftreten. Die Ration sollte 0,03–0,04% Mg enthalten und 0,06% nicht überschreiten.

**Natrium und Chlor (Na, Cl).** Beide Elemente sind im Kochsalz (Natriumchlorid, NaCl) enthalten. Küken sollten etwa 0,12%, Legehennen 0,13–0,15% Natrium erhalten. Überhöhte Werte führen zunächst zum Ansteigen der Wasseraufnahme und hierdurch zu einem feuchten Kot. Dies wirkt sich besonders in der Bodenhaltung negativ auf die Qualität der Einstreu aus. Zu geringe Na-Werte führen zu Federpicken und bei Legehennen zur Einstellung der Legetätigkeit. Durch Verabreichung extrem Na-armer Rationen mit Na-Gehalten von unter 0,03%

## Empfohlene Mineralstoffgehalte im Geflügelfutter
in mg/kg

| Geflügelart | Mg | Na | Cl | K | Cu | Jod | Fe | Mn | Zn | Se | Co |
|---|---|---|---|---|---|---|---|---|---|---|---|
| Mastküken | 450 | 1500 | 1400 | 2000 | 3,5 | 0,4 | 80 | 100 | 50 | 0,15 | 0,1 |
| Legeküken | 450 | 1500 | 1400 | 2000 | 3,5 | 0,4 | 80 | 100 | 50 | 0,15 | 0,1 |
| Junghennen | 450 | 1500 | 1400 | 1500 | 3,5 | 0,4 | 80 | 100 | 50 | – | 0,1 |
| Legehennen und Zuchthennen | 400 | 1500 | 1500 | 1500 | 3,5 | 0,4 | 80 | 100 | 50 | – | 0,1 |

**Empfohlene Vitamingehalte**
je kg Futter für Mast, Aufzucht und Legehennenhaltung
(Jahrbuch für die Geflügelwirtschaft, 1997)

| | Mastküken | Legeküken | Junghennen | Legehennen | Zuchthennen |
|---|---|---|---|---|---|
| Vit. A, I.E. | 8000 | 4500 | 1500 | 6000 | 11000 |
| Vit. $D_3$, I.E. | 1000 | 500 | 200 | 1000 | 1100 |
| Vit. E, I.E. | 20 | 15–20 | 25 | 5 | 20 |
| Vit. K, mg | 2,0 | 1,5–1,7 | 1,3 | 1,5 | 2,0 |
| Cholin, mg | 12000 | 750–1000 | – | 1000 | 1000 |
| Thiamin, mg | 2,2 | 1,5–1,7 | – | 1,5 | 2 |
| Riboflavin, mg | 4,5 | 3,5 | 1,8 | 2,5 | 6 |
| Nikotinsäure, mg | 30 | 15–22 | 11 | 18 | 22 |
| Pantothensäure, mg | 13 | 9–10 | 10 | 4 | 14 |
| Pyridoxin, mg | 4 | 2,5 | – | 2,5 | 4 |
| Biotin, mg | 0,15 | 0,1 | – | 0,1 | 0,15 |
| Folsäure, mg | 1,5 | 0,8–0,9 | – | 0,5 | 0,9 |
| Vit. $B_{12}$, µg | 13 | 10–13 | – | 9 | 13 |

kann eine gezielte Legepause eingeleitet werden.

Der Erhaltungsbedarf an Chlorid liegt im allgemeinen zwischen 0,06 und 0,08%. Legehennen sollten 0,12–0,15% Chlorid in der Ration erhalten. Da pflanzliche Rohstoffe extrem geringe NaCl-Gehalte aufweisen, muß der Bedarf durch Viehsalz gedeckt werden. Zuweilen wird das Verabreichen von NaCl im Trinkwasser (2–3% für 1–3 Tage) gegen Kannibalismus empfohlen. Diese Maßnahme hilft jedoch nur, wenn das Problem durch einen entsprechenden Mangel verursacht wurde.

**Kalium (K).** Der Kaliumbedarf beträgt bei Küken 0,20, bei Jung- und Legehennen 0,15% in der Ration. Extrem hohe Gehalte (über 0,8%) führen ebenso wie zu hohe Natriumwerte zu erhöhtem Wassergehalt im Kot. Sie sind deshalb unerwünscht.

**Spurenelemente.** Die Spurenelemente Kupfer (Cu), Jod (J), Eisen (Fe), Mangan (Mn), Zink (Zn), Selen (Se) und Kobalt (Co) sind für wachsende und legende Hühner wichtig. Unterversorgung und Mangel führen zu Leistungsdepression und Mangelerkrankungen. Jedoch sind auch Überdosierungen zu vermeiden, da diese zu Vergiftungen führen können. Die Verträglichkeit der Spurenelemente beim Geflügel ist gegenüber anderen Tierarten sehr verschieden. So vertragen Legehennen Konzentrationen an Mangan und Zink (über 1000 mg/kg), die bei Säugern toxisch wirken. Bei Molybdän und Selen liegen die Grenzen der Schädlichkeit jedoch schon bei 350 bzw. 10 mg/kg.

# Vitamine

Vitamine sind lebenswichtige organische Stoffe, die in geringen Mengen vom Tier benötigt werden.

Mit Ausnahme von Vitamin C ist das Huhn auf die Zufuhr von Vitaminen über das Futter angewiesen. Der Vitaminbedarf steigt dabei mit zunehmender Wachstums- und Legeleistung und unter ungünstigen Umweltbedingungen an. Vitamine werden nach unterschiedlichen Gesichtspunkten untergliedert, z.B. nach Wasser- oder Fettlöslichkeit, oder nach ihrer Funktion als Vitamine mit und ohne Co-Enzymfunktion.

Die Löslichkeit ist insofern interessant, als wasserlösliche Vitamine nur in geringem Umfang gespeichert werden und deshalb einer kontinuierlichen Zufuhr bedürfen. Hierzu gehören die Vitamine des B-Komplexes und das Vitamin C, das jedoch – wie schon erwähnt – vom Huhn selbst gebildet wird und somit keine Probleme verursacht. Zu den fettlöslichen Vitaminen gehören die Vitamine A, D, E und K. Co-Enzymfunktion besitzen die B-Vitamine und das Vitamin K.

Als Maßeinheit für Vitamine werden entweder Gewichtsangaben oder Internationale Einheiten (IE) eingesetzt. Die empfohlenen Vitamingehalte im Hühnerfutter sind in der Tabelle oben angegeben.

**Vitamin A.** Vitamin A dient dem Wachstum von Knochen-, Muskel- und Hautgewebe (Wachstumsvitamin). Darüber hinaus übt es eine ausgeprägte Schutzwirkung auf Haut und Schleimhäute aus. Mangel an Vitamin A führt zu Verhornung der Schleimhäute und erleichtert das Eindringen von Krankheitserregern.

**Vitamin D.** Vitamin D ist für den Calcium-Stoffwechsel der Tiere von zentraler Bedeutung. Es dient dem Calcium-Transport und wirkt somit bei der Calciumresorption im Darm und bei der Mobilisierung des Calciums aus dem Knochengewebe mit. Unzureichende Vitamin-D-Versorgung führt zu Knochenweiche (Rachitis). In Anbetracht der Bedeutung von Ca bei Legehennen muß dem Vitamin-D-Gehalt im Futter die größte Beachtung geschenkt werden. Von den verschiedenen Formen des Vitamin D ist beim Geflügel das $D_3$ das wirksamste. Daher wird es in der praktischen Fütterung eingesetzt. In hohen Dosen ist Vitamin D giftig! Das Verhältnis zwischen Vitamin A und D beträgt in praktischen Rationen etwa 10:1.

**Vitamin K.** Vitamin K ist für die Blutgerinnung notwendig. Es wird von Darmbakterien gebildet und steht deshalb meist in ausreichender Menge zur Verfügung. Bei Krankheiten, die mit Störungen der Darmflora einhergehen oder Verabreichung bestimmter Medikamente (Kokzidiostatika), können jedoch Mangelerscheinungen auftreten, die sich in Blutungen an inneren Organen zeigen. Zur Vorbeugung eines Vitamin-K-Mangels ist dann eine Verabreichung über das Futter angebracht.

**Vitamin E.** Vitamin E wirkt regulierend im Bereich des Muskel- und Hormonstoffwechsels. Durch seine Wirkung auf die Keimdrüsen ist es besonders für die Fruchtbarkeit von Bedeutung. Zuchttiere benötigen deshalb höhere Vitamin-E-Zusätze. Eine gute Vitamin-E-Versorgung kommt nicht nur den Zuchttieren selbst zugute, sondern verbessert auch das Schlupfergebnis und verhindert einen Vitamin-E-Mangel bei den geschlüpften Küken im ersten Lebensabschnitt.

Eine besondere Eigenschaft des Vitamin E, die gerade im Geflügelfutter wichtig ist, ist das Verhindern von Oxidationsprozessen, womit das Ranzigwerden von Fetten und der Abbau von Vitamin A im Mischfutter verhindert wird. Der Vitamin-E-Zusatz im Geflügelfutter richtet sich deshalb nicht nur nach dem Bedarf der Tiere, sondern auch nach dem Anteil zur Oxidation neigender Komponenten, z.B. ungesättigter Fettsäuren, Vitamin A und C sowie Carotinoiden im Futter. Die antioxidative Wirkung kann auch durch spe-

zielle Antioxidantien ersetzt werden, die als Futtermittelzusätze angeboten werden.

**Vitamin-B-Komplex.** Die Vitamine des B-Komplexes sind Bestandteile von Enzymen (Co-Enzyme). Sie greifen direkt in den Eiweiß-, Fett- und Kohlenhydratstoffwechsel ein. Da sie meist gemeinsam vorkommen, und auch im Komplex besser wirken, werden sie in der Regel zusammen genannt. Zu den wichtigsten Vitaminen des Komplexes zählen: Thiamin ($B_1$), Riboflavin ($B_2$), Pantothensäure ($B_3$), Nikotinsäure ($B_5$), Pyridoxin ($B_6$), Biotin, Folsäure und Vitamin $B_{12}$.

Ausgeprägte Mangelerscheinungen an Vitaminen des B-Komplexes treten selten auf, da in den Getreidekomponenten einer ausgewogenen Ration B-Vitamine vorhanden sind. Allerdings sollten dem Geflügelfutter zur Siche-

Optimale Vitamin- und Mineralstoffzusammensetzung führt zu ausgeglichenem Wachstum von Junghennen. Fehler in der Junghennenfütterung führen meist zu Minderleistungen in der Legeperiode.

rung einer hohen Leistung die genannten Vitamine beigemischt werden.

Zu beachten ist die antagonistische Wirkung einiger Antikokzidia zu Vitamin $B_1$. Bei Behandlung der Tiere mit diesen Mitteln muß für eine höhere Dosierung der Vitamine gesorgt werden.

Auf die Bedeutung des **Cholins**, das in relativ hohen Konzentrationen erforderlich ist, sollte besonders hingewiesen werden. Cholin greift in den Fettstoffwechsel ein. Eine Unterversorgung führt zu Leberverfettung bei Legehennen und perosis-ähnlichen Krankheitserscheinungen bei Broilern.

**Vitamin C.** Vitamin C wird vom Huhn selbst gebildet und bedarf deshalb nur in besonderen Fällen einer Zufuhr über die Nahrung. Unter Streßzuständen verschiedener Art steigt der Bedarf an Vitamin C an. Bei heißem Wetter, Infektionskrankheiten oder sonstigen Störungen ist die Verabreichung von Vitamin C in Form eines Vitaminstoßes angezeigt.

**Verabreichung der Vitamine.** Neben der kontinuierlichen Versorgung der Tiere über das Futter ist es zuweilen angebracht, die Vitaminversorgung durch spezielle Maßnahmen zusätzlich zu verbessern. Dies kann bei akuten Mangelsituationen, die jedoch selten auftreten, notwendig sein. Bei zu erwartenden Streßsituationen (Impfungen, Umsetzen, Mauser) oder bei Krankheit werden Vitamine für kurze Zeit (1 bis 3 Tage) in hohen Dosierungen, dem sogenannten Vitaminstoß, verabreicht. Die Behandlung erfolgt in der Regel über das Trinkwasser.

## Zusatzstoffe

Neben den genannten Nährstoffen, die für Wachstum und Leistung notwendig sind, werden verschiedene Zusatzstoffe eingesetzt, die einer speziellen Zulassung nach dem Futtermittelgesetz bedürfen. Hierunter fallen Stoffe, die den Futterverderb verhindern, die Futterverwertung verbessern oder Kokzidiose verhüten.

**Antioxidantien.** Gegen den Futterverderb werden synthetische Antioxidantien eingesetzt. Antioxidantien oder Stabilisatoren verhindern, daß Fette im Futter ranzig werden. Besonders betroffen davon sind mehrfach ungesättigte Fettsäuren, wie Linolsäure. Auch Vitamin A wird durch Oxidation unwirksam. Da durch oxidative Prozesse in hohem Maße Vitamin E verbraucht wird, sind Fettverderb, Vitamin A- und Vitamin E-Mangel eng miteinander verknüpft. Als Stabilisator wird zum Beispiel Butylhydroxytoluol (BHT) oder Santoquin in einer Größenordnung von etwa 150 g pro Tonne Fertigfutter eingesetzt. Die Konzentration der Stabilisatoren ist nach dem Gehalt an ungesättigten Fettsäuren im Futter zu dosieren.

**Wachstumsförderer.** Zusatzstoffe, die die Futterverwertung verbessern, oder „Wachstumsförderer", sind meist antibiotisch wirksame Stoffe, die in relativ geringen Konzentrationen („nutritiven Dosen") und nicht beim Menschen eingesetzt werden. Man nennt sie deshalb auch „Fütterungsantibiotika". Zu diesem Zweck werden lediglich solche Mittel angewandt, die nicht in der Humanmedizin als Antibiotika eingesetzt werden. Bei einigen dieser Mittel bestand dennoch der Verdacht, daß sie die Resistenzbildung von Mikroorganismen fördern, die auch für den Menschen gefährlich werden können. Diese wurden aus dem Markt genommen. Fütterungsantibiotika entwickeln ihre positiven Effekte durch die Stabilisierung der Darmflora. In letzter Zeit werden alternative Mittel eingesetzt, die eine ähnlich Wirkung haben, jedoch nicht zu den Antibiotika gehören. Hierzu zählen organische Säuren (Propionsäure, Ameisensäure), ätherische Öle und Präparate, die verschiedene Stämme von Mikroorganismen enthalten. Letztere werden auch „Probiotika" genannt. Sie dienen dazu, den Darm mit Keimen zu besiedeln, die nicht krankmachend sind, aber die Ausbreitung solcher Organismen unterdrücken. Die in der Bundesrepublik zugelassenen Stoffe sind in der Tabelle unten aufgeführt. Bei Legehennen sind nur solche Stoffe zugelassen, die im Darm nicht resorbiert werden (Flavophospholipol) und keine Rückstände im Ei hinterlassen können.

**Antikokzidia.** Zur Verhütung der Kokzidiose sind eine Reihe von Antikokzidia im Rahmen des Futtermittelrechts zugelassen. Aufgrund der zu erwartenden Rückstände im Ei dürfen diese nicht bei Legehennen, sondern nur bei Junghennen bis zur Legereife eingesetzt werden. Bei Masttieren sind Absetzfristen von 3 bis 9 Tagen vorgeschrieben, d. h. spätestens 3 bis 9 Tage vor dem Schlachten muß ein antikokzidia-freies Futter eingesetzt werden.

Alle zugelassenen Zusatzstoffe sind keine Tierarzneimittel im Sinne des Arzneimittelgesetzes, sondern unterliegen dem Futtermittelgesetz. Sie sind Bestandteile des Mischfutters und bedürfen im Gegensatz zu Arzneimitteln keiner Verschreibung durch den Tierarzt.

**Pigmente.** Die Dotterfarbe wird durch Einlagerung von bestimmten Farbpigmenten, den Carotinoiden, erreicht. Die Carotinoide sind als feine Partikel in Fleisch oder Eidotter verteilt und rufen dort verschiedene Farben hervor. In natürlichen Futterstoffen treten hauptsächlich gelbe und rote Carotinoide auf.

### Zugelassene Zusatzstoffe, die die Leistung verbessern
(Jahrbuch für die Geflügelwirtschaft 1998)

| | Hühnerküken Broiler | Junghennen bis 16 Wochen | Legehennen | Truthühner bis 26 Wochen |
|---|---|---|---|---|
| Flavophospholipol, mg/kg | – | 1–20 | 2–5 | 1–20 |
| Avilamycin | 2,5–10 | – | – | – |

Seit 1999 sind die bisher eingesetzten Leistungsförderer Spiramycin, Virginiamycin und Zink-Bacitracin verboten

Für die gelbe Farbe ist das Lutein verantwortlich, das in Luzernegrünmehl und Grasmehl vorkommt. Eine rote Farbe bringen Canthaxanthin (Eierschwamm) und Capsanthin (Paprika).

Die natürlichen Pigmente in den Komponenten des Legehennenfutters ergeben bei hoher Legeleistung keine intensive Dotterfarbe. Deshalb stehen verschiedene synthetische Carotinoide zur Verfügung, die in ihrem chemischen Aufbau identisch mit den natürlichen Carotinoiden sind.

Es stehen auch Extrakte aus pigmentreichen Pflanzen, wie Algen, Tagetes oder Paprika zur Verfügung. Die Carotinoide sind in ihrer Struktur dem Carotin, der Vorstufe des Vitamin A, sehr ähnlich. Sie haben jedoch keine Vitamin-Wirkung. Die Anfälligkeit gegenüber Oxidation ist wie beim Vitamin A gegeben. Carotinoide müssen deshalb durch Antioxidantien oder andere Maßnahmen geschützt werden, da sie sonst ihre Pigmentwirkung verlieren. Um die in der Bundesrepublik gewünschte gelb-orange Dotterfarbe zu erreichen, ist es wichtig, daß sowohl gelbe als auch orange und rote Carotinoide eingesetzt werden.

## Schadstoffe

Zuweilen treten unerwünschte farbliche, geruchliche und geschmackliche Veränderungen bei Eiern auf, die auf Schadstoffe im Futter zurückzuführen sind. Zu unangenehmem Geruch und Geschmack kann es durch Pestizidrückstände, z.B. Lindan, führen, die über die Getreidekomponenten ins Futter gelangen können. Fischartiger Geruch und Geschmack in Fleisch und Eiern treten bei hohen Gehalten an Fischöl, unzureichend entfettetem Fischmehl, verdorbenen Fetten aller Art und bei Rapsschrot auf. Es muß hier betont werden, daß ordnungsgemäß hergestelltes Fischmehl mit geringem Fettgehalt den Geschmack von Fleisch und Eiern nicht negativ beeinflußt. In bezug auf Rapsschrot wurde festgestellt, daß bestimmte Tiere, besonders in den braunen Legehennenherkünften, aufgrund eines Stoffwechseldefektes dazu neigen, „Stinkeier" zu produzieren. Diese Hennen können durch Selektion ausgemerzt werden.

Auch verpilztes Futter kann zu Geschmacksveränderungen im Ei führen. Der Nachweis ist jedoch in vielen Fällen schwierig, da zusammen mit der Verpilzung meist auch andere Vorgänge des Futterverderbs verbunden sind.

## Handelsfuttermittel und Futtermittelrecht

Richtlinien für die Herstellung von Handelsfuttermitteln für das Geflügel wurden von verschiedenen Stellen erarbeitet. Entscheidend für die Entwicklung von einheitlichen Typen, die dem Bedarf der Tiere weitgehend gerecht werden, war die Arbeit der DLG. Die nach dem DLG-Standard vorgeschlagenen Nährstoffgehalte sind später weitgehend als Normtypen in das Futtermittelgesetz eingegangen. In der Tabelle auf Seite 82 sind die wichtigsten *Normtypen* für die Hühnerfütterung aufgeführt.

## Deklaration von Handelsfuttermitteln

Die im Handel erhältlichen Futtermittel unterliegen dem Futtermittelgesetz aus dem Jahre 1976. Es soll vor allem zur Verbesserung der Leistungsfähigkeit und Gesundheit der Tiere führen, die Unbedenklichkeit der Geflügelprodukte in lebensmittelrechtlicher Hinsicht sichern und den Geflügelhalter vor Täuschung schützen. Ein wichtiger Gesichtspunkt des Gesetzes ist die Deklarationspflicht für Futtermittel. Hiernach muß der Hersteller folgende Informationen liefern:

> **Angaben auf Futtermitteln**
> Gehalt an Inhaltsstoffen
> Sortenbezeichnung
> Nettogewicht
> Zeit der Herstellung (Monat, Jahr)
> Hinweise zur sachgerechten Anwendung (zum Beispiel: nur für Küken bis zur 2. Lebenswoche)
> Name und Anschrift des Herstellers.

Bei Sackware sind die Informationen auf dem Sackanhänger, bei loser Ware auf dem Warenbegleitschein niederzulegen. Der Gehalt an Inhaltsstoffen kann entweder durch die Auflistung aller im Futter enthaltenen Teilkomponenten, der sogenannten „offenen Deklaration", oder nach einer verkürzten Methode auf der Basis von Normtypen, der „geschlos-

## Anforderungen an Inhaltsstoffe bei Normtyp-Mischfuttermitteln

(Auszug aus: Jahrbuch für die Geflügelwirtschaft 1996)
A = Alleinfutter, E = Ergänzungsfutter, EE = Eiweißreiches Ergänzungsfutter,
M = Mineralfutter (Alle Angaben (mit Ausnahme UE) in %)

| | Bezeichnung | Rohprotein min. | Methionin min. | MJ UE/kg min. | Calcium Spanne | Phosphor min. bzw. Spanne |
|---|---|---|---|---|---|---|
| A | Hühnerküken in den ersten Lebenswochen | 22 | 0,45 | 11,5 | 0,7–1,2 | 0,6 |
| A | Hühnerküken | 17 | 0,35 | 10,0 | 0,7–1,2 | 0,6 |
| A | Junghennen | 12 | – | – | 0,5–1,2 | 0,5 |
| AI | Legehennen | 15 | 0,28 | 10,0 | 3,0–4,0 | 0,5–0,8 |
| AII | Legehennen* | 15 | 0,28 | 10,0 | 3,5–4,5 | 0,45–0,6 |
| A | Zuchthennen | 15 | 0,28 | 10,0 | 2,0–4,0 | 0,5–0,8 |
| AI | Masthühnerküken (Broiler) | 22 | 0,45 | 12,5 | 0,8–1,2 | 0,6 |
| AII | Masthühnerküken (Broiler) von etwa der 5. Lebenswoche an | 18 | 0,36 | 12,0 | 0,7–1,2 | 0,6 |
| E | Junghennen | 14 | – | – | 0,75–1,8 | 0,6 |
| E | Legehennen | 18 | 0,35 | – | 2,0–6,0 | 0,6–1,0 |
| EE | Legehennen | 27 | 0,54 | – | 8,5–12,0 | 0,9–1,8 |
| M | Legehennen | – | – | – | – | 10 |

Außerdem Mindestforderungen für Natrium (0,12–0,30% f. Alleinfutter, Ergänzungsfutter entsprechend höher), für Methionin plus Cystin bei Eiweißreichem Ergänzungsfutter (27% Rohprotein) und für Zucker (außer einigen Kükenfuttern max. 12%)
* nur für Bestände ab etwa 10. Legemonat

---

### Vorgeschriebene Angaben für Normtypen
Rohprotein (in %, Mindestgehalt)
Methionin (in %, Mindestgehalt)
Energiegehalt (MJ Umsetzbare Energie pro kg) Mindestgehalt
Calcium (in %, Spanne)
Phosphor (in %, Spanne) bzw. Mindestgehalt
Vit. A (I.E., Mindestgehalt)
Vit. $D_3$(I.E., Mindestgehalt)
Riboflavin (Vit. $B_2$) (in mg/kg, Mindestgehalt)

senen Deklaration", gegeben werden. Die ausführliche Auflistung der Teilkomponenten kann entfallen, wenn das Futtermittel einem in der Normentafel festgelegten Typ entspricht. Für jeden Normtyp werden die Anforderungen für folgende Komponenten als Minimum oder Spanne festgelegt.

Für Komponenten, die den Tieren in höheren Konzentrationen schaden können, sind im Futtermittelgesetz auch Maximalwerte vorgeschrieben. Diese gibt es z. B. für die Vitamine A und D sowie für verschiedene Spurenelemente.

Weitere zugelassene Zusatzstoffe, wie z. B. Preßhilfsmittel (z. B. Lignin) oder Konservierungsmittel (z. B. Propionsäure), sind ebenfalls zu deklarieren, wenn sie zugesetzt werden. Im folgenden sind Beispiele der geschlossenen und offenen Deklaration aufgeführt.

Die sogenannte geschlossene Deklaration hat für den Tierhalter den Nachteil, daß ihm lediglich die chemischen Analysenwerte zugesichert werden. Da die tatsächliche Leistungsfähigkeit des Futters jedoch auch von der Art der eingesetzten Rohstoffe abhängt, ist eine Beurteilung aufgrund dieser Angaben nicht ausreichend. Viele Geflügelhalter bestehen deshalb darauf, daß die im Futter enthaltenen Rohstoffe genannt werden. Inzwischen hat auch der Gesetzgeber Maßnahmen ergriffen, die geschlossenen Deklarierung abzuschaffen. Von seiten der Futtermittelindustrie ist man jedoch bemüht, die geschlossene Deklarierung zu erhalten. Der Vorteil dieser Form der Deklarierung für die Futtermittelherstellung ist offensichtlich. Sie erlaubt im Rahmen der Normtypen eine äußerst rationelle Gestaltung der Rezepturen. Mit Hilfe der linearen Programmierung werden die kostengünstigsten Rezepturen auf der Basis der aktuellen Rohstoffpreise ermittelt. Die Umstellung der Rezeptur ist somit nicht mit einer Veränderung der Deklaration verbunden und kann deshalb in sehr kurzen Abständen, gegebenenfalls täglich, erfolgen. Die offene Deklaration verhindert nicht nur die schnelle Anpassung der Rezepturen an Schwankungen der Rohstoffpreise, sondern legt auch praktisch das Betriebsgeheimnis der Futtermittelhersteller offen. Ob die Wiedereinführung der offenen Deklaration einen tatsächlichen Vorteil für den Geflügelhalter bringt, ist zweifelhaft, denn auch wenn die Komponenten bekannt sind, kann die Qualität sehr unterschiedlich sein und somit die Leistung der Tiere beeinflussen. Der sicherste Weg zu einer gleichbleibend guten Qualität des Hühnerfutters ist deshalb die sorgfältige Durchführung von Futterwertleistungsprüfungen, sowie ständige analytische Kontrollen.

## Beanstandungen bei Geflügelfutter

Mangelhafte Qualität von Mischfutter kann zu erheblichen Leistungseinbußen und somit zu finanziellen Verlusten beim Geflügelhalter führen. Er hat deshalb das Recht, vom Futtermittellieferanten Schadenersatz zu fordern. In der Regel wird der Futtermittelhersteller den Schaden begleichen, wenn feststeht, daß dieser wirklich auf die mangelnde Qualität des Futters zurückzuführen ist. Oft führen jedoch Schwierigkeiten in der Beweisführung zu langwierigen Rechtsstreitigkeiten, an deren Ende meist sowohl der Geflügelhalter als auch der Futtermittelhersteller Schaden erleiden. Um solche Situationen zu vermeiden, sollten bestimmte Regeln berücksichtigt werden.

## Handelsübliches Alleinfutter für Legehennen
**(angegebene Gehalte bezogen auf 88% Trockensubstanz):**

| Rohstoff | | Nährstoffgehalte | |
|---|---|---|---|
| Mais | 39,17% | Rohprotein | 17,00% |
| Sojaextraktionsschrot (44/7) | 19,74% | Rohfett | 5,18% |
| Weizen | 19,33% | Rohfaser | 3,64% |
| Futterkalk | 8,65% | Rohasche | 12,00% |
| Weizenkleie | 5,65% | Ca | 3,60% |
| Pflanzenöl | 2,65% | P | 0,54% |
| Sonnenblumenextraktionsschrot | 2,03% | Na | 0,15% |
| Fleischknochenmehl | 1,53% | Energie | 11,40 MJ UE |
| Vormischung | 1,25% | Methionin | 0,36% |

## Handelsübliches Ergänzungsfutter für Legehennen
**(angegebene Gehalte bezogen auf 88% Trockensubstanz):**

| Rohstoff | | Nährstoff | |
|---|---|---|---|
| Sojaextraktionsschrot (44/7) | 42,13% | Rohprotein | 29,00% |
| Futterkalk | 24,12% | Rohfett | 5,80% |
| Fleischknochenmehl | 13,38% | Rohfaser | 3,88% |
| Sonnenblumenextraktionsschrot | 7,11% | Rohasche | 31,63% |
| Pflanzenöl | 4,42% | Ca | 10,54% |
| Malzkeime | 4,11% | P | 1,30% |
| Maiskleber | 1,58% | Na | 0,38% |
| Vormischung | 3,15% | Energie | 8,00 MJ UE |
| | | Methionin | 0,80% |

Der Geflügelhalter kann sich für den Fall eines Qualitätsmangels beim Futter am besten absichern, wenn er bei jeder Lieferung eine Probe nimmt. Um bei Rechtsstreitigkeiten alle Zweifel an der Probe zu beseitigen, muß ein aufwendiges Verfahren eingehalten werden. Bei Sackware sollte aus mehreren Säcken eine Sammelprobe gezogen werden. Die Sammelprobe wird dann sorgfältig gemischt und anschließend werden daraus vier Einzelproben von etwa 500 g entnommen. Bei der Lieferung loser Ware sollte die Probe vor dem Entladen aus dem Tankzug, oder mehrmals während des Entladens genommen werden. Auch in diesem Fall sind die entnommenen Mengen zu einer Sammelprobe zusammenzumischen und hieraus vier Einzelproben herzustellen. Die Proben werden luftdicht verpackt und versiegelt. Dies kann mit Hilfe von Plomben oder Papierklebern mit Siegel erfolgen. Die Möglichkeit der amtlichen Versiegelung kann auf der jeweiligen Gemeindebehörde erfragt werden. Wichtig ist außerdem die Beschriftung der Proben. Sie sollte folgende Angaben enthalten:

**Angaben auf Futterproben**
Futtertyp
Herstellungsdatum (laut Sackanhänger)
Lieferdatum (bei Sack- und Silo-Ware)
Umfang der Lieferung
Name des Erwerbers und des Lieferanten
Tag und Ort der Probenahme

Die Probenahme sollte in Anwesenheit von Zeugen erfolgen. Dies kann der LKW-Fahrer des Lieferanten oder ein Nachbar sein. In besonderen Fällen kann auch ein amtlicher Probenehmer mit der Probeentnahme beauftragt werden. Die Zeugen sowie der Geflügelhalter sollten die oben genannten Angaben unterzeichnen.

Die Proben werden trocken und kühl gelagert bis das gelieferte Futter aufgebraucht ist. Tritt der Verdacht eines Qualitätsmangels auf, so wird eine Probe an ein anerkanntes Futtermittellabor gesandt. Dies ist meist die nächste Landwirtschaftliche Untersuchungs- und Forschungsanstalt (LUFA). Adressen s. Anhang. Der Probe sollten unbedingt die oben genannten Daten der Probeentnahme, sowie ausführliche Angaben des aufgetretenen Problems beigeführt werden: Angaben zum Tierbestand, Alter, Leistung und Mortalität vor und nach dem Schadensfall. In schweren Fällen sollte auf jeden Fall der amtliche Fachberater oder der Tierarzt hinzugezogen werden. Außerdem ist es ratsam, den Futtermittelhersteller zu informieren. Da Futtermittelhersteller in der Regel ebenfalls Rückstellproben zur Verfügung haben, ist ein Vergleich der Analysenergebnisse des Herstellers und des unabhängigen Labors möglich. Im Falle von Unstimmigkeiten müssen weitere Analysen mit den verbliebenen Proben angefertigt werden. Aufgrund des hohen Aufwandes ist das Ziehen einer Abstellprobe wie beschrieben bei kleinen Betrieben nicht üblich.

Bevor der Geflügelhalter die Qualität des Futters beanstandet, sollte er sorgfältig prüfen, ob nicht andere Faktoren, wie zeitweiliger Wassermangel oder Störungen im Lichtprogramm den Schaden verursacht haben können.

## Herstellung hofeigenen Mischfutters

Die Entscheidung, ob ein Geflügelhalter das Mischfutter für seine Tiere selbst herstellen soll, hängt von einer Reihe betriebsspezifischer Faktoren ab.

Das hofeigene Mischfutter sollte keinesfalls teurer sein als Handelsmischfutter. Es hat sich in zahlreichen Praxisbetrieben gezeigt, daß dieses Ziel nur schwer erreichbar ist. Auch wenn mehr als 60% des Futters durch günstige hofeigene Komponenten abgedeckt werden, führt der hohe Preis der Ergänzungskomponenten oft zu einer starken Verteuerung des Endproduktes. In der Regel sind deshalb hohe Investitionen für die eigene Mischfutterherstellung auf dem bäuerlichen Betrieb nicht gerechtfertigt. Andererseits verfügen Betriebe oft über Mahl- und Mischanlagen sowie über Lagerkapazität, die durch die eigene Geflügelfutterherstellung besser ausgenutzt werden können. Entscheidend für den Preis des Futters ist jedoch der Preis der Rohstoffe, der in der Regel 90% der Gesamtkosten ausmacht. Ausreichende Mengen preisgünstiger hofeigener Rohstoffe, sowie die Auswahl kostengünstiger Zusatzstoffe ist deshalb entscheidend für die wirtschaftliche Produktion von Mischfutter im eigenen Betrieb. In der Regel fallen im bäuerlichen Betrieb Getreide, teilweise auch Körnermais an, die problemlos im Geflügelfutter als Energieträger verarbeitet werden können. Im Bereich der Proteinträger wird sich der Geflügelhalter zur Zeit noch überwiegend auf zugekauftes, relativ teures Sojaschrot stützen müssen. Es sind jedoch wissenschaftliche Untersuchungen im Gange, die dazu beitragen werden, daß auch das Sojaschrot durch hofeigene Produkte, wie Raps, Erbsen, Ackerbohnen, in verstärktem Maße ersetzt wird. Probleme stark unterschiedlicher Nährstoffgehalte, sowie Gehalte an Stoffen, die den Nährwert beeinträchtigen oder toxisch sind, lassen zur Zeit noch keine allgemeine Empfehlung zum Einsatz höherer Gehalte an diesen Futtermitteln bei Legehennen und Broilern zu.

---

**Voraussetzungen zur Herstellung hofeigenen Mischfutters**
- grundlegende Kenntnisse in der Geflügelfütterung
- technische Ausrüstung zum Mahlen, Mischen und Transportieren der Rohstoffe und des Futters
- ausreichende Mengen hofeigener Rohstoffe
- ausreichende Lagerkapazität für hofeigenes Getreide und Zukauf-Komponenten
- ausreichende Arbeitskräfte für die Futterzubereitung

---

## Rohstoffe

**Mais.** Mais ist aufgrund seines Nährstoffgehaltes und seiner Struktur in geschrotetem Zustand der problemloseste Energieträger im Geflügelfutter, der praktisch keiner Restriktion unterliegt. Allerdings ist Körnermais nur in wenigen Betrieben in ausreichender Menge als „hofeigenes" Getreide verfügbar, so daß der Hühnerhalter bestrebt ist, andere Getreidearten einzusetzen. Hierbei müssen allerdings deren spezielle Eigenschaften berücksichtigt werden.

**Weizen.** Weizen ist das am weitesten verbreitete Getreide, das für die Geflügelfütterung zur Verfügung steht. Gegenüber Mais weist Weizen einen etwas geringeren Energie- und Rohproteingehalt auf. Auch die Aminosäurenzusammensetzung ist etwas ungünstiger als bei Mais. Limitierend für den Einsatz von Weizen in praktischen Rationen ist jedoch nicht nur der geringe Energiegehalt, sondern auch seine Struktur im gemahlenem Zustand. Hohe Anteile an Weizenschrot geben dem Futter eine pulvrige Struktur. Es neigt im Silo stark zur Brückenbildung und haftet bei den Tieren an den Schnäbeln. Deshalb werden in praktischen Rationen meist nicht mehr als 30–40% Weizen beigefügt. Um eine gute Futterstruktur zu erhalten, ist der Weizen grob zu schroten und mit strukturverbessernden Komponenten, wie grobem Mais zu kombinieren. Beim Mastfutter spielen diese Faktoren eine untergeordnete Rolle, da dieses pelletiert wird. Weiterhin ist zu erwähnen, daß Weizen kaum Pigmente enthält. Beim Einsatz von Weizen ist deshalb auf einen Ausgleich über natürliche oder synthetische Pigmentträger zu achten.

**Gerste.** Gerste liegt im Energiegehalt niedriger als Mais und Weizen. Die Verfügbarkeit der Nährstoffe, besonders des Proteins, ist gering. Sie kann durch feines Vermahlen und Zugabe von speziellen Enzymen verbessert werden. Gerste enthält β-Glucane, die die Verdaulichkeit beeinträchtigen. Neben der Beeinträchtigung der Verdaulichkeit wird bei hohen Anteilen von Gerste in der Ration der Kot schmierig. Dies führt zu Verkleisterung der Einstreu und zuweilen zu höheren Anteilen an Schmutzeiern. Bei Mast- und Aufzuchtküken sollten deshalb nicht mehr als 10% beigemischt werden. Der Einsatz von ca. 20–40% Gerste in der Ration ist bei Jung- und Legehennen durchaus vertretbar. Die nega-

## Nährstoff-, Mineralstoff- und Aminosäuretabelle zur Geflügelfütterung

gekürzte Fassung (Dokumentationsstelle der Universität Hohenheim, Jahrbuch für die Geflügelwirtschaft 1997)

| 1000 g Futtermittel enthalten | Rohnährstoffe in g | | | | |
| --- | --- | --- | --- | --- | --- |
| | Trocken-substanz | Asche | Rohprotein | Rohfett | Rohfaser |
| Ackerbohne, (Samen/Flocken) | 880 | 34 | 263 | 14 | 79 |
| Bierhefe, getrocknet | 900 | 72 | 468 | 19 | 21 |
| Biertreber, getrocknet | 900 | 43 | 237 | 77 | 152 |
| Blutmehl | 920 | 38 | 849 | 9 | 11 |
| Dicalciumphosphat, wasserfrei | 999 | 998 | 0 | 0 | 0 |
| Erbse, Samen | 880 | 32 | 227 | 13 | 59 |
| Erdnußextraktionsschrot aus enthülster Saat | 880 | 57 | 499 | 12 | 50 |
| Fischmehl | | | | | |
| 65–70% Protein, über 8% Fett | 910 | 169 | 619 | 99 | 9 |
| 65–70% Protein, 3–8% Fett | 900 | 194 | 607 | 61 | 9 |
| 60–65% Protein, über 8% Fett | 910 | 204 | 574 | 94 | 15 |
| 60–65% Protein, 3–8% Fett | 920 | 221 | 580 | 62 | 13 |
| Fleischfuttermehl | 910 | 23 | 765 | 102 | 0 |
| Fleischknochenmehl | | | | | |
| 50–55% Protein | 950 | 317 | 507 | 81 | 15 |
| 45–50% Protein | 940 | 399 | 446 | 72 | 33 |
| 40–45% Protein | 940 | 433 | 404 | 66 | 28 |
| Gerste (Sommer), Körner | 880 | 24 | 105 | 20 | 46 |
| Gerste (Winter), Körner | 880 | 23 | 110 | 23 | 50 |
| Grünmehl (Gras) | 900 | 102 | 166 | 37 | 206 |
| Grünmehl (Luzerne) | 900 | 109 | 180 | 27 | 234 |
| Hafer, Körner | 880 | 29 | 108 | 45 | 99 |
| Knochenfuttermehl, entleimt | 920 | 851 | 59 | 3 | 0 |
| Kohlensaurer Futterkalk | 999 | 998 | 0 | 0 | 0 |
| Lein, Samen | 880 | 43 | 218 | 321 | 63 |
| Lupine, gelb, süß, Samen | 880 | 44 | 386 | 47 | 146 |
| Mais, Körner | 880 | 14 | 93 | 40 | 22 |
| Maiskleber | 900 | 18 | 634 | 45 | 11 |
| Malzkeime | 920 | 64 | 272 | 10 | 133 |
| Maniokmehl/Maniokschnitzel | 880 | 32 | 22 | 5 | 28 |
| Melasse/Zuckerrübe | 770 | 79 | 99 | 1 | 3 |
| Rapsextraktionsschrot | 890 | 72 | 350 | 20 | 124 |
| Roggen, Körner | 880 | 19 | 99 | 15 | 24 |
| Roggenfuttermehl | 880 | 31 | 147 | 29 | 33 |
| Roggenkleie | 880 | 52 | 143 | 31 | 73 |
| Sojabohnenextraktionsschrot | | | | | |
| aus geschälter Saat, dampferhitzt | 890 | 59 | 491 | 11 | 34 |
| aus ungeschälter Saat, dampferhitzt | 880 | 58 | 451 | 12 | 57 |
| Sojaöl | 999 | 0 | 0 | 998 | 0 |
| Sonnenblume, Samen | 880 | 29 | 168 | 315 | 214 |
| Sonnenblumenextraktionsschrot aus geschälter Saat | 910 | 73 | 415 | 15 | 116 |
| Tiermehl | | | | | |
| 60–65% Protein, fettreich | 940 | 182 | 586 | 118 | 35 |
| 60–65% Protein | 940 | 212 | 586 | 79 | 35 |
| 55–60% Protein, fettreich | 950 | 223 | 548 | 119 | 28 |

| Rohnährstoffe | | UE (N-korr.) MJ | Mineralstoffe | | | Aminosäuren | | |
|---|---|---|---|---|---|---|---|---|
| Stärke | Zucker | | Calcium | Phosphor | Natrium | Methionin | Cystin | Lysin |
| 361 | 35 | 10,75 | 1,2 | 5,1 | 0,19 | 2,1 | 3,2 | 16,8 |
| 0 | 17 | 11,52 | 2,5 | 14,4 | 1,24 | 7,5 | 5,6 | 30,5 |
| 35 | 9 | 10,63 | 3,0 | 5,5 | 0,30 | 4,5 | 5,0 | 7,8 |
| 0 | – | 14,38 | 1,3 | 1,6 | 6,59 | 10,2 | 10,2 | 74,7 |
| 0 | 0 | 0 | – | 214,8 | 0 | 0 | 0 | 0 |
| 418 | 58 | 10,90 | 0,9 | 4,3 | 0,19 | 2,3 | 3,4 | 16,0 |
| 84 | 102 | 9,66 | 1,6 | 5,9 | 0,66 | 5,0 | 6,0 | 17,5 |
| 0 | 0 | 13,36 | 49,6 | 26,4 | 15,55 | 18,0 | 6,8 | 47,1 |
| 0 | 0 | 11,90 | 51,8 | 28,9 | 12,14 | 17,0 | 6,1 | 45,0 |
| 0 | 0 | 12,48 | 64,1 | 31,2 | 10,16 | 16,1 | 5,7 | 43,6 |
| 0 | 0 | 11,72 | 71,3 | 29,3 | 7,13 | 15,7 | 5,2 | 41,8 |
| 0 | 0 | 15,86 | 37,2 | 20,5 | 6,48 | 8,4 | 5,4 | 52,8 |
| 0 | 0 | 11,31 | 113,2 | 55,3 | 6,09 | 6,6 | 5,6 | 26,9 |
| 0 | 0 | 9,70 | 132,0 | 63,2 | 7,96 | 5,8 | 4,0 | 22,8 |
| 0 | 0 | 8,89 | 156,5 | 75,5 | 6,50 | 4,9 | 3,6 | 19,8 |
| 529 | 22 | 11,39 | 0,6 | 3,5 | 0,24 | 1,8 | 2,3 | 3,8 |
| 528 | 22 | 11,39 | 0,6 | 3,5 | 0,24 | 1,9 | 2,4 | 4,0 |
| 0 | 77 | 5,00 | 8,0 | 3,3 | 0,73 | 2,5 | 1,8 | 7,7 |
| 0 | 38 | 5,27 | 15,5 | 2,8 | 0,59 | 2,5 | 2,0 | 8,3 |
| 393 | 14 | 10,17 | 1,0 | 3,3 | 0,19 | 1,8 | 3,1 | 4,4 |
| 0 | 0 | 0.95 | 290,5 | 140,2 | 4,60 | 0 | 0 | 0 |
| 0 | 0 | 0 | 381,0 | 0,4 | 0 | 0 | 0 | 0 |
| 0 | 32 | 17,61 | 2,7 | 5,2 | 0,84 | 4,4 | 3,5 | 8,3 |
| 38 | 44 | 8,42 | 1,0 | 7,0 | 0,35 | 3,1 | 9,3 | 19,3 |
| 611 | 16 | 13,65 | 0,4 | 2,8 | 0,18 | 1,9 | 2,0 | 2,7 |
| 131 | 7 | 13,99 | 0,6 | 4,9 | 0,43 | 15,2 | 11,4 | 10,8 |
| 49 | 125 | 10,31 | 2,7 | 7,3 | 0,65 | 3,8 | 3,8 | 12,0 |
| 665 | 26 | 13,03 | 1,3 | 0,9 | 0,32 | 0,3 | 0,3 | 1,0 |
| 0 | 483 | 10,86 | 3,2 | 0,2 | 5,84 | 0,2 | 0,2 | 0,3 |
| 0 | 81 | 7,42 | 6,6 | 10,8 | 0,11 | 7,0 | 8,8 | 19,6 |
| 568 | 55 | 11,25 | 0,4 | 3,3 | 0,12 | 1,7 | 2,2 | 3,7 |
| 332 | 110 | 11,81 | 1,1 | 8,1 | 0,12 | – | – | – |
| 114 | 90 | 7,20 | 1,5 | 10,1 | 0,10 | 2,0 | 2,0 | 6,0 |
| 64 | 102 | 10,51 | 3,0 | 7,1 | 0,16 | 6,9 | 7,4 | 30,5 |
| 64 | 92 | 9,89 | 3,0 | 6,4 | 0,21 | 6,3 | 6,8 | 28,0 |
| 0 | 0 | 32,92 | 0 | 0 | 0 | 0 | 0 | 0 |
| 0 | – | 14,34 | 2,0 | 4,0 | 0,18 | 3,5 | 3,2 | 5,7 |
| 0 | 93 | 9,11 | 3,9 | 9,3 | 0,22 | 9,1 | 7,1 | 14,6 |
| 0 | 0 | 12,23 | 57,6 | 28,3 | 6,33 | 9,4 | 6,5 | 32,8 |
| 0 | 0 | 10,99 | 74,4 | 37,6 | 6,33 | 8,8 | 6,5 | 32,3 |
| 0 | 0 | 11,85 | 80,5 | 39,2 | 5,42 | 8,2 | 6,0 | 30,1 |

## Nährstoff-, Mineralstoff- und Aminosäuretabelle zur Geflügelfütterung

gekürzte Fassung (Dokumentationsstelle der Universität Hohenheim, Jahrbuch für die Geflügelwirtschaft 1997)

| 1000 g Futtermittel enthalten | | Rohnährstoffe in g | | | |
|---|---|---|---|---|---|
| | Trocken-substanz | Asche | Rohprotein | Rohfett | Rohfaser |
| Tiermehl | | | | | |
| 55–60% Protein | 950 | 264 | 543 | 81 | 24 |
| Triticale, Körner | 880 | 20 | 128 | 15 | 26 |
| Viehsalz | 999 | 998 | 0 | 0 | 0 |
| Weizen (Hart), Körner | 880 | 20 | 131 | 22 | 26 |
| Weizen (Sommer), Körner | 880 | 18 | 138 | 20 | 22 |
| Weizen (Winter), Körner | 880 | 16 | 121 | 17 | 25 |
| Weizenfuttermehl | 880 | 37 | 167 | 44 | 45 |
| Weizenkleie | 880 | 57 | 140 | 37 | 117 |
| Weizennachmehl | 880 | 33 | 169 | 44 | 29 |

tiven Effekte der β-Glucane können durch den Einsatz von Enzymen (β-Glucanase) weitgehend behoben werden.

**Hafer.** Aufgrund des hohen Rohfasergehaltes ist die Energiekonzentration des Hafers gegenüber anderen Getreidearten gering. Hohe Hafergehalte im Futter machen es voluminös und können die Gesamtfutteraufnahme begrenzen. Allerdings ist das Aminosäurenmuster des Hafers günstig. Haferanteile von 10–30% sind durchaus möglich. Es wurde beobachtet, daß Hafer in Lege- und Junghennenrationen das Federpicken verringert.

**Roggen.** Roggen ist nicht nur protein- und energiearm, sondern enthält Stoffe (Pentosane, β-Glucane, Pektine), die die Verdaulichkeit des Futters verringern. Der Gehalt an Roggen im Legehennenfutter sollte deshalb etwa 15% nicht überschreiten.

**Triticale.** Triticale ist ein Hybrid zwischen Weizen und Roggen. Seine Nährstoffqualität ist – abhängig von den Ausgangslinien – sehr unterschiedlich. Bevor eindeutige Versuchsergebnisse über die vorhandenen Sorten vorliegen, sollte der Einsatz bei Legehennen 20% und bei Junghennen 30% nicht übersteigen.

**Tapioka.** Tapioka (Maniok Cassava) ist teilweise sehr preiswert als Energieträger zu erhalten. Sein Einsatz wird jedoch durch darin enthaltene Bitterstoffe auf etwa 10% begrenzt.

**Mühlenbeiprodukte.** Mühlenbeiprodukte, zum Beispiel verschiedene Kleiearten, sind wegen ihres hohen Rohfasergehaltes und ih-

rer entsprechend geringen Nährstoffdichte für Geflügelfutter nur in stark begrenztem Umfang von etwa 10% einsetzbar.

**Sojaextraktionsschrot.** Sojaextraktionsschrot fällt bei der Ölproduktion aus Sojabohnen an. Wie die meisten Leguminosen enthält auch die Sojabohne verschiedene Schadstoffe, u.a. einen Trypsin-Hemmer, der die Eiweißverdauung beeinträchtigt. Unbehandeltes Sojaextraktionsschrot kann deshalb nicht an Geflügel verfüttert werden. Durch Erhitzen („Toasten") werden die Schadstoffe inaktiviert. Außerdem wird die Verfügbarkeit von Methionin und Cystin verbessert. Zur Zeit wird in der Geflügelfütterung überwiegend ein Sojaextraktionsschrot mit 44 oder 48% Rohprotein eingesetzt.

**Soja-Vollmehl.** Die Verwendung von vollfettem Sojaschrot ist erst seit kurzem in die Geflügelfütterung eingeführt worden. Auch dieses Produkt ist hitzebehandelt. Es enthält einen geringeren Proteinanteil als Sojaextraktionsschrot (etwa 36%), liegt jedoch im Energiegehalt höher.

**Weitere Proteinträger.** Als Proteinträger, die auf dem eigenen Betrieb produziert werden können, kommen beispielsweise Erbsen, Ackerbohnen und Raps in Frage. Allerdings sind unbehandelte Erbsen und Ackerbohnen, ebenso wie unbehandeltes Sojaschrot, aufgrund von Schadstoffgehalten nur in begrenztem Umfang einsetzbar. Bei Erbsen sollten nicht mehr als 5–10% und bei Ackerbohnen nicht mehr als 5–15% im Futter enthalten sein. Bei Broilern können nach neueren Er-

| Rohnährstoffe | | UE (N-korr.) MJ | Mineralstoffe | | | Aminosäuren | | |
|---|---|---|---|---|---|---|---|---|
| Stärke | Zucker | | Calcium | Phosphor | Natrium | Methionin | Cystin | Lysin |
| 0 | 0 | 10,32 | 96,4 | 47,6 | 6,25 | 8,2 | 6,5 | 29,3 |
| 586 | 35 | 12,60 | 0,4 | 3,8 | 0,10 | 2,2 | 3,0 | 4,1 |
| 0 | 0 | 0 | 2,5 | 0 | 364,36 | 0 | 0 | 0 |
| 582 | 32 | 12,54 | 0,5 | 3,4 | 0,14 | 2,1 | 3,0 | 3,7 |
| 563 | 27 | 12,77 | 0,5 | 3,4 | 0,14 | 2,2 | 3,0 | 3,9 |
| 594 | 28 | 12,73 | 0,5 | 3,4 | 0,14 | 1,9 | 2,7 | 3,4 |
| 330 | 57 | 11,52 | 1,0 | 7,6 | 0,26 | 2,7 | 3,0 | 7,4 |
| 137 | 57 | 6,99 | 1,4 | 10,6 | 0,35 | 2,1 | 2,8 | 5,9 |
| 456 | 44 | 12,52 | 0,7 | 5,4 | 0,13 | 2,9 | 3,9 | 7,0 |

**Braune Legehybriden im Auslauf.**

gebnissen bis zu 30% Erbsen eingesetzt werden. Rapsextraktionsschrot enthält Stoffe (Glucosinolate), die für Hühner schädlich sind. Neuerdings stehen Rapssorten mit stark reduziertem Glucosinolat-Gehalt zur Verfügung. Diese können bis zu 30% in Broilerfutter enthalten sein, ohne schädliche Auswirkungen zu zeigen. Bei Legehennen sollte der Rapsschrotanteil 10% der Ration nicht überschreiten. Bei braunen Legehennen sollte auf Rapsschrot ganz verzichtet werden, da bei einigen Tieren schon bei geringen Gehalten ein ausgeprägter Fischgeruch in den Eiern auftreten kann.

Beim Austausch von Sojaschrot durch Rapsschrot, Erbsen und Ackerbohnen muß beachtet werden, daß diese wesentlich geringere Lysingehalte aufweisen. Ein Ausgleich durch synthetisches Lysin ist deshalb angezeigt.

Relativ preiswert werden teilweise auch importierte Proteinträger, wie Baumwollsaatkuchen oder Erdnußextraktionsschrot auf dem Futtermittelmarkt angeboten. Beim Einsatz dieser Futtermittel ist besonders auf mögliche Nebenwirkungen zu achten. Baumwollsaatkuchen z.B. enthält einen Schadstoff (Gossypol), der zu Verfärbungen von Dotter und Eiweiß führen kann, wenn er in höheren Mengen aufgenommen wird.

Bei Erdnußextraktionsschrot ist häufig ein erhöhter Pilzbefall festzustellen, der zur Bildung einer toxischen Substanz, des Aflatoxins, führt. Proteinträger aus tierischen Produkten, wie Blutmehl, Tierkörpermehl oder Fischmehl sind ebenfalls zu berücksichtigen. Bei Blutmehl ist die Aminosäurenzusammensetzung relativ ungünstig, so daß nicht mehr als 2–3% zum Einsatz gelangen sollte.

Bei Fischmehl sollte der Fettgehalt besonders berücksichtigt werden. Fischmehle mit hohem Fettgehalt können bei höherer Konzentration im Futter zu Fischgeruch in Eiern und im Fleisch führen. Bei Tierkörpermehl ist meist der Preis der limitierende Faktor des Einsatzes im Geflügelfutter. Aufgrund des hohen Proteingehaltes sowie der hohen Konzentration in essentiellen Aminosäuren eignen sich Fisch- und Tierkörpermehl ausgezeichnet zum Aufwerten des hofeigenen Futters. Der Einsatz von Fisch- und Tiermehlen ist in den letzten Jahren stark umstritten. Diese Rohstoffe werden als Quellen gefährlicher Krankheiten wie Salmonellen und BSE angesehen. Mit Rücksicht auf den Verbraucher werden sie deshalb immer seltener im Geflügelfutter eingesetzt. Beim völligem Verzicht hierauf muß die Aminosäurenzusammensetzung besonders sorgfältig geprüft werden.

## Berechnung von Rationen

Obwohl die Betriebe zunehmend Kleincomputer heranziehen, sind viele noch auf die herkömmliche Methode angewiesen.

## Futterrezeptur

Bei der Formulierung praktischer Rationen sind folgende Schritte zu beachten:

1. Feststellung des Nährstoffbedarfes der Tiere (z.B. nach Richtlinien der DLG oder Normtyp)
2. Feststellung von Art, Menge und Preis der zur Verfügung stehenden hofeigenen Getreidearten, sowie der Ergänzungskomponenten sowie ihrer maximalen Einsatzmenge
3. Erstellung der Ration
4. Erstellung des Mischplanes

Nachdem die Nährstoffansprüche der Tiere und die Eignung verschiedener Futtermittel auf den vorherigen Seiten besprochen wurden, kann die Rezeptur aufgestellt werden. Beginnend mit einer einfachen Mais-Soja-Ration soll im folgenden die schrittweise Berechnung der Rezeptur aufgezeigt werden.

Im vorliegenden Beispiel soll ein Legehennenalleinfutter mit mindestens 11 MJ umsetzbarer Energie, 16,5% Rohprotein, 3,4% Ca, 0,6% P, 0,30% Methionin, 0,27% Cystin und 0,7% Lysin erstellt werden.

In einer Tabelle werden nun die prozentualen Anteile der Komponenten der Ration, sowie die erbrachten Nährstoffe eingetragen. Die Nährstoffgehalte der verschiedenen Futtermittel sowie die maximalen Anteile in der Ration (Limitierung) sind in den Tabellen Seite 86–89 und 92 angegeben. Zunächst werden die fest eingeplanten Bestandteile in die Rezeptur aufgenommen. Dies sind im allgemeinen Mineralstoffe, Spurenelemente und Vitamine. Die sogenannten Prämixe werden in verschiedenen Handelsformen angeboten. Oft enthalten sie Spurenelemente, Vitamine und ggf. auch Pigmente und Kochsalz, so daß

In den ersten Lebensta-
gen wird Küken das Fut-
ter auf dem „Futterbrett"
angeboten.

nur noch die Mengenelemente Calcium und Phosphor als Mineralstoffe in die Ration eingeplant werden müssen. Es ist deshalb nicht nur auf die vom Hersteller angegebene Einsatzmenge, sondern auch auf die Mineralstoffgehalte zu achten, die angegeben sind. Im vorliegenden Beispiel enthält das Prämix Vitamine, Spurenelemente und Kochsalz, jedoch keine Mengenelemente. Der Anteil an festen Bestandteilen in der Ration besteht aus 11,5 kg Mineralstoffen und Prämix. Des weiteren werden 0,5% Sojaöl fest eingeplant. Es erhöht den Energiegehalt, bringt Linolsäure in die Ration ein und verhindert eine starke Staubbildung beim Futter. Es verbleiben so-

mit 88 kg für Protein- und Energieträger. Zunächst sollen nur Sojaextraktionsschrot (44,8% Rohprotein) und Mais (9,5% Rohprotein) eingesetzt werden. Die erforderlichen Mengen an Sojaschrot und Mais errechnen sich aus den Differenzen der Rohproteingehalte der Rohstoffe zu dem angestrebten Rohproteingehalt der Mischung beider Komponenten. Um in der kompletten 100 kg-Ration einen Rohproteingehalt von 16,5% zu erhalten, muß der Rohproteingehalt in der Mais-Soja-Mischung von

$$88 \text{ kg} \quad \frac{16,5}{88} \times 100 = 18,75\%$$

(Sollwert) betragen.

## Maximale Anteile verschiedener Rohstoffe im Hühnerfutter

| Rohstoff | Küken | Junghennen | Legehennen | Mastküken |
|---|---|---|---|---|
| Weizen | 20 | 40 | 40 | 60 |
| Roggen | 5 | 15 | 15 | 10 |
| Triticale | 20 | 30 | 20 | 20 |
| Hafer | 10 | 30 | 10 | – |
| Gerste | 20 | 40 | 40 | 10 |
| Tapioka, Cassava | 20 | 20 | 20 | 20 |
| Kleie-Arten | 10 | 10 | 10 | 10 |
| Rapsextraktionsschrot | 5 | 10 | 10* | 30 |
| Blutmehl | 2–3 | 2–3 | 2–3 | 2–3 |
| Fischmehl | 10 | 10 | 5 | 5 |
| Baumwollsaatkuchen | 5 | 10 | – | 10 |
| Erdnußextraktionsschrot | 10 | 20 | 20 | 20 |
| Erbsen | 5 | 10 | 10 | 30 |
| Ackerbohnen | 5 | 10 | 10 | 15 |
| Lupinen (gelb) | – | – | 10 | 30 |

\* nur bei weißen Legehennen

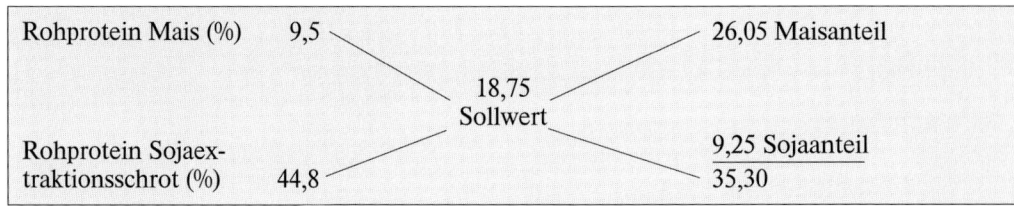

Die Errechnung der Anteile erfolgt dann nach dem oben auf dieser Seite wiedergegebenen Schema.

Die gewünschte Proteinkonzentration wird in die Mitte des Rechteckes gesetzt. Das Mischverhältnis von Mais und Soja ergibt sich aus den Differenzen zwischen den Proteingehalten der Rohstoffe und der gewünschten Proteinkonzentration. Durch Multiplikation mit dem Anteil beider Komponenten an der Gesamtration werden anschließend die tatsächlich einzusetzenden Gemengteile ermittelt:

Anschließend werden aufgrund der Tabellenwerte (Seite 86–89) die in die Rezeptur eingebrachten Energie- und Nährstoffmengen ermittelt. Wie aus der Tabelle Seite 93 hervor-

$$\frac{26{,}05}{35{,}30} \cdot 88 = 64{,}94\% \text{ Mais}$$
$$\frac{9{,}25}{35{,}30} \cdot 88 = 23{,}06\% \text{ Soja}$$
$$\left.\right\} 88 \text{ kg}$$

geht, ergibt die Rezeptur ein qualitativ gutes Legehennenfutter, das die oben genannten Normen erfüllt.

Sollen weitere hofeigene Getreidearten, wie zum Beispiel Weizen und Gerste eingesetzt werden, kann nach dem gleichen Schema vorgegangen werden. Da Weizen und Gerste einen geringeren Energiegehalt als Mais haben, ist eine Ergänzung mit Sojaöl oder anderen Fetten einzuplanen. In der Rezeptur wird hierzu zunächst eine Lücke von etwa 3% vorgesehen. Die „festen" Bestandteile betragen dann 15%. Die verbleibenden 85% sollen durch Sojaschrot als Proteinträger und Winterweizen, Mais und Gerste im Verhältnis von 4:1:1 als Energieträger ausgefüllt werden. Der Proteingehalt des Weizen-Mais-Gersten-Gemisches ist 11,25%. Die erforderliche Proteinkonzentration des Weizen-Gersten-Mais-Soja-Gemisches muß 19,41% betragen, um in der kompletten Ration den Gehalt von 16,5% zu erreichen. Die Errechnung der Gemengteile erfolgt in gleicher Weise wie oben beschrieben:

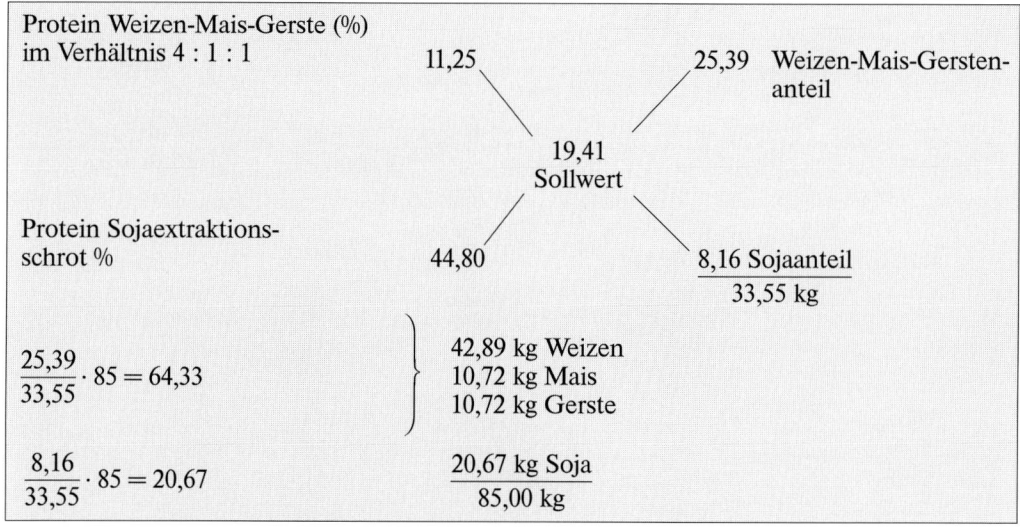

Protein Weizen-Mais-Gerste (%)
im Verhältnis 4 : 1 : 1

```
                  11,25              25,39   Weizen-Mais-Gersten-
                                             anteil

                        19,41
                        Sollwert

Protein Sojaextraktions-
schrot %              44,80              8,16 Sojaanteil
                                             33,55 kg
```

$$\frac{25,39}{33,55} \cdot 85 = 64,33$$

42,89 kg Weizen
10,72 kg Mais
10,72 kg Gerste

$$\frac{8,16}{33,55} \cdot 85 = 20,67$$

20,67 kg Soja
85,00 kg

## Rezeptur einer Legehennenration auf der Basis Mais-Sojaschrot

| Komponente | Gemeng-anteil kg | Energie MJ/kg | Roh-protein g/kg | Calcium g/kg | Phosphor g/kg | Methionin g/kg | Cystin g/kg | Lysin g/kg |
|---|---|---|---|---|---|---|---|---|
| Maisschrot | 64,94 | 8,90 | 61,69 | 0,26 | 1,88 | 1,17 | 1,17 | 1,75 |
| Sojaschrot (44) | 23,06 | 2,24 | 103,31 | 0,65 | 1,38 | 1,48 | 1,59 | 6,89 |
| Kohlensaurer Futterkalk | 8,00 | – | – | 30,48 | 0,04 | – | – | – |
| Dicalcium-phosphat | 1,50 | – | – | 3,49 | 2,59 | – | – | – |
| Soja-Öl | 0,50 | 0,19 | – | – | – | – | – | – |
| Prämix | 2,00 | – | – | – | 0,20 | – | – | – |
| Gesamt | 100,0 | 11,33 | 165,00 | 34,88 | 5,88 | 2,76 | 2,76 | 8,64 |

## Rezeptur einer Legehennenration unter Verwendung hofeigener Energieträger

| Komponente | Gemeng-anteil kg | Energie MJ/kg | Roh-protein g/kg | Calcium g/kg | Phosphor g/kg | Methionin g/kg | Cystin g/kg | Lysin g/kg |
|---|---|---|---|---|---|---|---|---|
| Weizenschrot | 42,89 | 5,40 | 51,04 | 0,30 | 1,37 | 0,73 | 1,12 | 1,42 |
| Maisschrot | 10,72 | 1,47 | 10,18 | 0,04 | 0,31 | 0,19 | 0,19 | 0,29 |
| Gerstenschrot | 10,72 | 1,20 | 11,15 | 0,08 | 0,36 | 0,17 | 0,21 | 0,40 |
| Sojaschrot (44) | 20,67 | 2,01 | 92,60 | 0,58 | 1,24 | 1,32 | 1,43 | 6,18 |
| Kohlensaurer Futterkalk | 8,00 | – | – | 30,48 | 0,03 | – | – | – |
| Dicalcium-phosphat | 1,50 | – | – | 3,49 | 2,59 | – | – | – |
| Soja-Öl | 3,50 | 1,30 | – | – | – | – | – | – |
| Prämix | 2,00 | – | – | – | 0,20 | – | – | – |
| Gesamt | 100,0 | 11,38 | 164,97 | 34,97 | 6,10 | 2,41 | 2,95 | 8,29 |

## Verschiedene Rationen für Legehennen auf der Basis hofeigener Futtermittel und zugekaufter Komponenten

| | | | | | | | |
|---|---|---|---|---|---|---|---|
| Maisschrot | 22% | Weizenschrot | 24% | Maisschrot | 14% | Maisschrot | 25% |
| Weizenschrot | 20% | Gerstenschrot | 20% | Weizenschrot | 40% | Weizenschrot | 28% |
| Gerstenschrot | 22% | Roggenschrot | 20% | Haferschrot | 10% | Sojaschrot | 18% |
| Sojaschrot | 24% | Sojaschrot | 24% | Sojaschrot | 24% | Erbsen | 10% |
| Sojaöl | 2% | Sojaöl | 2% | Sojaöl | 2% | Ackerbohnen | 7% |
| Kohlensaurer Kalk | 8% | Kohlensaurer Kalk | 8% | Kohlensaurer Kalk | 8% | Sojaöl | 2% |
| Vormischung | 2% | Vormischung | 2% | Vormischung | 2% | Kohlensaurer Kalk | 8% |
| | | | | | | Vormischung | 2% |
| Umsetzbare Energie | 11,1 MJ | Umsetzbare Energie | 10,6 MJ | Umsetzbare Energie | 10,9 MJ | Umsetzbare Energie | 11,2 MJ |
| Rohprotein | 16,9% | Rohprotein | 17,6% | Rohprotein | 1,0% | Rohprotein | 17,9% |
| Ca | 3,5% | Ca | 3,5% | Ca | 3,5% | Ca | 3,5% |
| P | 0,6% | P | 0,6% | P | 0,6% | P | 0,6% |
| Methionin + Cystin | 0,6% | Methionin + Cystin | 0,6% | Methionin + Cystin | 0,6% | Methionin + Cystin | 0,6% |
| Lysin | 0,9% | Lysin | 1,0% | Lysin | 0,9% | Lysin | 1,0% |

Das Ergebnis ist aus der Tabelle (oben) ersichtlich.

Der gegenüber Mais geringere Energiegehalt von Weizen und Gerste muß durch den erhöhten Aufwand von Fett oder Öl ausgeglichen werden. Somit entsteht eine in bezug auf die meisten Nährstoffe ausgeglichene Ration. Lediglich der Gehalt an Methionin erreicht nicht den Bedarf von Legehennen in der Leistungsspitze. Er kann entweder durch synthetisches DL-Methionin oder durch den Einsatz methioninreicher Proteinträger, wie z.B. Tiermehl, gegen Sojaschrot auf den erforderlichen Wert von ca. 0,30% angehoben werden.

In den Tabellen oben sind Musterrationen für Legehennen, Junghennen und Küken aufgeführt. Im Rahmen des Bedarfes des Tieres und der ihm zur Verfügung stehenden Futtermittel ist der Geflügelhalter nun in der Lage, diese zu modifizieren.

Nach der Rezeptur ist ein Mischplan zu erstellen, in dem die erforderlichen Mengen für den Mischvorgang errechnet werden. Soll zum Beispiel die Legehennen-Ration auf der Mais-Soja-Basis in einem 2-t-Mischer zubereitet werden, erfolgt die Umrechnung der Futtermittel-Anteile wie folgt:

## Rationen für Küken (1.–8. Woche) und Junghennen

| Küken (Legetyp) (1.–8. Lebenswoche) | | Junghennen (9.–10. Lebenswoche) | |
|---|---|---|---|
| Weizenschrot | 30 % | Weizenschrot | 35 % |
| Gerstenschrot | 26 % | Gerstenschrot | 29 % |
| Haferschrot | 15 % | Haferschrot | 20 % |
| Sojaschrot | 21,8% | Sojaschrot | 9,7% |
| Sojaöl | 3,0% | Sojaöl | 2,0% |
| Kohlensaurer Kalk | 1,2% | Kohlensaurer Kalk | 1,1% |
| Dicalciumphosphat | 2,0% | Dicalciumphosphat | 2,2% |
| Vormischung | 1,0% | Vormischung | 1,0% |
| Umsetzbare Energie | 11,6 MJ | Umsetzbare Energie | 11,5 MJ |
| Rohprotein | 18,5% | Rohprotein | 14,5% |
| Ca | 1,0% | Ca | 1,0% |
| P | 0,7% | P | 0,7% |
| Lysin | 1,0% | Lysin | 0,7% |
| Methionin + Cystin | 0,45% | Methionin + Cystin | 0,56% |

## Technische Ausstattung zur Herstellung von Mischfutter

Eine wichtige Voraussetzung für die Verwendung hofeigenen Getreides zur Herstellung von Geflügelfutter ist eine ausreichende Lagerkapazität in Silos oder Getreideböden. Hierzu kommt meist die Notwendigkeit, das

### Umrechnung der Anteile in Mengen

| Kompo-nente | Rezeptur | Mischplan (2 t) |
|---|---|---|
| Mais | 64,94% | 1298,80 kg |
| Soja (44) | 23,06% | 461,20 kg |
| Kohlensau-rer Kalk | 8,00% | 160,00 kg |
| Dicalcium-phosphat | 1,50% | 30,00 kg |
| Sojaöl | 0,50% | 10,00 kg |
| Prämix | 2,00% | 40,00 kg |
| | 100,00% | 2000,00 kg |

geerntete Getreide zu trocknen, denn eine ordnungsgemäße Lagerung ist nur bei einem Wassergehalt von weniger als 12% möglich. Allerdings läßt sich in letzter Zeit auch ein Trend zur Lagerung von Feuchtgetreide mit Hilfe von Propionsäure beobachten.

Des weiteren ist ausreichender Lagerraum für zugekaufte Futterkomponenten zu schaffen. Für Vitamin- und Spurenelementvormischungen, sowie Futterkalk sollte ein trockener Raum in der Nähe der Mischanlage vorgesehen werden. Zum Mahlen und Mischen in kleineren Anlagen werden im allgemeinen Hammermühlen und Vertikal- oder Horizontal-Mischer eingesetzt, die in der Regel einen Durchsatz von 1–2 to je Stunde haben. Auf dem Markt werden kombinierte Mahl- und Mischanlagen in Kompaktform angeboten. In der Nähe der Einfüllöffnung sind Wiegevorrichtungen für die verschiedenen Komponenten bereitzustellen. Für den Transport von Sackware und loser Ware zum Futterboden sind geeignete Einrichtungen wie Aufzüge, Gebläse und Transportschnecken vorzusehen.

## Struktur des Futters

Bei der Herstellung von Geflügelfutter ist es wichtig, daß das Futter eine gewisse Struktur, d.h. Partikeln verschiedener Größe behält. Ein zu feingemahlenes Futter entwickelt zuviel Staub, neigt im Silo zur Brückenbildung und wird von den Tieren ungern aufgenommen. Es haftet am Schnabel, führt somit zur Verschmutzung der Tränke (mit Ausnahme der Nippeltränke) und zur Futtervergeudung. Ein zu grobes Futter dagegen regt die Hennen zur Selektion an. In der Regel bevorzugen Hühner Partikel von etwa 2,5 mm. Da vor allem die Getreidekomponenten in dieser Korngröße vorliegen, kann dies zu einer einseitigen Energieaufnahme und zu einer Unterversorgung mit Protein und Mineralstoffen führen.

Beim Schroten und Vermahlen der Mischfutterkomponenten ist deshalb auf die entstehenden Korngrößenverteilungen zu achten. Ein typisches Korngrößenspektrum eines Legehennenfutters ist in der folgenden Tabelle gegeben.

### Empfohlene Korngrößenverteilung bei Legehennenfutter

| Korngrößenbereich | Anteil in % |
|---|---|
| 0–0,1 mm | 25 |
| 0,5–1,0 mm | 20 |
| 1,0–1,5 mm | 35 |
| 1,5–2,0 mm | 15 |
| 2,0–2,5 mm | 4 |
| über 2,5 mm | 1 (max). |

## Befüllen des Mischers und Mischen

Die Komponenten werden nach Mischplan abgewogen und bereitgestellt. Beim Befüllen des Mischers wird zunächst ein Teil der Hauptkomponenten, zum Beispiel Sojaschrot, eingefüllt. Bei laufendem Mischer erfolgt dann die Zugabe der anderen Komponenten in immer gleicher Reihenfolge.

**Reihenfolge der Komponenten**
1. Sojaschrot, 2. Prämix und Mineralstoffe, 3. Fette, Öl, 4. Mais oder sonstige Energieträger, 5. sonstige Proteinträger

Werden Fette eingesetzt, so müssen sie durch Erwärmen auf 40–50 °C flüssig gemacht werden, bevor sie in den Mischer gegeben werden. Die Mischzeit ist nach Angaben des Herstellers einzustellen. Sie beträgt in der Regel 20 bis 30 Minuten pro Mischung. Zu kurze Mischdauer hat eine ungenaue Verteilung der Komponenten zur Folge. Bei zu langem Mischen erfolgt eine Entmischung der Komponenten, die ebenfalls unerwünscht ist.

Das Futter kann dann abgesackt oder in ein Futtersilo gebracht werden. Wichtig ist, daß der Mischer völlig geleert wird, so daß keine Reste zurückbleiben, die eventuell mit der nächsten Charge verarbeitet werden und so das Ergebnis verfälschen. Es sollten deshalb beim Mischen routinemäßig Vorsichts- und Kontrollmaßnahmen getroffen werden.

**Kontrollen beim Mischen**

1. Prüfung des Mischers vor Einfüllen der Komponenten auf eventuelle Futterreste
2. Bereitstellen der abgewogenen Komponenten für eine Mischung an einem Platz, der deutlich von nicht dazugehörigen Stoffen getrennt ist
3. Prüfung der Menge, Farbe und Struktur des gemischten Futters – Veränderungen geben Hinweise auf eventuelle Fehler beim Mischen
4. Kontrolle des Mischers nach dem Entleeren
5. Notieren der Menge und des Datums der Mischung.

Schema einer Mischfutteranlage zur Produktion von ca. 2–6 to hofeigenem Futter pro Stunde.
1. Trichter zum Einfüllen der Mengenkomponenten
2. Schrotmühle mit Zyklon zur Staubabscheidung
3. Mischer mit Trichter, H zur Handaufschüttung von Kleinmengen.
4. Absackanlage.

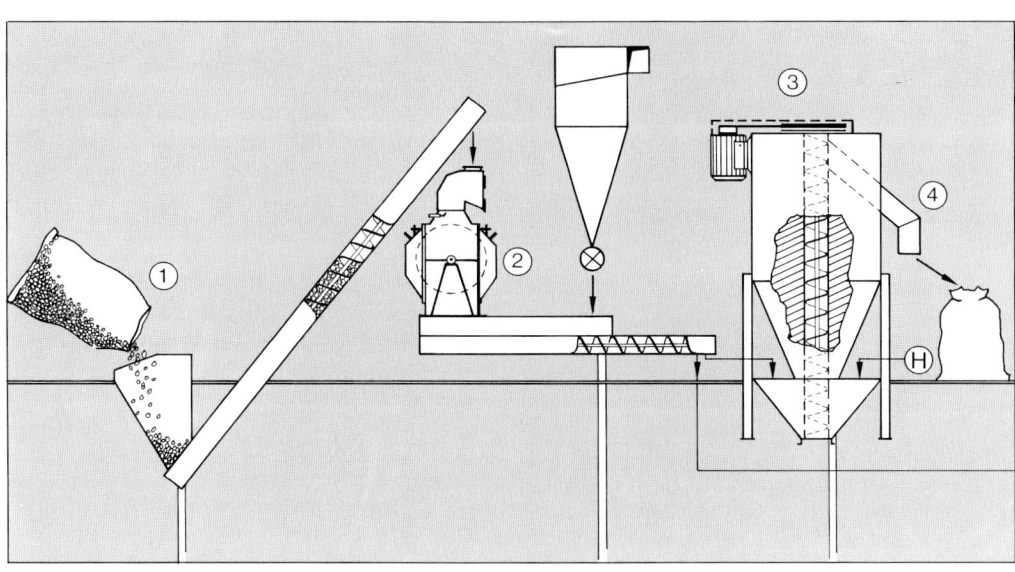

# Stallbau

## Gesetzliche Bestimmungen für den Bau von Geflügelställen

Neben den rein technischen Problemen stellen in letzter Zeit die gesetzlichen Bestimmungen, die beim Bau von Geflügelställen berücksichtigt werden müssen, erhebliche Schwierigkeiten bei der Errichtung von Neubauten oder der Erweiterung bestehender Anlagen dar.

### Baugenehmigung

Die Baugenehmigung ist wie bei jedem anderen Gebäude bei der zuständigen Baubehörde zu beantragen. Hierzu sind Planskizzen (Lageplan, Grundriß), eine Baubeschreibung, sowie die Beschreibung der Nutzung (Lage, Entlüftung, Art und Anzahl der Tiere, Haltungssystem) erforderlich.

### Bundes-Immissionsschutzgesetz

Darüber hinaus sind die Vorschriften nach dem Bundes-Immissionsschutzgesetz von erheblicher Bedeutung. Dieses Gesetz dient dem Schutz von Menschen, Tieren, Pflanzen und Sachen vor schädlichen Umwelteinwirkungen. Es unterscheidet dabei genehmigungsbedürftige und nicht-genehmigungsbedürftige Tierhaltungen. Nach der Durchführungs-Verordnung zu diesem Gesetz sind Geflügelbetriebe zur Haltung und Aufzucht von Hennen und Mastgeflügel mit mehr als 20 000 Hennenplätzen oder 40 000 Mastplätzen genehmigungsbedürftig. Ausgenommen sind Anlagen, in denen Geflügel ausschließlich zu Zuchtzwecken gehalten wird.

Doch auch Betriebe, die unterhalb der oben erwähnten Größenordnungen liegen, sind so zu errichten und zu betreiben, „daß schädliche Umwelteinwirkungen verhindert werden, die nach dem Stand der Technik zu vermeiden sind; nach dem Stand der Technik unvermeidbare Umwelteinwirkungen auf ein Mindestmaß beschränkt werden, und die beim Betreiben der Anlage entstehenden Abfälle ordnungsgemäß beseitigt werden können" (s. Abfallbeseitigungsgesetz).

### Düngeverordnung

Mit der neuen Düngeverordnung des Bundes von 1996 wird die Ausbringung von Wirtschaftsdüngern tierischer Herkunft insbesondere in Hinsicht auf mögliche Umweltbelastungen geregelt. Die wichtigsten Bedingungen können wie folgt zusammengefaßt werden:
- Düngemittel dürfen nur bedarfsgerecht ausgebracht werden. Das heißt, sie müssen mengenmäßig und zeitlich so ausgebracht werden, daß sie von den Pflanzen ausgenutzt werden können. Dies ist nicht gewährleistet, wenn der Boden wassergesättigt, tiefgefroren oder schneebedeckt ist.
- Die Geräte zur Ausbringung der Dünger müssen dem Stand der Technik entsprechen.
- Der Eintrag von Düngemitteln in Oberflächengewässer oder benachbarte Felder ist zu vermeiden.
- Für Gülle, Jauche und flüssigen Geflügelkot gilt ein grundsätzliches Ausbringungsverbot zwischen dem 15. November und dem 15. Januar. Ausnahmegenehmigungen oder weitergehende Beschränkungen sind möglich. (Für trockenen Geflügelkot besteht somit keine grundsätzliche Beschränkung).
- Generell gelten für die Ausbringung von Stickstoff in Form von Wirtschaftsdüngern tierischen Ursprungs folgende Obergrenzen:
210 kg/ha auf Grünland und
170 kg/ha auf Ackerland.
- Bei Härtefällen können Übergangsvorschriften bis 2004 erlassen werden.

Die Umsetzung der Düngeverordnung wird durch Durchführungs-Verordnungen der Bundesländer geregelt. Es ist zu erwarten, daß hinsichtlich der zeitlichen Begrenzung der

Ausbringung von Gülle Vorschriften zur Lagerkapazität erarbeitet werden. Des weiteren werden die Tierbestände der Betriebe über Stickstoff- und Phosphorbilanzen überprüft und geregelt werden.

In der Technischen Anleitung zur Reinhaltung der Luft wird der Abstand von Geflügelställen zu Wohnbebauungen geregelt. Je nach der Stärke der Emissionen von Gasen, Staub und Gerüchen wird nach einem Punktesystem der Mindestabstand errechnet. Der gleiche Abstand gilt auch für Wald. Theoretisch ist es möglich, diesen Abstand durch Abgasreinigungseinrichtungen zu vermindern. Diese scheitern jedoch meist an der hohen Staubfracht der Abluft auf Geflügelställen. Sie können deshalb nicht als „Stand der Technik" angesehen werden. Einzelheiten zu diesem Problemkreis können der VDI-Richtlinie 3472 entnommen werden.

## Umwelthaftungsgesetz (UHG)

Nach diesem Gesetz können die Verursacher von Schäden an Natur und Umwelt zur Verantwortung gezogen werden. Wenn eine Anlage so beschaffen ist, daß sie Umweltschäden verursachen kann, wird angenommen, daß auftretende Schäden durch diese bedingt sind. Die Beweislast liegt beim Betreiber der Anlage. Er muß nachweisen, daß der aufgetretene Schaden nicht durch seine Anlage verursacht wurde. Dies gilt jedoch nicht, wenn die Anlage bestimmungsgemäß betrieben wurde. Das UHG gilt nur für Betriebe, die eine bestimmte Größenordnung überschreiten:

  50000 Hennenplätze
100000 Junghennenplätze oder
100000 Mastplätze.

## Gesetz über die Umweltverträglichkeitsprüfung (UVPG)

Nach diesem Gesetz sind beim Neubau oder Umbau von Geflügelställen die Auswirkungen auf Menschen, Tiere, Pflanzen, Boden, Wasser, Luft, Klima, Landschaft, Kultur- und sonstige Sachgüter abzuschätzen. Eine Bewertung der Anlage nach dem UVPG ist bindend vorgeschrieben, wenn die geplante Kapazität der Ställe 42000 Legehennenplätze oder 84000 Junghennen- oder Mastplätze überschreitet. Sowohl nach dem UHG als auch nach dem UVPG werden die Tierbestände pro Betrieb kumuliert. Also können auch bäuerliche Betriebe mit verschiedenen kleineren Beständen unter diese Gesetze fallen. Einzelheiten zur Durchführung einer Umweltverträglichkeitsprüfung sind dem Arbeitspapier 1899 des KTBL zu entnehmen.

## Tierschutzgesetz

Das Tierschutzgesetz von 1972 ist für die Hühnerhaltung von besonderer Bedeutung. Die Haltung von Legehennen ist in der EU-Richtlinie zum Schutz von Legehennen in Käfighaltung aus dem Jahr 1986 geregelt. Die wichtigsten Punkte für den praktischen Tierhalter sind im Kapitel Verhalten und Tierschutz (Seite 55–57) aufgeführt.

Bei Verstößen gegen das Tierschutzgesetz kann die zuständige Behörde (in der Regel der Amtstierarzt) Maßnahmen anordnen, die zur Erfüllung des Gesetzes erforderlich sind. Dem Tierhalter können z.B. die Tiere fortgenommen und auf dessen Kosten anderweitig untergebracht werden, bis eine ordnungsgemäße Haltung und Pflege durch den Tierhalter selbst gewährleistet ist.

## Aufteilung des Stalles

Der reibungslose Ablauf der Geflügelhaltung hängt in hohem Maße von einem gut funktionierenden Stallsystem ab. Das Stallsystem besteht aus den zahlreichen Teilbereichen, die sorgfältig aufeinander abgestimmt werden müssen:

> **Teilbereiche im Stallsystem**
> Grundriß und Bauhülle
> Unterbringung der Tiere (Boden- oder Käfighaltung)
> Klimatisierung
> Fütterung
> Entmistung
> Eiersammlung.

Bevor ein Stall gebaut wird, steht in der Regel fest, welche Haltungsform (Auslauf-, Boden- oder Käfighaltung), welche Nutzungsrichtung (Aufzucht, Legehennenhaltung oder Mast) eingeschlagen wird. Wie später ausgeführt wird, ist es jedoch auch notwendig, die Stalleinrichtung zu kennen, um den Stallraum optimal ausnutzen zu können und spätere Änderungen, die sehr kostspielig sind, zu vermeiden. Schon bei der Planung des Grundrisses sollte deshalb bekannt sein, welche Lüftungs-, Fütterungs-, Eiersammel- und Entmistungsanlagen untergebracht werden müssen. Es sollte auch nicht vergessen werden, daß der Stall ein Arbeitsraum für den Menschen ist. Die Licht-, Klima- und Raumverhältnisse müssen deshalb so beschaffen sein, daß die Arbeit nicht erschwert oder gar behindert wird. Erschwerte Arbeitsbedingungen im Stall führen sehr leicht zu einer reduzierten Sorgfalt in der Versorgung und Kontrolle der Tiere und somit zu Leistungseinbußen.

## Vorraum

Bei einer größeren Stalleinheit sollte auf jeden Fall ein ausreichender Vorraum eingeplant werden. Durch den Vorraum wird vermieden, daß die Tiere beim Öffnen der Türen direkt mit der Außenwelt konfrontiert werden. Er verhindert zu starke Lichtreize in fensterlosen Ställen sowie Zugluft beim Öffnen und Schließen der Türen. Es sollte deshalb darauf geachtet werden, daß die Außentür stets geschlossen ist, wenn die Tür zum Stallraum geöffnet wird. Der Vorraum dient zur Lagerung notwendiger Materialien wie Reinigungs- und Desinfektionsmitteln, von Stallkleidung, Werkzeug etc. Hier ist auch die Steuerung für die technischen Anlagen (Lichtschaltuhr, Heizung, Sicherungen) untergebracht. Des weiteren sollten hier die Un-

terlagen über die Herdenführung, nämlich Lege-, Abgangs-, Impf- und Futterliste bereitliegen. Eine Desinfektionsmatte an der Außentür sollte das Einschleppen von Krankheiten verhindern helfen. Des weiteren ist ein Wasseranschluß mit Waschbecken vorzusehen.

## Stallgröße und Grundriß

Die Stallgröße richtet sich nach der geplanten Tierzahl und der zulässigen Besatzdichte. Die Besatzdichte wird bei Küken, Jung- und Legehennen als Tiere pro m$^2$ angegeben. Bei Broilern sollte sie in kg/m$^2$ angegeben werden. Dieser Wert ist insofern wichtig als die Produktion von Wärme, Wasserdampf und Schadgasen (z.B. Kohlendioxid, Ammoniak, Schwefelwasserstoff) in Abhängigkeit von der Körpermasse ansteigt.

Bei gegebener Tierzahl und Besatzdichte stellt sich die Frage nach der Breite des Stalles. Um eine ausreichende und gleichmäßige Luftführung im Stall zu gewährleisten, sollte die Stallbreite zwischen 10 und 15 m liegen. Die genauere Abstimmung der Stallbreite richtet sich dann nach der Einrichtung, z.B. der Breite von Käfiganlagen und der gewünschten Breite der Bedienungsgänge. Da für den Grundriß der Ställe keine allgemeingültigen Standardempfehlungen gegeben werden können, sollen hier einige wichtige Zusammenhänge erwähnt werden. Eine zunehmende Breite des Stalles wirkt sich in der Bodenhaltung positiv, in der Käfighaltung ne-

## Raumbedarf für die Hühnerhaltung

Besatzdichten bei unterschiedlichen Nutzungsrichtungen und Haltungssystemen als Richtlinien für die Planung des benötigten Stallraumes.

| Nutzungsrichtung | Haltungsart | Besatzdichte (Tiere/m$^2$ Stallfläche) |
|---|---|---|
| Küken (1.–6. Woche) | Bodenhaltung | 17–20 |
| | Käfighaltung | 60–70 |
| Junghennen (7.–18. Woche) | Bodenhaltung | 10–15 |
| | Käfighaltung | 25–35 |
| Legehennen | Bodenhaltung | 5–7 |
| | Schrägbodenhaltung | 8–11 |
| | Volierenhaltung | 10–25 |
| | Käfighaltung | 20–50 |
| Broiler | Bodenhaltung | 20–25 (max. 38 kg/m$^2$) |

**Moderner Volierenstall
mit „Wintergarten".**

## Optimale Stallbreiten

in Abhängigkeit von Haltungssystemen und der Hennenzahl (nach Hammer, Jahrbuch für die Geflügelwirtschaft, 1986)

| Haltungsform bzw. Batterietyp | Anzahl Hennen | | | | |
|---|---|---|---|---|---|
| | < 1000 | 1000–2000 | 2000–4000 | 4000–8000 | > 8000 |
| **Bodenhaltung** ohne Eiersammelgang | 8,75–10,0 | 10,0–13,75 | 15,00 | 15,00 | |
| **Bodenhaltung** mit Eiersammelgang | 12,50 | 15,00 | 15,00 | 15,00 | |
| **Käfighaltung** Stufenkäfigbatterie | 7,50 (2) | 7,50 (2) | 10,00 (3) | 12,50 (4) | 15,00 (5) |
| Kotschachtbatterie | 6,25 (2) | 8,75 (3) | 8,75 (3) | 11,25 (4) | 13,75 (5) |
| Kotbandbatterie | 6,25 (2) | 7,50 (3) | 7,50 (3) | 10,00 (4) | 13,75 (6) |

Die in Klammern angegebenen Zahlen beziehen sich auf die Anzahl der Batterien pro Stall.

gativ auf den Arbeitszeitbedarf pro Tier aus. Dies ist darauf zurückzuführen, daß kompakte Stallanlagen in der Bodenhaltung die Arbeitswege verkürzen und somit zu einer Arbeitsersparnis führen. In der Käfighaltung ergibt eine größere Stallbreite eine höhere Anzahl Batteriereihen. Das häufige Wechseln von einem Batterieblock zum anderen wirkt sich ungünstig auf den Arbeitszeitbedarf aus. In bezug auf den Kapitalbedarf für die Bauhülle wirkt sich ein breiter, kompakter Stall günstig aus, da dieser gegenüber einem schmalen, aber langen Stall bei gleicher Grundfläche geringere Fundament- und Außenwandflächen benötigt. In der Batteriehaltung allerdings wirkt sich die Stallbreite negativ auf die Kosten für die Inneneinrichtungen aus. Mit zunehmender Anzahl der Aggregate (Batterieblock, Futter-, Wasserversorgung, Kot- und Eierbänder) steigt der Kapitalbedarf pro Hennenplatz an. Dies wirkt sich stärker auf die gesamten Investitionskosten aus als die mit zunehmender Länge der Anlagen ansteigenden Baukosten. In der Tabelle oben sind die günstigsten Stallbreiten für verschiedene Haltungssysteme aufgeführt.

# Bauhülle

Die Bauhülle ist der wichtigste Kostenfaktor beim Bau eines Geflügelstalles. Fehler in der Ausführung der Bauhülle lassen sich kurzfristig meist nicht beheben. Die Planung der Konstruktion und Auswahl des Baumaterials muß deshalb sorgfältig vom Architekten und vom Geflügelfachmann zusammen durchgeführt werden. Bei eventuellen Einsparungen an der Bauhülle muß geprüft werden, ob diese keinen Einfluß auf die späteren Kosten der Produktion ausüben. Eine unzureichende Isolation z. B. kann zwar die Baukosten erheblich verringern, führt jedoch zu höheren Kosten für Heizung und Lüftung. Das Abwägen der Investitionskosten für die Bauhülle gegenüber den späteren Produktionskosten muß für jeden Stall unter Berücksichtigung der betriebsspezifischen Gegebenheiten geschehen.

## Fundament

Das Fundament eines Stalles muß wie bei anderen Bauten 60–70 cm in die Erde versenkt werden und eine Stärke von 20–30 cm aufweisen. An der Außenseite ist unter der Bodenoberfläche ein Bitumenanstrich gegen das Eindringen von Feuchtigkeit anzubringen. Zwischen dem Betonfundament und dem Mauerwerk wird das Aufsteigen von Feuchtigkeit mit Hilfe von Teerpappe unterbunden. Der Stallboden wird in der Regel ebenfalls mit Beton befestigt. Der Unterbeton liegt auf einer etwa 20–30 cm dicken Packschicht aus Schotter. Es folgen eine Isolierschicht aus Teerpappe gegen das Aufsteigen von Feuchtigkeit und eine Wärmedämmschicht aus Hartschaum oder gleichwertigen Materialien. Es ist zu empfehlen, die Teerpappe so weit an den Innenwänden hochzuziehen, daß sie etwa 10–15 cm über den Estrich hinausragt. So wird verhindert, daß Bodenfeuchtigkeit in die Wand eindringt. Auf der Wärmedämmschicht liegt der 3–4 cm dicke Estrich, der eine glatte und leicht zu reinigende Fläche bildet. Ein trockener, warmer Boden spart nicht nur Heizkosten, sondern hemmt auch die Entwicklung von Parasiten.

## Wände und Dachkonstruktion

Stallwände können in Massivbauweise oder im Fertigbausystem erstellt werden. Die Wahl der Bauweise kann nach rein wirtschaftlichen Gesichtspunkten getroffen werden. Es ist lediglich darauf zu achten, daß eine ausrei-

| **Wärmeleitfähigkeit wichtiger Baumaterialien nach DIN 4108 und 4701** | | | |
|---|---|---|---|
| Baustoff | | Dichte in kg/m³ | Wärmeleitzahl in W/(m×°k) |
| Holz: | Fichte, Kiefer, Tanne | 600 | 0,13 |
| | Spanplatten | 800 | 0,15 |
| | Sperrholz | 700 | 0,17 |
| Steine: | Vollklinker | 2000 | 0,96 |
| | Vollziegel | 1600 | 0,68 |
| | Kalksandstein DIN 106 | 1400 | 0,70 |
| | Gasbeton DIN 4165 | 500 | 0,22 |
| | Hohlblock, Leichtbeton | 800 | 0,29 |
| | Hohlblock, Bims | 900 | 0,44 |
| Beton: | Normalbeton | 2400 | 2,10 |
| | Leichtbeton | 1200 | 0,50 |
| Bauplatten: | Zementgebundene Faserplatten | 2000 | 0,58 |
| | Gasbeton | 500 | 0,19 |
| Dämmstoffe: | Polyurethan-Hartschaum | – | 0,030–0,035 |
| | Polystyrol-Hartschaum | 30 | 0,02–0,03 |
| | Styropor | 15–30 | 0,035–0,040 |
| | Glaswolle | – | 0,035–0,040 |
| | Kalkzementputz | 1800 | 0,87 |
| | Gußasphalt | 2300 | 0,90 |

Profil einer Stallwand mit guter Wärmedämmung (nach AEL-Merkblatt).

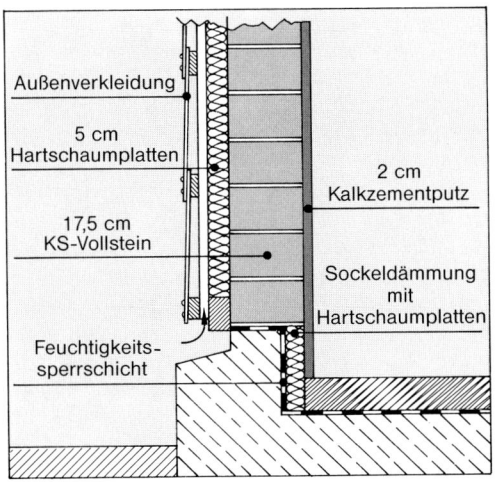

### Richtwerte für die Wärmedurchlässigkeit einzelner Bauteile
AEL-Merkblatt 14, 1978)

| Bauteile | k-Wert | |
|----------|--------|--------|
|          | $\dfrac{W}{m^2 \cdot °K}$ | $\dfrac{kcal}{m^2 \cdot h \cdot °C}$ |
| Fenster | 2,8 | 2,4 |
| Türen | 1,2 | 1,0 |
| Wände | 0,7 | 0,6 |
| Decken | 0,5 | 0,4 |

chende Wärmedämmung gewährleistet ist. In der Abb. oben ist ein Beispiel für eine massive Wand gegeben.

Als Maß für die Wärmedurchlässigkeit dient der k-Wert oder Wärmedurchgangswert. Der k-Wert gibt die Wärmemenge in kcal oder Watt an, die pro Stunde und Quadratmeter bei einer Temperaturdifferenz von 1° Kelvin (entspricht 1 °C) das Bauelement passiert.

Niedrige Werte sind demnach als günstig anzusehen. In der Tabelle oben sind die k-Werte einiger Baustoffe angegeben. Für verschiedene Bauteile von Ställen gelten bestimmte Richtwerte, die nicht überschritten werden sollten.

Die Berechnung des k-Wertes einer Wand erfolgt über die in DIN 4108 angegebene Wärmeleitfähigkeit der Baumaterialien.

Der k-Wert errechnet sich aus der Wärmeleitzahl (WL), aus der Stärke der Schicht und dem Wärmeübergangswiderstand (WW) nach innen und außen:

$$k = 1 : (\frac{D_1}{WL_1} + \frac{D_2}{WL_2} + \ldots WW_i + WW_a)$$

$D_1, D_2$ = Dicke der Schicht 1, 2 etc. in m
$WL_1, WL_2$ = Wärmeleitzahl der Schicht 1, 2
$WW_a$ = Wärmeübergangswiderstand an der äußeren Oberfläche (im allgemeinen wird hier ein Wert von ca. 0,05 angenommen)
$WW_i$ = Wärmeübergangswiderstand an der inneren Oberfläche (im allgemeinen wird hier ein Wert von ca. 0,14 angenommen)

**Beispiel:** Eine Wand aus Bims-Hohlblock (30 cm) und 2 cm Kalkzementputz innen und außen hat folgenden k-Wert:

### Berechnungsbeispiel

| | Dicke in m (D) | Wärmeleitzahl (WL) | D : WL |
|---|---|---|---|
| Kalkzementputz (2×2 cm) | 0,04 | 0,87 | 0,05 |
| Hohlblock (Bims) | 0,30 | 0,44 | 0,68 |
| Wärmeübergangswiderstand innen | | | 0,14 |
| Wärmeübergangswiderstand außen | | | 0,05 |
| | | | 0,92 |

$$k = \frac{1}{0,92} = 1,09$$

Der k-Wert von 1,09 reicht für die Klimatisierung eines Hühnerstalles nicht aus. Durch eine Isolierschicht von 3 cm Glaswolle würde der k-Wert auf 0,56 verbessert werden und somit in dem empfohlenen Bereich liegen.

Die angegebenen k-Werte gelten nur für das Material in trockenem Zustand. Werden z.B. Ziegelsteine, Beton oder Holz feucht, so steigt der k-Wert und somit die Wärmedurchlässigkeit stark an. Es ist deshalb sorgfältig darauf zu achten, daß weder von innen noch von außen Feuchtigkeit in die Wand eindringen kann. Zu diesem Zweck sind geeignete Dampfsperren in Form von Kunststoff oder Aluminiumfolien auf der Innenseite anzubringen. Die Außenwände sind durch Verputzen oder durch wasserundurchlässige Verkleidungen (z.B. Eternit) zu schützen.

Kritische Punkte in der Wärmeisolierung sind Fenster, Türen, Durchbrüche für Versorgungsleitungen etc. Durch den Verzicht auf Fenster kann eine erhebliche Verbesserung der Wärmedämmung des gesamten Stalles erzielt werden. Während des Baues muß darauf geachtet werden, daß Kältebrücken vermieden und die unbedingt notwendigen Mauerdurchbrüche sorgfältig abgedichtet werden.

## Dachformen und Dachkonstruktionen

In der Regel werden Geflügelställe mit einem Satteldach versehen, das meist schon in die Binderkonstruktion einbezogen ist. Nur kleinere Gebäude werden mit den einfacheren Pultdächern versehen. Wichtig ist auch hier die Wärmedämmung. Das Einziehen einer Zwischendecke ist eine wertvolle Isoliermaßnahme. Allerdings ist eine ausreichende Dämmung der Zwischendecke unumgänglich, da sich sonst im Winter Schwitzwasser bildet, und im Sommer die sich unter dem Dach stauende Hitze die Stalltemperaturen erhöht. Als Dämmaterial eignen sich Glaswolle- oder Schaumstoffmatten, die nach unten mit einer Dampfsperre versehen sind. Zum Decken des Daches werden Platten aus Welleternit herangezogen.

## Klima

Ein gutes Stallklima ist die Voraussetzung für eine hohe Leistung der Tiere. In extensiven Haltungssystemen (Auslaufhaltung, Fensterställe) ist die Beeinflussung des Stallklimas nur in stark begrenzter Form möglich. Die Maßnahmen beschränken sich hier auf eine möglichst gute Isolierung der Wände und des Daches. Eventuell muß die Lüftung über Fenster und Türen durch Ventilatoren unterstützt werden. Ein starkes Absinken der Stalltemperatur im Winter kann bei Fensterställen nicht verhindert werden, da die k-Werte der Fenster sehr hoch sind (Tabelle S. 102). Es sollte jedoch verhindert werden, daß die Temperaturen unter den Gefrierpunkt absinken, da besonders Legehennen oder Hähne mit großen Kämmen und Kehllappen an diesen Teilen leicht Erfrierungen erleiden. Außerdem muß das Einfrieren des Trinkwassers verhindert werden.

Bei intensiveren Haltungsformen der Boden- und Käfighaltung in fensterlosen Ställen ist eine permanente Klimatisierung erforderlich. Ziel der Klimatisierung ist es, Temperatur und Luftfeuchte in einem optimalen Bereich zu halten. Darüber hinaus müssen die anfallenden Schadgase Kohlendioxid, Ammoniak, Schwefelwasserstoff unter den auf S. 105 angegebenen Werten gehalten werden. Bei der Planung eines Stalles sind deshalb sorgfältige Klimaberechnungen durchzuführen.

## Klimabilanz

Durch den Stoffwechsel der Tiere entstehen Wärme und Kohlendioxid ($CO_2$). Außerdem geben Tiere über die Atemluft und den Kot Wasser an die Stalluft ab. Die Klimaanlage muß so eingestellt werden, daß die überschüssige Wärme, Feuchtigkeit und Schadgase abgeführt und die Stalltemperaturen im optimalen Bereich gehalten werden.

Die begrenzenden Faktoren in Geflügelställen sind in der Regel die Feuchte- und $CO_2$-Gehalte der Luft. Die Klimaanlage muß deshalb darauf ausgelegt sein, den anfallenden Wasserdampf und das $CO_2$ abzuführen. Dabei kann es in der kühleren Jahreszeit zum Abfallen der Stalltemperaturen kommen.

Im Sommer kann allerdings auch die von den Tieren produzierte Wärme zum begren-

Schlecht isolierte
Dächer führen zu
erheblichen Wärmever-
lusten.

Zweistöckiger Massiv-
stall. Die Abluft wird
vorschriftsmäßig
senkrecht nach oben
abgeführt.

zenden Faktor werden. Deshalb ist auch diese Möglichkeit in die Berechnungen mit einzubeziehen.

Zur Aufstellung einer Klimabilanz sind deshalb zunächst die dafür nötigen Werte zu beachten.

---

**Werte für die Klimabilanz**
1. Sollwerte für Temperatur, Luftfeuchte und Schadgase
2. Luftrate zum Abführen des Wasserdampfes in der Stalluft.
3. Luftrate zum Abführen des Kohlendioxids
4. Wärmeverlust durch die Lüftung
5. Wärmeverlust durch die Bauhülle
6. Wärmebilanz
7. Luftrate zum Abführen der produzierten Tierwärme (Sommerluftrate).

---

Um Anhaltspunkte für die Temperatur und Luftfeuchte der Außenluft zu erhalten, werden nach Klimazonen getrennt die ungünstigen Bedingungen angegeben, die den Berechnungen der Stallklimatisierung zugrunde gelegt werden sollen. Auskunft über die Klimazone kann die zuständige landwirtschaftliche Beratungsstelle geben.

Für Legehennen und Mastkükenställe sind folgende Sollwerte anzustreben:

---

## Sollwerte für Legehennen und Mastküken

|  | Lege-hennen | Mast-küken |
|---|---|---|
| Lufttemperatur | 13–18 °C | 18–26 °C |
| Luftfeuchte | 60–80% | 60–80% |
| $CO_2$-Gehalt (1/m³) | 3,5 | 3,5 |

---

Die in Geflügelställen anfallenden Mengen an Wasserdampf, $CO_2$ und Wärme sind in der folgenden Tabelle aufgeführt. Da die Angaben zur Wasserdampfabgabe der Legehennen an die Stalluft sehr stark variieren, werden sowohl Werte aus dem niederen als auch aus dem höheren Bereich angegeben.

Die Möglichkeit, Wasserdampf aus dem Stall abzuführen, ist von der Differenz der Temperatur und der Luftfeuchte zwischen der Stalluft und der Außenluft abhängig. Bei hoher Temperatur kann die Luft mehr Wasserdampf aufnehmen als bei geringer Tempera-

tur (s. Tab. Seite 107). Da die Stalltemperatur – bedingt durch die Tierwärme – höher ist als die Außentemperatur, erwärmt sich die eingeführte Frischluft und ist somit verstärkt aufnahmefähig für Wasserdampf. Auch im ungünstigsten Fall, d.h. wenn die relative Feuchte der Außenluft 100% beträgt, kann durch das Aufwärmen der Luft im Stall wieder Wasserdampf aufgenommen und nach außen abgegeben werden.

---

**Berechnung der Luftrate zur Abführung des Wasserdampfes**

$$V_x = \frac{X_{Ti}}{(X_i - X_a)}$$

$V_x$ = Luftrate $\frac{m^3}{h \cdot Tier}$

$X_{Ti}$ = Wasserdampfproduktion $\frac{g}{h \cdot Tier}$

$X_i$ = Wasserdampfgehalt der Innenluft bei gewünschter Temperatur und Feuchte $\frac{g}{m^3}$

$X_a$ = Wasserdampfgehalt der Außenluft im ungünstigen Fall, d.h. bei geringster Temperatur (in Klimazone II: –12 °C und 100% Feuchte) $\frac{g}{m^3}$

---

Der Wasserdampfgehalt der Luft in Abhängigkeit von Temperatur und relativer Feuchte ist in der Tabelle Seite 107 angegeben.

Beispiel: Geht man von einer Henne mit 2 kg Körpergewicht, einer Stalltemperatur von 20 °C, einer Luftfeuchte von 80% und den Außenluftbedingungen der Klimazone II (–12 °C; 100% rel. Feuchte) aus, so berechnet sich daraus eine Luftrate von 0,46 m³ pro Tier und Stunde:

---

$$V_x = \frac{5,3}{(13,14 - 1,73)} = 0,46 \, \frac{m^3}{h \cdot Tier}$$

---

Die Luftrate zur Abführung des überschüssigen $CO_2$ in der Stalluft hängt vom $CO_2$-Gehalt der Außenluft und dem angestrebten Höchstwert in der Innenluft ab.

**Berechnung der Luftrate zur Abführung des Kohlendioxids**

$$V_K = \frac{K_{Ti}}{K_i - K_a}$$

$V_K$ = Luftrate zum Abführen des $CO_2$

$$\frac{m^3}{h \cdot Tier}$$

$K_{Ti}$ = $CO_2$-Produktion $\frac{1}{h \cdot Tier}$

$K_i$ = zulässiger $CO_2$-Gehalt der Innenluft (max. 3,5 l/m$^3$)

$K_a$ = $CO_2$-Gehalt der Außenluft (ca. 0,3 l/m$^3$)

**Berechnung des Lüftungswärmebedarfs**

$Q_L = V_x (i_I - i_A)$

$Q_L$ = Lüftungswärmebedarf $\frac{kcal}{Tier \cdot h}$

$V_x$ = Mindestluftrate zur Abfuhr des Wasserdampfes bzw. des $CO_2$

$i_I$ = Wärmeinhalt der Innenluft bei der gewünschten Temperatur und Feuchte

$i_{AI}$ = Wärmeinhalt der Außenluft (- 12 °C und 100% rel. Feuchte; Klimazone II, entspricht - 2,6 kcal pro m$^3$)

**Beispiel:** Eine 2,0 kg schwere Henne produziert nach DIN 18910 1,43 l $CO_2$ pro Stunde. Es ergibt sich dann:

$$V_K = \frac{1,43}{3,5 - 0,3} = 0,45 \; \frac{m^3}{h \cdot Tier}$$

**Beispiel:** Bei einer angestrebten Stalltemperatur von 20 °C und 80% relativer Feuchte und den Bedingungen der Klimazone II (–12°, 100% rel. Feuchte) werden etwa 7,64 kcal pro Tier und Stunde durch die Lüftung abgeführt: $Q_L = 0,46 \, (14,0 - (-2,6)) = 7,64$ kcal pro Tier und Stunde

Da die Lüftungsrate zur Abführung des Kohlendioxides in der Regel geringer ist, als die für den Wasserdampf, ist in diesem Fall der Wasserdampf als begrenzender Faktor anzusehen. In weiteren Berechnungen müssen deshalb diese Werte als Mindestluftrate eingesetzt werden.

Die errechnete Mindestluftrate ist beim Kauf von Lüftungssystemen wichtig. Die Lüfter müssen bis in diesen Bereich regelbar sein. Ist der Geflügelhalter aufgrund technischer Schwierigkeiten gezwungen, höhere Luftraten einzusetzen, führt dies zu einer starken Abkühlung des Stalles und somit zu einer erhöhten Futteraufnahme der Tiere.

Der Wärmebedarf, der sich aus der benötigten Zufuhr kühlerer Außenluft ergibt, läßt sich mit Hilfe der Wärmeinhalte der Innen- und Außenluft bestimmen. Diese sind in der Tabelle Seite 107 unten angegeben.

Um abschätzen zu können, ob im Stall geheizt werden muß, und wie hoch gegebenenfalls die erforderliche Heizleistung sein muß, ist eine Wärmebilanz für den Stall aufzustellen. In die Berechnung gehen die erzeugte Tierwärme, der Wärmeverlust durch Lüftung (Lüftungswärmebedarf) und der Wärmeverlust durch die Bauhülle ein.

Bei gegebenem Lüftungswärmebedarf und gegebener Wärmeproduktion durch die Tiere ist die Wärmebilanz vom Wärmeverlust durch die Bauteile, d. h. vom k-Wert der Bauhülle abhängig.

Zur Berechnung des Wärmeverlustes durch die Bauteile werden zunächst die Flächen der verschiedenen Bauteile und mit Hilfe des k-Wertes und der Temperaturdifferenz zwischen Innen- und Außenseite der gesamte Wärmeverlust ermittelt. Die Fläche des Stallbodens wird dabei nicht berücksichtigt.

## Anfallende Mengen an Wasserdampf, $CO_2$ und Wärme in Geflügelställen

| | | Legehennen | | | Mastküken |
|---|---|---|---|---|---|
| | Gewicht (kg) | 1,8 | 2,0 | 2,2 | 1,5 |
| Wasserdampf ($X_{Ti}$) | $\frac{g}{h \cdot Tier}$ | 5,0 (6,8) | 5,3 (7,6) | 5,5 (8,4) | 6,3 |
| $CO_2$ ($K_{Ti}$) | $\frac{1}{h \cdot Tier}$ | 1,36 | 1,43 | 1,50 | 1,10 |
| Wärme ($Q_{Ti}$) | $\frac{kcal}{h \cdot Tier}$ | 9,3 | 9,7 | 10,2 | 9,9 |

## Luftrate zum Abführen des Wasserdampfes
(m³ pro Stunde und Tier) bei Legehennen von 2 kg Körpergewicht in verschiedenen Temperatur- und Luftfeuchtebereichen in Klimazone II.

| Stalltemp. (°C) | relative Feuchte der Innenluft (%) | | |
|---|---|---|---|
| | 50 | 70 | 90 |
| 10 | 1,93 (2,76) | 1,17 (1,68) | 0,84 (1,20) |
| 12 | 1,58 (2,27) | 0,98 (1,41) | 0,71 (1,02) |
| 14 | 1,32 (1,89) | 0,84 (1,20) | 0,61 (0,87) |
| 16 | 1,11 (1,59) | 0,72 (1,03) | 0,53 (0,76) |
| 18 | 0,95 (1,36) | 0,62 (0,89) | 0,46 (0,66) |
| 20 | 0,81 (1,16) | 0,54 (0,77) | 0,40 (0,57) |
| 22 | 0,70 (1,00) | 0,47 (0,67) | 0,35 (0,50) |
| 24 | 0,61 (0,87) | 0,41 (0,59) | 0,31 (0,44) |

## Wasserdampfgehalt der Luft nach DIN 18910 in g/m³ bei 725 Torr (966 mbar)

| Temperatur (°C) | relative Feuchte | | | | | |
|---|---|---|---|---|---|---|
| | 100% | 90% | 80% | 70% | 60% | 50% |
| 24 | 20,76 | 18,69 | 16,61 | 14,53 | 12,46 | 10,38 |
| 22 | 18,52 | 16,67 | 14,82 | 12,96 | 11,11 | 9,26 |
| 20 | 16,49 | 14,84 | 13,19 | 11,54 | 9,89 | 8,24 |
| 18 | 14,65 | 13,19 | 11,72 | 10,26 | 8,79 | 7,33 |
| 16 | 13,00 | 11,70 | 10,40 | 9,10 | 7,80 | 6,50 |
| 14 | 11,51 | 10,36 | 9,21 | 8,05 | 6,90 | 5,75 |
| 12 | 10,17 | 9,15 | 8,13 | 7,12 | 6,10 | 5,08 |
| 10 | 8,96 | 8,07 | 7,17 | 6,27 | 5,38 | 4,48 |
| - 9 | 2,24 | 2,01 | 1,79 | 1,57 | 1,34 | 1,12 |
| -12 | 1,73 | 1,56 | 1,39 | 1,21 | 1,04 | 0,87 |
| -15 | 1,33 | 1,20 | 1,07 | 0,93 | 0,80 | 0,67 |

## Wärmeinhalt der Luft $i_1$ nach DIN 18910 in kcal/m³ bei 725 Torr (966 mbar)

| Temperatur (°C) | relative Feuchte | | | | | |
|---|---|---|---|---|---|---|
| | 100% | 90% | 80% | 70% | 60% | 50% |
| 24 | 20,0 | 18,6 | 17,2 | 15,9 | 14,5 | 13,2 |
| 22 | 18,0 | 16,8 | 15,5 | 14,3 | 13,1 | 11,9 |
| 20 | 16,1 | 15,0 | 14,0 | 12,9 | 11,8 | 10,7 |
| 18 | 14,4 | 13,4 | 12,5 | 11,5 | 10,9 | 9,7 |
| 16 | 12,8 | 11,9 | 11,0 | 10,3 | 9,4 | 8,6 |
| 14 | 11,3 | 10,6 | 9,8 | 9,1 | 8,3 | 7,6 |
| 12 | 9,9 | 9,2 | 8,6 | 7,9 | 7,3 | 6,6 |
| 10 | 8,5 | 8,0 | 7,3 | 6,8 | 6,3 | 5,7 |
| - 9* | -1,4 | -1,5 | -1,6 | -1,7 | -1,9 | -2,0 |
| -12* | -2,6 | -2,7 | -2,8 | -2,9 | -3,1 | -3,2 |
| -15* | -3,9 | -3,9 | -4,0 | -4,1 | -4,2 | -4,3 |

* Die Temperaturbereiche von –9°, –12° und –15° sind die für die Klimazonen I, II und III anzunehmenden tiefsten Temperaturen.

**Wärmeverlust durch die Bauteile**

$Q_B = F \cdot k \cdot TD$

$Q_B$ = Wärmeverlust durch die Bauteile $\dfrac{kcal}{h}$

$F$ = Fläche des Bauteils $m^2$

$k$ = k-Wert $\dfrac{kcal}{m^2 \cdot h \cdot °C}$

$TD$ = Temperaturdifferenz zwischen Innen- und Außenschicht in °C

Bei der Temperaturdifferenz wird die nach der Klimazone angegebene Mindesttemperatur als Außentemperatur eingesetzt. Gehen wir von einer Außentemperatur von – 12 °C (Klimazone II) und von einer Stalltemperatur von + 20 °C aus, so ergibt sich eine Temperaturdifferenz von 32 °C. Für Zwischenwände und Zwischendecken ergeben sich geringere Dif-

ferenzen. Steht der Stall in einer ungeschützten Lage, so ist ein Zuschlag von 5% vorzusehen.

In der Tabelle unten sind die Wärmeverluste in einem gut und einem schlecht isolierten Legehennenstall beispielhaft dargestellt. Dies zeigt, daß eine gute Wärmedämmung den Wärmeverlust drastisch reduziert.

Bei gleicher Stallgröße erreicht der Wärmeverlust im schlecht isolierten Stall das 3- bis 4-fache eines gut isolierten Stalles.

## Wärmebilanz

Der Lüftungswärmebedarf und der Wärmeverlust durch die Bauhülle ergeben den gesamten Wärmebedarf. Ihm steht die Wärmeproduktion der Tiere gegenüber. Es ist anzustreben, daß die Bilanz zwischen Wärmeproduktion und Wärmeverlust ausgeglichen ist.

### Wärmeverluste in schlecht und gut isoliertem Stall

| Bauteile | Fläche $m^2$ | schlecht isoliert k-Wert | Temp.-Diff. | Wärme-verlust | gut isoliert k-Wert | Temp.-Diff. | Wärme-verlust |
|---|---|---|---|---|---|---|---|
| Außentür | 4 | 2,8 | 32 | 358 | 0,8 | 32 | 102 |
| Innentür | 4 | 2,8 | 16 | 179 | 0,8 | 16 | 51 |
| Außenwand | 120 | 1,5 | 32 | 5760 | 0,5 | 32 | 1920 |
| Innenwand | 20 | 2,3 | 16 | 736 | 0,5 | 16 | 160 |
| Decke | 200 | 1,7 | 25 | 8500 | 0,4 | 25 | 2000 |
| Summe | 348 | | | 15533 | | | 4233 |

### Wärmebilanz eines gut und eines schlecht wärmegedämmten Stalles

| | gut gedämmter Stall | schlecht gedämmter Stall |
|---|---|---|
| Lüftungswärmebedarf ($Q_L$) (kcal pro Stunde und Tier) | 7,64 | 7,64 |
| Lüftungswärmebedarf gesamt ($Q_L$) $\dfrac{kcal}{h}$ | 9168 | 9168 |
| Wärmeverlust durch Bauteile ($Q_L$) $\dfrac{kcal}{h}$ | 4233 | 15533 |
| Gesamtwärmebedarf kcal/h | 13401 | 24701 |
| Wärmeproduktion der Tiere $\dfrac{kcal}{h}$ | pro Tier 9,7 gesamt 11640 | 9,7 11640 |
| Bedarf an Zusatzwärme kcal/h | 1761 | 13061 |

Bei negativer Bilanz, d.h. bei einem Wärmedefizit, sind Heizanlagen einzuplanen, die den errechneten Fehlbedarf decken können. Die Bedeutung der Wärmedämmung für die Wärmebilanz geht aus folgender Modellrechnung hervor. Ein Legehennenstall (Bodenhaltung) mit 200 m² Stallfläche ist mit 1200 Tieren mit einem Gewicht von 2,0 kg besetzt. Die angestrebte Stalltemperatur ist mindestens 16 °C bei einer relativen Feuchte von 70%.

Aus der Bilanz geht hervor, daß beim derzeitigen Besatz des Stalles eine Zusatzheizung benötigt wird. Es stellt sich nun die Frage, welche Besatzdichte benötigt würde, um den Stall mit einer ausgeglichenen Wärmebilanz betreiben zu können. Die für die Aufwärmung des Stalles nutzbare Wärmeproduktion pro Tier errechnet sich aus der Differenz zwischen erzeugter Tierwärme (etwa 9,7 kcal/h) und dem benötigten Lüftungswärmebedarf (etwa 7,6 kcal/h). Es verbleiben somit etwa 2 kcal/h nutzbare Wärmeproduktion pro Tier. Der gut isolierte Stall müßte demnach mit insgesamt 2100 Tieren, d.h. mit einer Besatzdichte von 10,5 Tieren pro m² besetzt werden. Beim schlecht isolierten Stall wären etwa 7770 Tiere und somit eine Besatzdichte von etwa 39 Tieren pro m² Stallfläche zum Ausgleich der Wärmebilanz nötig.

## Die Sommerluftrate

Während in der kühleren Jahreszeit die Tierwärme zur Einhaltung optimaler Stalltemperaturen erwünscht ist, kann sie im Sommer zum begrenzenden Faktor werden. Für die Abführung der Wärme im Sommer muß deshalb eine gesonderte Berechnung erfolgen. Die sogenannte Sommerluftrate errechnet sich aus der Wärmeproduktion der Tiere und den Wärmeinhalten der Luft.

---

**Vereinfachte Formel zur Berechnung der Sommerluftrate**

$$V_i = \frac{Q_{Ti}}{0,8\,(x_i - x_a)}\quad \frac{m^3}{h}$$

$V_i$ = Sommerluftrate

$Q_{Ti}$ = Wärmeproduktion der Tiere $\frac{kcal}{h}$

$x_i$ = Temperatur innen (°K)

$x_a$ = Temperatur außen (°K)

---

Als Anhaltspunkte für auftretende Außentemperaturen im Sommer geht man von 25 bis 30 °C bei 60% relativer Feuchte oder 30 bis 34 °C bei 50% relativer Feuchte aus. Der Wärmeinhalt der Luft beträgt in diesen Bereichen etwa 0,8 kcal/m³ · °C. Bei gegebener Wärmeproduktion richtet sich die Sommerluftrate nur noch nach der Differenz zwischen Innen- und Außentemperatur. In der Tabelle sind die Sommerluftraten für Temperaturdifferenzen von 1 und 2 °C (dies entspricht °Kelvin) angegeben.

Im vorliegenden Beispiel mit 1200 Hennen müßte die Lüftungsanlage auf eine Leistung von etwa 14 000 m³/h bei einer Differenz von 1 °K und etwa 7000 m³/h bei einer Differenz von 2 °K berechnet werden. Dies entspricht Lüftungsraten von 5,8 bis 2,9 m³/h und kg Körpergewicht.

Die Ausführungen sollen verdeutlichen, daß Stallbau und Klimafragen nicht getrennt betrachtet werden können. Schon bei der Planung von Geflügelställen ist eine ausreichende Wärmedämmung vorzusehen, um spätere Heizkosten zu vermeiden. Die Lüftungsanlage muß einerseits so großzügig dimensioniert sein, daß die im Sommer notwendigen Luftmengen gefördert werden können. Sie muß andererseits aber auch so geregelt werden können, daß in der kühleren Jahreszeit nur die zur Wasserdampf- oder Schadgasabfuhr notwendigen Luftraten be-

## Sommerluftrate ($V_i$) je Tier in m³ pro Stunde (nach DIN 18910)

| Tiergewicht in kg | | 0,055 | 0,165 | 0,310 | 0,520 | 0,700 | 1,130 | 1,630 | 2,200 |
|---|---|---|---|---|---|---|---|---|---|
| Sommertemperaturzone ≧ 26° | Δt' = 1 K | 0,75 | 2,12 | 3,50 | 5,12 | 6,37 | 8,75 | 11,12 | 12,75 |
| Sommertemperaturzone < 26° | Δt' = 2 K | 0,37 | 1,06 | 1,75 | 2,56 | 3,18 | 4,37 | 5,56 | 6,37 |
| Δt' = Differenz zwischen Innen- und Außenluft in °Kelvin | | | | | | | | | |

wegt werden. Soll die Lüftung in allen Bereichen optimal arbeiten, so ist nach der Tabelle S. 107 oben eine Regelbarkeit von $0,16\,\mathrm{m}^3/\mathrm{kg}\cdot\mathrm{h}$ bis zu ca. $1,38\,\mathrm{m}^3/\mathrm{kg}\cdot\mathrm{h}$ zum Abführen des Wasserdampfes nötig (s. S. 105). Zur Bewältigung der Sommerluftrate muß die Regelung bis auf etwa 6 m³ pro Stunde und kg erhöht werden können.

# Technik der Lüftung

Wie schon erwähnt, ist eine gut funktionierende Lüftung in Hühnerställen für die Wasserdampf- und Schadgasabfuhr sowie für die Kühlung während der warmen Jahreszeit wichtig. Neben der Fähigkeit, die erforderlichen Luftraten zu bewältigen, muß eine gute Lüftungsanalyse noch weitere Bedingungen erfüllen. Sie muß eine gleichmäßige Verteilung der Frischluft im Raum gewährleisten und Zugluft im Tierbereich vermeiden. Darüber hinaus muß die Klimagestaltung zu vertretbaren Kosten möglich sein, das heißt Investitionen und Energiekosten sollten möglichst gering gehalten werden.

# Schwerkraftlüftung

Bei kleineren Hühnerbeständen und geringer Besatzdichte, z.B. bei Auslaufhaltung, reicht oftmals eine Schwerkraftlüftung aus. Sie beruht auf dem Prinzip, daß warme Luft nach oben steigt und kalte Luft nach unten sinkt. Durch Schächte an der Decke und Fenster kann somit eine ausreichende Lüftung gewährleistet werden, wenn die Besatzdichte 2

bis 3 Tiere pro m² nicht überschreitet. Oft treten jedoch gerade bei Auslaufhaltung und in kleinen Beständen Klimaprobleme auf. In Anbetracht eines reichlich zur Verfügung stehenden Auslaufs wird die Stallfläche oft klein gehalten. Der Stall ist meist nicht ausreichend wärmegedämmt. Halten sich die Tiere im Winter oder bei kühlem, regnerischem Wetter ganztags im Stall auf, reicht die Schwerkraftlüftung nicht aus, und es bildet sich oft Schwitzwasser an der Decke und an den Wänden. Die Einstreu wird feucht und somit ein Risikofaktor für die Tiere. Oft hilft hier der Einbau eines einfachen Ventilators, um das Klima zu verbessern.

# Zwangslüftung

Bei der Zwangslüftung unterscheidet man drei verschiedene Prinzipien: die Unterdrucklüftung, die Überdrucklüftung und die Gleichdrucklüftung.

**Unterdrucklüftung.** Bei der Unterdrucklüftung wird die Luft aus dem Stall abgesaugt. Die Frischluft tritt über Zuluftöffnungen in den Stall ein. Die Zuluftöffnungen sind meist schlitzförmig über die gesamte Stalllänge unter der Decke angebracht. Die Luft tritt dabei mit hoher Geschwindigkeit ein und breitet sich walzenförmig über den Stall aus (Abb. links). Bis die Frischluft in den Tierbereich gelangt, hat sie sich erwärmt und auch die Geschwindigkeit so weit reduziert, daß keine Zugluft entsteht. Die Regulierung der Zuluftmenge kann über von Hand verstellbare Schrägbretter erfolgen. Mit Hilfe von Pendelklappen ist eine selbsttätige Regulierung der Schlitzöffnung möglich (Abb. S. 111). Bei modernen Lüftungssystemen werden die Lüftungsklappen über Stellmotoren automatisch geregelt. Die Luftführungsplatten sollen aus wärmedämmendem Material hergestellt werden.

Wenn im Winter nur geringe Luftraten gefahren werden, ist zur besseren Luftumwälzung im Stall ein Mischluftsystem angebracht. Hierbei wird der Frischluft über spezielle Kanäle ein Teil vorgewärmter Stalluft beigemischt.

Das Unterdrucksystem hat sich in Geflügelställen wegen der guten Regelbarkeit und Verteilungsfähigkeit bewährt. Eine Voraussetzung für das System ist jedoch, daß abgesehen von den vorgesehenen Lüftungsöffnungen der Stall gut abgedichtet ist. Durch un-

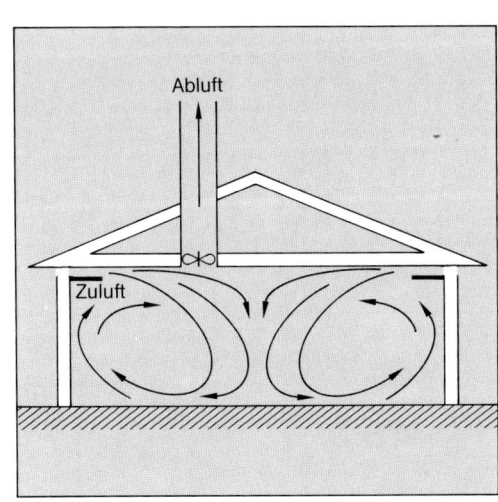

Unterdrucksystem: Der Ventilator im Abluftschacht bewirkt einen Unterdruck im Stall. Die Zuluftschlitze dicht unter der Decke sorgen dafür, daß die Frischluft tief in den Stall eindringt. An der Decke dürfen keine Gegenstände (z.B. Neonröhren) angebracht werden, die den Luftstrom stören.

dichte Stellen können zum einen Luftströmungen entstehen, die die Luftverteilung behindern, zum anderen muß mit unerwünschter Zugluft im Tierbereich gerechnet werden.

**Überdrucksystem.** Beim Überdrucksystem wird in der Regel die Zuluft über Kanäle in den Stall geführt und verteilt. Dieses System ist in letzter Zeit wieder interessant geworden, weil vermehrt Anlagen gebaut werden, bei welchen die Frischluft über Kanalsysteme unmittelbar in den Tierbereich, d.h. zwischen den Käfigen austritt. Hierbei werden mehrere Effekte vereinigt: Die Tiere erhalten Frischluft, die nur wenig mit der schadgashaltigen Stalluft vermischt ist, durch die lange Passage zur Luftaustrittsöffnung findet ein Wärmeaustausch statt und es erfolgt eine effektive Kottrocknung, die das Stallklima verbessert (Abb. unten). Überdrucksysteme, in welchen

Frischluft über Rieseldecken (zum Beispiel 10 cm dicke Glaswolle) aus dem Dachraum in den Tierbereich gedrückt wird, gewährleisten eine wirksame Frischluftverteilung. Sie haben sich jedoch nicht durchsetzen können.

**Gleichdrucksystem.** Bei Gleichdrucksystemen arbeiten Zu- und Abluftventilatoren mit gleicher Dimensionierung gleichzeitig. Die Zuluft wird wie beim Überdrucksystem in den Stall geleitet. Die Abluft wird durch Schächte über das Dach abgesaugt.

Bei allen Systemen ist nach dem heute gültigen Immissionsschutzgesetz eine Abluftführung über das Dach einzuplanen. Zur Vermeidung von Geruchsbelästigungen ist die Austrittstelle 1,50 m über der höchsten Stelle des Stalldaches bzw. angrenzender Gebäude anzulegen. Die Abluftgeschwindigkeit sollte möglichst im Sommer 7 m/s und im Winter 3 m/s nicht unterschreiten.

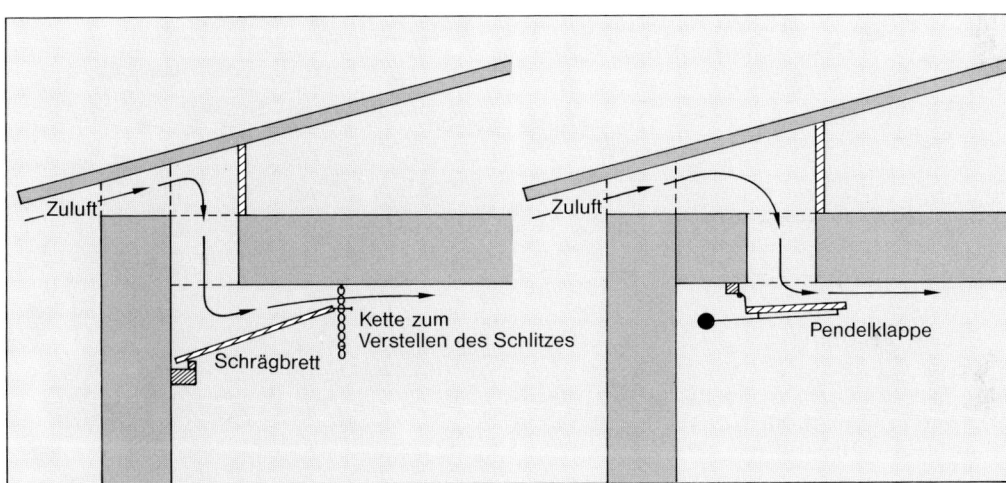

Die Frischluftzufuhr wird durch Klappen geregelt, die entweder von Hand eingestellt werden, oder sich automatisch regulieren.

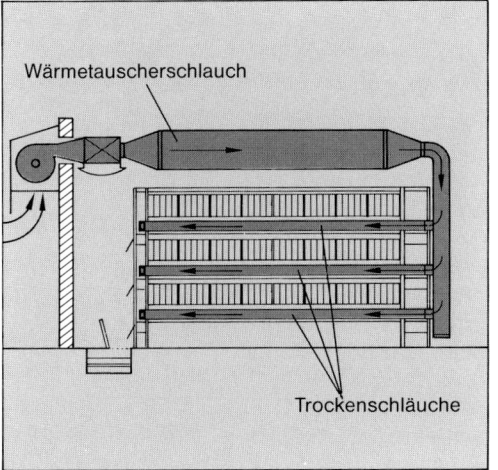

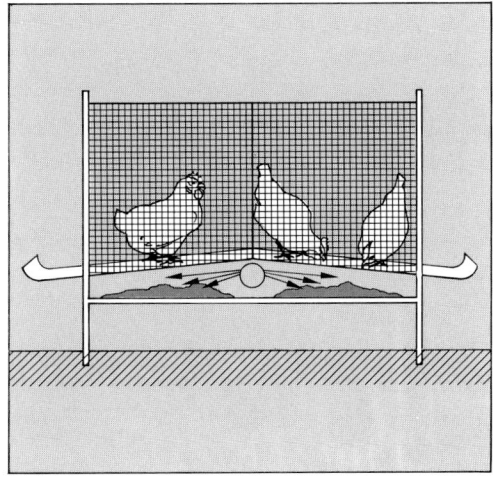

Mit Hilfe eines neu entwickelten Luftführungssystems wird die Frischluft direkt unterhalb der Käfige in den Stall geblasen. Im Wärmeaustauscher erfolgt eine Erwärmung der Außenluft. Das System läßt eine bessere Versorgung der Tiere mit Frischluft erwarten und führt zu einer ausgeprägten Kottrocknung.

Gleichdrucksystem: Die Zuluft wird über einen Ventilator in den Stall gedrückt, während gleichzeitig die Abluft über Ventilatoren in den Abluftschächten abgesaugt wird.

Überdrucksystem: Zuluftventilatoren verursachen einen Überdruck im Stall, der gleichzeitig die verbrauchte Stalluft durch die Auslaßschächte hinausdrückt.

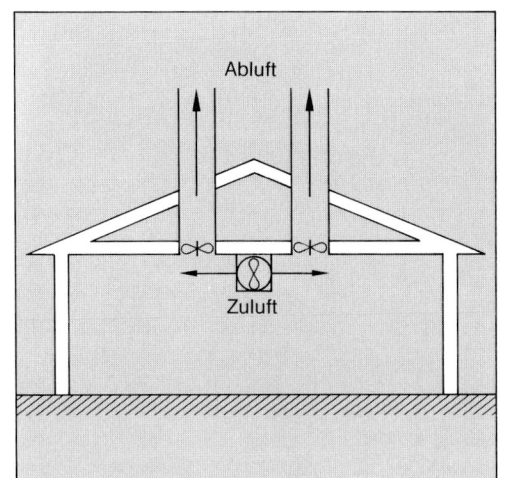

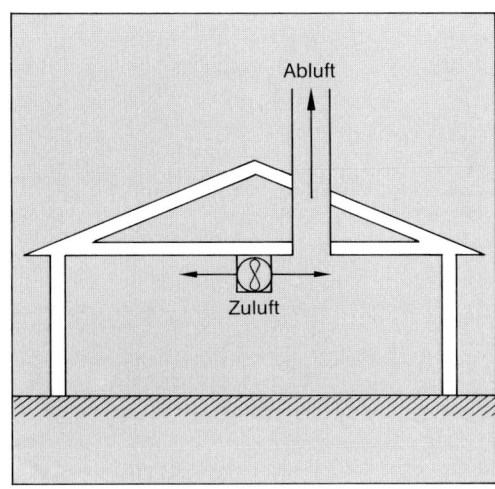

## Regelung der Lüftungsanlage

Die Anpassung der Lüftungsanlage an die Klimaverhältnisse läßt sich technisch auf zwei verschiedene Arten lösen: der Ein-Aus-Betrieb und die Drehzahlregelung. Beim Ein-Aus-Betrieb wird ein Ventilator oder eine Ventilatorgruppe über einen Thermostat ein- und ausgeschaltet. Der Thermostat sollte dabei so eingestellt sein, daß die Ventilatoren anlaufen, wenn die Stalltemperatur um 1 °C vom Sollwert abweicht. Eine Variante der Ein-Aus-Regulierung der Luftrate erfolgt über das Zu- und Abschalten von Ventilatoren oder über die Wahl der Lauf- und Stillstandzeiten. Es ist deshalb besonders wichtig, die geplante Lüftungskapazität über mehrere kleine Ventilatoren zu sichern, um eine gute Anpassung an die erforderlichen Luftraten zu erreichen. Eine Optimierung der Lüftung mit Hilfe des Ein-Aus-Systemes ist relativ aufwendig und wird in der Praxis selten erreicht.

Der Drehzahlregelung ist bei den heutigen technischen Möglichkeiten der Vorzug zu geben. Hierbei wird die Luftmenge über stufenweise oder stufenlose Drehzahländerungen der Ventilatoren erzielt. Allerdings sind auch hier bestimmte Mindestdrehzahlen vorgegeben, so daß in Abhängigkeit von der Jahreszeit einzelne Ventilatoren stillgelegt oder zugeschaltet werden müssen.

Bei der Anschaffung von Lüftungssystemen sollte darauf geachtet werden, daß die Aggregate elektronisch geregelt werden können. Bei größeren Anlagen ist beim zuständigen Elektrizitätswerk anzufragen, bis zu welchem Gesamtanschlußwert der Lüftungsanlage eine solche Regelung zulässig ist.

## Weitere Hinweise für den Bau und Betrieb von Lüftungsanlagen

Lüftungsanlagen sind für die Stallhygiene von erheblicher Bedeutung. In Lüftungsschächten siedeln sich Krankheitserreger bevorzugt an und werden im Luftstrom über den Tierbereich verteilt. Es ist deshalb darauf zu achten, daß die Luftschächte wärmegedämmt sind. In ungedämmten Luftschächten entsteht Schwitzwasser, das die Ansiedlung und Vermehrung von Krankheitserregern fördert.

Lüftungsschächte sollten für Reinigungs- und Desinfektionsmaßnahmen leicht zugänglich sein.

Die Ventilatoren sind regelmäßig zu überprüfen und zu reinigen. Extremer Staubansatz an den beweglichen Teilen, an den Jalousieklappen und am Gehäuse vermindert die Leistungsfähigkeit. Stillgelegte Ventilatoren sind durch Verschlußklappen abzudichten, da sonst unerwünschte Luftströmungen entstehen. Vorteilhaft sind hier Jalousieklappen, die die Öffnung beim Stillstand des Ventilators automatisch verschließen.

Bei thermostatgeregelten Lüftungsanlagen muß eine Mindesttemperaturbegrenzung eingebaut werden, damit eine Unterkühlung des Stalles verhindert wird.

Zum Schutz gegen zu hohe Temperaturen oder den Ausfall der Lüftungsanlage sind Warnanlagen und Notluftöffnungen unbedingt erforderlich. Als Warnanlagen für den

Stromausfall dienen batteriebetriebene, akustische oder optische Signale (Sirene, Blinklicht), die automatisch beim Zusammenbruch der Netzspannung in Aktion treten. Zu hohe oder zu niedere Stalltemperaturen (insbesondere bei Küken) können über Thermofühler an eine Warnanlage gegeben werden.

Bei geschlossenen Ställen sind für den Fall des Zusammenbruchs der Lüftungsanlage Notlüftungsöffnungen an den Seitenwänden und an den Abluftschächten vorzusehen. Es können z.B. Magnetverschlüsse an Abluftschächten angebracht werden, die sich bei Stromausfall automatisch öffnen und über die Schwerkraftlüftung ein Notlüftungssystem bilden (Abb. rechts).

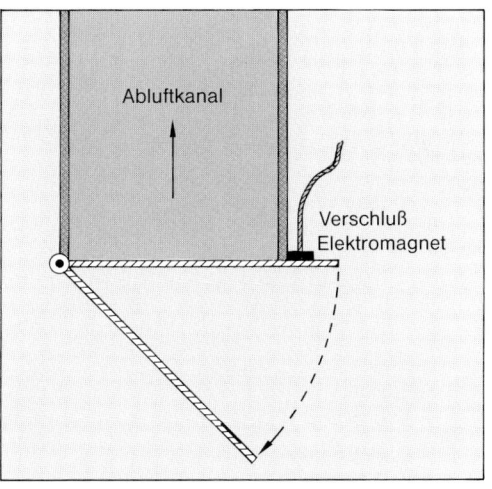

**Magnetverschlußklappe als Notlüftungsöffnung: Bei Stromausfall öffnet sich die Klappe selbsttätig.**

# Heizung

Legehennenställe brauchen bei hoher Besatzdichte (etwa 20 Tiere pro m² Stallgrundfläche) nicht geheizt werden. In der Kükenaufzucht und Mast ist dagegen ein Heizen der Ställe auch im Sommer unumgänglich. Im Aufenthaltsbereich von Küken sind in den ersten Tagen Temperaturen von 32–35 °C erforderlich. Die Temperaturen können dadurch erreicht werden, daß man den ganzen Stall auf diese Temperatur bringt, oder daß bei gleichmäßiger Raumtemperatur (etwa 25 °C) zusätzliche Heizquellen angebracht werden, die den engeren Kükenbereich mit der gewünschten Temperatur versehen. Für die Raumheizung eignen sich Warmluftanlagen, die über Öl- oder Gasbrenner betrieben werden. Elektroheizungen sind in der Regel zu teuer und deshalb wirtschaftlich nicht vertretbar. Die Aufheizung, Regulierung und Verteilung der Warmluft kann bei der Warmluftheizung schnell und sehr exakt erfolgen. Durch das Aufsteigen der Warmluft muß jedoch die Raumtemperatur oberhalb des Tierbereiches wesentlich höher gehalten werden als im Tierbereich selbst. Dies bedingt einen hohen Wärmeverlust. Bei Warmwasserheizung über Heizkörper entstehen Probleme der Wärmeverteilung im Raum. Sie ist deshalb nur in sehr kleinen Räumen oder in Verbindung mit zusätzlichen Heizquellen einsetzbar. Fußbodenheizung mit Warmwasser hat den Vorteil, daß die Wärme direkt im Tierbereich austritt. Die gesamte Raumtemperatur kann somit niedriger gehalten werden als bei den anderen Raumheizungssystemen. Die Fußbodenheizung zeichnet sich durch hohe Betriebssicher-heit und geringe Unterhaltungskosten aus. Sie reagiert jedoch sehr langsam auf Veränderungen der Raumtemperatur. D.h. es dauert lange, bis nach einer Temperaturabsenkung die eingestellte Solltemperatur wieder erreicht wird. Bei schnell ansteigenden Außentemperaturen ist dagegen die Gefahr der Überschreitung der Temperatur vorhanden. In Einstreusystemen kommt es meist zu einer starken Trocknung der Einstreu, was zu einer erheblichen Staubentwicklung führt. Nicht zuletzt lassen auch die hohen Investitionskosten die Bodenheizung als wenig geeignet für die Geflügelhaltung erscheinen.

Die direkte Heizung begrenzter Flächen kann als die wirtschaftlichste Heizungsart angesehen werden. Hierbei werden über Schirmglucken oder Heizstrahler Teile der Stallfläche beheizt. Um die Wärme in einem vorgegebenen Bereich zu halten, können seitliche Begrenzungen (Kükenringe) aufgestellt werden. Diese werden in der Regel aus Wellkarton hergestellt (s. Seite 129). Die Schirmglucken wurden früher mit Briketts geheizt, heute werden sie in der Regel mit Heizöl oder Elektrizität betrieben (Abb. Seite 129). Der Blechschirm über dem Brenner bzw. den Heizstäben verhindert ein Entweichen der Warmluft nach oben und bietet den Küken die Möglichkeit, sich aufzuwärmen.

Elektrische Schirmglucken sollten unbedingt über Thermostate zu regulieren sein. Somit kann die Temperatur im Tierbereich auch bei Schwankungen in der Raumtemperatur konstant gehalten werden. Dies ist besonders deshalb wichtig, weil in den meisten Ställen nachts die Stalltemperatur absinkt. Da nachts nur selten eine Nachregulierung der

Funktionsprinzip eines
Glasrohrwärmetau-
schers. Die kalte Außen-
luft wird durch die
warme Abluft ange-
wärmt (nach: AEL-Merk-
blatt).

Temperatur erfolgt, erleiden die Küken dann leicht Unterkühlungen.

Infrarotstrahler können ebenfalls eingesetzt werden. Sie sind in der Regel nicht thermostatgesteuert. Die Einstellung der optimalen Temperatur erfolgt über die Höhe ihrer Aufhängung. Die Brandgefahr bei Infrarotstrahlern wird häufig unterschätzt. Es muß darauf geachtet werden, daß das Schutzgehäuse Entlüftungskanäle aufweist, da die Lampe sonst überhitzt wird. Auf keinen Fall dürfen die Glaskolben von Wärmestrahlern in Fassungen für normale Lampen (Hellstrahler) eingesetzt werden. Die Strahler sind mit einem Drahtkorb abzudecken. Der notwendige Sicherheitsabstand zu den Tieren und zur Einstreu ist von der Leistung der Aggregate abhängig.

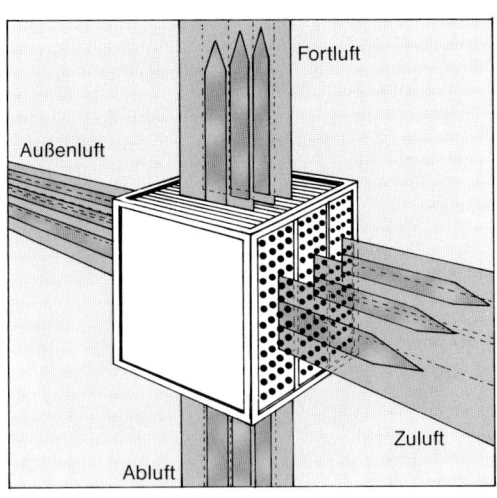

### Sicherheitsabstand

| Leistung (Watt) | 250 | 375 | 500 | 1000 |
|---|---|---|---|---|
| Sicherheitsabstand (m) | 0,5 | 0,6 | 0,7 | 1,0 |

Schließlich sind noch die Gasstrahler zu erwähnen, die mit Propangas betrieben werden und ebenfalls eine weitere Verbreitung in der Hühnerhaltung gefunden haben.

Die Wirtschaftlichkeit der Heizgeräte ist vom Ausnutzungsgrad der eingesetzten Energie und vom Preis der Energieart abhängig. Vergleicht man die verschiedenen Arten der Zusatzheizgeräte, so erweisen sich Schirmglucken gegenüber Tief- und Infrarotstrahlern überlegen.

Die effektiv entstehenden Kosten lassen sich nur anhand der örtlich gültigen Energiepreise errechnen und vergleichen.

### Aufwand an Heizmaterial bzw. Energie pro Küken bei unterschiedlichen Heizgeräten

| Art des Gerätes | Aufwand |
|---|---|
| Heizöl (leichtflüssig) | 0,5–1 l |
| Propangas | 140–180 g |
| elektrische Schirmglucke | 1–1,5 kWh |
| elektrischer Tiefstrahler | 2 kWh |
| elektrischer Infrarotstrahler | 2–3 kWh |

## Wärmerückgewinnung

Durch die direkte (sensible) und über den Wasserdampf abgegebene Wärme der Tiere ist ein erhebliches Wärmepotential vorhanden, das Überlegungen zur Wärmerückgewinnung rechtfertigt.

Pro Großvieheinheit Geflügel werden stündlich etwa 4000 kcal Wärme produziert. Hinzu kommt die Heizleistung aus den technischen Wärmequellen, die zur Rückgewinnung anstehen. Nach Berechnungen aus der Broilermast lassen sich über Wärmetauscher bis zu 30% der Stallwärme zurückgewinnen und auf diesem Weg bis zu 58% Heizöl einsparen. Von den verschiedenen auf dem Markt befindlichen Systemen zur Wärmerückgewinnung haben sich in Geflügelställen nur die Anlagen der direkten Wärmeübertragung bewährt. Systeme, bei denen die Wärme über Zwischenmedien (Kühlflüssigkeit oder Kältemittel) übertragen wird, haben sich wegen Korrosion durch die aggressive Stalluft, Verstaubung oder hoher Investitionskosten als weniger geeignet erwiesen. Das Prinzip der direkten Wärmeübertragung ist in der Abb. oben dargestellt. Die kalte Außenluft wird über die Lamellen oder Röhren an der warmen Abluft vorbeigeleitet und wärmt diese dabei auf. Der Ausnutzungsgrad der Anlage hängt von der vorhandenen Kontaktfläche und der Wärmeleitfähigkeit der Lamellen oder Rohrwände ab. Die meist kompakt gebauten Wärmeaustauscher besitzen eine Tauscherfläche von etwa 30 bis 40 m². Sie bestehen aus Metall, Glas oder Kunststoff. Es ist wichtig, daß das Material korrosions- und alterungsbeständig ist. Besonderer Augenmerk ist auf die Reinigungsmöglichkeit zu richten. Durch die extreme Staubbelastung ist eine Reinigung in regelmäßigen Abständen erforderlich. Sie muß einfach und mit einem zumutbaren Zeitaufwand zu erledigen sein. In dieser Hinsicht haben sich Kunststofffolientauscher bewährt, die einen hohen Selbstreinigungseffekt aufweisen.

# Beleuchtungseinrichtungen

Licht ist ein wesentlicher Faktor zur Steuerung der Produktion. Wie schon aus den Beschreibungen der Lichtprogramme hervorgeht, sind zur Steuerung der Lichtdauer Schaltuhren mit 24-Stunden-Laufwerk notwendig. Sie sollten so konstruiert sein, daß die Abstufung der Ein- oder Ausschaltzeit auf 30 Minuten genau geregelt werden kann. In der Regel werden Schaltuhren eingesetzt, die über stellbare Zapfen am äußeren Rand die Schaltkontakte betätigen. Neuerdings werden auch digitale Uhren benutzt, die zugleich die Steuerung der Futterbänder, Ventilatoren oder anderer automatischer Regelungen übernehmen.

Unabhängig von der automatischen Lichtregelung muß eine Handsteuerung angebracht werden, die es erlaubt, in Notfällen auch während der Dunkelphase den Stall zu beleuchten. Um sicher zu gehen, daß nach Betätigung der Handschaltung nicht vergessen wird, auf die Zeitsteuerung umzuschalten, kann die Handschaltung so eingerichtet werden, daß in einem bestimmten Zeitintervall, z.B. nach 1 Stunde, eine automatische Rückstellung auf die Zeitschaltuhr erfolgt.

Die Lichtintensität in Geflügelställen ist nach DIN 18910 festgelegt. Sie soll sowohl im Tierbereich als auch im Flur 15 lux betragen. Dies entspricht etwa 2–3 Watt pro m² bei Glühlampen oder 0,8–1 Watt pro m² bei Leuchtstofflampen. Bei Leuchtstofflampen ist zu berücksichtigen, daß die angegebene Leistung sich auf die Lampe inklusive Vorschaltgerät bezieht. Berücksichtigt man nur die Leistung der Lampe, so liegen die Werte um 15–20% niedriger.

Für einen Legehennenstall von 2000 m² Fläche werden demnach 10–15 Glühlampen à

40 Watt benötigt. Bei Beleuchtung mit Leuchtstofflampen genügen 3–4 50 Watt-Lampen mit Vorschaltgerät, wobei die Leuchtstoffröhren an sich nur 40 Watt aufweisen. Da die Leuchtstofflampen – bezogen auf ihre Leistung – eine höhere Lichtausbeute bringen und eine höhere Lebensdauer haben, sind sie in Geflügelställen wirtschaftlicher als Glühlampen. Nachteilige Einflüsse auf die Tiere sind nicht bekannt. Die angegebenen Werte der Lichtintensität im Tierbereich werden nur dann erreicht, wenn die Raumflächen das Licht in ausreichendem Maße reflektieren. Unter ungünstigen Verhältnissen sind mehr oder stärkere Lampen einzusetzen. Es muß auch darauf geachtet werden, daß die Lampen nicht von Schmutz und Staub bedeckt werden. In Ställen ist deshalb eine Reinigung der Glasabdeckungen von Zeit zu Zeit unbedingt erforderlich.

Neben der Innenbeleuchtung sollte auch am Stalleingang eine ausreichende Außenbeleuchtung vorhanden sein. Diese Beleuchtung sollte in ausreichender Höhe angebracht werden und vom Wohnhaus schaltbar sein.

Schließlich sei noch auf die Sicherheitsvorkehrungen hingewiesen. Lampen in Hühnerställen müssen nach den VDE-Richtlinien schutzisoliert und tropfwassergeschützt sein. Dies ist an den VDE-Zeichen zu erkennen. Leuchtstofflampen an leicht- oder normalentflammbaren Bauteilen müssen das Kennzeichen tragen, daß sie dafür geeignet sind. Die Außenlampe muß regengeschützt sein.

**Fahrbare Hütten ermöglichen den Standortwechsel und verringern dadurch den Infektionsdruck.**

# Organisation der Geflügelwirtschaft

Die Fortschritte, die in den letzten Jahren auf dem Gebiet der Geflügelproduktion beobachtet werden konnten, waren nur möglich, weil alle Zweige der Geflügelwirtschaft den technischen Fortschritt förderten. Der reibungslose Ablauf von der Züchtungsarbeit über die Produktion bis zur Vermarktung der Produkte setzt eine gut funktionierende Organisation voraus, in der zentralisierte Einrichtungen mit dezentralisierten Einheiten zusammenarbeiten.

## Konsumeierproduktion

Die verschiedenen Elemente der Konsumeierproduktion sind in der Abb. Seite 117 dargestellt. Die eigentliche Züchtungsarbeit liegt meist in der Hand von straff organisierten privaten Gesellschaften. Hier wird durch genetische Programme der Zuchtfortschritt erzielt. Durch Selektion innerhalb von reinen Linien sowie durch die Produktion und Prüfung von Kreuzungstieren werden Großelternbestände aufgebaut. Die Großelternbestände bleiben in der Regel in der Hand des Zuchtbetriebes. Die von den Großelterntieren erzeugten Elterntiere werden an Vermehrungsbetriebe abgegeben, die sich auf die Produktion von Bruteiern spezialisiert haben. Die Vermehrungsbetriebe erhalten vom Zuchtbetrieb Küken der Hennen- und Hahnenlinien, die zur Erzeugung des Endproduktes, nämlich der Hybridhenne notwendig sind. Die Bruteier werden an eine zentrale Brüterei geliefert. Die geschlüpften Küken werden hier nach Geschlecht sortiert und an spezialisierte Junghennenaufzüchter abgegeben. Diese wiederum beliefern Eiererzeugungsbetriebe mit legereifen Junghennen.

Der Vertrieb der Konsumeier kann vom Erzeuger selbst vorgenommen werden (Selbstvermarkter) oder über zentrale Eiersammelstellen erfolgen. An Eiersammelstellen können Anlagen zur Herstellung von Eiprodukten angeschlossen sein. Der Verkauf der schlachtreifen Legehennen an Schlachtereien wird meist vom Legehennenhalter selbst organisiert. Selbstvermarkter schlachten zumindest einen Teil als Suppenhennen und vermarkten diese zusammen mit den Eiern direkt (s. Seite 165).

Die verschiedenen Produktionsstufen sind in unterschiedlichem Maß integriert. Von der Züchtung bis zur zentral gelegenen Brüterei ist eine enge vertikale Integration erforderlich, wenn die Kapazitäten optimal ausgelastet werden sollen. Zwischen Zuchtbetrieben, Vermehrern und Brüterei bestehen deshalb in der Regel vertragliche Bindungen über die Lieferung von Elterntierküken, Produktion und Abnahme der Bruteier. In den nachgelagerten Bereichen dagegen sind vertikale Bindungen zwischen den Produktionsstufen nicht mehr in dem Maße erforderlich. Zusammenschlüsse auf der horizontalen Ebene können dann wichtig sein, wenn die Marktposition dezentral organisierter Stufen wie z.B. Vermehrer, Junghennen- und Legehennenhalter, gegenüber ihren zentral organisierten Zulieferern oder Abnehmern gestärkt werden muß. Die Elterntierhaltung erfolgt z.B. meist dezentral in bäuerlichen Betrieben, die ihr Tiermaterial von einem Zuchtbetrieb erhalten und ihre Eier an eine Brüterei abliefern. Die dezentral angelegte Elterntierhaltung ist gegenüber den zentral angelegten Zuliefer- und Abnahmebetrieben im Nachteil. Zur Stärkung ihrer marktwirtschaftlichen Stellung dienen horizontale Zusammenschlüsse der Betroffenen in Form von Erzeugergemeinschaften.

Der Gesetzgeber hat die Bildung solcher horizontalen Zusammenschlüsse im Marktstrukturgesetz von 1969 gefordert (s. Seite 117).

## Masthähnchenproduktion

Züchtung, Elterntierhaltung und Brut von Masthähnchen sind durchaus ähnlich organisiert wie die entsprechenden Stufen der Konsumeierproduktion. Allerdings ist hier die vertikale Bindung wesentlich enger (Abb. Seite 116).

Die Schlachtereien nehmen in der gesamten vertikalen Achse des Produktionsablaufes

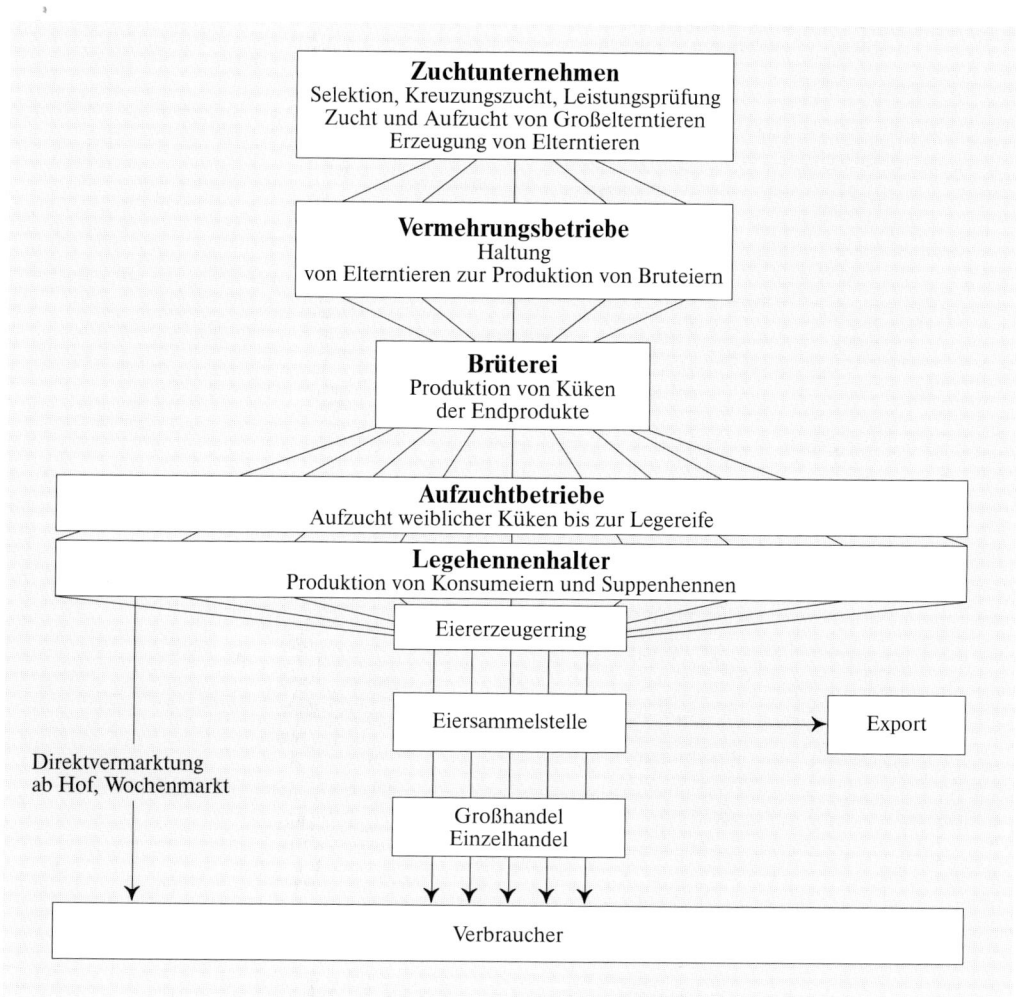

eine Schlüsselposition ein. Die Schlachtkapazität ist meist der begrenzende Faktor, auf welchen die gesamte Produktion in den vorgelagerten Stufen sehr genau abgestimmt werden muß.

Eine Geflügelschlachterei kann nur rationell und kostengünstig arbeiten, wenn ihre Kapazität optimal ausgelastet ist. Dies bedeutet jedoch, daß Mastküken in bestimmter Menge und zu bestimmten Terminen angeliefert werden müssen.

Auch für den Geflügelmäster ist es wichtig, daß die Mastdauer nicht durch Terminschwierigkeiten in der Schlachterei verlängert wird. Jeder zusätzliche Masttag bringt eine Verschlechterung der Futterverwertung und vermindert somit den Gewinn.

Es wird deutlich, daß die Planung der Schlachtgeflügelproduktion schon bei der Aufstallung der Eltern-, Großeltern- und Ur-

großelterntiere einsetzen muß. Da die verschiedenen Produktionsstufen nicht in einer Hand liegen, wird die Zusammenarbeit zwischen Züchter, Brüterei, Mäster und Schlachterei durch vertragliche Regelungen gesichert. Eine enge vertikale Integration der Produktionsstufen ist deshalb unumgänglich.

## Erzeugergemeinschaften

Bäuerliche Familienbetriebe nehmen im Rahmen der integrierten Organisation als Vermehrer oder Mäster teil. Den Mästern fällt als dezentralisierte Produktionsstufe gegenüber der zentral organisierten Brüterei und Schlachterei eine schwächere Marktposition zu.

Durch horizontale Zusammenschlüsse in Erzeugergemeinschaften kann die Stellung

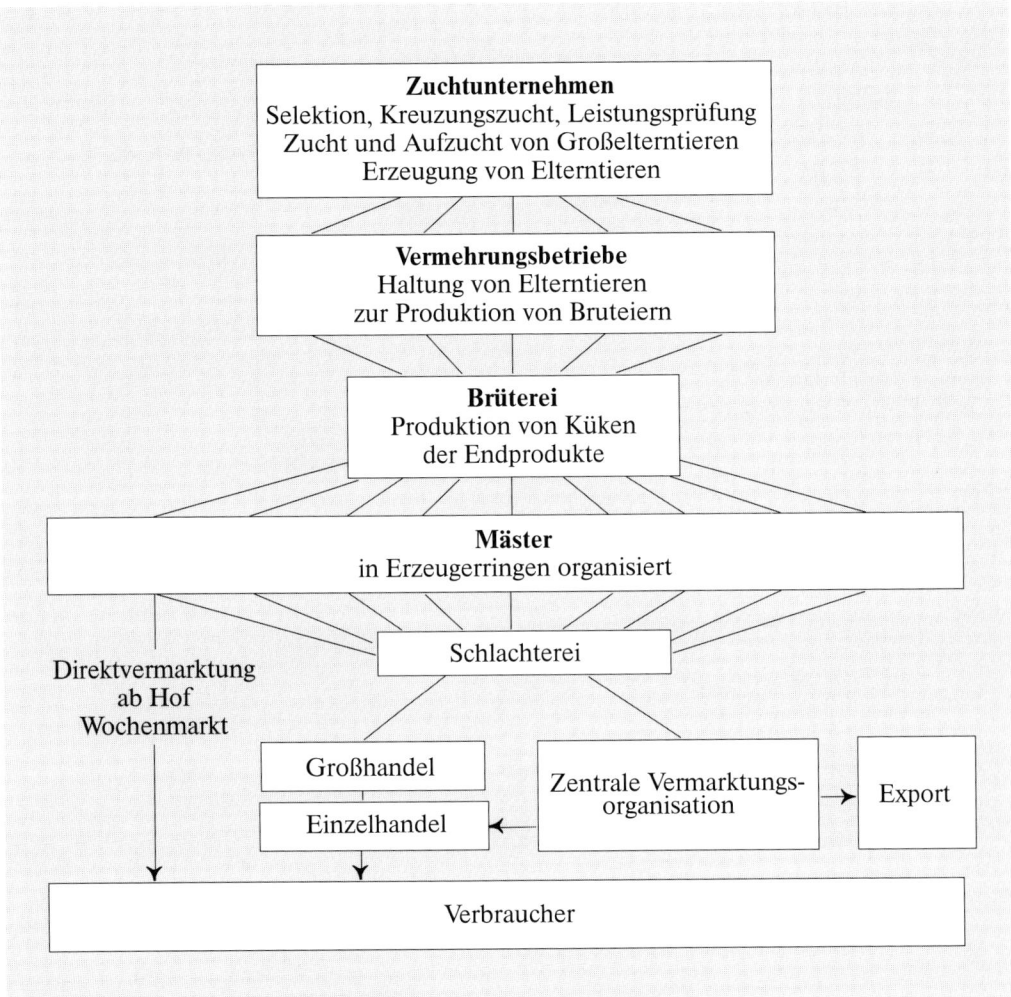

## Die wichtigsten Anforderungen zur Anerkennung von Erzeugergemeinschaften

1. Sie müssen eine juristische Person des Privatrechts sein (z.B. ein eingeschriebener Verein).
2. Die Mitglieder müssen zur Beitragszahlung verpflichtet sein.
3. Die Tätigkeit der Erzeugergemeinschaft muß auf ein Erzeugnis bzw. auf eine Gruppe verwandter Erzeugnisse beschränkt sein.
4. Die Erzeugergemeinschaft muß gewisse jährliche Mindestmengen produzieren, z.B.
   - 2000 Jungmasthühner oder
   - 750 Enten, Gänse und Puten oder
   - 18 Mio. Eier (ausgenommen Bruteier) oder
   - 1 Mio. Legehennenküken oder
   - 4 Mio. Mastküken oder
   - 500000 Junghennen oder
   - 3,6 Mio. Bruteier der Legerasse oder
   - 5 Mio. Bruteier der Mastrassen

der Mäster bei Preisverhandlungen gestärkt werden. Solche Zusammenschlüsse haben außerdem den Vorteil, daß bei der gemeinsamen Beschaffung von Futter und Geräten Preisvorteile ausgehandelt werden können.

Erzeugergemeinschaften werden durch die öffentliche Hand gefördert, wenn sie bestimmte Auflagen erfüllen (siehe Tab. oben).

Auch für die Zusammenfassung verschiedener Produktgruppen sind Mindestmengen festgelegt, auf die hier jedoch nicht im einzelnen eingegangen werden kann. Sie sind bei den Geschäftsstellen des Geflügelzuchtverbandes zu erfahren.

---

## Steuerrechtliche Gesichtspunkte der Geflügelhaltung

Im üblichen bäuerlichen Betrieb ist die Geflügelhaltung im Zusammenhang mit der gesamten Viehhaltung zu betrachten. Die steuerrechtliche Entscheidung, ob die Geflügelhaltung noch als landwirtschaftliche Tierhaltung zählt und somit steuerrechtlich günstiger behandelt wird, hängt vom Gesamtbestand an Vieheinheiten (VE) und der zur Verfügung stehenden landwirtschaftlichen Nutzfläche ab. Da die Geflügelhaltung gemäß dem im Steuerrecht festgelegten Umrechnungsschlüssel sehr ungünstig bewertet wird, kann der Ausbau der Geflügelhaltung sehr schnell zur Überschreitung der für landwirtschaftliche Betriebe angegebenen Höchstgrenzen und somit zur gewerblichen Einstufung der Geflügelhaltung führen.

> **Höchstgrenzen**
> Nach dem derzeitig gelten Steuerrecht gehören Viehbestände in vollem Umfang zur Landwirtschaft, wenn im Wirtschaftsjahr
> für die ersten 20 ha nicht mehr als 10 VE je ha
> für die nächsten 10 ha nicht mehr als 7 VE je ha
> für die nächsten 10 ha nicht mehr als 3 VE je ha
> und für jede weitere Fläche nicht mehr als 1,5 VE je ha
> gehalten oder erzeugt werden.

In Anrechnung kommt die Fläche, die vom Betrieb regelmäßig genutzt wird. Der Umrechnungsschlüssel in Vieheinheiten ist für die verschiedenen Geflügelarten in der Tabelle unten angegeben.

Ein Betrieb mit 25 ha kann demnach 235 VE halten. Dies entspricht 17 000 Legehennen bei Zukauf von Junghennen oder 180 000 leichten Masthähnchen bei mehr als sechs Durchgängen pro Jahr oder 138 000 Junghennen pro Jahr.

## Berechnung der Vieheinheiten (VE) nach Futterbedarf

| | | |
|---|---|---|
| Legehennen (einschließlich einer normalen Aufzucht zur Ergänzung des Bestandes) | 1 Henne | = 0,020 VE |
| Legehennen (aus zugekauften Junghennen) | 1 Henne | = 0,0138 VE |
| Jungmasthühner (6 und weniger Durchgänge pro Jahr, schwere Tiere) | 1 Masthuhn | = 0,0017 VE |
| Jungmasthühner (mehr als 6 Durchgänge pro Jahr, leichte Tiere) | 1 Masthuhn | = 0,0013 VE |
| Junghennen | 1 Junghenne | = 0,0017 VE |

# Leistungsprüfungen in der Geflügelproduktion

Für den Geflügelhalter sind vier verschiedene Arten von Leistungsprüfungen von Interesse, die Legeleistungsprüfung, die Mastleistungsprüfung, die Futterwertleistungsprüfung und die Geräteleistungsprüfung. Ihre Ziele und Mittel sind in der Tabelle Seite 121 dargestellt.

## Legeleistungsprüfung

In der Bundesrepublik bestehen zur Zeit vier Legeleistungsprüfstationen:
- Lippstadt-Eickelborn (Nordrhein-Westfalen),
- Kalkriese (Oldenburg),
- Neu-Ulrichstein (Nord-Hessen) und
- Kitzingen (Bayern).

Im Gegensatz zu den Leistungsprüfungen bei Großtieren dienen die Legeleistungsprüfungen nicht der Zuchtwertschätzung, sondern lediglich dem Vergleich von Zuchtprodukten, die sich auf dem Markt befinden. Sie entsprechen demnach einem Warentest. Ihr Einfluß auf den Zuchtfortschritt ist indirekter Natur. Durch die ständige Veröffentlichung der Leistungsergebnisse sind die Zuchtfirmen einem starken Konkurrenzdruck ausgesetzt, der zu höchsten Anstrengungen in der Züchtungsarbeit anspornt. Es ist nicht zuletzt den Leistungsprüfungen zu verdanken, daß sich gegenwärtig nur Zuchtprodukte mit hohem Leistungsniveau auf dem Markt befinden.

## Durchführung der Legeleistungsprüfung

Die Voraussetzung für eine aussagefähige Leistungsprüfung ist die Unabhängigkeit der Leistungsprüfstation von den Zuchtfirmen und Vermehrern. Die Zuchtfirmen melden ihre Tiergruppen zur Prüfung an. Durch unabhängiges Personal werden beim Vermehrer unangemeldet Bruteier abgeholt. Hiermit soll gewährleistet werden, daß eine repräsentative Stichprobe des Zuchtproduktes zur Prüfung gelangt. Die Eier werden mit einem Code versehen, der nur unabhängigen Personen bekannt ist, so daß auch später eine gezielte Beeinflussung der Ergebnisse nicht möglich ist. Die Prüfung beginnt mit der Brut und erstreckt sich über die Aufzucht- und Legeperiode bis zum Alter der Tiere von 500 Tagen.

## Bedeutung der Legeleistungsprüfung für den Tierhalter

Die Legeleistungsprüfung soll dem Hühnerhalter eine möglichst genaue Auskunft über die Leistungsfähigkeit der auf dem Markt befindlichen Legehennenherkünfte geben. Deshalb wird in den veröffentlichten Berichten der Legeleistungsprüfanstalten eine Vielzahl von Merkmalen aufgeführt. Die Fülle der Informationen kann natürlich auch verwirrend sein. Es sind deshalb Bestrebungen vorhanden, die Merkmalsliste zu vereinfachen oder gar alle Merkmale zu einem Index zusammenzufassen. Eine Einigkeit hierüber wurde jedoch noch nicht erreicht, denn die verschiedenen Einzelmerkmale können von Betrieb zu Betrieb eine sehr unterschiedliche wirtschaftliche Bedeutung besitzen. Wichtig ist, daß der Hühnerhalter mit dem Aussagewert der Merkmale vertraut ist, um daraus die für seinen Betrieb günstigste Wahl beim Kauf von Junghennen treffen zu können. Beispiele von Ergebnissen einer Brut und Aufzucht zeigt die Tabelle Seite 121. Für den späteren Verlauf der Prüfung sind die Ergebnisse insofern wichtig, als während der Brut Schäden an den Küken auftreten können, die ihre spätere Leistungsfähigkeit beeinträchtigen.

## Leistungsmerkmale der Brut und Aufzucht

Die Aufzucht der Junghennen dauert bis zum 140. Lebenstag. Die Tiere werden unter stationsspezifischen standardisierten Bedingun-

## Leistungsprüfungen

| Art der Prüfung | Ziel | Durchführung |
|---|---|---|
| Legeleistungsprüfung | Leistung und Wirtschaftlichkeit kommerzieller Legelinien | landeseigene Leistungsprüfanstalten |
| Mastleistungsprüfung | Masteigenschaften und Wirtschaftlichkeit kommerzieller Mastlinien | unabhängige Forschungsanstalten, DLG |
| Futterwertleistungsprüfung | Biologische Wirksamkeit und Wirtschaftlichkeit von Handelsfuttermitteln (Mast- oder Legehennenfutter) | unabhängige Forschungsanstalten, DLG Legeleistungsprüfstationen |
| Geräteleistungsprüfung | Funktionstüchtigkeit und Eignung von Geräten und Stalleinrichtungen | DLG |

## Ergebnisse aus der Brut und Aufzucht der Legeleistungsprüfung in Kalkriese (Weser-Ems), Prüfungsdurchgang 1995/96. In die Auswertung gingen 5 weiße und 1 braune Prüfgruppe ein.

| | Merkmale | Herkünfte weiß | braun |
|---|---|---|---|
| Brut | Befruchtung (%) | 87,8 | 93,6 |
| und | Schlupf in % der Einlage | 77,1 | 81,5 |
| Auf- | Schlupf in % der befr. Eier | 87,5 | 87,5 |
| zucht | Futterverzehr 1.–20. Woche | 7,79 | 7,97 |
| | Verluste 1.–20. Woche | 0,8 | 1,1 |
| | Lebendmasse (kg) am 127. Tag | 1,38 | 1,57 |

gen, meist in Bodenhaltung, aufgezogen. Sie erhalten ein handelsübliches Futter ad libitum und ein einheitliches Lichtprogramm. Als Prüfungsmerkmale werden Verluste, Körpergewichtsentwicklung und Legereife herangezogen.

Diese Ergebnisse sind für Legehennenhalter interessant, die ihre Junghennen selbst aufziehen. Allerdings setzt schon hier das Problem der Übertragbarkeit der Prüfergebnisse auf Praxisbedingungen ein. Da jeder Züchter ein spezielles Licht- und Fütterungsprogramm für seine Junghennen empfiehlt, in der Prüfstation jedoch alle Herkünfte gleich behandelt werden, entstehen teilweise erhebliche Abweichungen der Aufzuchtergebnisse aus den Stationen von denen der Praxis. Diese zeigen sich vor allem im Körpergewicht am 140. Tag. Sie wirken sich jedoch auch auf die Leistung in der Legeperiode aus.

Der Futterverbrauch während der Aufzucht ist ein wichtiges wirtschaftliches Kriterium, da das Futter etwa 45% der gesamten Aufzuchtkosten darstellt. Der Reifezeitpunkt, der zuweilen noch als Alter beim 1. Ei angegeben wird, weist eine relativ hohe Streuung auf. Als wesentlich zuverlässigeres Merkmal für die Legereife kann das Alter bei 50% Legeleistung angesehen werden.

## Leistungsmerkmale während der Legeperiode

Die Legeperiode beginnt im Alter von 21 Wochen (141. Lebenstag). Die wichtigsten Leistungsmerkmale sind an einem Beispiel in den Tabellen Seite 122 und 123 aufgeführt. Von entscheidender Bedeutung für die Wirtschaftlichkeit einer Herkunft sind die Legeleistung, das Eigewicht und der Futterverbrauch. Die Legeleistung wird als Eizahl (EZ) oder prozentuale Legeleistung (PL) angegeben. Beide Merkmale können auf die Anzahl eingestallter Hennen oder „Anfangshennen" ($EZ_A$, $PL_A$) oder auf die durchschnittliche

## Leistungsmerkmale für weiße und braune Herkünfte (Legephase)

Zusammengefaßte Leistungsergebnisse 1995/96 je Zuchtprodukt nach Ausschaltung systematischer Unterschiede zwischen Prüfungsanstalten
(Jahrbuch für die Geflügelwirtschaft 1998)

| Eischalenfarbe | weiß | | | braun | | |
|---|---|---|---|---|---|---|
| Zuchtprodukte | Hisex (Euribrid) | Lohmann LSL | Shaver Star-cross 288 | Hisex (Euribrid) | ISA Warren SSL | Lohmann Brown |
| Anzahl Prüfgruppen | 5 | 8 | 2 | 6 | 13 | 8 |
| **Merkmale** | | | | | | |
| Körpergewicht 504. Tag, kg | 1,75 | 1,84 | 1,89 | 2,23 | 1,99 | 2,10 |
| Alter, 50 Legeleistung, Tage% | 149 | 149 | 153 | 146 | 144 | 149 |
| Verluste, 141. bis 504. Tag, % | 7,6 | 4,3 | 3,9 | 5,3 | 8,4 | 4,6 |
| Eizahl je Anfangs-henne bis 504. Tag | 305 | 313 | 302 | 305 | 305 | 303 |
| Eizahl je Durch-schnittshenne bis 504. Tag | 316 | 318 | 306 | 311 | 314 | 308 |
| Legeleistung letzter Monat, % | 80 | 80 | 76 | 72 | 73 | 72 |
| Eimasse je Anfangs-henne, kg | 19,11 | 19,71 | 18,93 | 19,74 | 19,43 | 19,38 |
| Durchschnitts-eigewicht, g | 62,8 | 63,1 | 62,8 | 64,8 | 63,8 | 64,0 |
| Futter je kg Eimasse, kg | 2,19 | 2,12 | 2,21 | 2,22 | 2,10 | 2,15 |
| Anteil A0 + A1 + A2 + A3 Eier, % | 65 | 66 | 65 | 75 | 69 | 69 |
| Bruchfestigkeit, N | 38,8 | 41,8 | 37,5 | 39,3 | 37,3 | 40,7 |
| Eiklarqualität, H.E. | 81,7 | 84,5 | 82,9 | 78,9 | 80,5 | 78,9 |

Anzahl vorhandener Hennen oder „Durchschnittshennen" ($EZ_D$, $PL_D$) bezogen werden. Die Bedeutung der unterschiedlichen Bezugsgrößen wird am folgenden Beispiel klar:

$$PL_A = \frac{EZ_A}{Tage} \times 100 \qquad PL_D = \frac{EZ_D}{Tage} \times 100$$

**Beispiel:** Die Legeleistung soll für eine Periode von 4 Wochen (28 Tage) berechnet werden. Die Anzahl der Hennen zu Beginn der Periode beträgt 100, die Eizahl 2250. Am 5. und 10. Tag sterben je eine Henne, so daß die durchschnittliche Anzahl lebender Hennen im gegebenen Leistungsabschnitt auf 98,5 zurückgeht.

$$PL_A = \frac{2250 : 100}{28} \times 100 = 80,4\%$$
$$PL_D = \frac{2250 : 98,5}{28} \times 100 = 81,6\%$$

Da die Legeleistung pro Anfangshenne die Mortalität während der Legeleistung nicht berücksichtigt, ist der Wert immer geringer als bei der Legeleistung pro Durchschnittshenne. Eine hohe Mortalität wirkt sich demnach negativ auf dieses Merkmal aus.

Das Eigewicht bestimmt zusammen mit der Legeleistung die Eimasse:
Eimasse = (durchschnittliches Eigewicht × PL)/100

Die Eimasse kann ebenfalls auf die Anfangs- oder Durchschnittshenne bezogen werden.

Beträgt das durchschnittliche Eigewicht in dem oben erwähnten Beispiel 58 g, so ergibt sich eine durchschnittliche Eimasse pro Anfangshenne und Tag von 46,6 g und pro Durchschnittshenne von 47,3 g.

Hohe Eigewichte können für Marktbereiche, in welchen große Eier gefragt werden, von erheblicher Bedeutung für den Produzenten sein.

Der Futterverbrauch pro Tier und Tag, sowie die Futterverwertung (Futterverbrauch pro kg Eimasse) sind für die Wirtschaftlichkeit einer Herkunft von entscheidender Bedeutung. Ein durchschnittlicher Mehrverbrauch von 1 g Futter pro Henne und Tag mindert den Deckungsbeitrag pro Henne und Jahr bei einem Futtermittelpreis von DM 75,– um 0,27 DM.

Die Verluste während der Legeperiode liegen in der Regel zwischen 4 und 7%. Eine Sterblichkeitsrate um 0,5% pro Legemonat gibt somit keinen Anlaß zur Besorgnis.

Wichtig für den Legehennenhalter sind die Legeleistung und die Schalenstabilität am Ende der Legeperiode. Beide Merkmale bestimmen das „Durchhaltevermögen" der Herkunft und somit den Zeitpunkt des Schlachtens der Herde.

Die Haugh-Einheit als Maßstab für die innere Eiqualität wird zwar in den meisten Prüfstationen erfaßt, besitzt jedoch nur eine geringe wirtschaftliche Bedeutung.

Die Leistungsprüfungen innerhalb der Stationen sind so angelegt, daß mit statistischen Methoden festgestellt werden kann, ob die gefundenen Unterschiede zwischen den Herkünften zufällig oder mit einer bestimmten Irrtumswahrscheinlichkeit „signifikant" sind. Die Berechnungen ergaben, daß in den meisten Merkmalen nur relativ große Differenzen signifikant abgesichert werden können. Z.B. liegt die kritische Differenz (Grenzdifferenz) für die Eizahl pro Durchschnittshenne bei über 10 Eiern. Das heißt, daß die meisten geprüften Herkünfte in diesem Bereich liegen und als nicht verschieden im statistischen Sinn bezeichnet werden dürfen. Eine bessere Aussage über die Leistungsfähigkeit einer Herkunft erbringt die gemeinsame Auswertung der Ergebnisse aus allen Stationen und über mehrere Jahre. Sie gibt dem Legehennenhalter einen guten Überblick über die Leistungseigenschaften der am Markt befindlichen Legehennenherkünfte und gibt ihm somit wichtige Entscheidungshilfen beim Kauf des Tiermaterials.

Seit kurzem werden an der Legeleistungsprüfstation Neu-Ulrichstein auch reine Ras-

## Ergebnisse einer Rassegeflügelleistungsprüfung in Neu-Ulrichstein (Hessen) 1995. Die Prüfung erfolgte in Bodenhaltung.

| Rasse | | Mechelner | Barnevelder | Leghorn | Italiener rebhuhnfarbig | Italiener rebhuhnfarbig (Triesdorf | Italiener goldfarbig | Ø aller 6 Rassen | Referenzgruppe LB-Hybriden |
|---|---|---|---|---|---|---|---|---|---|
| Alter bei 50% Legeleistung | (Tage) | 191 | 213 | 208 | 217 | 194 | 205 | 205 | 142 |
| Eizahl je Anfangshenne | (St.) | 174 | 142 | 140 | 127 | 164 | 124 | 145 | 265 |
| Eizahl je Durchschnitts- henne | (St.) | 187 | 144 | 142 | 137 | 167 | 142 | 153 | 301 |
| Eimasse je Anfangshenne | (kg) | 9,92 | 8,08 | 7,80 | 7,47 | 9,56 | 7,13 | 8,32 | 17,36 |
| Eimasse je Durchschnitts- henne | (kg) | 10,64 | 8,17 | 7,89 | 8,07 | 9,75 | 8,19 | 8,78 | 19,68 |
| Eigewicht | (g) | 56,9 | 56,8 | 55,7 | 58,7 | 58,4 | 57,7 | 57,4 | 65,5 |
| Futterverzehr je Tier und Tag | (g) | 126,4 | 108,1 | 97,2 | 118,3 | 115,7 | 108,0 | 112,3 | 123,5 |
| je kg Eimasse | (kg) | 4,37 | 4,83 | 4,53 | 5,38 | 4,33 | 4,80 | 4,70 | 2,28 |
| Körpergewicht am 504. Lebenstag | (kg) | 3,28 | 2,53 | 2,33 | 2,61 | 2,23 | 2,63 | 2,60 | *2.10* |
| Verluste gesamt (ohne Unfälle) | (%) | 15,4 | 3,3 | 4,4 | 14,3 | 3,3 | 23,2 | 10,7 | 18,2 |

sen in Bodenhaltung geprüft. Die Ergebnisse sind in Tabelle S. 123 aufgeführt. Es zeigt sich, daß eine erhebliche Differenz zu den kommerziellen Hybriden besteht. Das Alter der Legereife liegt bei etwa 200 Tagen. Eizahl und Eimasse sind wesentlich geringer, das Körpergewicht aber deutlich höher als bei den Legehybriden. Die Mortalität, die überwiegend durch Kannibalismus bedingt war, war bei den Legehybriden am höchsten.

## Mastleistungsprüfung

Im Gegensatz zu den Legeleistungsprüfungen sind Mastleistungsprüfungen keine ständige Einrichtung, sondern werden nur sporadisch durchgeführt. In der Regel führen Geflügelforschungsstationen die Prüfungen mit der finanziellen Unterstützung der DLG durch. Die Ziehung repräsentativer Stichproben aus den verschiedenen Herkünften erfolgt durch den Ankauf von Bruteiern durch unabhängige Personen. Die Brutergebnisse werden ebenso wie die spätere Mastleistung erfaßt und veröffentlicht. Da die Brutergebnisse für den Mäster ohne Bedeutung sind, soll hier nur auf die Mastleistungsmerkmale eingegangen werden (Tabelle unten).

Als wichtigste Merkmale, die die Wirtschaftlichkeit der Mast bestimmen, sind Zunahme bzw. Gewicht bei Mastende und Futterverwertung zu nennen. Nach den ursprünglichen Richtlinien der Mastleistungsprüfungen ist das 8-Wochen-Gewicht zu erfassen. Dieses Merkmal ist zur Zeit für die Praxis von geringer Bedeutung, da Broiler in der Regel schon im Alter von 33–35 Tagen geschlachtet werden. Es dürfte jedoch wieder interessant werden, wenn im Zuge einer verlängerten Mast schwerere und qualitativ bessere Broiler produziert werden sollen. Schwerere Broiler erbringen in der Regel eine bessere Fleischqualität und eine bessere Schlachtausbeute. Allerdings bedingt die längere Mastdauer eine wesentliche Verschlechterung der Futterverwertung und ist deshalb nur bei entsprechend besserer Bezahlung wirtschaftlich (s. Seite 183).

Die Schlachtkörperqualität wird nach verschiedenen Kriterien festgestellt. Mit Hilfe eines subjektiven Beurteilungs-Musters (s. Tabelle Seite 125) werden Gesamteindruck und Ausgeglichenheit, Bemuskelung, Farbe und Beschaffenheit der Haut festgestellt. Darüber hinaus können durch Ausschlachtung und Zerlegung objektive Qualitätskriterien wie Fleisch-Knochen-Verhältnis, Brustmuskelanteil, Verfettung, Zartheit und Saftigkeit erfaßt werden.

## Futterwertleistungsprüfung

Der Wert eines Futtermittels ist durch die erzielte Leistung gekennzeichnet. Die chemische Analyse der wertbestimmenden Bestandteile ist zwar hilfreich, kann jedoch den tatsächlich biologischen Wert des Futtermittels - speziell bei Mischfutter - nicht immer in ausreichendem Maß definieren. Der DLG-Ausschuß für Geflügelproduktion hat deshalb Richtlinien zur Durchführung von Futterwertleistungsprüfungen von Alleinfutter für Legehennen erarbeitet. Diese Prüfungen werden meist von den Legeleistungsprüfstatio-

## Prüfungsergebnisse der Herkunftsvergleichsprüfung für Masthähnchen 1995 in Haus Düsse

(Mastdauer 33 Tage ohne Schlupf- und Schlachttag; aus Jahrbuch für die Geflügelhaltung 1997)

| Herkunft | Kükengewicht | Endgewicht | Futteraufwand je kg Zuwachs | Verluste | | |
| --- | --- | --- | --- | --- | --- | --- |
| | | | | 1.–7. Tag | 8.–33. Tag | 1.–33. Tag |
| | g | g | kg | % | % | % |
| Ross 208 | 41,4 | 1642 | 1,626 | 0,50 | 1,50 | 2,00 |
| Arbor Acres | 43,6 | 1610 | 1,712 | 1,37 | 1,63 | 3,00 |
| Hybro | 40,4 | 1611 | 1,626 | 1,63 | 2,00 | 3,63 |
| Cobb 500 | 44,0 | 1657 | 1,682 | 0,38 | 2,00 | 2,38 |
| Lohmann Meat | 39,8 | 1653 | 1,604 | 0,63 | 2,87 | 3,50 |

| DLG-Schema zur Beurteilung für Schlachtkörper von Broilern | | | |
|---|---|---|---|
| Kriterium | mögliche Punktzahl | Faktor | erreichbare Punktzahl |
| Gesamteindruck und Ausgeglichenheit | 5 | 3 | 15 |
| Brustbemuskelung und Kielbein | 5 | 3 | 15 |
| Schenkelbemuskelung | 5 | 2 | 10 |
| Haut, Farbe, Stoppelfedern | 5 | 2 | 10 |
| | | Maximale Gesamtpunktzahl | 50 |

nen durchgeführt. Eine Kombination der Futterwertleistungsprüfung mit der Prüfung der Lege- bzw. Masthybriden wäre sinnvoll. Die Prüfungen werden jedoch derzeit in getrennten Versuchen durchgeführt.

Auch hier ist die vom Futtermittelproduzenten unabhängige Beschaffung einer repräsentativen Stichprobe wichtig. Das Futter sollte gleichzeitig an mehreren Herkünften getestet werden. Es sind Wiederholungsgruppen zu bilden, damit die Ergebnisse statistisch ausgewertet werden können. Die Versuchsgruppen sind so über die Ställe zu verteilen, daß systematische Stalleinflüsse ausgeschaltet werden. Die Haltungstechnik, das Hygieneprogramm sowie die Leistungsmerkmale sollten den Richtlinien der Legehennenleistungsprüfung entsprechen.

## Geräteleistungsprüfung

Die Geräteleistungsprüfung ist eine freiwillige Gebrauchswertprüfung, die von der Deutschen Landwirtschaftsgesellschaft in Großumstadt durchgeführt wird. Zur Prüfung können alle Geräte gelangen, die in der Geflügelhaltung eingesetzt werden. Geprüft werden die Funktionstüchtigkeit, Betriebssicherheit, Korrosionsbeständigkeit, Reparaturanfälligkeit, Handhabung usw. im praktischen Betrieb. Käfiganlagen, sowie Fütterungs- und Tränkeinrichtungen werden auch in Hinsicht auf ihre Tiergerechtheit beurteilt. Hierbei werden sowohl wirtschaftliche als auch tierschutzrelevante Gesichtspunkte – z.B. Legeleistung, Knickeieranfall, Verletzungsgefahr und Mortalität – berücksichtigt. Nach bestandener Prüfung erhalten die Geräte die DLG-Anerkennung mit dem Prüfsiegel.

Die DLG veröffentlicht einen detaillierten Prüfbericht. Die Anerkennung gilt 5 Jahre lang, wenn das Gerät in unveränderter Form produziert wird. Nach 5 Jahren kann die Anerkennung einmalig um 5 Jahre verlängert werden. Die Liste der DLG-anerkannten Geräte sowie die Prüfberichte können bei der DLG angefordert werden.

# Aufzucht

Die Junghennenaufzucht ist für die spätere Leistungsbereitschaft, die Vitalität und das Durchhaltevermögen der Legehenne von entscheidender Bedeutung. Fehler in der Aufzuchtphase können in der Legeperiode nur schwer ausgeglichen werden. Viele Legehennenhalter bestehen deshalb darauf, ihre Tiere selbst aufzuziehen. Allerdings muß bedacht werden, daß die Jungtiere wesentlich höhere Ansprüche an den Tierhalter stellen als die Legehennen. Der Geflügelhalter muß deshalb sorgfältig prüfen, ob er genügend Zeit und Kenntnisse für die Junghennenaufzucht aufbringt. Zwar liefern die Zuchtfirmen Informationen über die Klimaansprüche und die Fütterung während der Aufzucht, darüber hinaus sind jedoch viele Einzelheiten zu beachten, die eine gewisse Erfahrung erfordern. Der Junghennenhalter kann sich z. B. nicht blind an vorgegebene Temperatur-, Licht- und Fütterungsprogramme halten, sondern muß die Tiere ständig beobachten und kontrollieren, um die Umweltbedingungen dem Entwicklungszustand der Herde anzupassen.

## Entwicklung vom Küken zur Junghenne

Das frisch geschlüpfte Küken vom Legetyp wiegt etwa 35–45 g. Da die Tiere in der Regel erst am Tag nach dem Schlupf eingesetzt werden, verringert sich ihr Gewicht zunächst. Sobald die Tiere Futter erhalten, setzt ein rasches Wachstum ein. Innerhalb der ersten Lebenswoche erreichen sie mehr als das doppelte ihres Schlupfgewichts. Im Alter von 12 bis 16 Wochen verlieren die Tiere ihren Kükenflaum und nehmen ihr Junghennengefieder an. Mit etwa 6 Wochen sind deutliche Ansätze des Kammes und der Kehllappen zu erkennen, die sich von nun an rasch vergrößern. Mit 18 Wochen erreichen die Tiere ein Gewicht von 1300 bis 1600 g. Der Futterverbrauch in dieser Zeit liegt bei 7–8 kg (s. Tab. Seite 137).

Die Legereife setzt bei einzelnen Tieren schon im Alter von 18 Wochen ein. Beim größten Teil der Herde wird sie erst mit 20 Wochen erreicht. Das Körpergewicht beim Erreichen der Legereife ist ein wichtiges Kriterium für die Qualität der Junghenne. Zu schwach entwickelte Junghennen bringen später ein geringeres Eigewicht und weisen oft eine mangelnde Durchhaltefähigkeit auf. Zu schwere Tiere neigen zur Verfettung und zeigen deshalb keine guten Leistungen. Von den Züchtern werden Richtlinien über die optimale Gewichtsentwicklung ihrer Tiere herausgegeben, die nach Möglichkeit eingehalten werden sollen.

## Behandlung und Transport des Kükens

Nach dem Trocknen des Gefieders im Brutschrank werden die Küken nach Geschlechtern sortiert „gesext". Sind keine geschlechtsgebundenen Gefiedermerkmale, wie Farbkennzeichen oder Länge der Schwungfedern vorhanden (s. Seite 33), muß die Sortierung durch geschultes Personal durchgeführt werden. Durch Ausstülpen der Kloake wird bei Hahnenküken der rudimentäre Penis als kleiner roter Punkt sichtbar. Eine zuverlässige Sortierung erfordert ein hohes Maß an Übung und Erfahrung, das meist nur von spezialisierten Sortierern erbracht wird.

Da die Hahnenküken der Legelinien nicht zur Zucht genutzt werden können, und auch für die Mast ungeeignet sind, werden sie sofort nach dem Sexen getötet. Die Hennenküken werden gegen die Marek'sche Krankheit geimpft. Die Impfung nach dem Schlüpfen ist wichtig, weil die Küken zu diesem Zeitpunkt noch mütterliche Abwehrstoffe gegen die im Impfstoff enthaltenen Viren besitzen (s. Seite 59).

Küken verfügen in den ersten 48 bis 72 Lebensstunden noch über einen Nährstoffvorrat im Dottersack. Sie sind deshalb in dieser Zeit nicht auf das Angebot von Futter oder Wasser angewiesen. Diese Zeit kann daher genutzt werden, um die Küken ohne Fütterung auch über weitere Strecken zu transportieren. Wichtig sind in dieser Phase nur

Kükenkarton zum Versand von Eintagsküken: In Gruppen von 20–25 Küken pro Abteil können sich die Tiere gegenseitig wärmen; ein Erdrücken durch Zusammendrängen wird jedoch verhindert. Luftschlitze in den Seiten und Zwischenwänden erlauben einen gewissen Luftaustausch zur Sauerstoffversorgung.

Wärme und Sauerstoff. Zum Transport werden spezielle Kükenkartons oder Plastikbehälter benutzt. Die Kartons haben vier Abteile, die jeweils 25 Küken fassen (Abb. Seite 127). Als Einstreu dienen Holzwolle oder Sägespäne. Die kleinen Abteile verhindern, daß sich die Küken bei Schräglage der Kartons gegenseitig erdrücken. Es ist darauf zu achten, daß die Abteile weder mit zu wenigen noch mit zu vielen Tieren besetzt sind. Besonders in kühleren Jahreszeiten kommt es bei zu geringer Besetzung leicht zur Auskühlung der Tiere. Bei Überbesetzung können Tiere erdrückt werden oder unter Sauerstoffmangel leiden. Die Kartons sind an der Seite und am Deckel mit Lüftungsöffnungen versehen. Abgeschrägte Seitenwände und Stege sorgen dafür, daß auch beim Stapeln der Kartons die Öffnungen nicht versperrt werden.

Von spezialisierten Betrieben werden Küken in klimatisierten Transportern versandt. Auch der Transport in normalen Personenwagen oder mit der Bahn ist jedoch ohne Schaden möglich. Es muß lediglich darauf geachtet werden, daß die Tiere weder der direkten Sonneneinstrahlung noch starker Zugluft ausgesetzt sind. Beim Bahnversand ist wichtig, daß sich Absender und Empfänger mit den Expreßgutstellen der zuständigen Bahnhöfe verständigen, damit die günstigste Bahnverbindung gewählt wird. Wichtig ist außerdem, daß auf den Versandkartons und den Begleitpapieren die Telefonnummer des Empfängers angegeben wird. So kann die Ankunft der Tiere unverzüglich dem Empfänger gemeldet werden. Unnötige Wartezeiten unter unkontrollierten Bedingungen werden hierdurch vermieden.

## Küken- und Junghennenställe

Auch wenn alle Maßnahmen getroffen werden, um den Kükentransport ordnungsgemäß durchzuführen, wird die Widerstandskraft der Tiere meist stark beansprucht. Es muß deshalb dafür gesorgt werden, daß der Stall so vorbereitet wird, daß den Küken hier weitere Belastungen erspart bleiben.

### Raumgestaltung

**Heizung.** Schon vor der Ankunft der Küken sollte der Kükenstall vorbereitet sein. Bei Raumheizung muß die Temperatur im Tierbereich 32 °C betragen. Da es in der Regel längere Zeit dauert, bis diese Temperatur erreicht ist, ist die Heizung rechtzeitig in Gang zu setzen und über Thermometer zu überprüfen. Bei Verwendung von Zusatzheizungen, wie Infrarotstrahlern oder Heizglucken, muß die Temperatur am Rand der Heizglucke gemessen werden. Die Feineinstellung erfolgt jedoch anhand der Tierbeobachtung: Ist es den Tieren zu kalt, drängen sie sich unter der Wärmequelle zusammen. Auch lautes Piepen zeigt an, daß der Temperaturbereich der „Behaglichkeit" unterschritten ist. Ist die Temperatur unter der Heizquelle zu hoch, wird

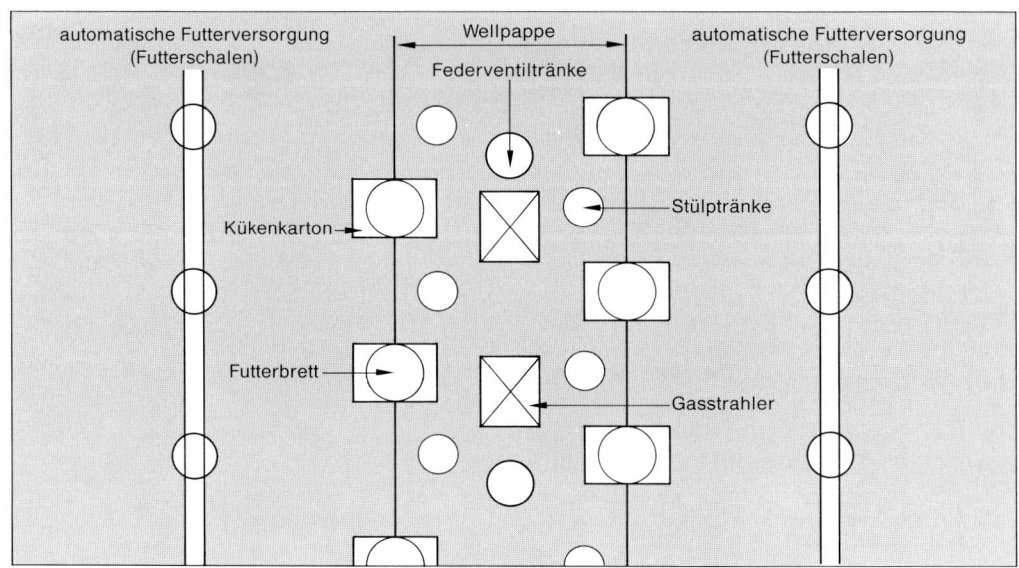

dieser Bereich gemieden. Bei optimaler Temperaturführung ist eine gleichmäßige Verteilung der Küken über den Raum zu erwarten (Abb. unten).

Die Temperatur ist in Tierhöhe zu messen. Bei Verwendung von Infrarotstrahlern oder Heizglucken ist die Raumtemperatur in der ersten Woche auf etwa 25 °C einzustellen.

**Kükenring.** Durch Einrichtung von Kükenringen aus Wellpappe wird vermieden, daß sich die Küken in den ersten Tragen zu weit von der Wärmequelle entfernen. Außerdem sind dabei die Tiere besser zu kontrollieren. Die Kükenringe sind etwa 50 cm hoch und werden an den überlappenden Endteilen durch gegabelte Holzleisten zusammengehalten (Abb. rechts). Für 250-350 Tiere werden Ringe mit einem Durchmesser von etwa 3 m eingerichtet. Nach etwa einer Woche können die Ringe entfernt werden. Die Tiere nutzen dann den gesamten Raum.

**Bodenhaltung.** Die konventionelle Aufzucht von Legehennen erfolgt in Bodenhaltungsabteilen mit Tiefstreu. Diese Haltungsart wird sich im bäuerlichen Betrieb auch weiterhin als kapitalextensive Haltungsart behaupten.

Als Einstreu für Junghennen können Hobelspäne, Stroh oder Sägemehl benutzt werden. Es ist darauf zu achten, daß die Einstreu nicht zu feucht wird und zusammenbackt. Dies kann vor allem bei schlechter Lüftung oder hoher Besatzdichte auftreten. Die Besatzdichte in Bodenhaltungsabteilen kann erhöht werden, wenn man die Tiere auf Lattenrosten aufzieht. Diese Haltungsart hat sich jedoch nicht durchgesetzt.

Küken versammeln sich unter der Schirmglucke zum zeitweiligen Aufwärmen.

**Volierenhaltung.** Die neu entwickelte Volierenhaltung scheint eine wirtschaftliche Alternative zur Käfigaufzucht zu sein. Bei der Volierenhaltung wird den Tieren von der 6. bis 8. Lebenswoche an Futter und Wasser in mehreren übereinander angeordneten Ebenen angeboten. Die Ebenen werden über Sitzstangen erreicht. Als Sitzstangen dienen Vierkanthölzer, die etwa 4 cm hoch und 6 cm breit sind. Sitzstangen aus Plastik oder Metall haben sich ebenfalls bewährt (vgl. S. 56). Die Kanten der Stangen müssen abgerundet sein. Pro Junghenne werden 13–15 cm Sitzstangenlänge empfohlen.

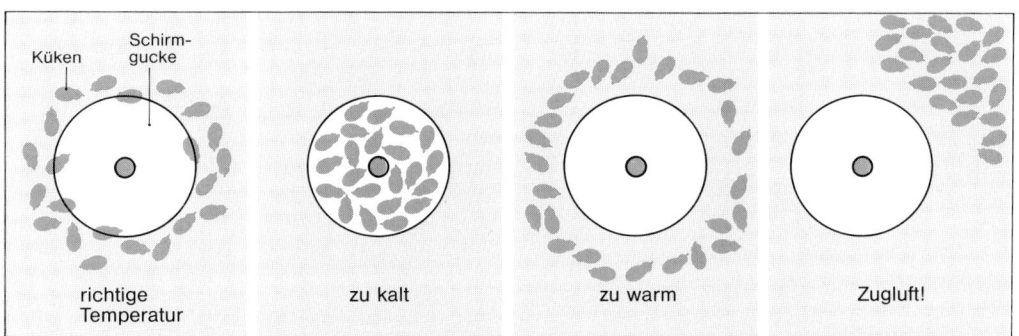

Am Verhalten der Küken können Mängel in der Klimagestaltung deutlich erkannt werden.

| richtige Temperatur | zu kalt | zu warm | Zugluft! |
|---|---|---|---|

| Temperaturprogramm für Küken von Legelinien | | | | | | | | |
|---|---|---|---|---|---|---|---|---|
| Alter (Tage) | 1–2 | 3–4 | 5–7 | 8–14 | 15–21 | 22–28 | 29–35 | 36–42 |
| Temperatur in °C | 34–32 | 32–31 | 30 | 29 | 26 | 22 | 20 | 18 |

Junghennenaufzucht in
Bodenhaltung mit natür-
licher Beleuchtung. Die
Futtertröge sind aufge-
bockt und mit Anflug-
stangen versehen.

Obwohl die Hühner Sitzstangen sehr gerne als „Ruheplätze" annehmen, ist eine Gewöhnung an diese Einrichtung in der Aufzucht nötig. Junghennen, die später in Bodenhaltung oder Volieren gebracht werden, sollten deshalb schon von der 6. bis 8. Woche an Sitzstangen zur Verfügung haben.

**Auslauf.** Auch an Ausläufe müssen die Tiere in der Jugendphase gewöhnt werden, wenn sie später in Auslaufhaltung gebracht werden sollen. Sobald die Tiere voll befiedert sind und kühlere Temperaturen ertragen können, sollten sie nach draußen gelassen werden. Je älter Hühner sind, um so schwerer gewöhnen sie sich an eine fremde Umgebung. Hühner, die nur im Stall aufgezogen wurden, können meist nur mit Zwang dazu gebracht werden, einen Auslauf zu benutzen.

**Käfigaufzucht.** Die Käfigaufzucht hat in den letzten Jahren eine starke Verbreitung gefunden. Von der Industrie werden mehrstöckige Käfigbatterien angeboten, die nach den speziellen Belangen der Kükenaufzucht eingerichtet sind. Wichtig ist bei diesen Anlagen, daß der Zugang zum Trog einfach und leicht verstellbar ist. Die Küken müssen ungestört fressen können, dürfen jedoch nicht durch die Öffnung entkommen. Dies erfordert ein ständiges Prüfen und Nachstellen des Freßgitters. Auch die Tränke muß in der Höhe verstellbar sein (Abb. Seite 132).

Das Drahtgitter des Käfigbodens hat bei Kükenkäfigen eine Maschenweite von etwa $15 \times 15$ cm. Damit die Tiere sich schon am ersten Tag ungestört bewegen können, wird der Käfigboden mit Papier ausgelegt. Das Pa-

Die Käfigaufzucht hat sich auch in der bäuerlichen Geflügelhaltung bewährt. Im Käfig aufgezogene Junghennen haben jedoch Anpassungsschwierigkeiten, wenn sie später in Boden- oder Auslaufhaltung gebracht werden.

pier tritt sich nach einigen Tagen durch die Gitter durch und die Küken laufen nun auf dem Drahtgitter. In den ersten Lebenswochen, in denen die Küken einen hohen Wärmebedarf haben, sind ihre Raumansprüche gering. In der Praxis werden deshalb die Küken zunächst in die obere Etage eingesetzt, die bei Raumheizung immer die höchste Temperatur aufweist. Mit zunehmendem Alter und Körpergewicht werden dann die Küken auf die unteren Etagen verteilt.

Sollen Junghennen aus Käfighaltung später in Bodenhaltungs- oder Volierenabteile gebracht werden, können in der Anfangsphase Schwierigkeiten beim Aufsuchen der Sitzstangen auftreten. Auch Legenester werden von Junghennen aus Käfighaltung weniger gut angenommen als bei Tieren aus Boden-

haltung. Die Umstellung von Junghennen aus Boden- oder Volierenhaltung auf Legekäfige macht dagegen keine Schwierigkeiten.

## Raumbedarf

Da Küken in den ersten Tagen einen engen Kontakt zu ihren Gruppengenossen suchen, ist ihr Raumbedarf in dieser Zeit gering. Er nimmt jedoch mit dem raschen Wachstum der Tiere und mit den aufkommenden Rangordnungskämpfen eine immer stärkere Bedeutung ein. Der verfügbare Raum muß deshalb sorgfältig dem zunehmenden Bedarf der Tiere angepaßt werden. Zu geringe Besatzdichte – vor allem in den ersten Wochen – führt zu hohem Energieaufwand zur Heizung

**Höhenverstellbare
Tränknippelrohre für die
Kükenaufzucht im Käfig.**

Höhenverstellbare
Tränknippelrohre für die
Kükenaufzucht im Käfig.

des Raumes. Zu hohe Besatzdichte verursacht besonders bei älteren Tieren eine unausgeglichene Körperentwicklung und fördert teilweise auch das Federpicken.

Als Faustregel für den Raumbedarf während der Aufzucht rechnet man $0{,}22\,\text{cm}^2$ pro g Lebendmasse in der Käfighaltung und $0{,}50\,\text{cm}^2$ pro g Lebensmasse in der Bodenhaltung (siehe Tabelle S. 99). Für die Volierenhaltung existieren noch keine Erfahrungswerte. Sie dürften jedoch zwischen denen der Boden- und der Käfighaltung liegen.

## Futterversorgung

Obwohl Küken in den ersten Lebenstagen noch von den Nährstoffvorräten des Dottersackes zehren können, wirkt sich eine rasche Versorgung mit Futter und Wasser günstig auf die Entwicklung der Tiere aus. Das Futter kann in den ersten Lebenstagen auf Futterbrettern angeboten werden (s. Seite 91). Diese bestehen aus einfachen Holzbrettern von ca. $40 \times 40\,\text{cm}$, an deren Rand zur Vermeidung von Futtervergeudung 1–2 cm hohe Leisten angebracht sind. Teilweise werden auch runde

Papiereinlagen im Käfig
erleichtern den Küken
die Anpassung.

Plastikschalen für die Futterversorgung in den ersten Lebenstagen aufgestellt. Auch Kükenkartons können als Futterbrett eingesetzt werden, indem man ihre Seitenwände auf eine Höhe von 2 cm abschneidet. Stehen geeignete kleine Tröge zur Verfügung, kann auf das Futterbrett verzichtet werden. Damit die Küken das Futter bequem erreichen können, sollte der Tragrand auf die Schulterhöhe der Küken einzustellen sein. Wird der Trog auf einem Stück Pappe plaziert (meist finden hier die Deckel der Kükenkartons Verwendung), haben die Tiere einen besseren Stand beim Fressen als in der noch lockeren Einstreu und nehmen leichter Futter auf. Die Futterfläche muß mit Drahtgitter oder Stäben abgedeckt werden, da die Küken sonst in den Trog steigen und das Futter verschmutzen und herausscharren.

Die kleinen, etwa 1 m langen Kükentröge haben ein sehr geringes Fassungsvermögen und sollten deshalb bald durch Trogsysteme, die eine Bevorratung zulassen, ausgetauscht werden.

Schwebetröge mit etwa 30 cm Durchmesser lassen sich in der Höhe leicht verstellen und können somit dem Wachstum der Junghennen angepaßt werden. Von der 6. bis 8. Woche an können auch stehende Rundautomaten mit 60 cm Durchmesser eingesetzt werden.

### Trogflächenbedarf bei Küken und Junghennen

| Alter | Trogseitenlänge je Tier (cm) | Troglänge für 100 Tiere (m) | Rundtröge Ø 50 cm |
|---|---|---|---|
| 1. Woche | Futterbrett | 0,25 | 1.–10. Woche |
| 2.–4. Woche | 3 | 1,5 | 1 je 40 Tiere |
| 5.–8. Woche | 6 | 3,0 | |
| 9.–15. Woche | 10 | 5,0 | 11.–20. Woche |
| 16.–20. Woche | 12 | 6,0 | 1 je 30 Tiere |

Verschiedene Trogsysteme in der Junghennen-Bodenaufzucht: Über Rohre versorgte Futterschalen (links), Schwebetröge (mitte) und stehende Rundautomaten (auf dem Kotkasten).

Kettenfütterung bei Junghennen. Die Abdeckgitter sind zur Vermeidung von Futtervergeudung wichtig.

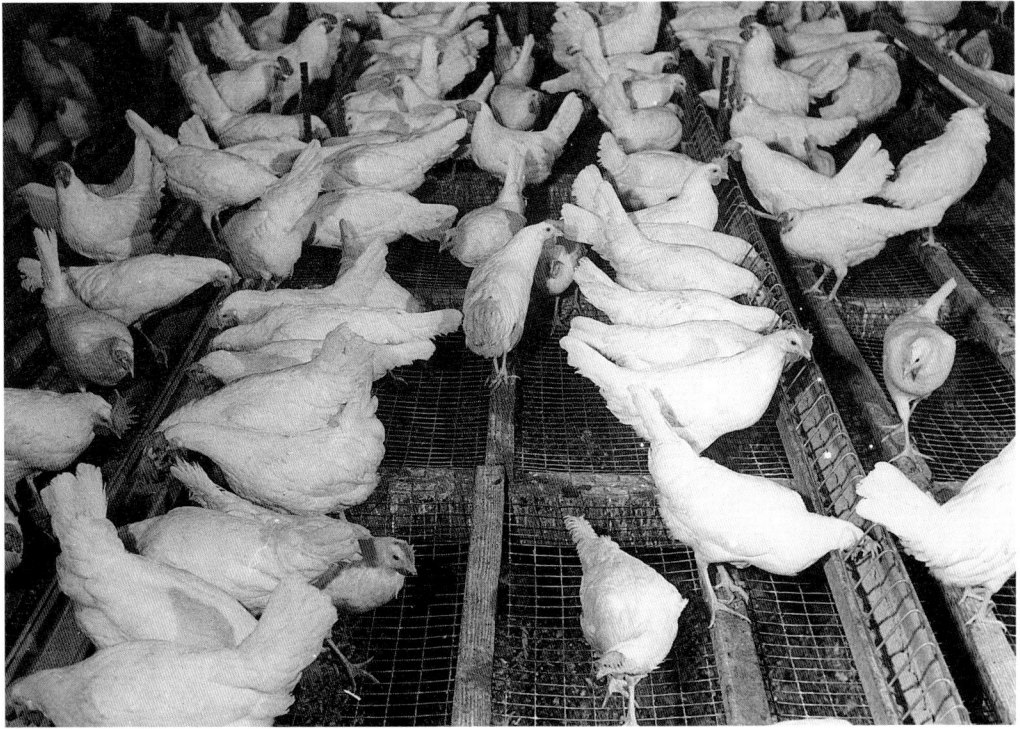

Die Automaten können entweder von Hand oder über Rohrleitungen automatisch beschickt werden. Es ist darauf zu achten, daß die Automaten oben verschlossen sind. Die Deckel sind so zu gestalten, daß sie nicht als Ruheplatz dienen können, da dies zu einer starken Verschmutzung des Futters führt. Bei größeren Beständen sind automatische Fütterungsanlagen angebracht. Hierbei werden die Tröge über Ketten, Schnecken oder Rohre beschickt.

Junghennen müssen oft restriktiv gefüttert werden. Die Fütterungsanlagen müssen deshalb darauf ausgelegt sein, das Futter dosiert zuzuteilen. Bei Futterautomaten sind Vorrichtungen zum Abdecken oder zum Hochziehen der Tröge vorzusehen. Die nötige Troglänge in Abhängigkeit vom Alter der Tiere und vom Fütterungssystem ist in der Tabelle auf der vorherigen Seite angegeben.

## Wasserversorgung

Während das Auffinden des Futters beim frisch geschlüpften Küken auf angeborenen Mechanismen beruht und deshalb keine Schwierigkeiten bereitet, ist das Auffinden des Wassers oft ein Problem. Das Küken muß erst zufällig mit Wasser in Kontakt kommen, um trinken zu lernen. Es ist deshalb notwendig, die Tränken im Kükenstall so anzuordnen, daß die Tiere sie zwangsläufig finden. Sie sollten in ausreichender Anzahl in der Nähe von Futtertrögen aufgestellt werden. Rinnentränken bilden breite Hindernisse und begünstigen deshalb eine frühe Wasseraufnahme des Kükens. Dies kann von Bedeutung sein, wenn die Küken beim Einsetzen in das Abteil geschwächt sind (z.B. nach einem langen Transport). In diesem Fall ist es auch notwendig, einige Tiere mit dem Schnabel ins Wasser zu tauchen, damit sie das Trinken lernen. Haben einige Tiere das Wasser entdeckt, so lernt die Gruppe durch Nachahmung ebenfalls schnell, das Wasser zu finden. Ebenso wie der Futtertrograd, sollte auch der Rand der Tränke auf Schulterhöhe der Tiere eingestellt werden. In den ersten Tagen sind kleine Stülptränken (2 l Inhalt) aus Blech oder Plastik angebracht. Offene Gefäße als Tränken sind nicht zu empfehlen, da hier das Trinkwasser zu schnell verschmutzt wird. Von der 2. Lebenswoche an sind schwebende Rundtränken zu empfehlen, die sich über Federventile automatisch nachfüllen.

In der Käfigaufzucht erfolgt die Wasserversorgung in der Regel über Nippel- oder

Rinnentränken stellen „natürliche Hindernisse" im Raum dar, die von den Küken schneller entdeckt werden als Rundtränken.

Kükengruppe an der Nippeltränke

Zahlreiche kleine Stülptränken erleichtern den Küken in den ersten Stunden nach dem Einsetzen das Auffinden des Wassers.

## Tränkenbedarf bei Küken und Junghennen

| Alter | Tränkrinnenlänge pro Tier (cm) | Tiere je Nippel oder Cup | Rundtränken |
|---|---|---|---|
| 1. Woche | 0,5 | 6–7 | 1 Rundtränke |
| 2.–4. Woche | 1,0 | 6–7 | je 100 Tiere |
| 5.–8. Woche | 1,5 | 5–6 | oder 2–3 cm |
| 9.–15. Woche | 2,5 | 4–5 | Tränkseite je Tier |
| 16.–20. Woche | 3,0 | 3–4 | |

**Druckminderer für Nippel- und Cuptränken.**

Cuptränken (s. Seite 161). Diese sind höhen-verstellbar in der Mitte der Käfige angebracht. Um sicher zu gehen, daß die Küken in den ersten Tagen keinen Wassermangel leiden, sollten hier – insbesondere bei Nippeltränken – zusätzlich kleine Rundtränken im Käfig aufgestellt werden. Auch bei Aufzucht in Bodenhaltung können Nippel- oder Cuptränken eingesetzt werden. Sie sind jedoch hier weniger gebräuchlich. Der Tränkenbedarf bei Junghennen ist aus der Tab. Seite 135 ersichtlich.

## Lichtprogramm

Die Steuerung des Wachstums und des Zeitpunktes der Legereife erfolgt über Fütterungs- und Lichtprogramme. Wie schon erwähnt, reagieren Hühner sehr empfindlich auf Änderungen der Tageslichtdauer.

Das Licht ist neben der Nährstoffversorgung der wichtigste Faktor zu Regulation von Wachstum und Geschlechtsreife beim Huhn. Es hat sich gezeigt, daß hierbei weniger die Lichtintensität und Wellenlänge als der Licht-Dunkel-Wechsel von Bedeutung ist. Das Huhn nimmt Lichtreize nicht nur über die Netzhaut des Auges, sondern auch direkt über die Zirbeldrüse auf. Diese Reize steuern und synchronisieren den Tagesrhythmus der physiologischen Vorgänge im Huhn (z.B. der Entwicklung des Körpergewichts, der Geschlechtsreife und schließlich auch der Legetätigkeit).

Entscheidend für die Verzögerung oder Beschleunigung der Geschlechtsreife ist die Ver-

änderung der Lichtdauer im Alter von 12 bis 20 Wochen. Abnehmende Lichtdauer wirkt in dieser Phase hemmend auf die Gewichtsentwicklung und verzögert die Geschlechtsreife. Zunehmende Tageslichtdauer hat dagegen einen beschleunigenden Effekt. Hühner aus Schlüpfen im Dezember und Januar wachsen in zunehmendem Licht auf und erreichen am schnellsten die Geschlechtsreife. Bei Tieren aus späteren Schlüpfen fällt schon die letzte Phase der Jugendentwicklung in die Zeit nach der Sommerwende, so daß die Legereife verzögert wird. Die stärkste Verzögerung ist bei Küken zu beobachten, die von Mai bis Juli schlüpfen.

In der Praxis der Junghennenaufzucht wird dieses Wissen zur gezielten Steuerung der Legereife ausgenutzt, indem man ein 3-phasiges Lichtprogramm durchführt:
1. Dauerlicht in den ersten 2–3 Lebenstagen,
2. abnehmende Lichtdauer (Step down),
3. zunehmende Lichtdauer (Step up).
Die Dauerlichtphase ermöglicht es den Tieren, sich im Stall zurechtzufinden und ausreichend Futter und Wasser aufzunehmen.

Die abnehmende Lichtdauer führt auf physiologischem Weg zu einer verhaltenen Entwicklung des Körpergewichts und einer Verzögerung der Geschlechtsreife. Durch die anschließende Phase verlängerter Lichtdauer wird eine Beschleunigung der Geschlechtsreife und eine gewisse Synchronisation des Einsetzens der Legetätigkeit in der Herde erreicht. In der Junghennenaufzucht erfolgt die Verkürzung der Lichtdauer von der 1. bis 4. oder 6. Lebenswoche auf 8–10 Stunden pro Tag. In der 17. bis 19. Lebenswoche wird dann die ansteigende Phase der Lichtdauer eingeleitet. Prinzipiell kann gesagt werden, daß die Entwicklung der Tiere um so stärker gehemmt wird, je länger die Phase der geringen Lichtdauer anhält. Eine relativ starke Lichtrestriktion ist zum Beispiel bei mittelschweren, braunen Herkünften zur Unterstützung der Futterrestriktion angebracht. Bei leichten, weißen Hybriden ist eine geringere Lichtrestriktion erforderlich, wenn eine Futterrestriktion durchgeführt wird.

Der Zeitpunkt und die Intensität des Lichtanstiegs vor der Legereife bestimmen den Legezeitpunkt. Durch Hinauszögern dieser Phase kann die Legereife verzögert werden. Diese Maßnahme kann sinnvoll sein, wenn der Legehennenhalter relativ große Eier zu Beginn der Legetätigkeit bevorzugt. Ein spätes Einsetzen der Legetätigkeit hat außerdem einen positiven Einfluß auf die Durchhaltefähigkeit am Ende der Legeperiode.

Beim legereifen Huhn ist die Voraussetzung für eine hohe Legeleistung und ein langes Durchhaltevermögen eine Tageslichtdauer von mindestens 14 Stunden. Unterbrechungen der Tageslänge durch Dunkelperioden werden jedoch von den Hennen ohne Leistungseinbruch akzeptiert (s. Seite 142).

## Fütterungsprogramm

Obwohl das Licht eine entscheidende Rolle für die Steuerung der Entwicklung von Junghennen spielt, muß seine Wirkung durch ein abgestimmtes Fütterungsprogramm unterstützt werden. Während es in den ersten Lebenswochen darauf ankommt, den Küken einen guten Start über ein reichliches Angebot hochwertigen Futters zu geben, muß schon ab der 6. bis 8. Woche darauf hingearbeitet werden, ein optimales Gewicht beim Eintritt der Legereife zu erzielen. Da der Nährstoffbedarf der Junghennen von Legerassen im allgemeinen gering ist, muß einer Überversorgung durch Verringerung der Nährstoffdichte im Futter vorgebeugt werden. In den meisten Fällen, besonders bei der Aufzucht brauner Legehybriden, ist eine zusätzliche Futterrestriktion nötig. Die Restriktion beginnt in der Regel im Alter von 8 bis 10 Wochen und wird bis zur Umstellung auf Legehennenalleinfutter durchgehalten. Die restriktive Fütterung kann auf verschiedene Art und Weise durchgeführt werden: Begrenzung der Freßzeit, Begrenzung der Nährstoffkonzentration im Futter oder Begrenzung der Futtermenge. Die Freßzeit der Tiere kann durch Abdecken oder Hochziehen der Tröge verkürzt werden. Es hat sich dabei herausgestellt, daß kurzzeitige Freßzeitbegrenzungen keine anhaltenden Effekte erbringen, da die Tiere lernen, innerhalb von kürzester Zeit ihren Tagesbedarf zu decken. Dieser Gewöhnungsvorgang wird durch die Vergrößerung des Kropf- und Magenvolumens unterstützt. Erst relativ einschneidende Futterentzugszeiten bringen den gewünschten Erfolg. In der Regel wird das sogenannte „skip-a-day"-System durchgeführt, bei dem die Tiere an mehreren Tagen pro Woche keinen Zugang zum Futter haben.

Auch bei einer Verringerung der Nährstoffkonzentration durch Ballaststoffe können ausgleichende Reaktionen der Tiere beobachtet werden. Der Nährstoffmangel wird meist durch eine erhöhte Futteraufnahme wettgemacht. Als beste Methode ist die kontrollierte Mengenrestriktion anzusehen. Hierbei wird die Futtermenge anhand der Gewichtsentwicklung der Herde zugeteilt. Die optimale Gewichtsentwicklung der Junghenne wird in der Regel vom Züchter vorgegeben. In der Tabelle Seite 138 ist aufgezeigt, wie sich das Gewicht weißer und brauner Herkünfte entwickeln sollte. Je nach Gewicht und Appetit der Tiere müssen leichte oder nachhaltigere Restriktionen durchgeführt werden. Bei braunen Herkünften ist meist eine nachhaltige Restriktion nötig, um die Gewichtsentwicklung einzugrenzen. Die Futtermengenrestriktion erfordert zwar ein häufiges Wiegen von Tieren zur Feststellung des tatsächlichen Gewichts und der Tagesrationen, sie garantiert jedoch auch, daß am Ende der Aufzucht das Idealgewicht erreicht wird.

## Fütterungsprogramm für Junghennen
(Jahrbuch für die Geflügelwirtschaft, 1987)
Futterverzehr in kg ad lib. = zur freien Verfügung; l. r. = leicht restringiert; r = restriktiv.

| Alter (Wochen) | Futtertyp | weiße Herkünfte ad lib. | l. r. | r | braune Herkünfte r |
|---|---|---|---|---|---|
| 0–6 | Alleinfutter für Hühnerküken (18% Rohprotein) | 1,1 | 1,0 | 1,1 | 1,1 |
| 7–12 | Alleinfutter für Junghennen A (16% Rohprotein) | 2,5 | 2,3 | 2,1 | 2,4 |
| 13–20 | Alleinfutter für Junghennen B (13% Rohprotein) | 4,4 | 4,1 | 3,9 | 4,4 |
| | Gesamt-Futterverzehr 0–20 Wochen | 8,0 | 7,4 | 7,1 | 7,9 |

Zur Zeit sind automatische Wiegeeinrichtungen zur laufenden Kontrolle des Körpergewichts bei Junghennen in der Erprobung. Die Anlagen bestehen aus kugelförmigen Wiegeplatten, die von den Tieren betreten werden. Das Gewicht der Tiere wird elektronisch erfaßt und registriert. Da die Wiegeplatten von zahlreichen Tieren aufgesucht werden, kann auf einfache Weise ein relativ zuverlässiges Durchschnittsgewicht der Herde ermittelt werden, das eine genaue Zuteilung des Futters zur Einhaltung der gewünschten Gewichtsentwicklung erlaubt.

Die Futterrestriktion kann zu Problemen des Federpickens in Junghennenherden führen. Wird die Futtermenge um etwa 20% gegenüber dem Verzehr bei freier Fütterung reduziert, fressen die Tiere ihre Tagesration innerhalb von 15 bis 20 Minuten auf. Bei freiem Zugang zum Futter beträgt die Freßzeit etwa 50% der Lichtdauer, also ein Vielfaches gegenüber der restriktiven Fütterung. Die überschüssige Pickaktivität wird teilweise am Gefieder ihrer Abteilgenossen – also beim Federpicken – abreagiert. Müssen Junghennen, die zum Federpicken neigen, verhalten gefüttert werden, ist zu empfehlen, die Schnäbel zu stutzen. Das Schnabelstutzen sollte vorgenommen werden, *bevor* die Junghennen mit Federpicken beginnen. Bei Küken können die Schnäbel schon am 1. Lebenstag gestutzt werden. Spätestens mit 6 bis 8 Wochen sollte die Maßnahme erfolgt sein, da die Tiere mit zunehmendem Alter schwerer zu handhaben sind. (s. auch S. 51)

Das Schnabelstutzen erfolgt mit Hilfe eines speziellen Gerätes. Dabei werden Ober- und Unterschnabel mit einem glühenden Messer gekürzt. Zuweilen wird auch nur der Oberschnabel gestutzt. Es sollte darauf geachtet werden, daß der Schnabel nur bis zu dem Teil abgenommen wird, an dem die Blutgefäße

## Gewichtsentwicklung und Futterverbrauch von Junghennen bis zur Legereife

| Alter (Woche) | Weiße Legehybriden (leicht) | | | | Braune Legehybriden (mittel) | |
|---|---|---|---|---|---|---|
| | Normale Fütterung | | Restriktive Fütterung | | Restriktive Fütterung | |
| | Futterverbrauch in g pro Tag | Körpergewicht in g | Futterverbrauch in g pro Tag | Körpergewicht in g | Futterverbrauch in g pro Tag | Körpergewicht in g |
| 1 | 8 | 85 | 8 | 85 | 8 | – |
| 2 | 16 | 140 | 16 | 140 | 16 | – |
| 3 | 23 | 200 | 23 | 200 | 24 | – |
| 4 | 31 | 260 | 31 | 260 | 32 | 270 |
| 5 | 37 | 330 | 34 | 320 | 36 | 350 |
| 6 | 42 | 410 | 38 | 380 | 41 | 430 |
| 7 | 48 | 500 | 42 | 475 | 46 | 520 |
| 8 | 53 | 590 | 45 | 565 | 50 | 600 |
| 9 | 57 | 680 | 49 | 645 | 54 | 690 |
| 10 | 61 | 770 | 52 | 730 | 58 | 780 |
| 11 | 65 | 850 | 55 | 810 | 62 | 870 |
| 12 | 68 | 930 | 59 | 890 | 66 | 960 |
| 13 | 71 | 1000 | 62 | 960 | 69 | 1050 |
| 14 | 74 | 1070 | 64 | 1020 | 72 | 1140 |
| 15 | 77 | 1140 | 67 | 1080 | 75 | 1230 |
| 16 | 79 | 1200 | 70 | 1140 | 78 | 1320 |
| 17 | 81 | 1255 | 72 | 1200 | 81 | 1410 |
| 18 | 83 | 1310 | 74 | 1260 | 84 | 1490 |
| 19 | 84 | 1360 | 76 | 1300 | 87 | 1570 |
| 20 | 86 | 1410 | 78 | 1350 | 90 | 1640 |
| | Gesamtverbrauch 8,0 kg | | Gesamtverbrauch 7,1 kg | | Gesamtverbrauch 7,9 kg | |

## Kosten der Junghennenaufzucht
Beispiel einer Kostenrechnung bis zu einem Alter von 20 Wochen
(Jahrbuch für die Geflügelwirtschaft 1997)

|  | | DM/Tier | Kostenanteil |
|---|---|---|---|
| Tiermaterial einschl. Marekimpfung (2% Zugabe; 4% Verluste) | | 1,90 | 21,9 |
| Futter   2 kg Küken-Alleinfutter | (44 DM/dt) | 0,88 | 10,1 |
|          7 kg Junghennen-Alleinfutter | (50 DM/dt) | 2,87 | 33,0 |
| Tierarzt, Medikamente, Hygiene | | 0,12 | 1,4 |
| Energie, Wasser | | 0,26 | 3,0 |
| Versicherungen | | 0,08 | 0,9 |
| Sonstige Kosten | | 0,07 | 0,8 |
| Veränderliche Maschinenkosten (Kotausbringung) | | 0,06 | 0,7 |
| Zinsanspruch für Umlaufkapital (8%) | | 0,27 | 3,1 |
| Lohnkosten (4,2 Akmin/Junghenne bei 10000 Tieren); 15,– DM/AKh | | 1,06 | 12,2 |
| Anlagekosten[1] bei 155 Stalltagen (15 DM Gebäude; 6 DM für Einrichtung) | | 1,12 | 12,9 |
| Gesamtkosten (loco Hof) | | 8,69 | 100,0 |

[1] AfA Gebäude 6%; Einrichtung 12%; Verzinsung 8% von 60% des Neuwertes.

beginnen. Auftretende Blutungen werden durch das glühende Messer sofort gestillt. Bei Küken werden die Schnäbel durch eine Lochscheibe gesteckt. Somit wird verhindert, daß zu große Teile des Schnabels entfernt werden.

In der Aufzucht werden in der Regel 3 Futtertypen eingesetzt. Im Alter von 0–6 Wochen erhalten die Tiere ein Alleinfutter für Hühnerküken mit 18% Rohprotein. Von der 7. bis zur 12. und der 13. bis zur 18. bzw. 20. Lebenswoche werden geringer konzentrierte Alleinfutter für Junghennen mit 16 und 13% Rohprotein angeboten. Alle Rationen werden in Mehlform verabreicht.

Die dreiphasige Fütterung kann auf 2 Phasen reduziert werden. Hierbei erhalten die Tiere von der 1. bis 8. Woche Kükenfutter (18% Rohprotein) und von der 9. bis 20. Woche durchgehend ein Futter mit ca. 14,5% Rohprotein und 2750 kcal U.E. Die 3-Phasenfütterung ist jedoch etwas kostengünstiger, da in der letzten Phase ein weniger konzentriertes Futter gefüttert werden kann.

## Wirtschaftlichkeit der Junghennenaufzucht

Ein Beispiel für die Kosten der Junghennenaufzucht ist in der Tabelle oben gegeben. Es zeigt sich deutlich, daß das Futter mit über 40% den größten Kostenfaktor darstellt. Entsprechend muß darauf geachtet werden, daß kein Luxuskonsum auftritt. Das Fütterungsprogramm muß mit dem Lichtprogramm abgestimmt werden. Nur so lassen sich leistungsfähige Junghennen kostengünstig erzeugen.

Die hier aufgeführten Kosten sind Mittelwerte aus Betriebsabrechnungen. Die tatsächlichen Kosten weisen von Betrieb zu Betrieb erhebliche Schwankungen auf, die sich schließlich auf die Gesamtkosten auswirken. Gewinne können nur bei besten Aufzuchtbedingungen erwirtschaftet werden. Der Geflügelhalter sollte deshalb anhand seiner betriebsspezifischen Daten prüfen, ob sich die Aufzucht lohnt, oder ob er Junghennen von einem spezialisierten Betrieb zukaufen soll.

# Legehennenhaltung

Die Legehennenhaltung hat in den letzten 30 Jahren eine sehr rasche Entwicklung durchgemacht. Nach einer kurzen Phase der Intensivierung der Auslaufhaltung um 1950 wurde sehr schnell die intensive Bodenhaltung – ohne Auslauf – eingeführt. Um 1960 erfolgte die Einrichtung der ersten Käfige, die über die USA und England nach Deutschland gelangten. Sie haben in den folgenden Jahren sehr schnell die Bodenhaltung verdrängt. Erst seit Beginn der 90er Jahre werden wieder vermehrt Boden-, Volieren- und Auslaufsysteme eingerichtet. Der Markt für die Produkte dieser alternativen Haltung ist noch relativ gering, zeigt aber stetiges Wachstum. Besonders für den bäuerlichen Selbstvermarkter sind hier Nischen vorhanden, die es erlauben, sich von der industriellen Standardware abzuheben. Auch wenn es in der Regel nicht möglich ist, objektive Unterschiede in der Qualität der Produkte nachzuweisen, so ist doch die Art der Haltung an sich beim Verbraucher als Argument für einen höheren Preis anzubringen. Prinzipiell sind für den bäuerlichen Betrieb alle Systeme, von der intensiven Käfighaltung bis zur extensiven Auslaufhaltung, möglich. Die Entscheidung richtet sich nach der Neigung der Kunden und der Verfügbarkeit von Gebäuden, Fläche, Kapital und Arbeitskräften. Im folgenden sollen deshalb nach Hinweisen zur Produktionstechnik und den einzelnen Umweltfaktoren die verschiedenen Haltungssysteme behandelt werden.

## Leistungsentwicklung im Verlauf der Legeperiode

Sobald die Legereife erreicht ist, steigt die Leistung einer Herde steil an. Das Maximum ist bei einem Alter von 30 bis 34 Wochen erreicht. Es sollte in gut geführten Herden über 90% liegen und nur langsam absinken (Abb. rechts). Ein zögernder Anstieg der Leistung weist auf Mängel in der Haltung und Fütterung, oder auf Krankheiten hin. Das Aufzeichnen der Legekurve ist deshalb zur Kontrolle der Tiere sehr wichtig. Das Eigewicht steigt relativ langsam, aber kontinuierlich bis zum Ende der Legeperiode an. Die Eimasse als Resultat aus prozentualer Legeleistung und Eigewicht zeigt ebenfalls einen typischen Verlauf, der zunächst überwiegend von der Eizahl, in späteren Leistungsabschnitten aber immer mehr durch das Eigewicht bestimmt ist. Gegen Ende der Legeperiode nimmt die Schalenstabilität ab und der Anteil Knickeier steigt drastisch an. Dies ist zum Teil auf die größeren Eier zurückzuführen, die allgemein eine schwächere Schale aufweisen. Hinzu kommt, daß die Fähigkeit zur Schalenbildung mit zunehmendem Alter der Tiere abnimmt. Meist wird die Entscheidung, wann eine Herde unwirtschaftlich wird, nicht durch nachlassende Legeleistung, sondern durch den ansteigenden Anteil von Bruch- und Knickeiern bestimmt. Die Schalenbildung ist offensichtlich der begrenzende Faktor der Eiproduktion.

## Einleitung von Legepausen

Durch die Einleitung einer Legepause kann am Ende der Legeperiode eine Regeneration der Leistungsfähigkeit sowohl in bezug auf Einzahl als auch auf Schalenstabilität erreicht werden. Somit ist es möglich, eine Herde über eine zweite Legeperiode zu halten.

Die Entscheidung, ob eine zweite Legeperiode durchgeführt werden soll, hängt von verschiedenen betriebsspezifischen Faktoren ab. Es kann deshalb keine allgemeine Empfehlung dafür oder dagegen gegeben werden. Da die Legeleistung in der zweiten Legeperiode geringer ist als in der ersten, müssen andere wirtschaftliche Faktoren diesen Nachteil ausgleichen. Folgende Bedingungen und Situationen begünstigen die Durchführung der zweiten Legeperiode:
1. Hohe Junghennenpreise: Die fixen Kosten für den Ankauf von Junghennen werden auf eine insgesamt höhere Produktion verteilt.
2. Nachfrage nach Eiern der oberen Gewichtsklassen: Da das Eigewicht nach der Lege-

pause ebenso hoch ist wie am Ende der ersten Legeperiode, fallen praktisch keine Eier der geringsten Gewichtsklassen an. Dies ist in den Marktsituationen von Vorteil, in denen große Eier nachgefragt bzw. kleine Eier schwer absetzbar sind.

3. Zeitlich begrenzter Rückgang der Nachfrage: Durch geschickte Planung der Legepausen können saisonbedingte Absatzschwierigkeiten – z.B. in der Urlaubszeit – überbrückt werden.

## Methoden

Früher war es üblich, die Legepause durch radikalen Futter-, Wasser- und Lichtentzug über 2–3 Tage durchzuführen. Die Legeleistung fiel dann innerhalb von einer Woche auf weniger als 1%. Die Tiere stießen das Gefieder radikal ab. Eierstock, Kamm und Kehllappen wurden zurückgebildet. Diese Methode ist heute aus Tierschutzgründen nicht mehr zulässig.

Es hat sich in den letzten Jahren gezeigt, daß auch weniger radikale Methoden zu guten Ergebnissen in der zweiten Legeperiode führen. So kann durch das Füttern einer natriumarmen Ration der gleiche Effekt erreicht werden, wie über Licht-, Futter- und Wasserentzug. Hierbei wird eine Ration mit weniger als 0,03% Na drei Wochen lang verabreicht. Auf Wasserentzug kann verzichtet werden. Allerdings ist eine Verringerung der Lichtintensität und der Lichtdauer angebracht, da die Tiere in dieser Zeit zum Federpicken neigen. Diese Methode eignet sich deshalb nur für fensterlose Ställe.

Eine weitere Methode ist die alleinige Verabreichung von Mais-, Hafer- oder Gerstenschrot für etwa 14 Tage, wie in folgendem Schema aufgeführt:

### Durchführung einer Legepause nach J. Petersen

| | |
|---|---|
| Tag 0 | Tröge leerfressen lassen |
| Tag 1 bis 3 | Reduktion der Lichtdauer von 14 auf 4 Stunden; eventuell Reduktion der Lichtintensität wenn möglich |
| | Umstellung der Fütterung von Legehennenalleinfutter auf Getreide, z.B. Mais, Weizen oder Hafer in gemahlener, gebrochener oder gequetschter Form; 35 g pro Tier. |
| | 3 g Muschelschalen pro Tier und Tag |
| | Einmalige Gabe von 3 g Grit pro Tier |
| Tag 4 bis 14 | Steigerung der Getreidemenge um 10 g pro Tier und Tag (von 35 g bis zur Sattfütterung) |
| Tag 15 | Umstellung auf Legehennenalleinfutter zur freien Verfügung. Steigerung der Lichtdauer um 1 Stunde pro Tag bis auf 14 Stunden; Einstellung der normalen Lichtintensität |

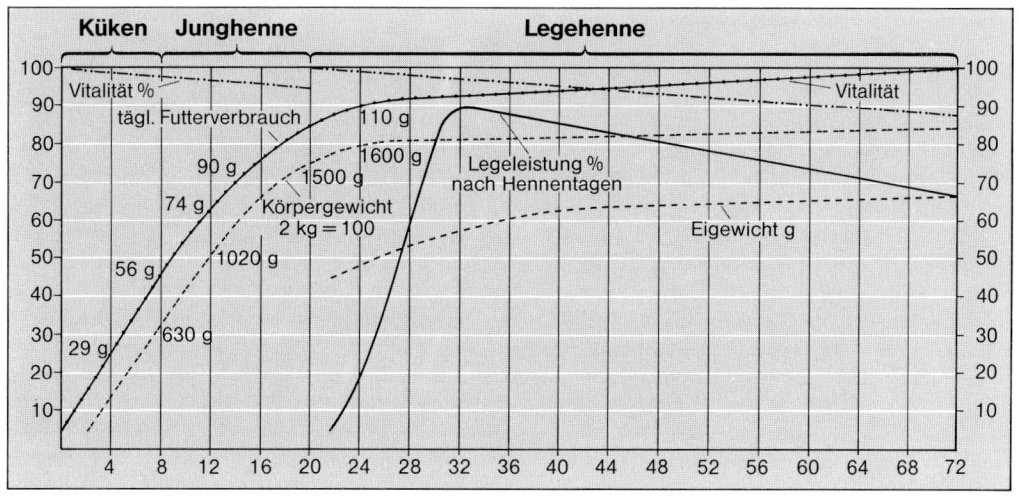

Die Entwicklung von Vitalität, Futterverbrauch, Körpergewicht und Legeleistung vom Küken bis zur Legehenne.

| Zusammensetzung einer natrium-armen Ration in % zur Einleitung einer Legepause | |
|---|---|
| Maisschrot | 49,000 |
| Sojaschrot (44) | 24,694 |
| Weizenschrot | 8,000 |
| Mineralstoffe (ohne NaCl) | 4,200 |
| Kohlensaurer Kalk | 4,100 |
| Luzernegrünmehl | 3,000 |
| Haferschrot | 3,000 |
| Sojaöl | 3,000 |
| Vitamine | 1,000 |
| Carotinoide | 0,006 |
| | 100,000 |

Nach Wiederaufnahme der Fütterung erfolgt jedoch eine rasche Regeneration der Tiere. Etwa 35 bis 40 Tage nach Beginn der Maßnahmen erreichen die Tiere eine Legeleistung von 50%. Der Verlauf der Leistungskurve gleicht der der ersten Legeperiode, jedoch bleibt das Leistungsmaximum etwa 10–15% niedriger. Trotz des hohen Eigewichts ist die Schalenstabilität verbessert. Während der Legepause ist manchmal eine erhöhte Mortalität (1–2%) festzustellen. In der nächsten Legeperiode ist dann jedoch die Sterblichkeit sehr niedrig, so daß insgesamt keine wirtschaftlichen Einbußen entstehen. Oftmals ist die Mortalität während der Legepause und während der zweiten Legeperiode gegenüber der ersten kaum verändert.

Der Beginn der Legepause sollte zwischen dem 8. und 12. Legemonat liegen. Die Herde sollte in der ersten Legeperiode eine gute Leistung aufweisen und vital sein. Nur unter diesen Voraussetzungen ist die Durchführung einer zweiten Legeperiode wirtschaftlich.

## Faktoren für hohe Legeleistung

Einer der wichtigsten Faktoren für eine hohe Legeleistung ist das Lichtprogramm. Stallklima, Größe der Herde und Besatzdichte können zudem die Legeleistung beeinflussen.

## Lichtprogramm

Wie schon erwähnt, benötigt eine Legehenne einen Lichttag von mehr als 12 Stunden. Ein 14-Stunden-Lichttag kann allgemein als ausreichend angesehen werden. Vielfach wird empfohlen, die Lichtdauer gegen Ende der Legeperiode bis auf 16–18 Stunden zu verlängern. Es ist aber nicht nachweisbar, daß sich eine Verlängerung der Beleuchtungszeit über 14 Stunden positiv auswirkt.

Die Tageslichtdauer kann ohne Nachteile für Eizahl und Eigewicht unterbrochen werden.

Von dieser Möglichkeit wird immer häufiger Gebrauch gemacht. Es ist zum Beispiel durchaus möglich, die 14-stündige Lichtperiode durch eine 4-stündige Dunkelperiode zu unterbrechen. Die Unterbrechung kann zu einem beliebigen Zeitpunkt erfolgen, solange eine stabile Nachtperiode von etwa 10 Stunden eingehalten wird. Es wird allerdings empfohlen, die Dunkelphase erst nach dem Erreichen der Leistungsspitze einzuführen und sie

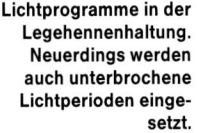

Lichtprogramme in der Legehennenhaltung. Neuerdings werden auch unterbrochene Lichtperioden eingesetzt.

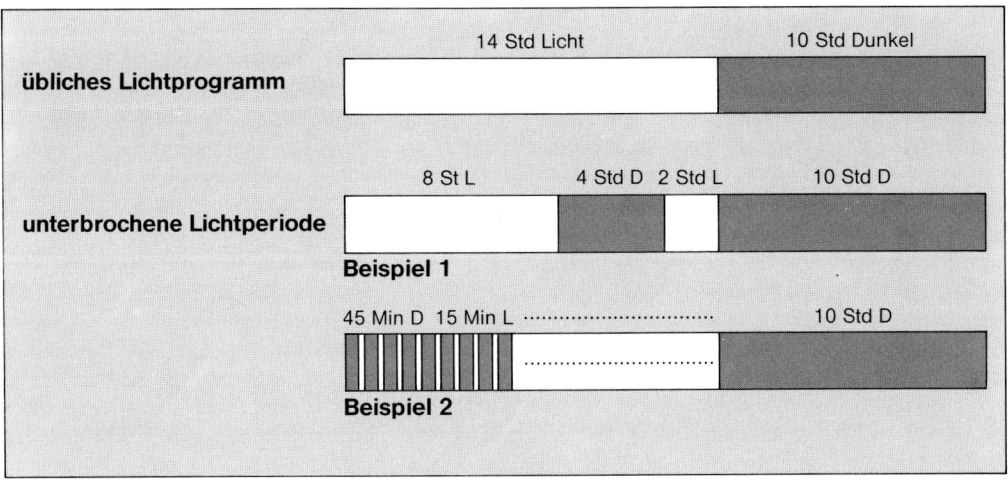

zunächst von 1 Stunde auf 4 Stunden zu erhöhen. Eine weitere Möglichkeit zur Unterbrechung der Lichtperiode besteht darin, während der „Lichtperiode" nur etwa 15 Minuten Licht pro Stunde zu geben.

In beiden Fällen akzeptieren die Tiere die Unterbrechungen als Lichtperiode. Man spricht deshalb von der „subjektiven Tageslichtdauer", die in den angegebenen Beispielen nach wie vor 14 Stunden beträgt. Bei der Einführung solcher Programme sollte jedoch geprüft werden, ob sie mit den täglich anfallenden Arbeiten im Stall vertretbar sind. In der Regel muß das Lichtprogramm in diesen Fällen zur Erledigung der Stallarbeiten auf Handbetrieb geschaltet werden. Um sicherzustellen, daß das Lichtprogramm nicht durch ein Vergessen der Rückstellung gestört wird, muß eine automatische Rückstellung vorgesehen werden.

Die Lichtintensität und -qualität sind für die Leistungsbereitschaft des Tieres von untergeordneter Bedeutung, sie spielen jedoch in der technischen Ausführung und Wirtschaftlichkeit eine Rolle.

Es muß auch beachtet werden, daß die Beleuchtung des Stalles eine wichtige Arbeitsbedingung für das Betreuungspersonal ist. Während für eine hohe Legeleistung der Tiere ein Dämmerlicht von weniger als 7 lux ausreichend ist, muß die Beleuchtungsanlage mit Rücksicht auf die im Stall zu erledigenden Arbeiten wesentlich höhere Werte erbringen können. Für Kontrollgänge und sonstige Arbeiten im Stall sollte die Lichtintensität so erhöht werden können, daß alle Tiere gut sichtbar sind. Als Richtlinie werden hier etwa 15 lux angenommen.

## Temperatur und Luftfeuchte

Die Umwelttemperatur wirkt sich über die Regulation der Futteraufnahme auf die Legeleistung aus. Da das Huhn einen weiten Anpassungsbereich besitzt, kann es in Bereichen von 10 °C bis zu 25–30 °C hohe Leistungen erbringen. Bei tieferen Temperaturen kann offensichtlich der Temperaturverlust nicht durch eine Steigerung der Futteraufnahme ausgeglichen werden. Die Eiproduktion sinkt ab. Bei hohen Temperaturen geht die Futteraufnahme überproportional zurück. Dies führt zunächst zu einem geringeren Eigewicht und schließlich auch zur Reduktion der Eizahl. Temperaturschwankungen im Tag-Nacht-Rhythmus wirken sich in der Regel günstig auf die Legeleistung aus. Die Luftfeuchte hat keinen direkten Einfluß auf die Leistung. Zu geringe Feuchte bewirkt jedoch – ebenso wie zu hohe Feuchte – Schwierigkeiten in bezug auf Hygiene und Tiergesundheit und sollte deshalb vermieden werden. Im allgemeinen ist eine relative Feuchte im Stall zwischen 60 und 70% zu empfehlen.

## Gruppengröße, Besatzdichte und Troglänge

Bei der Entwicklung der Käfighaltung stellte es sich heraus, daß sich relativ große Gruppen von 8 Tieren pro Käfig negativ auf die Leistung der Tiere und den Brucheieranteil auswirkten. Große Gruppen bedingen außerdem eine höhere Aggressivität und Scheu sowie vermehrtes Federpicken. In der Regel sollten deshalb die Gruppengrößen bei 4 bis 6 Tieren pro Käfig liegen. In bezug auf die Besatzdichte (Käfigfläche pro Tier) kann davon ausgegangen werden, daß unter 400 cm$^2$ pro Tier bei den genannten Gruppengrößen eine Depression der Legeleistung zu erwarten ist. Troglängen von 7–10 cm pro Tier wirken sich im allgemeinen nicht negativ auf die Legeleistung aus. Allerdings weisen großzügiger bemessene Freßplätze von etwa 15 cm Vorteile in Hinsicht auf eine ausgeglichenere Freßaktivität der Tiere eines Käfigs, geringere gegenseitige Störungen, weniger Federpicken und weniger Knickeier auf. Die große Trogfläche pro Tier bei unveränderter Käfigfläche wird durch den sogenannten Flachkäfig erreicht, der eine zur Tiefe relativ große Länge aufweist. In Boden- und Auslaufsystemen liegen die Gruppengrößen im Bereich von unter 100 bis über mehrere tausend Tiere. Es ist nicht bekannt, daß die Gruppengröße an sich die Legeleistung beeinträchtigt. Allerdings muß berücksichtigt werden, daß mit zunehmender Tierzahl pro Gruppe auch die Wahrscheinlichkeit erhöht ist, zum Federpicken und Kannibalismus neigende Hennen in der Gruppe anzutreffen, die dann Schäden an großen Tierzahlen anrichten können. Dies dürfte der Grund sein, daß in den alternativen Systemen mehr Kannibalismus auftritt. Zu hohe Besatzdichte im Bodenhaltungssystem wirkt sich in erster Linie über die Verschlechterung der Einstreu und des Klimas negativ auf die Leistung und Gesundheit der Tiere aus. Sie erschwert auch die Kontrolle der Tiere.

## Umstellung von der Aufzucht zur Legehennenhaltung

Gut aufgezogene Junghennen sind in der Regel robust und anpassungsfähig. Sie überstehen Transporte problemlos. Allerdings müssen auch hier bestimmte Bedingungen eingehalten werden. Eine zu starke Besetzung der Transportbehälter ist zu vermeiden. Die Besatzdichte im Transportbehälter sollte 200–300 cm² pro Tier bei 1 bis 1,5 kg Lebendgewicht nicht überschreiten. Dies gilt besonders im Sommer, wenn die Tiere auf dem Transport hohen Temperaturen ausgesetzt sind und keine Möglichkeit zur Wasseraufnahme haben. Wie bei Küken ist auch bei Junghennen beim Einsetzen in die neue Umgebung das Auffinden von Wasser von entscheidender Bedeutung. Besonders bei der Umstellung auf andere Tränksysteme, zum Beispiel von Rundtränken auf Nippel oder Cups müssen die Tiere in den ersten 24 Stunden sorgfältig beobachtet werden. Das Auffinden des Futters ist in der Regel kein Problem für die Tiere.

Bei der Umstellung von Aufzucht- auf Legeställe häufen sich oft Belastungsfaktoren der verschiedensten Art. Zu dem erwähnten Transport und dem damit verbundenen Futter- und Wasserentzug kommt meist die Umstellung von Junghennen- auf Legehennenfutter, die Anpassung an die fremde Umgebung, die Umstellung des Lichtprogrammes, und oft wird kurz vor dem Umstallen noch eine Impfmaßnahme durchgeführt. Wenn sich in der Praxis auch nicht alle belastenden Faktoren ausschalten lassen, so kann der Streß der Umstellung doch durch geeignete Maßnahmen gering gehalten werden.

Der Legehennenstall ist rechtzeitig vor der Ankunft der Junghennen vorzubereiten. Da die Tiere in ihrer neuen Umgebung scheu und nervös sind, sollten nach dem Einstallen nur die nötigen Pflegearbeiten durchgeführt werden. Der Stall muß vorher gereinigt und desinfiziert sein. Fütterungs- und Tränkeinrichtungen sowie die Klimaanlage sind fachgerecht einzustellen und auf Funktionstüchtigkeit zu prüfen. Auch an der Beleuchtung sind Manipulationen, zum Beispiel Auswechseln von Lampen, direkt nach dem Umstallen zu vermeiden, da die Tiere dadurch leicht in Panik geraten.

Neben den technischen Vorbereitungen sind Stallisten anzulegen, in welche alle Maßnahmen (z.B. Impfprogramm) für die folgende Legeperiode vermerkt und Leistungsergebnisse, Mortalität und besondere Vorkommnisse eingetragen werden.

Die Desinfektionsmatten an den Türen sind mit Desinfektionslösung zu befeuchten.

Obwohl es bekannt ist, daß eine Umstallung mit 18 Wochen oder früher günstig ist, hat sich im allgemeinen ein späterer Umstallungstermin im Alter von 20 Wochen eingebürgert. Wo es die Umstände zulassen, sollte aber mit 18 Wochen oder früher umgestallt werden. Dies ist besonders bei Bodenhaltungs- und Auslaufsystemen wichtig, da hier spätes Umstallen Probleme mit verlegten Eiern mit sich bringt. Dabei ist das Impfprogramm mit 16 Wochen abzuschließen. Im Alter von 20 Wochen kann dann die Umstellung auf Legehennenfutter erfolgen.

Werden die Junghennen nicht im eigenen Betrieb aufgezogen, sondern zugekauft, muß der Käufer auf verbindliche Informationen über das Alter der Tiere und das durchgeführte Impfprogramm achten. Eine Gewichtskontrolle ist auf jeden Fall angebracht. Hierbei genügt das Wiegen von Stichproben (ca. 100 Tiere). Anhand der Gewichtstabellen, die für alle Herkünfte verfügbar sind, kann geprüft werden, ob die Junghenne den Vorstellungen des Züchters entspricht. Neben dem Durchschnittsgewicht ist auch auf die Ausgeglichenheit und den Gefiederzustand der Junghennen zu achten. Herden mit sehr schweren und sehr leichten Tieren und Tiere mit struppigem, glanzlosem Gefieder weisen auf Fehler in der Aufzucht hin. Die Herde kann gewichtsmäßig als ausgeglichen gelten, wenn 80 von 100 einzeln gewogenen Tieren nicht mehr als 10% vom Mittelwert abweichen.

## Haltungssysteme

Die Haltung von Legehennen hat in den letzten 30 Jahren eine dramatische Entwicklung durchlaufen. Ausgehend von der extensiven Auslaufhaltung führte sie über die intensiven Bodenhaltungssysteme mit Einstreu oder Gitterrostböden hin zur Käfigbatterie. In letzter Zeit haben sich auch die Volierensysteme als Alternativen zur Boden- und Käfighaltung bewährt. Dabei haben sich die Legehennen als äußerst anpassungsfähig erwiesen, so daß sie in allen Systemen eine hohe Legeleistung erbringen können.

## Auslaufhaltung

In der herkömmlichen extensiven Hühnerhaltung verbringen die Hennen den größten Teil des Tages im Freien. Der Stall dient nur der Übernachtung und dem Legen. Die Tiere haben einen weiten, meist unbegrenzten Auslauf zur Verfügung. Dennoch entfernen sie sich nur einige hundert Meter vom Hof und suchen bei Einbruch der Dunkelheit ihren Stall auf.

Sie suchen einen großen Teil ihres Futters selbst und werden zusätzlich mit Küchenabfällen und etwas Getreide versorgt. Die Leistung dieser Tiere ist deshalb in der Regel gering. Da jedoch auch der Aufwand an Arbeit, Gebäuden und Einrichtungen vernachlässigt werden kann, kann diese extensive Form in kleinen Herden zur Selbstversorgung bäuerlicher Betriebe interessant sein. Es muß jedoch berücksichtigt werden, daß hier Risikofaktoren auftreten, die unkontrollierbar sind. Verluste durch Raubfeinde wie Fuchs und Greifvögel sowie das Verlegen der Eier führen häufig dazu, daß selbst die Kosten des Tiermaterials nicht gedeckt werden. Schwerwiegender als die möglichen wirtschaftlichen Verluste bei dieser Haltungsform ist jedoch das Problem der Hygiene. Die Verschmutzung der Höfe und auch des Großtierfutters durch Geflügelkot sind in bezug auf die Gesundheit von Menschen und Tieren bedenklich. Der unbegrenzte Auslauf von Hühnern kann deshalb nicht empfohlen werden.

Soll die Geflügelproduktion wirtschaftlich und hygienisch annehmbar gestaltet werden, müssen die Tiere unter kontrollierten Bedingungen gehalten werden. Hierzu gehören ein umzäunter Auflauf und ausreichend Stallraum, so daß die Tiere bei schlechtem Wetter im Stallinneren ausreichend Platz haben.

**Gestaltung des Auslaufs.** Pro Henne sind 10–15 m² Auslauf einzuplanen. Der Auslauf muß bei schweren Böden, die zur Staunässe neigen, mit einer Drainage versehen werden, da er sonst sehr schnell verschlammt. Schlammige Ausläufe führen zu einer starken Verschmutzung von Hennen und Eiern. Sie bieten Darmparasiten optimale Lebensmöglichkeiten und sind somit als Risikofaktor ersten Ranges anzusehen. Auf extrem sandigen, wasserdurchlässigen Böden erübrigt sich eine Drainage. Für die warme Jahreszeit sind – soweit keine Bäume und Sträucher vorhanden sind – Schattendächer anzulegen.

Im Bereich der Schlupföffnungen zum Auslauf hin läßt sich keine intakte Grasnarbe erhalten. Es ist deshalb zu empfehlen, diesen Bereich zu befestigen. Im Übergangsbereich von der mit Schotter versehenen Fläche zur Grasnarbe kann ein Maschendraht verlegt werden. Dieser verhindert, daß der Bewuchs durch Scharren zerstört wird.

Die Zäune müssen etwa 1,8 bis 2 m hoch sein, damit ein Überfliegen verhindert wird. Zur Abwehr von Greifvögeln dienen weiße Streifen aus Kunststoff oder Fäden, die über dem Auslauf verspannt werden. Absolute Sicherheit bietet jedoch nur das Abdecken des Auslaufs mit Netzen oder Drahtgitter. Eine Maschenweite von etwa 5 cm und eine Drahtstärke von 2,0 bis 2,5 mm sind ausreichend. Bei starker Bedrohung durch Füchse sollten die Zäune in den Boden eingelassen oder durch Bodenanker gesichert werden. Dies bedeutet, daß die Kosten zur Umzäunung des Auslaufes eine erhebliche finanzielle Belastung darstellen. Darüber hinaus muß darauf hingewiesen werden, daß bei der Neuerrichtung oder Veränderung von Zäunen die Genehmigung der Behörden eingeholt werden muß. Soll die Fütterung im Freien erfolgen, sind die Tröge mit einem Regenschutz auszustatten, denn nasses Futter verdirbt schnell und verursacht Verdauungsstörungen oder – im Fall von Verpilzung – Vergiftungen. Die Fütterung sollte deshalb vorzugsweise im Stall erfolgen.

Das Futter lockt in der Regel Wildvögel in großer Zahl an. Abgesehen vom Futterverbrauch der Vögel ist die Einschleppung von Krankheiten, wie Geflügelpest oder Salmonellen, zu befürchten. Die Ausläufe dienen als Brutstätte von Parasiten. Um den Invasionsdruck zu vermindern, sollten Umtriebssysteme eingeplant werden. Bleiben die Ausläufe 1 bis 2 Jahre unbelegt, vermindert sich die Infektionsgefahr. Manche Krankheitserreger können in ihrer Dauerform jedoch mehrere Jahre im Auslauf überleben.

Bei der Besatzdichte im Auslauf von 10 bis 15 Hennen je m² wird die natürliche Vegetation, mit Ausnahme größerer Büsche und Bäume, von den Hühnern aufgezehrt. Während der Nutzungspause wächst jedoch rasch wieder eine üppige Pflanzenwelt nach. Vorsicht ist beim Austrieb der Hennen auf Ausläufe mit langem Grasbewuchs geboten. Lange Halme werden von den Hennen oft unzerkleinert verschlungen und rufen Verstopfungen im Kropf hervor. Die sogenannten Kropfwickel aus langfaserigen Pflanzen können zwar operativ relativ einfach entfernt werden, oft sterben die Hennen aber, weil das Problem nicht erkannt wird.

Zur Verringerung des Krankheitsdruckes können Wechselausläufe eingerichtet werden. Dabei haben die Tiere eines Stalles Zugang zu 2 Auslaufbereichen. Die Dauer der Nutzung muß sich nach dem Zustand der Grasnarbe richten. Die Beschickung der Ausläufe erfolgt je nach ihrem Zustand. In der Ruhezeit muß der Bewuchs zurückgeschnitten werden. Aufgrund der langen Überlebensdauer der Darmparasiten ist jedoch auch hierdurch keine absolute Sicherheit gegeben. Bei einem hohen Parasitenbefall ist die Behandlung der Fläche mit Kalkstickstoff (geölt, 30–60 g/m²) oder Ätzkalk (40–80 g/m²) zu empfehlen. Hilft auch dies nicht, verbleiben nur das Abtragen einer 15–20 cm hohen Bodenschicht und eine anschließende Neubegrünung.

Besonders problematische Bereiche sind die Stellen in unmittelbarer Nähe der Ausgänge. Da die meisten Tiere sich nicht weit vom Stall entfernen, ist hier die Gasnarbe schnell durch Picken und Scharren zerstört und neigt zum Verschlammen. Das erhöht nicht nur den Parasitendruck, sondern auch den Anteil verschmutzter Eier, da der Schmutz von den Hennen in den Stall und in die Nester verschleppt wird. Es ist deshalb angebracht, Maßnahmen zur Trockenhaltung der Ausgangsbereiche zu treffen. Hierzu gehören das Anlegen von Kies- oder Schotterpackungen oder das Abdecken dieser Stellen mit Holz- oder Kunststoffrosten. Um die Zerstörung der Grasnarbe durch Scharren zu verhindern, können Drahtgitter verlegt werden.

Diese wachsen in die Grasnarbe ein und stören somit nicht bei der Begehung und der Pflege des Auslaufes. Das Anlegen von Sträuchern und Bäumen im Auslauf verleiht den Tieren ein höheres Sicherheitsgefühl und bewirkt, daß sie sich weiter vom Stall entfernen und somit den Auslauf besser nutzen. Allerdings kann es auch vorkommen, daß die Tiere dann abends nicht in den Stall zurückgehen, sondern draußen aufbaumen. Ist das der Fall, müssen sie vom Betreuer in den Stall gebracht werden (siehe S. 48).

Haben sich diese Gewohnheiten einmal in einer Herde eingerichtet, sind sie kaum zu ändern. Um sicherzugehen, daß die Hennen abends von selbst den Stall aufsuchen, werden im Bereich der Schlupflöcher Lampen angebracht, die vor Beginn der Dämmerung eingeschaltet werden. Die Öffnungen kann man dann nach Eintritt der Dunkelheit problemlos schließen. Moderne Ställe sind teilweise schon mit automatischen Schließvorrichtungen in Verbindung mit der Beleuchtung der Schlupföffnungen versehen.

Ein weiterer Schritt zur Lösung der Auslaufprobleme ist das Einrichten überdachter, mit Maschendraht geschlossener Ausläufe (siehe Abb. S. 100). Diese sind mit einer Betonplatte und Einstreu versehen. Sie können somit wie der Innenraum gereinigt und desin-fiziert werden und bieten zu jeder Jahreszeit die Möglichkeit zum Sandbaden. Eine solche Lösung ist aus der Sicht der Tiere und der Tierhalter als guter Kompromiß anzusehen. Zur Zeit besteht jedoch das Problem, daß die Einordnung des Überdachten Auslaufs oder „Wintergartens" nach der Vermarktungsordnung für Eier nicht geklärt ist. Eine Änderung der Vermarktungsordnung in dieser Richtung ist jedoch zu erwarten.

## Hüttenhaltung

Die Haltung von Hühnern in versetzbaren Hütten war vor der Entwicklung der Intensivhaltung üblich (Abb. S. 115). Sie wird auch heute wieder in Erwägung gezogen. Die Hütten sind in erster Linie als Schutz für die Nacht gedacht. Sie stellen deshalb nur eine geringe Fläche mit Sitzstangen zur Verfügung. An der Außenwand sind Nester angebracht. Bei einer Fläche von 0,8 × 2,4 m werden im Abstand von 40 cm Sitzstangen angebracht. Es können hier 50 Junghennen oder 30 Hennen untergebracht werden. Futter und Wasser sollten im Auslauf angeboten werden.

Da sich ein fester Zaun für die Haltung in transportablen Hütten nicht eignet, kann der

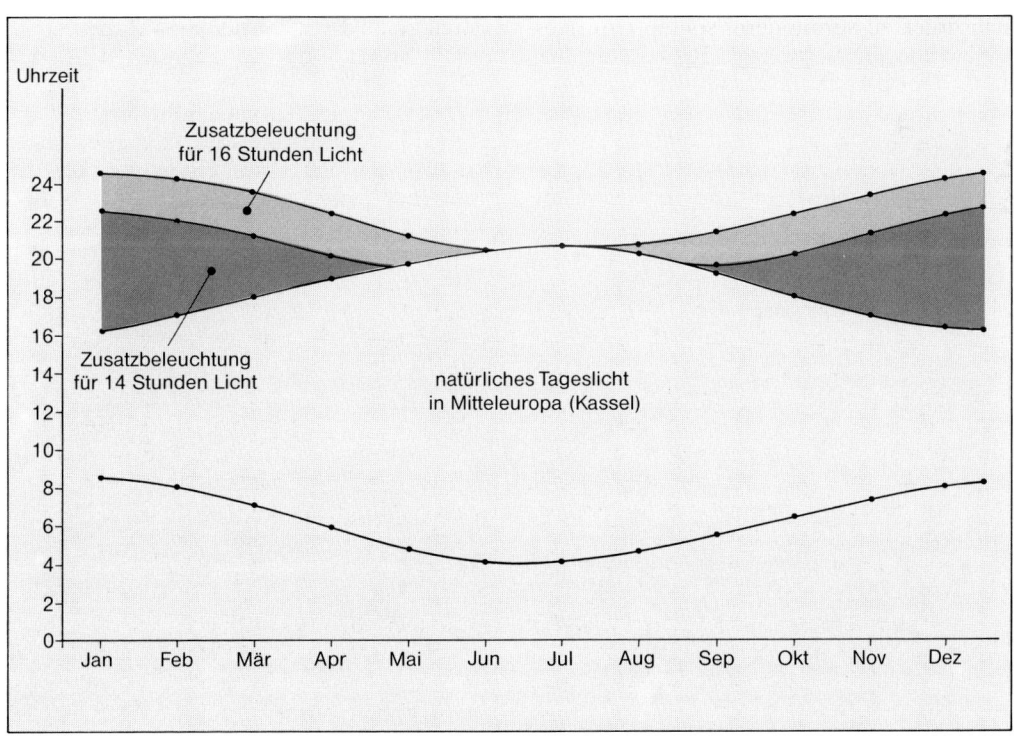

Das natürliche Tageslicht muß in Fensterställen durch eine geeignete Zusatzbeleuchtung ergänzt werden.

Auslauf mit Hilfe von „fliegenden" Kunststoffzäunen, wie sie in der Schafhaltung gebräuchlich sind, eingefriedet werden. Die Höhe sollte mindestens 1,6 m betragen. Um ein Überfliegen zu verhindern, müssen den Hühnern einseitig die Schwungfedern gestutzt werden. Das Risiko der Anreicherung des Auslaufes mit Parasiten ist bei der Hüttenhaltung gering, allerdings ist letztere nur für eine geringe Herdengröße geeignet. Der Arbeitsaufwand ist erheblich.

**Gestaltung des Stalles.** Der Stall muß Raum für den ganztägigen Aufenthalt aller Hennen bieten, denn bei regnerischem, kaltem und windigem Wetter verlassen die Tiere nur ungern das Gebäude. In der Regel ist das Gebäude mit Fenstern zur Lüftung und Beleuchtung versehen. Bis zu einer Besatzdichte von 2 bis 3 Tieren pro m² reicht die natürliche Luftumwälzung aus. Bei höherer Besatzdichte müssen Ventilatoren eingebaut werden, um die Schwitzwasserbildung zu verhindern und die Frischluftversorgung zu sichern (s. Seite 106). Bedingt durch die Fensterflächen ist eine ausreichende Wärmedämmung des Stalles in der Regel nicht möglich. Im Winter besteht die Gefahr, daß die Innentemperaturen im Extremfall unter 0 °C abfallen. Um das Einfrieren der Tränken zu verhindern, sind deshalb die Zuleitungen und die im Wandbereich befindlichen Innenleitung zu isolieren.

Etwa die Hälfte bis ein Drittel der Stallflächen werden als Scharraum mit Einstreu versehen. Den Rest der Fläche bildet die Kotgrube mit Sitzstangen. Die „Kotgrube" ist ein etwa 50–70 cm hohes, mit Drahtgitter bespanntes Gerüst aus Brettern oder Balken.

Über der Kotgrube befinden sich die Sitzstangen als Ruheplatz. Pro Henne werden 12 bis 15 cm Sitzstange benötigt. Tröge und Tränken können entweder über der Kotgrube oder im Scharrbereich aufgestellt werden. Auf keinen Fall dürfen sie direkt in der Einstreu stehen. Bewährt haben sich Futtertröge, die auf Böcken mit Anflugstangen (Abb. Seite 130) befestigt sind. Die sozialen Auseinandersetzungen am Futtertrog sollen hierdurch vermindert werden.

Werden die Tränken im Scharrbereich aufgestellt, ist für den Abfluß von überlaufendem Wasser zu sorgen, damit die Einstreu nicht feucht wird. Ist ein Abfluß im Raum, wird die Tränke direkt über diesem angebracht. Mit Hilfe eines mit Draht bespannten Podests muß jedoch gleichzeitig verhindert werden, daß der Abfluß durch Einstreumaterial verstopft wird.

Als Nester eignen sich Einzel- oder Gemeinschaftsnester. Für je 4 bis 5 Hennen ist ein Einzelnest einzurichten. Bei Gemeinschaftsnestern sind etwa 1 m² Nestfläche für 50 Tiere vorzusehen (s. Seite 150, Legenester).

Die Dauer des natürlichen Lichts reicht nicht aus, um das ganze Jahr über die Legetätigkeit der Hennen zu erhalten. Besonders die abnehmende Lichtdauer im Herbst führt meist zum Absinken der Legeleistung. Die erforderliche Lichtdauer von 14 Stunden muß durch Zusatzbeleuchtung gesichert werden (Abb. S. 149).

**Auswirkungen der Auslaufhaltung auf die Tiere.** Die Legeleistung der Tiere in Auslaufhaltung kann die gleiche Höhe erreichen wie in intensiven Haltungssystemen, sofern Füt-

**Querschnitt von Bodenhaltungssystemen mit unterschiedlichen Anteilen an Kotgruben- und Einstreuflächen.**

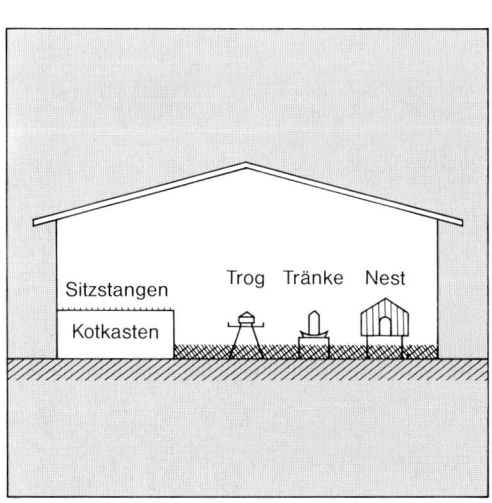

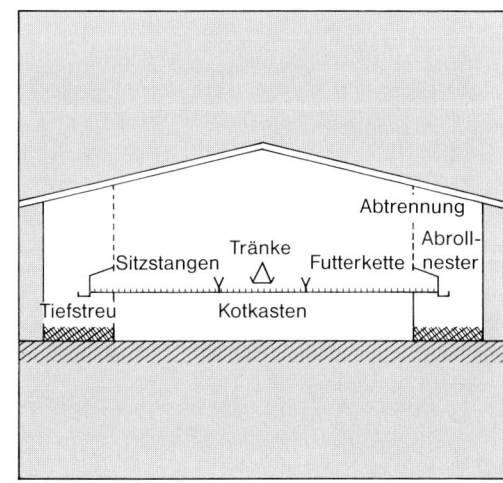

Nester an der Außenwand, Kotgrube mit Futter- und Wasserversorgung in der Mitte des Raumes und ein Scharraum, der auch als Arbeitsgang benutzt wird, bilden eine gut gegliederte und übersichtliche Bodenhaltung für Legehennen. Zur Vermeidung von Bodeneiern werden die Nester in neuen Haltungssystemen über der Kotgrube aufgestellt.

terung und Beleuchtung entsprechend gestaltet werden. Eine Ersparnis an vollwertigem Legehennenfutter durch die Aufnahme von Pflanzen und Insekten bei Auslaufhaltung ist nicht möglich. Zwar nehmen die Hennen – bei ausreichendem Angebot – etwa 30 g Trockensubstanz in Form von Grünfutter auf, die Verwertung des Legehennenfutters wird jedoch nicht verbessert, denn bedingt durch die höhere Bewegungsaktivität und die geringere Umwelttemperatur ist der Energiebedarf bei Auslaufhühnern höher als bei Hühnern in Intensivhaltung. Die Aufnahme von Grünfutter trägt zu einer Erhöhung der Carotinoidversorgung bei. Dies könnte theoretisch zu einer Ersparnis an Dotterpigmenten im Alleinfutter führen. Es hat sich jedoch gezeigt, daß die Grünfutteraufnahme von Tier zu Tier sehr unterschiedlich ist. Daraus resultieren sehr unterschiedliche Dotterpigmentierungen, die den Verbraucher irritieren. Auf eine vollwertige Versorgung mit Pigmenten über das Alleinfutter kann deshalb auch bei Aus-

laufhaltung meist nicht verzichtet werden. Bei Auslaufhaltung ist das Erscheinungsbild der Hennen anders als bei Intensivhaltung. Der Kamm ist kleiner und tiefrot. Bedingt durch die höhere Bewegungsaktivität sind Bein- und Brustmuskulatur stärker entwickelt. Die Grünfutteraufnahme führt zu einer Vergrößerung des Verdauungstraktes. Hieraus ergibt sich ein höheres Körpergewicht von Auslauf-

| Wasseraufnahmefähigkeit verschiedener Einstreu-Materialien | |
|---|---|
| | Wasseraufnahme (kg) pro kg-Material |
| Hobelspäne | 1,6 |
| Sägespäne | 1,6 |
| Weizenstroh | 2,7 |
| Roggenstroh | 2,7 |
| Haferstroh | 2,9 |
| Torf | 4,2 |

Traditionelles Einzelnest aus Holz mit Abrollboden.

Metallnester mit Kunststoff-Abrollboden sind leichter zu reinigen und bieten Parasiten weniger Unterschlupfmöglichkeit.

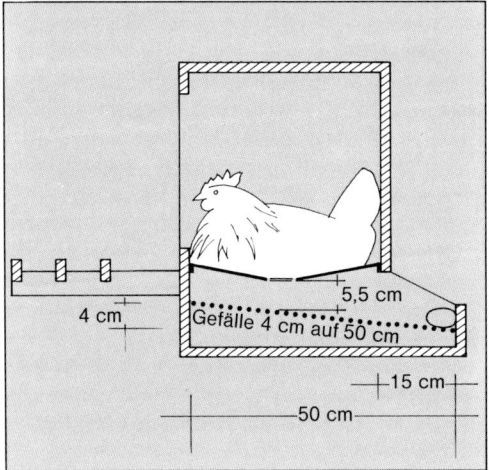

Schema eines Abrollnests mit Anflugstangen.

hennen gegenüber vergleichbaren Tieren, die im Stall oder im Käfig gehalten werden.

## Bodenhaltung

Unter „Bodenhaltung" versteht man die intensive Haltung von Hennen in geschlossenen Ställen, deren Bodenfläche zumindest teilweise mit Einstreu versehen ist. Der nicht eingestreute Bereich besteht in der Regel aus dem sogenannten Kotkasten.

**Kotkasten.** Der Kotkasten nimmt 50–75% der gesamten Stallfläche ein. Er besteht meist aus einem mit Drahtgitter bespannten Gerüst. Die Höhe des Kotkastens muß ausreichen, um den Kot einer Legeperiode aufzunehmen. Je höher die Besatzdichte, je geringer der Flächenanteil und je länger die geplante Legeperiode, um so höher muß der Kotkasten sein. Bei 50–75% der Bodenfläche, 5–7 Tieren pro $m^2$ und einer Leistungsperiode von 13–14 Monaten ist eine Höhe des Kotkastens von 50–100 cm nötig. Auf der Oberseite des Drahtgitters sind im Abstand von 50–60 cm Sitzstangen befestigt. Die Sitzstangen bestehen aus 4 cm hohen und 6 cm breiten Vierkanthölzern mit abgerundeten Kanten. Der Abstand zwischen den Sitzstangen beträgt etwa 35 cm. Von der Wand sollte ein Abstand von 25 cm eingehalten werden, um den Tieren ein bequemes Sitzen zu ermöglichen. Für leichte Hennen müssen etwa 15 cm, für mittelschwere 20 cm an Sitzstangenlänge pro Tier verfügbar sein. Bei einer größeren Breite des Kotkastens (über 1–1,5 m) müssen Gerüst und Drahtgitter so stabil gebaut werden, daß sie für den Betreuer der Tiere begehbar sind. Als Drahtverkleidung können Maschendraht oder verzinktes Baustahlgitter mit Maschenweiten von etwa 2,5 × 5 cm verwendet werden. In neueren Systemen werden auch Kunststoffroste eingesetzt, die besser zu reinigen sind und Parasiten weniger Schutz bieten. Die Lage des Kotkastens hängt von der Stallbreite ab. Bei kleineren Ställen bis zu einer Breite von 10 m kann eine Seite mit der Wand abschließen. Bei breiten Ställen ist der Kotkasten zur besseren Übersichtlichkeit in der Mitte des Stalles aufzubauen.

Der Kotkasten muß bei der Entmistung – sofern keine automatische Entmistungsanlage eingeplant ist – vollkommen abgebaut werden. Die Konstruktion sollte deshalb aus Elementen bestehen, die sich leicht auseinandernehmen und wieder zusammensetzen lassen.

Moderne Nester sind mit einer Absperrvorrichtung ausgestattet, die den Zugang nur in der Zeit der Eiablage (vormittags) erlauben. Der Nestboden besteht aus einer strukturierten Kunststoffmatte, die sich leicht reinigen läßt und von den Tieren gut angenommen wird.

An den Stoßstellen der Elemente und an den Verbindungsstellen zur Wand dürfen keine Lücken bestehen, in welchen sich die Tiere festklemmen oder gar in den Kotkasten gelangen können. Alle Holzteile sollten mit Karbolineum behandelt sein. Hierdurch wird ihre Haltbarkeit erhöht und die Ansiedlung von Ektoparasiten – z.B. Blutmilben – verhindert.

**Einstreu.** Beim Einstallen der Tiere sollte eine 5–10 cm hohe Schicht an Einstreu im Scharraum verteilt werden. Die Einstreu bildet eine Wärmedämmschicht und schützt die Tiere vor der Bodenkälte. Durch die Fähigkeit, Wasser aus dem Kot und der Luft zu binden und wieder freizugeben, bildet die Einstreu einen gewissen Puffer für die Luftfeuchte im Stall. Außerdem dient sie den Tieren zum Sandbaden, Picken und Scharren. Durch diese Aktivität der Tiere wird die Einstreu regelmäßig durchgearbeitet. Bei der kombinierten Fütterung wird nachmittags ein gewisser Anteil der Futterration in Form ganzer Getreidekörner in die Einstreu gegeben und somit die Aktivität der Tiere in der Einstreu gezielt gefördert.

Soll die Einstreu locker und attraktiv für die Tiere bleiben, muß sie einen Wassergehalt von weniger als 35% aufweisen. Dies ist nur bei ordnungsgemäßer Isolierung der Bauteile und bei Lüftung möglich. Bei andauernd unzureichender Wasserdampfabführung nimmt die Einstreu zuviel Wasser auf. Sie verklebt,

bildet feuchte Kotplatten und verliert ihre günstigen Eigenschaften für das Stallklima. Feuchte und verklebte Einstreu fördert die Entwicklung von Darmparasiten wie Kokzidien und Würmern. Ein hoher Feuchtegehalt führt außerdem zur Entwicklung von Ammoniak, das Tiere und Betreuer gleichsam belastet. Da die Tiere selbst nicht in der Lage sind, einmal gebildete Kotplatten wieder zu lockern, muß die Einstreu an diesen Stellen mit Hilfe einer Grabgabel umgearbeitet werden. Diese Arbeit ist sehr zeitaufwendig und unangenehm. Man sollte deshalb der Entstehung der Einstreuverklebung durch ein entsprechendes Stallklima vorbeugen.

Als Einstreumaterial kommen saugfähige Materialien, wie Stroh- Hobelspäne, Sägespäne oder Torf in Frage. Die Saugfähigkeit verschiedener Einstreuarten ist in der Tabelle auf Seite 149 angegeben.

Hobel- und Sägespäne sind – sofern verfügbar – sehr preisgünstig, besonders zu empfehlen sind Hobelspäne aus Weichholz. Reine Stroheinstreu ist saugfähig und als Dünger wertvoll. Sie sollte jedoch nicht verpilzt sein, da sonst die Gefahr einer Aspergillose besteht. Reine Stroheinstreu – besonders in Form von langem Häcksel – neigt jedoch zu Bildung unerwünschter, fester Platten. Aus der Mischung von Stroh und Hobelspänen ergibt sich eine gute Struktur. Sie wird deshalb gern in der Praxis eingesetzt. Torf hat die höchste Saugfähigkeit. Bei geringem Feuchtigkeitsgehalt neigt er jedoch zur Staubbildung in der Stalluft und belastet Tiere und Stallpersonal.

**Legenester.** Die Konstruktion und die Lage der Legenester im Stall sind von erheblicher Bedeutung in arbeitswirtschaftlicher und hygienischer Hinsicht. Die Nester müssen von den Hennen gern angenommen werden, da es sonst zu einem hohen Anteil verlegter Eier kommt. Das Einsammeln dieser Eier ist mit großem Arbeitsaufwand verbunden – insbesondere, wenn sie auf dem Kotkasten oder in schwer zugänglichen Ecken liegen. Verlegte Eier sind meist verschmutzt und deshalb in ihrem Verkaufswert gemindert (s. Seite 171, Vermarktung von Eiern).

**Gemeinschaftsnester, Einzelnester.** Gemeinschaftsnester unterscheiden sich von Einzelnestern dadurch, daß hier mehrere Hennen gleichzeitig zur Eiablage kommen. Der Übergang zwischen Einzelnestern und Gemeinschaftsnestern ist jedoch fließend: in großzügig bemessenen Einzelnestern drängen sich oft mehrere Hennen zusammen. Die zusammenhängenden Flächen der Gemeinschaftsnester werden heute oft durch abgehängte Wände unterteilt. Nester kann man aus Holz selbst zusammenbauen. Der Innenraum von Einzelnestern muß etwa 20 × 35 × 40 cm Breite × Tiefe × Höhe) für leichte und 30 × 35 × 40 cm für schwere Rassen betragen. Die Nester können mit Stroh oder Buchweizenspreu eingestreut oder mit Geweben (Kokosmatten) oder Plastikböden ausgestattet sein. Einstreunester werden von Hennen zwar bevorzugt, sie haben jedoch den Nachteil, daß die Tiere hier sehr lange, teilweise auch über Nacht, verweilen und dabei Nest und Eier mit Kot beschmutzen. Beim Auftreten von Eierfressen kann großer Schaden entstehen, weil in diesen Nestern die Eier ungeschützt liegen. Auch das Einsammeln der Eier bereitet Schwierigkeiten, wenn noch zahlreiche Hennen im Nest sitzen. Aus diesen Gründen sind Abrollnester zu empfehlen. Bei diesen ist der Boden zu einem Abrolloch hin abgesenkt. Das gelegte Ei rollt durch die Öffnung auf einen Auffangboden und gelangt aus der Reichweite der Hennen. Durch schräge Auffangböden können die Eier in eine Sammelrinne geleitet werden. Dies erleichtert das Einsammeln der Eier von Hand und ermöglicht auch eine Automatisierung des Sammelns (Abb. Seite 150 und 151). Zur Zeit werden kommerzielle Abrollnester mit Kunststoffböden angeboten, die eine gute

Reinigung erlauben. Diese Nester sind teilweise mit einer Einrichtung versehen, mit der auf dem Nest sitzende Hennen abends hinausgeschoben werden können. Damit wird verhindert, daß die Tiere im Nest übernachten und die Nestböden verschmutzen.

Verschließbare Nester sind dann erforderlich, wenn die Tiere das Nest nicht freiwillig aufsuchen und vom Betreuer ans Nest gewöhnt werden müssen. Er muß die Hennen, die sich in Legestimmung befinden, einfangen und so lange im verschlossenen Nest halten, bis das Ei gelegt ist. Diese Methode ist durchaus geeignet, das Verlegen der Eier bei Junghennen zu verhindern. Allerdings ist darauf zu achten, daß die Hennen nach der Eiablage nicht zu lange im Nest festgehalten werden, da sich der daraus ergebende Futter- und Wasserentzug negativ auf die Leistung auswirkt, und die Hennen außerdem eine Aversion gegen das Nest bekommen können. In großen Herden ist diese Methode aber wegen des hohen Arbeitsaufwandes nicht zu empfehlen.

**Fallnester.** Für die Herdbuchzucht in Bodenhaltung waren Fallnester gebräuchlich. Diese Nester sind mit einer Klappe versehen, die sich nach dem Eintritt der Henne ins Nest selbsttätig schließt. Die Henne wird dann nach der Eiablage erst registriert und wieder aus dem Nest befreit.

**Tunnel-Nester.** Als weitere Form von Nestern muß das Tunnel-Nest genannt werden. Es besteht aus einem mit Einstreu versehenen Förderband, das in einen Nesttunnel eingebaut ist. Der Tunnel läuft in einer großen Schleife vom Vorraum in den Stall. Die auf das Band gelegten Eier werden zusammen mit der Einstreu zur Sammelstelle befördert. Hier trennt ein Gitter aus Metallstäben die Eier von der Einstreu. Während die Einstreu auf dem Band bleibt und wieder in den Stall läuft, werden die Eier angehoben und der Sammel- und Sortieranlage zugeführt. Der Legetunnel ist mit Trennwänden versehen, so daß Abteile in der Größe von Einzelnestern entstehen. Diese Wände verhindern auch, daß Hennen zusammen mit dem Band aus dem Stall zur Eiersammelanlage befördert werden. Ein Problem dieses Systems ist die spezielle Dauereinstreu. Am besten bewährt hat sich Buchweizenspreu. Diese ist jedoch relativ teuer und teilweise auch schwer zu beschaffen. In letzter Zeit werden in der Praxis auch Tunnelnester verwendet, die mit einem schrägen Abrollboden versehen sind.

Verlegte Eier sind meist schmutzig und bereiten Schwierigkeiten beim Einsammeln. Beim Ausbruch von Eierfressen in der Herde ist mit erheblichen wirtschaftlichen Verlusten zu rechnen.

Als Belag für den Abrollboden haben sich Kunststoffmatten verschiedener Art bewährt. Diese zeichnen sich gegenüber Matten aus Naturfasern durch höhere Haltbarkeit und Reinigungsfähigkeit aus. Zuweilen wird jedoch völlig auf weiche Beläge verzichtet. Die Hennen legen dann im Tunnel die Eier direkt auf ein Abrollgitter, das mit den Käfiggittern vergleichbar ist.

**Maßnahmen zur Verhinderung von Bodeneiern.** Die Annahme der Nester durch die Hennen ist ein kritischer Punkt in allen alternativen Haltungssystemen. Eier, die außerhalb des Nestes – entweder in die Einstreu oder auf das Kotgitter gelegt werden – müssen mit hohem Arbeitsaufwand gesammelt werden. Sie sind meist verschmutzt und somit nicht marktfähig. Wenn sich Bodeneier auch nicht völlig verhindern lassen, so sollten doch alle Erfahrungen genutzt werden, um den Anteil so gering wie möglich zu halten. Hierzu dienen folgende Maßnahmen:

Als erstes muß gesichert sein, daß der Zugang zu den Nestern dem Verhalten der Tiere entgegenkommt. Die Nester sind meist in mehreren Etagen übereinander angebracht. Durch Anflugstangen vor den Nestern wird das Auffliegen in höhere Etagen ermöglicht. Dabei ist darauf zu achten, daß die Anflug-stangen an den unteren Nestern weiter vorgelagert sind als bei den oberen. Höher gelegene Nester werden oft bevorzugt aufgesucht. Die Voraussetzung hierfür ist jedoch, daß die Hennen leicht, beweglich und an das Auffliegen gewöhnt sind. Oft ist es hilfreich, im Bereich vor den Etagennestern ein System von Anflugstangen als „Aufstieghilfe" anzubringen. Diese sollten im seitlichen Abstand von ca. 50 cm und in einem Winkel von etwa 30° angebracht sein. Sie fördert nicht nur die Annahme der höher gelegenen Nester, sondern verhindert auch Verletzungen (Knochenbrüche) durch „Bruchlandungen". Bei schweren Hennen sollten die Nester möglichst niedrig angebracht werden.

Um ein Verlegen der Eier zu vermeiden, müssen die Nester an möglichst dunklen, zugfreien und vor Störungen geschützten Stellen (z. B. nicht am häufig begangenen Flur) angebracht werden.

Werden Junghennen aus Bodenhaltungssystemen ohne Sitzstangen oder aus Käfighaltung in Ställe mit mehretagigen Nestern gesetzt, ist der Anteil der in die Einstreu und auf die Kotgrube gelegten Eier in der Regel hoch. Ein Umstallen vor der 18. Lebenswoche ist hier unbedingt notwendig, um den Schaden durch „verlegte" Eier in Grenzen zu halten.

Entscheidend ist die Betreuung der Hennen beim Beginn der Legeleistung. Wenn möglich, sollten nicht alle Nester geöffnet werden, bevor ein hoher Anteil der Hennen zu legen begonnen hat. Bodeneier sollten mehrmals täglich gesammelt werden, um zu verhindern, daß andere Hennen dazu angeregt werden, ihre Eier ebenfalls dorthin zu legen. Eine sehr wirksame Methode, die Hennen bei Beginn der Legereife an die Nester zu gewöhnen, ist das Aussperren vom Einstreubereich in den Morgenstunden. Voraussetzung hierfür ist jedoch, daß der Zugang zu den Nester direkt von den Kotgittern aus möglich ist (Abb. S. 148). Das Schließen des Einstreubereiches kann dann durch Netze, die von der Decke heruntergelassen werden, erfolgen. Sobald sich die Tiere daran gewöhnt haben, die Nester zur Eiablage aufzusuchen, ist die Maßnahme nicht mehr notwendig.

Auch bei aller Sorgfalt sind Bodeneier nicht völlig zu vermeiden. Besonders zu Beginn der Legeleistung (bis 50% Legeleistung) ist ein hoher Anteil verlegter Eier von 30–50% normal. Mit zunehmender Leistung nehmen die Hennen jedoch in immer stärkerem Maße die Nester an. Der Anteil der Bodeneier kann dann unter 1% der insgesamt produzierten Eier absinken. Zuweilen treten jedoch wesentlich höhere Bodeneieranteile auf, die sich nicht erklären lassen.

Als Faustzahlen für den Bedarf an Nestern bzw. Nestfläche werden 50 Hennen pro m² Nestfläche bei Familiennestern und 4–6 Hennen pro Einzelnest angegeben.

**Futterversorgungsgeräte.** Die Versorgung der Legehennen mit Futter stellt einen entscheidenden Faktor in der Legehennenhaltung dar. Die Fütterungseinrichtungen müssen eine ausreichende Versorgung der Tiere bei einem tragbaren Arbeitsaufwand gewährleisten. Die zu transportierenden Futtermengen werden leicht unterschätzt. Bei einer Haltung von 1000 Hennen müssen im Jahr etwa 45 t Futter in den Stall gebracht und in die Tröge gefüllt werden. Es sollte deshalb überlegt werden, wie der Futtertransport gesichert wird. In kleineren Betrieben, in welchen von Hand – sei es täglich oder über Futterautomaten wöchentlich – gefüttert wird, ist die Anlieferung von Futter in Säcken üblich. Das Sacklager sollte in einem trockenen Raum in unmittelbarer Nähe des Stalles (nicht im Stallraum!) untergebracht werden. Die Säcke sind zum Schutz gegen Bodenfeuchtigkeit auf Holzrosten zu stapeln. Der Raum sollte möglichst frei von Ratten und Wildvögeln gehalten werden. Bei automatischer Fütterung ist auf die kostengünstigere Lieferung aus Silo-Wagen zurückzugreifen. Hierbei ist natürlich im Betrieb ein Silo mit der entsprechenden Einfüllvorrichtung aufzustellen.

Das Futtersilo kann aus Metall, Holz oder Kunststoff errichtet werden. Metallsilos, die im Freien stehen, bergen die Gefahr der Schwitzwasserbildung an der Innenwand. Hierdurch wird das Futter feucht und neigt zur Bildung von Schimmelnestern, die sich oft hartnäckig an den Wänden festsetzen. Gerät das verschimmelte Futter dann in den Trog, kann es zu Gesundheitsschäden durch Pilzvergiftungen kommen. Das Aufstellen von Silos im Freien ist nur dann zu empfehlen, wenn das Futter schnell verbraucht wird, und eine regelmäßige Reinigung gewährleistet ist. Bei kleineren Beständen, in denen eine Futteranlieferung über mehrere Wochen oder gar Monate gelagert werden muß, ist das Silo unter Dach anzubringen. Besonders bewährt haben sich Sacksilos aus Kunststoffgeweben. Sie sind preisgünstig, leicht zu installieren und weisen sich durch eine besonders gute Reinigungsfähigkeit aus.

**Tröge.** In extensiven Haltungssystemen können Langtröge aus Holz oder Blech eingesetzt werden. Sie haben meist eine Länge von 1,00–1,20 m. Bei einer erforderlichen Trogseitenlänge von 10–15 cm pro Tier reicht ein 1 m-Trog für etwa 15–20 Hennen aus. Die Tröge müssen mit einem Gitter oder einem Rollbügel versehen werden, damit die Tiere kein Futter vergeuden können. Sie sollten maximal bis zu zwei Drittel ihres Fassungsvermögens gefüllt werden.

Eine längerfristige Vorratsfütterung ist aus diesen Trögen nicht möglich. Bei Herden von über 100 Tieren empfiehlt sich deshalb das Aufstellen von Futterautomaten (Abb. Seite 133). Ein Futterautomat mit einem Durchmesser von 60 cm faßt etwa 50 kg Futter und reicht für 40-50 Hennen. Ein Nachfüllen ist im Abstand von etwa 8 Tagen notwendig. Schwebetröge haben in der Regel einen Durchmesser von 30 cm und ein geringeres Fassungsvermögen. Sie sind in der Höhe gut verstellbar und deshalb mehr für die Junghennenaufzucht geeignet. Bei ihrem Einsatz in der Legehennenhaltung reicht ein Trog für 25 Tiere aus.

Die Automatisierung der Fütterung ist sehr kapitalaufwendig und deshalb nur bei größeren Beständen zu vertreten. Sie erfolgt in

Nippeltränken können auch in der Bodenhaltung eingesetzt werden. Ein Draht über dem Nippelstrang verhindert das Aufsitzen der Hennen.

Bodenhaltungssystemen durch Rohrfütterungsanlagen oder Futterbänder. Bei Rohrfütterungsautomaten wird das Futter aus dem Silo über ein zentrales Zuführungsrohr in den Stall gebracht. Das Zuführungsrohr verläuft unter der Stalldecke. Über schräg nach unten führende Rohre fällt das Futter in einen hängenden Rundtrog (Abb. Seite 178 und Titelbild). Das System kann bei der Reinigung des Stalles hochgezogen werden. Automatisch befüllte Rundtröge haben meist einen Durchmesser von 30 cm und können jeweils 25 Hennen versorgen. Futterketten sind in der Bodenhaltung ebenso gebräuchlich wie Rohrfütterungsanlagen. Hier muß allerdings beachtet werden, daß die Förderung nicht über größere Höhendifferenzen erfolgen kann. Der Bedarf an Trögen bzw. Trogseitenlänge unterscheidet sich nicht von den oben angegebenen Werten.

**Wasserversorgungsgeräte.** In allen Systemen der Wirtschaftsgeflügelhaltung haben automatische Tränksysteme schon sehr bald die üblichen von Hand zu befüllenden Stülptränken abgelöst. Automatische Tränken sind leicht installierbar und tragen in erheblichem Maße zur Arbeitserleichterung im Stall bei.

Die Wasserversorgungsgeräte in der Hühnerhaltung werden nicht direkt an das Wassernetz angeschlossen, sondern über einen Wasservorlaufbehälter gespeist. Der erforderliche Wasserdruck ist meist gering. Er wird durch die Höhe des Vorlaufbehälters über den Tränkstellen oder durch Druckminderer bestimmt.

Das Nachfüllen des Vorlaufbehälters erfolgt über ein Schwimmerventil (Abb. Seite 162). Der Vorlaufbehälter sollte gut sichtbar und zugänglich im Stallvorraum untergebracht werden. Durchsichtige Behälter aus Kunststoff erlauben eine ständige Kontrolle des Wasserstandes bei den Kontrollgängen.

Die Wasserverteilung erfolgt in der Bodenhaltung häufig über automatische Rinnen- oder Rundtränken (Abb. S. 135). Die Tränken sind über den Kotgruben angebracht. Somit wird ein Vernässen der Einstreu vermieden. Rinnentränken bestehen aus etwa 1–1,5 m langen Metallrinnen, die an einem Ende beweglich gelagert sind. Das andere Ende ist mit einem Federventil verbunden. Ist die Rinne gefüllt, schließt das Ventil den Wasserzulauf. Lehrt sich die Tränke, wird das Ventil geöffnet und der Trog füllt sich wieder. Die meisten Tränken sind mit einem Doppelventil ausgerüstet, das auch bei völliger Entlastung die Wasserzufuhr sperrt. Damit wird bei unbeabsichtigtem Aushängen der Tränke das Überfluten des Stalles verhindert. Über der Rinne muß eine Abweisvorrichtung angebracht sein,

Bodenhaltung zwei-
reihig; der Zugang zu
den Nestern liegt über
der Kotgrube. (1) Futter-
kette mit Sitzstange;
(2) Tränken; (6) Nester
mit zentral angelegtem
Sammelband und
Schließvorrichtung;
(8) Kotgrube mit Plastik-
rost, zum Scharraum (7)
hin abgesenkt.

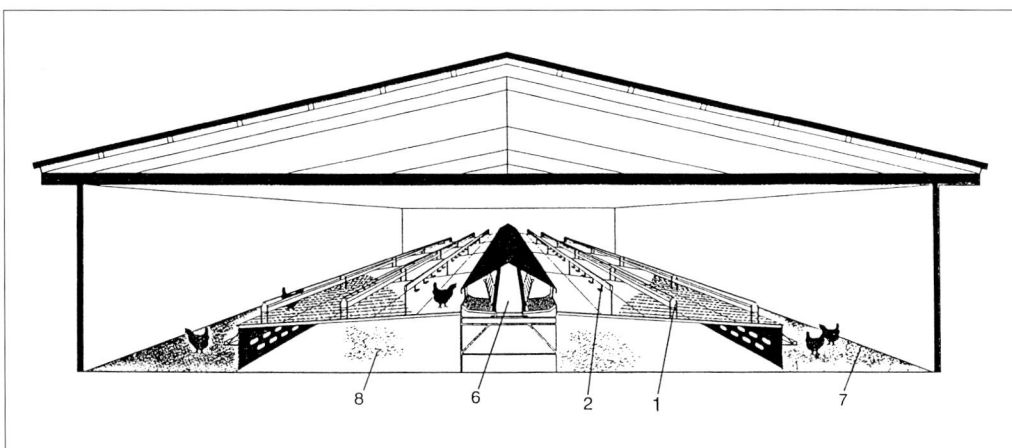

Querschnitt einer
Volierenhaltung.

Querschnitt einer
Schrägbodenhaltung.

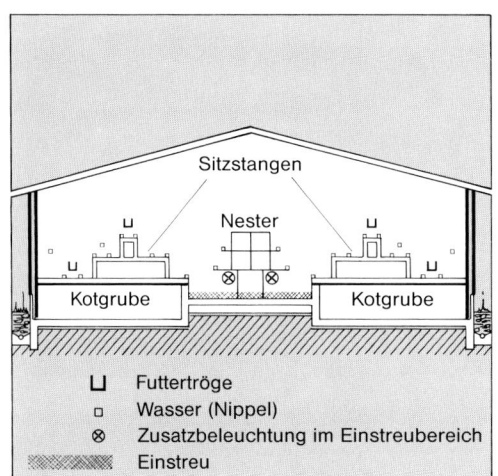

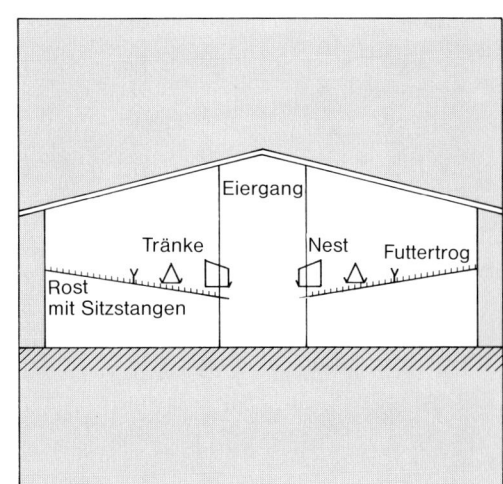

Lövsta-System
(Schweden):
14 Hennen pro qm
Stallbodenfläche; 9,5
Hennen pro qm
begehbare Fläche.
Mit freundlicher Geneh-
migung R. Tauson

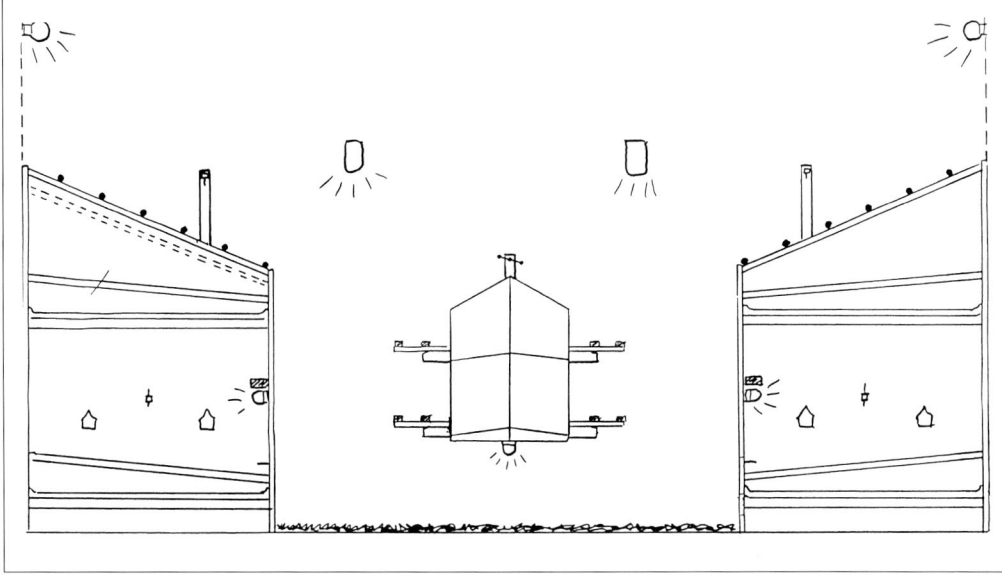

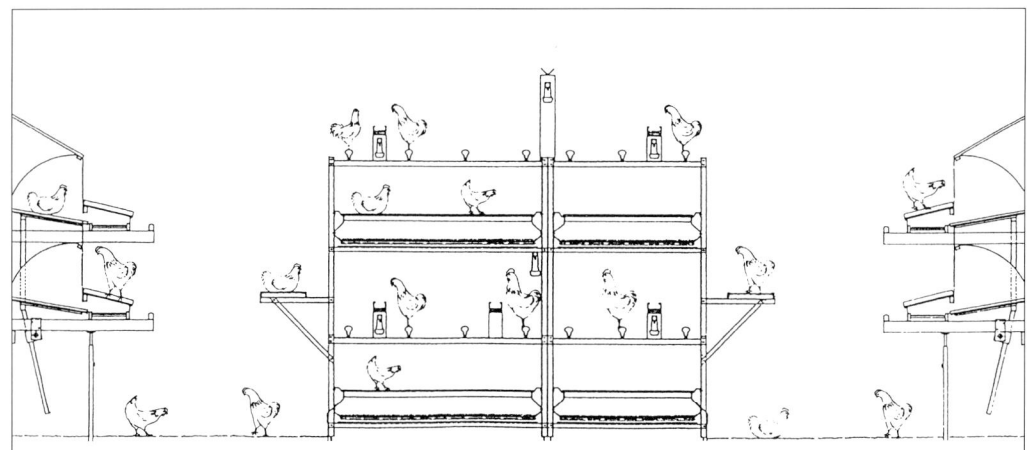

Für breitere Ställe BOLEG 2® Typ 1400/1000 als kombinierte Doppelanlage mit Vencomatic-Nest.

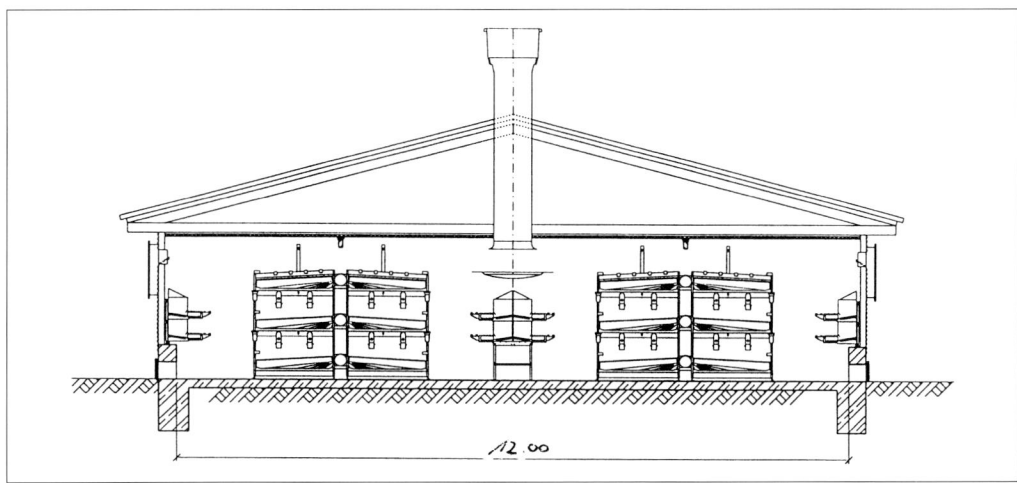

Natura-Lege Volierensystem mit Kotbandbelüftung.

die verhindert, daß sich die Tiere auf die Tränke setzen. Dies kann ein Draht sein (siehe Bild S. 155) oder ein Kippbügel.

Die freischwebenden automatischen Rundtränken besitzen ebenfalls ein Federventil, das auf das Gewicht der Tränke reagiert und hierdurch automatisch nachgefüllt wird. Sie lassen sich relativ leicht der Größe der Tiere anpassen und eignen sich deshalb besonders für die Junghennenaufzucht.

In den Tränken lagern sich Staub- und Futterpartikel ab, die durch Mikroorganismen zersetzt werden und einen Schleimbelag bilden. Hier können sich Krankheitserreger festsetzen und vermehren. Die Tränken sind deshalb in regelmäßigen Abständen zu prüfen und zu reinigen. Um den Arbeitsaufwand zu reduzieren, werden in der letzten Zeit auch in Bodenhaltungssystemen in vermehrtem Umfang Nippel- oder Cuptränken eingesetzt (s. Seite 161). Allerdings können bei der Um-

stellung von Rinnen- oder Rundtränken auf Nippel oder Cups Schwierigkeiten auftreten, da die Tiere sich nur schwer umgewöhnen und vorübergehend unter Wassermangel leiden. In diesen Fällen ist eine sorgfältige Beobachtung und ein „Anlernen" durch Betätigung der Nippel notwendig.

Bei der Berechnung des Bedarfs an Tränkgeräten sind 2,3–3 cm Tränkrinnenseite pro Tier bei Rinnentränken, eine Rundtränke mit etwa 30 cm Durchmesser für 75–100 Hennen, oder ein Nippel für 2 bis 3 Tiere einzuplanen.

Da sich schon kurzzeitige Wasserausfälle negativ auf die Legeleistung auswirken, ist das Anbringen einer Warnanlage zu empfehlen. Diese ist sehr einfach zu konstruieren. Ein extremes Absinken des Wasserspiegels löst über den Hebel des Schwimmers einen Kontakt aus, der mit dem Alarmsystem des Stalles verbunden ist.

## Volierenhaltung

Wie sich aus den Berechnungen der Wärmebilanz (s. Seite 108) ergibt, ist bei einer Besatzdichte von 5–7 Tieren pro m$^2$ ein Wärmedefizit vorhanden, das sich bei fehlender Heizung in einem enorm gesteigerten Futterverzehr in der kalten Jahreszeit niederschlägt. Um die Besatzdichte in Bodenhaltungssystemen zu steigern – und somit die Wärmebilanz zu verbessern – wurden Volierenhaltungen entwickelt. Die Volierenhaltung unterscheidet sich von der beschriebenen Bodenhaltung lediglich darin, daß man durch Anbringen von Nestern, Sitzstangen, Trögen und Tränken in mehreren Ebenen auch die Höhe des Raumes für die Tiere nutzbar macht. Bei gleichen Anforderungen an die Versorgungseinrichtungen können somit bis zu 25 Tiere pro m$^2$ Stallgrundfläche eingesetzt werden. In der Regel sind die bisher entwickelten Volieren jedoch für Besatzdichten von 10–20 Tiere/m$^2$ ausgelegt. Die einfachsten Formen der Voliere bestehen aus Sitzstangengerüsten im A-Profil oder in Pyramiden, die über einer Kotgrube oder einem Kotkasten angebracht sind. Wenn die Tiere Zugang zu der Fläche unter den Sitzstangen haben, werden sie durch den herabfallenden Kot verschmutzt. Dies ist aus hygienischen Gründen nicht erwünscht. Es wurden deshalb Systeme entwickelt, in denen Plattformen aus Drahtgitter oder Plastikrosten in 2 oder 3 Etagen angeboten werden. Unter jeder Plattform befindet sich ein Kotband oder eine Kotplatte, die über Schrapper gereinigt werden. In dem 3-Etagen-System aus den Niederlanden werden in je 2 Etagen Futter und in allen Etagen Wasser angeboten. Die oberste Etage ist mit Sitzstangen ausgestattet und wird von den Hennen hauptsächlich zum Ruhen in der Nacht aufgesucht. Diese Systeme erlauben relativ hohe Besatzdichten. Sie können mit einer Kotbandbelüftung ausgestattet werden, die zu einer erheblichen Verringerung der Ammoniakentwicklung beiträgt (vergleiche S. 157). Alle Volierensysteme sind mit Legenestern ausgestattet, die aufgrund der hohen Besatzdichte in mehreren Etagen angebracht sind. Es ist hier besonders darauf zu achten, daß diese leicht erreicht werden können. In manchen Systemen können die Nester direkt aus den verschiedenen Aufenthaltsbereichen der Etagen angeflogen werden. Ist der Abstand zu weit oder der Anflugwinkel ungünstig, empfiehlt es sich, zusätzliche Sitzstangen als Aufstieghilfe anzubringen (siehe S. 150).

Nicht alle Volierensysteme sind mit einem Scharrbereich ausgestattet. Meist ist jedoch eine eingestreute Fläche vorhanden, die gleichzeitig als Kontrollgang genutzt wird. In der Abb. S. 156 Mitte links ist der Querschnitt eines Volierenstalles mit pyramidenförmig angeordneten Sitzstangengerüsten aufgezeigt. Futter und Wasser (Futterkette, Tränkknippel) sind in zwei bis drei Ebenen über den Kotgruben angebracht. Die Höhe der Kotgrube muß der Besatzdichte angepaßt sein. Über dem Scharrbereich sind in zwei Etagen Tunnel-Nester mit Einstreu aufgestellt.

## Schrägbodenhaltung, Pennsylvania-System

Bedingt durch die hygienischen Probleme, die die Einstreu mit sich bringt, wurden einstreulose Haltungssysteme entwickelt. Hierbei ist die gesamte Stallfläche, die den Tieren zur Verfügung steht, mit Drahtgeflecht abgedeckt (Abb. S. 156 Mitte rechts). Der Drahtgitterboden verläuft schräg, so daß auf den Boden gelegte Eier abrollen können. Im Bereich des Bedienungsganges sind Nester angebracht. Fütterung und Tränken sind mit den Systemen der Boden- und Volierenhaltung identisch. Die Besatzdichte in diesen Systemen kann 10 bis 12 Tiere je m$^2$ betragen.

Die Schrägbodenhaltung ist mit relativ hohen Risiken verbunden. Die hohe Besatzdichte auf Drahtgitterböden führt in Verbindung mit einer hohen Gruppengröße häufig zu hysterischen Ausbrüchen in den Herden. Hierbei flüchten die Tiere bei einer Schrecksituation in eine Ecke und erdrücken sich gegenseitig. Das Haltungssystem ist deshalb allgemein nicht zu empfehlen. In Schweden ist es sogar aus Gründen des Tierschutzes verboten.

## Käfighaltung

Die derzeit übliche Käfighaltung von Legehennen hat sich aus hygienischen und arbeitswirtschaftlichen Gründen als günstige Haltungsform bewährt. In vielen bäuerlichen Betrieben ist die Verfügbarkeit von Arbeitskräften zum begrenzenden Faktor geworden. Die arbeitssparende Form der Hühnerhaltung in Käfigen ist in vielen Fällen die einzige Mög-

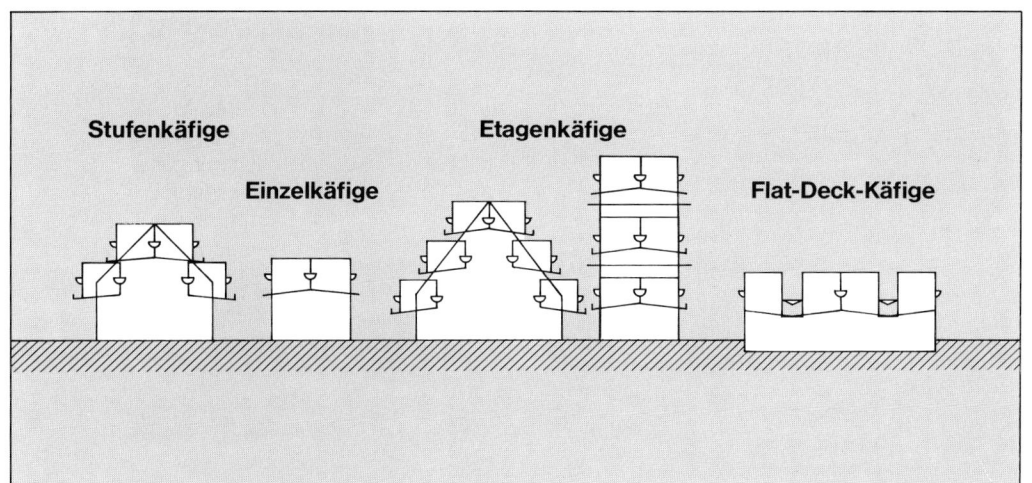

lichkeit, die Geflügelhaltung als Wirtschaftszweig zu erhalten.

Die verschiedenen Käfigsysteme lassen sich nach der Anordnung der Käfige in Flatdeck-, Stufen- und Etagenkäfige gliedern (Abb. oben). Außerdem wird nach der Art der Kotbeseitigung zwischen Trocken- und Naßkotbatterien unterschieden. Wie gezeigt wird, müssen die Art der Kotbeseitigung und die Anordnung der Käfige aufeinander abgestimmt werden und stellen somit bei der Planung der Anlage ein entscheidendes Kriterium dar.

**Flatdeck-Käfige.** Bei Flatdeck-Anlagen befinden sich alle Käfige in einer Ebene. Sie haben sich in der Legehennenhaltung nicht durchsetzen können und sollen deshalb nur kurz erwähnt werden. Die Anordnung der Käfige in einer Ebene bietet zwar eine gute Übersichtlichkeit zur Kontrolle der Tiere, bringt aber nur eine geringe Ausnutzung des Raumes. Die Besatzdichte beträgt hier etwa 10 bis 11 Tiere je m² Stallfläche und ist deshalb mit der Schrägbodenhaltung oder einer locker besetzten Volierenhaltung vergleichbar.

Werden mehrere Käfigreihen ohne Bedienungsgänge aneinandergebaut, so sind die inneren Reihen schwer zugänglich. Fütterung und Eiersammeln muß automatisch erfolgen, und auch das Einsetzen und Herausnehmen der Tiere erfordert spezielle Vorrichtungen.

**Stufenkäfige.** Bei Stufenkäfigen sind die Käfigreihen in Pyramiden-Form angeordnet, so daß der Kot aus jedem Käfig in den darunterliegenden Kotschacht fallen kann. Eine Raumersparnis ist gegenüber dem Flatdeckkäfig nicht vorhanden, doch sind alle Käfige

frei zugänglich. Die Futterversorgung, das Eiersammeln und das Einsetzen der Tiere kann von den Bedienungsgängen her erfolgen.

**Etagenkäfige.** Bei Anlagen dieses Typs sind die Käfige in mehreren Etagen ohne seitliche Versetzung übereinander angeordnet. Die Rückwände beider Reihen einer Etage werden durch ein gemeinsames Gitter gebildet. Der Kot aus den oberen Etagen muß durch Platten oder ein Band aufgefangen und zur Stirnseite der Batterie hin abgeführt werden.

**Kompaktkäfige.** Kompaktkäfige sind so angeordnet, daß zwischen den Reihen einer Etage ein Fallschacht frei bleibt. Der Kot der oberen Etagen fällt auf Glas-, Metall- oder Eternitplatten, wird mit Hilfe eines Schiebers zum Fallschacht befördert und fällt in die Kotgrube.

**Kottrocknung und -beseitigung.** Nasser Frischkot hat einen Trockensubstanzgehalt von 12–20%. Die Streuung hängt sowohl von der Wasseraufnahme der Hennen als auch vom Spritzwasseranteil aus der Tränke ab. Im Flatdeck der Stufen- und Kompaktbatterie erfolgt eine Kottrocknung auf den Kotauffangplatten oder in der Kotgrube. Diese Systeme gehören somit zu den Trockenkotanlagen. Unterstützt werden kann die Kottrocknung durch ein entsprechendes Lüftungssystem. Bewährt hat sich hierbei das Absaugen der Stalluft über der Kotgrube mit Hilfe eines Unterdrucksystems. Die Frischluft tritt im Tierbereich ein, wird aufgewärmt und fördert als Abluft den Trockenprozeß des Kotes. Schädliche Gase und Gerüche, die sich im Kot bilden, können nicht in den Tierbereich gelangen.

In den Kompaktanlagen erfolgt eine Vor-

**Käfigbatterie mit Futterwagen.**

Käfigbatterie mit Futterwagen.

trocknung des Kotes auf den Kotauffangbrettern unter den Käfigen bis auf 27–40 % TS. Im Kotgraben ist bei diesem System lediglich eine Nachtrocknung durch die Belüftung und Ablagerung auf 40–75 % TS notwendig. Trockenkot mit einem TS-Gehalt von etwa 70 % ist geruchsarm, krümelig und gut zu transportieren.

In den Etagenkäfigsystemen fällt Naßkot an. Zwar wird auch hier versucht, eine Trocknung auf dem Kotband zu erreichen, indem die Zeit zwischen den Koträumterminen verlängert wird. Der Lagerdauer sind jedoch durch die Belastungsfähigkeit der Bänder

oder Schieber Grenzen gesetzt. Kotbandsysteme werden deshalb seit einigen Jahren mit speziellen Lüftungssystemen ausgestattet, die eine rasche Abtrocknung des Kotes bewirken. Hierzu gehören die Kotbandbelüftung und die Wedellüftung. Bei der Kotbandbelüftung wird die Frischluft über Folienschläuche in den Stall geführt und tritt erst unmittelbar über den Kotbändern aus (s. Seite 111). Die Folienschläuche wirken als Wärmeaustauscher. Die im Tierbereich austretende Luft ist somit angewärmt und hat eine reduzierte relative Feuchte. Die Wasseraufnahmekapazität ist dadurch erhöht. Darüber hinaus wird die Frischluft, bis sie in den Tierbereich gelangt, nicht mit der schadgashaltigen Stalluft vermischt, so daß der Gehalt an $CO_2$, $NH_3$ und $H_2S$ im Tierbereich deutlich reduziert ist. Bei der Wedellüftung werden elastische Kunststoffwedel, die in einem Kanal zwischen den Käfigreihen angebracht sind, über ein Seilsystem bewegt. Hierdurch wird die Luft im Kotbandbereich bewegt und ein ähnlicher Trocknungseffekt erzielt wie bei der Kotbandbelüftung. Etagenbatterien mit Kotbandbelüftung sind deshalb in Hinsicht auf ihre Emmissionswerte nicht als Naßkot-Anlagen zu behandeln.

Die Nachtrocknung von Naßkot kann in separat angebauten Kotkellern erfolgen. In der Regel wird der Kot aus Etagenkäfigen einmal oder mehrmals täglich entfernt. Über Sammelkanäle, die quer zur Batterie verlaufen, wird der Kot mittels Kotschiebern oder Schnecken in den Kotkeller gebracht, dort verteilt und durch Ventilatoren getrocknet.

Auch in Verbindung mit Kompakt- oder Stufenkäfigen sind Kotkeller anzutreffen. Die Käfiganlagen stehen direkt über dem großräumigen, befahrbaren Kotlager. Ihre Entmistung erfolgt dann zu beliebigen Zeitpunkten mit Hilfe von Frontladern. Kotkeller sind oft Brutstätten für Fliegen. Sie erfordern meist eine intensive Bekämpfung der Fliegen in den Ställen und anliegenden Wohngebäuden.

Vorgetrockneter Kot mit einem Trockensubstanzgehalt von etwa 40 % kann durch Umsetzen kompostiert werden. Für Großanlagen gibt es automatische Umsetzer, die im Kotkeller installiert werden und die Kotstapel unter den Batteriereihen im Abstand von 3–4 Wochen bearbeiten.

Der kompostierte Kot ist trocken und geruchsneutral. Im bäuerlichen Betrieb ist eine Kompostierung in einer abgedeckten Kompostmiete zusammen mit anderen organischen Reststoffen und Grünschnitt möglich.

Bei Naßkotbatterien kann der Kot im Querkanal mit Wasser versetzt und als Gülle in Gruben oder Behältern gelagert werden. Dieses Verfahren ist jedoch mit erheblichen Geruchsproblemen verbunden, so daß es nur in Ausnahmefällen empfohlen werden kann.

**Fütterungssysteme.** Bei den meisten Käfiganlagen sind die Futtertröge an der Käfigfront angebracht. Je nach Intensivierungsstufe erfolgt die Fütterung von Hand, durch halbautomatische oder automatische Fütterungssysteme. In kleineren Käfiganlagen ist die Fütterung von Hand durchaus vertretbar. Die

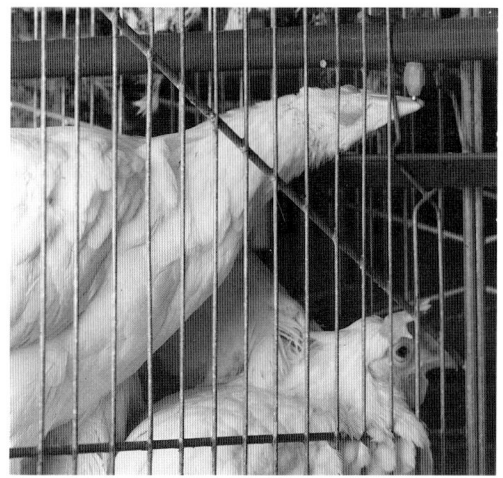

Nippeltränken sind hygienisch und pflegeleicht.

Cup- und Nippeltränke mit Auffangschale.

Tröge müssen dabei eine ausreichende Tiefe haben, damit eine gewisse Vorratsfütterung möglich ist. Auch hier gilt die Regel, zur Vermeidung von Futtervergeudung die Tröge nur bis zu zwei Drittel zu füllen. Nach innen gebogene Trogränder können ebenfalls dazu beitragen, Futterverluste gering zu halten.

Als halbautomatische Fütterungsanlage kann ein handbetriebener Futterwagen bezeichnet werden. Doch läßt sich der Futterwagen auch leicht mit einem Motor antreiben und über eine Zeitschaltuhr in regelmäßigen Abständen in Gang setzen (Abb. Seite 160). Das Futterwagensystem ist einfach zu handhaben und verschleißarm. Beim Handbetrieb ist darauf zu achten, daß der Wagen abwechselnd von beiden Seiten geschoben wird, da sonst eine einseitige Abnutzung der Führung erfolgt. Bei motorgezogenen Futterwagen ist eine gleichmäßige Belastung beider Seiten gewährleistet. Ein Problem beim Futterwagensystem ist die gleichmäßige Verteilung des Futters über die gesamte Batterielänge. Unebenheiten im Trog führen zu unterschiedli-

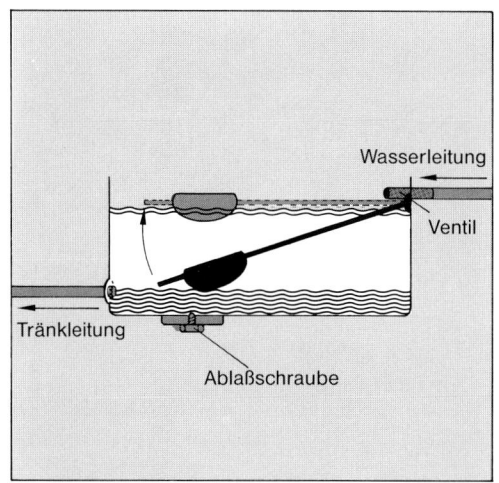

Wasserleitung

Ventil

Tränkleitung

Ablaßschraube

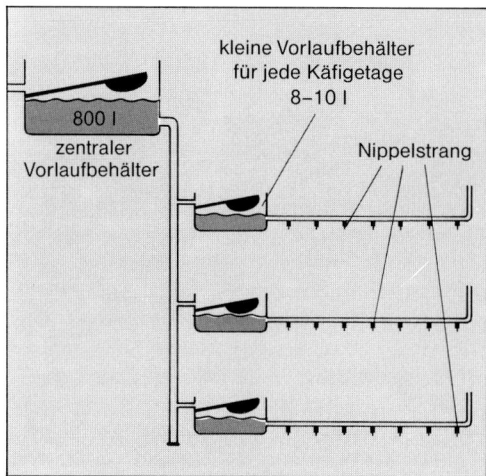

800 l
zentraler
Vorlaufbehälter

kleine Vorlaufbehälter
für jede Käfigetage
8–10 l

Nippelstrang

Hindernisse gegen die Vergeudung von Futter durch die Tiere. Werden die Tiere rationiert gefüttert, muß eine schnelle Verteilung des Futters über die gesamte Troglänge gewährleistet sein, da sonst die Gefahr besteht, daß die Tiere am Ende der Kette zu wenig Futter erhalten. Es sollte deshalb darauf geachtet werden, daß bei langen Batteriereihen und rationierter Fütterung schnellaufende Ketten mit Geschwindigkeiten von mindestens 18 m/min eingesetzt werden. Futterketten und Schnecken sind einem relativ hohen Verschleiß ausgesetzt. Es ist deshalb bei der Anschaffung besonderer Wert auf Informationen über Korrosionsfestigkeit und Reparaturanfälligkeit einzuholen. Sorgfältige Wartung verlängert die Nutzungsdauer einer Kette erheblich. Die Spannung der Kette ist in regelmäßigen Abständen zu prüfen, und die Schmierung der Lager – sofern sie keine wartungsfreien Lager hat – durchzuführen.

**Wasserversorgung.** Die Wasserversorgung der Tiere erfolgt in der Käfighaltung in der Regel über Nippeltränken. Die Nippel sind meist an der Hinterseite der Käfige in der Trennwand angebracht. Dies verhindert, daß die Tiere ständig vom Wasser zum Futter pendeln und das Futter befeuchten. Feuchtes Futter bleibt oft am Schnabel und Gefieder der Tiere kleben und führt zu Futtervergeudung. Außerdem hat die Trennung der Futter- und Wasserversorgung den Vorteil, daß fressende Tiere nicht ständig den Zugang ihrer Käfiggenossen zum Wasser blockieren. Durch die Lage in der Trennwand sind die Nippel von je zwei benachbarten Käfigen erreichbar. Bei Etagenbatterien können die Nippel in die gemeinsamen Käfigrück- und Seitenwände benachbarter Käfige installiert werden. Somit ist jeder Nippel von vier Käfigen aus erreichbar. Da für 2 bis 3 Hennen ein Nippel erreichbar sein muß, reichen auf die beschriebene Art angeordnete Nippel für Käfige mit 4 bis 6 Hennen aus.

Auf dem Markt werden eine Reihe verschiedener Tränknippel angeboten. Für jeden Nippeltyp wird ein bestimmter Wasserdruckbereich vorgeschrieben, in dem er zuverlässig funktioniert. Niederdrucknippel sollten nur einem Druck von 10–30 cm Wassersäule ausgesetzt sein. Verschiedene Fabrikate arbeiten bis zu einem Druck von 200 cm Wassersäule. Die geringe Drucktoleranz der Niederdrucknippel erfordert in der mehretagigen Batterie einen separaten Druckausgleich für jede Etage. Dies wird in der Regel durch kleine

cher Versorgung der Käfige. Es werden jedoch Schlittenzusätze angeboten, die den Unebenheiten der Trogsohle folgen und eine konstante Füllhöhe gewährleisten. Zusammen mit der Fütterung kann der Futterwagen noch weitere Funktionen erfüllen. Bürsten in Höhe der Eiersammelrinne säubern diese Käfigteile. In Kompaktbatterien kann der Futterwagen mit dem Kotschiebersystem verbunden werden, so daß das Entmisten mit dem Füttern in einem Arbeitsgang erfolgt.

Die Verteilung des Futters über Ketten oder Schnecken erfolgt nur auf automatischem Weg. Die Trogprofile bei diesen Systemen sind in der Regel flach (Abb. Seite 75). Die Füllhöhe wird bei Kettenfütterung über einen Begrenzungsschieber am Einlauf geregelt. Eine geringe Füllhöhe verhindert Futterverluste. Darüber hinaus wirken die Ketten oder Schnecken im Trog selbst als

Schwimmerkästen (etwa 8–10 l) an der Stirnseite der Batterien bewerkstelligt. Die Schwimmerkästen werden meist aus vorgeschalteten größeren Vorlaufbehältern (ca. 800 l) mit Schwimmerventil versorgt. Die Einstellung des gewünschten Druckes kann jedoch auch durch spezielle geschlossene Druckminderer erfolgen (Abb. Seite 136). Die geringen Drücke bergen die Gefahr der Luftblasenbildung in den Leitungen und somit das Abreißen der Wassersäule in den Zuleitungs- und Nippelrohren. Es besteht dann die Gefahr, daß ganze Batterieetagen oder Abschnitte innerhalb der Etagen von der Wasserversorgung abgeschnitten werden. Die Zuleitungsschläuche oder -rohre müssen deshalb stets oberhalb der Schwimmerkästen verlaufen. Das Durchhängen der Schläuche und Rohre – auch der Nippelrohre – ist zu vermeiden. Das Ende des Nippelrohres sollte in einem durchsichtigen Entlüftungsschlauch auslaufen, der etwa 50-80 cm senkrecht nach oben geführt wird. Hier kann sehr leicht festgestellt werden, ob die Wasserversorgung gesichert ist.

Tränknippel sind in der Regel in einem weiten Bereich temperaturunempfindlich. Nur in extremen Temperaturbereichen, bei Frost oder großer Hitze, können Funktionsstörungen oder Schäden auftreten.

Bei langen Batteriereihen sollten elastische Dehnungskupplungen als Nippelrohrverbinder eingesetzt werden. Weitere Beeinträchtigungen der Funktionssicherheit können durch Schmutzpartikel oder Kalkablagerungen im Nippel hervorgerufen werden. Tropfende oder verstopfte Nippel können relativ einfach und schnell ausgewechselt werden.

Trotz der relativ hohen Zuverlässigkeit der angebotenen Nippel sind Tropf- und Spritzwasserverluste meist nicht zu vermeiden. Bei Trockenkotsystemen ist deshalb die Installation von Wasserauffangrinnen unter dem Nippelrohr angebracht. Aus hygienischer Sicht allerdings sind die Wasserauffangrinnen nicht unbedenklich, da sich hier in durchhängenden Stellen Wasser ansammelt, das als Brutstätte für Krankheitskeime dient.

Eine andere Möglichkeit zur Wasserversorgung der Tiere bei Käfighaltung sind Cuptränken. Der Verschluß der meisten Cuptränken besteht aus einem Nippel wie bei der Nippeltränke. Dieser wird jedoch nicht direkt, sondern über einen Hebel geöffnet, der in einer Plastikschale unterhalb des Nippels liegt. Durch Picken nach diesem Hebel füllen die Tiere die Schale mit Wasser und trinken daraus.

Neuerdings befinden sich Cups auf dem Markt, die nach einem anderen Prinzip funktionieren. Hierbei öffnen die Tiere das Ventil dadurch, daß sie einen mit Federdruck gehaltenen Hebel in eine beliebige Richtung bewegen (Abb. Seite 161).

## Praktische Legehennenfütterung

Futter ist der wichtigste Kostenfaktor in der Eierproduktion. Es lohnt sich deshalb, an dieser Stelle sorgfältig nach Möglichkeiten zur Kostensenkung zu suchen. Der Geflügelhalter muß entscheiden, ob er Mischfutter kaufen oder selbst mischen, und ob er die Tiere mit Alleinfutter versorgen oder kombiniert füttern soll. Welche Methode sich als die kostengünstigste erweist, hängt von den betriebsspezifischen Gegebenheiten und den Preisen ab. Allgemeine Empfehlungen sind deshalb nicht möglich. Hier sollen jedoch die verschiedenen Möglichkeiten aufgezeigt werden, die es dem Betriebsleiter erlauben, die Entscheidungen auf seinem Betrieb zu treffen.

## Alleinfutter

Das Alleinfutter enthält alle notwendigen Hauptnährstoffe, Spurenelemente und Vitamine, die für eine hohe Legeleistung erforderlich sind.

Es kann in Form von Pellets, Crumbles (gebrochene Pellets) oder Mehl verfüttert werden. Pelletiertes Futter hat den Vorteil, daß eine Entmischung der einzelnen Komponenten auf dem Transport von Futtermittelwerk zum Silo und über die Transportsysteme im Stall nicht möglich ist. Pelletierung hemmt auch eine mögliche Verpilzung des Futters bei ungünstigen Lagerbedingungen im Silo oder Sack. Die Futtervergeudung ist bei Pellets geringer als bei Mehlfutter. Bedingt durch die Energiekosten des Pressens ist pelletiertes Futter jedoch teurer als Mehlfutter. Bei Legehennen wird durch das Angebot pelletierten Alleinfutters die benötigte Freßdauer drastisch gesenkt. Dies fördert Federpicken und Kannibalismus. Die Pelletfütterung ist deshalb bei Legehennen nicht zu empfehlen.

Crumbles oder „Krümel" nehmen eine Mittelstellung zwischen Mehl und Pellets ein.

In der Legehennenfütterung sind sie wenig verbreitet. Normalerweise erhalten Legehennen Futter in Mehlform.

Im DLG-Standard für Geflügelmischfutter sind drei Typen von Alleinfutter für Legehennen vorgesehen. Neben dem Alleinfutter I mit 15% Rohprotein und 10,6 MJ UE wird ein zweites Alleinfutter I mit einer höheren Nährstoffkonzentration (15,5% Rohrprotein; 11,0 MJ UE) für höchste Leistungen angeboten. Alleinfutter II für Legehennen unterscheidet sich von der gewöhnlichen Version des Alleinfutters I im wesentlichen in den höheren Kalzium- und den geringeren Phosphatgehalten. Dieses Futter ist für Hennen in den letzten Legemonaten bestimmt.

## Kombinierte Fütterung

Bei der kombinierten Fütterung wird ein Konzentrat, das Proteinträger, Mineralstoffe, Vitamine und Pigmente enthält, in Mehlform angeboten. Dieses Konzentrat, das auch Ergänzungsfutter oder „Legemehl" genannt wird, steht den Tieren immer zur freien Verfügung. Dazu werden als Energieträger betriebseigene Getreidearten (Mais, Weizen, Gerste, Roggen, Hafer) als Körner angeboten. Da die Tiere eine Vorliebe für Körner haben, müssen diese rationiert gefüttert werden, um eine zu hohe Energieaufnahme und somit eine frühzeitige Verfettung zu verhindern. Diese Art der Fütterung kann in der Bodenhaltung so durchgeführt werden, daß eine abgewogene Menge von etwa 40–50 g Körner pro Tier und Tag in die Einstreu gegeben wird. Somit werden die Hennen angeregt, die Einstreu durch Picken und Scharren umzuarbeiten.

Neuere Untersuchungen haben gezeigt, daß man auch in der Käfighaltung kombiniert füttern kann. Hierbei wird die Getreidekomponente geschrotet oder in Form ganzer Körner dem Ergänzungsfutter beigemischt. Die Zuteilung kann über eine Dosierschnecke in den Futterwagen oder in die Zuführungsschnecke von Futterkettensystemen eingegeben werden. Es konnte gezeigt werden, daß durch Zufütterung von Weizen über diese Methode gute Legeleistungen erreicht werden. Ein Vermahlen des Weizens war nicht nötig. Ob sich der technische Mehraufwand für die Beifütterung hofeigenen Getreides lohnt, hängt von betriebsspezifischen Gegebenheiten, wie dem Vorhandensein von ausreichenden Mengen billigen Getreides, dem

Getreidepreis, dem Preis des Ergänzungsfutters, sowie dem Preis des handelsüblichen Legehennenalleinfutters ab.

Laut DLG-Standard und Normtyp sind zwei Arten von Ergänzungsfutter zugelassen: Das Ergänzungsfutter für Legehennen (E) mit mindestens 18% Rohprotein, und das Eiweißreiche Ergänzungsfutter für Legehennen mit mindestens 27% Rohprotein (EE). – Ersteres wird mit Getreide im Verhältnis 2 : 1 (E: Getreide), letzteres im Verhältnis 1 : 2 (EE: Getreide) gefüttert. Legt man einen Futterverzehr von ca. 120 g pro Tier und Tag zugrunde, müssen somit 40 bzw. 80 g Getreide pro Tier und Tag zugeteilt werden.

In bestimmten Grenzen regeln die Tiere ihren Futterverzehr selbst, so daß die erwarteten Werte eingehalten werden. Der Proteingehalt in Getreide + Ergänzungsfutter beträgt dann etwa 16%.

Gleichzeitig kann auch das Calcium getrennt von den anderen Nährstoffen angeboten werden. In der Bodenhaltung können hierfür separate Futterautomaten für Calciumgrit oder Muschelschalen aufgestellt werden. Der Ca-Gehalt im Alleinfutter oder Ergänzungsfutter ist dann zu reduzieren. Es wird oft beobachtet, daß Hennen beim ersten Angebot von Calcium in Form von Grit oder Muschelschalen enorme Mengen verzehren. Dies reguliert sich jedoch in kurzer Zeit auf die Aufnahme, die dem tatsächlichen Bedarf entspricht.

## Ad libitum, restriktive und kontrollierte Fütterung

In der Regel erhalten Legehennen Futter zur freien Verfügung (ad libitum). Sie regulieren ihren Verzehr weitgehend nach ihrem Bedarf. Dies gilt vor allem für leichte Weiße Leghorn Hybriden und für den Beginn der Legeperiode mit hoher Legeleistung. Mittelschwere braune Herkünfte neigen dazu, mehr Futter aufzunehmen als für Erhaltung und Leistung erforderlich wäre. Die Folgen davon sind nicht nur eine schlechte Futterverwertung, sondern auch eine frühe Verfettung und eine damit verbundene rasch abfallende Legeleistung. In einigen Fällen ist es deshalb angebracht, das Futter zu rationieren. Von den bei der Junghennenaufzucht beschriebenen Maßnahmen der Futterrestriktion ist bei Legehennen nur die tägliche Mengenrestriktion angebracht. Als Richtwerte für die Bemes-

## Wirtschaftlichkeitsberechnung
Haltung von Legehennen im Auslauf zur Selbstversorgung

**Ausgangsbasis:**

| | |
|---|---|
| Anfangsbestand | 6 Hennen |
| Endbestand | 5 Hennen |
| Durchschnittsbestand | 5,5 Hennen |

Legeleistung pro Anfangshenne 180 Eier
Futterverzehr: Abfälle (kostenfrei) zuzüglich 60 g Legemehl pro Tier und Tag

| | |
|---|---|
| Junghennenpreis | 12,– DM |
| Schlachthennenpreis | 2,– DM |
| Futterpreis | 80,– DM/dt |
| Eierpreis | 0,20 DM/Ei |

Kosten für Unterbringung und Geräte pauschal DM 20,– pro Jahr
Nutzungsdauer 5 Jahre

**Kosten:**

| | |
|---|---|
| Junghennen | 72,– DM |
| Futter | 97,– DM |
| Unterbringung | 20,– DM |
| | 189,– DM |

**Erlös:**

| | |
|---|---|
| Eier (1080×0,20 DM) | |
| | 216,– DM |
| Schlachthennen (5×2 DM) | 10,– DM |
| | 226,– DM |
| Erlös | 226,– DM |
| Kosten | -189,– DM |
| Rohüberschuß | 37,– DM |

kelung. Das Wiegen von etwa 30 bis 40 Hennen pro Herde ist im allgemeinen als zuverlässige Stichprobe ausreichend. Für größere Betriebe wurde ein System entwickelt, in dem mehrere Käfige auf Wiegestäben stehen, die eine kontinuierliche Feststellung der Körpergewichtsveränderungen zulassen. Die tägliche Futtermenge wird aufgrund der Körpergewichte und der Legeleistung über Computer errechnet und kann über einen wiegbaren Zwischensilo automatisch zugeteilt werden. Gewichtsveränderungen von Tag zu Tag zeigen an, ob die Tiere zu viel oder zu wenig Futter erhalten haben und lassen eine schnelle und zuverlässige Korrektur zu. Die aufgrund des Erhaltungs- und Leistungsbedarfs ermittelte und zugeteilte Fütterung wird „kontrollierte Fütterung" genannt.

## Wirtschaftlichkeit der Legehennenhaltung

Obwohl früher praktisch jeder herkömmliche bäuerliche Betrieb in kleinem Umfang Hühner hielt, wurde eine stärkere Ausdehnung dieses Betriebszweiges meist vermieden. Dies beruhte zu einem großen Teil darauf, daß der Hühnerhaltung der Ruf eines risikoreichen und meist verlustreichen Gewerbes anhaftete. Nun ist kaum anzunehmen, daß Hühnerhaltung tatsächlich risikoreicher als andere Betriebszweige ist. Allerdings erfordert sie – anders als andere Produktionbereiche – eine genaue Erfassung von Ausgaben und Einkünften und die Beachtung kleinster Preis- und Kostenveränderungen. Multipliziert mit größeren Tier- oder Eizahlen können minimal erscheinende Beträge am Ende für hohe Gewinne oder Verluste verantwortlich sein. Wirtschaftliche Entscheidungen in der Hühnerhaltung dürfen deshalb nicht auf groben Schätzungen beruhen, sondern müssen sorgfältig durchkalkuliert werden.

## Legehennenhaltung zur Selbstversorgung

Die Ermittlung von Kosten und Erlösen ist in der kleinbäuerlichen Geflügelhaltung, in der Hennen nur oder überwiegend zur Selbstversorgung gehalten werden, schwierig, da in der Regel weder der Aufwand an Futter, Arbeit und Gebäuden, noch die Leistung regi-

sung der Futtermenge pro Tier kann die Formel auf S. 72 herangezogen werden. Die Rationierung sollte erst nach dem Überschreiten des Maximums in der Legekurve einsetzen. Es muß beachtet werden, daß restriktiv gefütterte Tiere zum Federpicken neigen. Diese Maßnahme ist deshalb nur dann angebracht, wenn man durch Zurücksetzen der Lichtintensität die Gefahr des Federpickens gering halten kann. Wird die Futterrestriktion in Boden- und Auslaufhaltung durchgeführt, ist ein vorsorgliches Schnabelstutzen zu empfehlen. Des weiteren muß darauf geachtet werden, daß die Tiere nicht zu wenig Futter erhalten und somit gezwungen sind, von ihren Körperreserven zu zehren. Das kann zu einer frühzeitigen Erschöpfung und zum Abbruch der Legeleistung führen. Der Ernährungszustand der Henne muß deshalb sorgfältig überwacht werden. Dies geschieht durch Gewichtskontrollen und durch Abtasten der Brustbemus-

striert werden. Die Entscheidung, ob und wieviele Hühner gehalten werden, wird deshalb meist von Neigung oder Abneigung gegenüber Hühnern und nicht von wirtschaftlichen Gesichtspunkten bestimmt. Es ist jedoch auf jeden Fall nötig, abzuschätzen, ob die anfallenden Kosten für Futter, den Ankauf der Tiere und die nötigen Einrichtungen gedeckt werden.

Geht man von einem durchschnittlichen Jahresverbrauch von 280 Eiern pro Kopf aus, so beläuft sich der Bedarf einer vierköpfigen Familie auf 1120 Eier pro Jahr. Je nach den Haltungsbedingungen
• Bodenhaltung mit zugekauftem Legehennennalleinfutter oder
• Auslaufhaltung mit Verfütterung von Abfällen und zugekauftem Zusatzfutter (Legemehl)
ist eine unterschiedliche Leistung zu erwarten. Bei vollwertiger Fütterung reichen 5, bei extensiver Fütterung 6 Hennen aus, um den Bedarf der Familie zu decken. Berechnet man die konsumierten Eier und die Suppenhen-

nen zu Marktpreisen und vernachlässigt die Neben- und Arbeitskosten, kann man davon ausgehen, daß der Wert der produzierten Eier in beiden Systemen die Kosten für die Junghennen, Futter und Material übersteigen. Im folgenden Beispiel wird nur auf die extensive Auslaufhaltung eingegangen. Es sei jedoch darauf hingewiesen, daß die Haltung kleiner Gruppen zur Selbstversorgung auch in Käfigen erfolgen kann. Die Voraussetzung dafür ist jedoch, daß Legehybriden mit guter Widerstandskraft und einem hohen Leistungspotential eingesetzt werden und keine speziellen, größeren Investitionen (wie Stallbau) notwendig sind.

## Wirtschafts-Geflügelhaltung

Der Anteil der verschiedenen Produktionsfaktoren an den Kosten der Eiererzeugung sind in der folgenden Tabelle aufgezeigt.

Die Futterkosten sind mit etwa 55% der bedeutendste Kostenfaktor. Es folgen Tier-

### Kosten der Eiererzeugung im Wirtschaftsjahr 1996 (nach Nordhues/Behrens) (Jahrbuch für die Geflügelwirtschaft 1997)

|  | Kosten in DPf je Ei | relativer Anteil an Gesamtkosten (%) |
|---|---|---|
| Tiere | 2,4 | 19,0 |
| Futter | 6,2 | 49,2 |
| Unterbringung | 1,8 | 14,3 |
| Reparaturen + Sonstiges | 0,3 | 2,4 |
| Tierarzt, Hygiene | 0,1 | 2,4 |
| Energie/Wasser | 0,2 | |
| Lohnkosten | 1,3 | 10,3 |
| Allgemeine Betriebskosten | 0,3 | 2,4 |
| Summe | 12,6 | |
| Kosten für Direktvermarktung | 5,0 | |
| Gesamtkosten | 17,6 | |

### Kapitalbedarf
Anteil von Gebäudehülle, Inneneinrichtung und Verzinsung am Kapitalbedarf in Käfig-, Volieren-, Boden- und Auslaufhaltung (DM/Platz; %) (nach Nordhues, 1995)

|  | Käfig | Voliere | Boden | Auslauf |
|---|---|---|---|---|
| Gebäude | 21 (52) | 30 (49) | 60 (68) | 65 (70) |
| Einrichtung | 18 (45) | 30 (49) | 25 (29) | 25 (27) |
| Verzinsung | 1,20 (3) | 1,80 (2) | 2,60 (3) | 2,70 (3) |
| Gesamt | 40,20 (100) | 61,80 (100) | 87,60 (100) | 92,70 (100) |

## Spannweiten des Arbeitszeitbedarfs

AK min pro Henne und Jahr in Boden- und Käfighaltungssystemen bei einer Bestandesgröße von etwa 3000 Tieren; berechnet nach Basiswerten von HAMMER (Jahrbuch für die Geflügelwirtschaft 1984)

| Haltung/ Mechanisie- rungsgrad | Futter- und Wasser- versorgung | Eier- sammeln* | Reinigung und Tier- kontrolle | Kot- beseiti- gung | Ein- und Ausstallen, sonstige einmalige Arbeiten | |
|---|---|---|---|---|---|---|
| Bodenhaltung | | | | | | |
| gering | 0,949 | 18,681 | 3,321 | 2,435 | | 25,386 |
| | (3,7%) | (73,6%) | (13,1%) | (9,6%) | | (100%) |
| hoch | 0,533 | 8,194 | 3,004 | 2,435 | | 14,166 |
| | (3,8%) | (57,8%) | (21,2%) | (17,2%) | | (100%) |
| Käfighaltung | | | | | | |
| gering | 1,635 | 12,687 | 2,741 | 1,675 | 1,467 | 20,202 |
| | (8,1%) | (62,8%) | (13,6%) | (8,3%) | (7,2%) | (100%) |
| hoch | 1,168 | 2,730 | 2,252 | 0,004 | 1,464 | 7,618 |
| | (15,3%) | (35,8%) | (29,6%) | (0,05%) | (19,2%) | (100%) |

* incl Sammeln von Bodeneiern
**Bodenhaltung**, geringer Mechanisierungsgrad: Rohrfütterung, Nippeltränken, Eiersammeln mit Korb aus Einzelnestern, Kotbeseitigung mit Frontlader nach jedem Durchgang.
Hoher Mechanisierungsgrad: Futterkette, Nippeltränke, Eiersammelband, Kotbeseitigung mit Frontlader nach jedem Durchgang.
**Käfighaltung**, geringer Mechanisierungsgrad: Futterwagen von Hand geschoben, Nippeltränke, Eier von Hand gesammelt, Kotbeseitigung über Kotkanalschieber auf Dungstreuer.
Hoher Mechanisierungsgrad: Futterkette automatisch, Nippeltränke, automatische Eiersammlung, Kotbeseitigung über Kotkanalschieber auf Dungstätte.

material (Preis der Junghenne) und Unterbringung, als größere Einzelposten. Jedoch darf auch die Bedeutung der übrigen Kostenanteile nicht unterschätzt werden, da sie – multipliziert mit der Eizahl – zu erheblichen Beträgen auflaufen. Ein Betrieb mit etwa 3600 Legehennen kann etwa 1 Million Eier pro Jahr erzeugen. Kosteneinsparungen von nur 0,1% pro Ei (= 0,016 DPf), ergeben immerhin einen Mehrertrag von 16000 DM pro Jahr. Im folgenden sollen deshalb die einzelnen Kostenarten in bezug auf mögliche Ersparnisse betrachtet werden.

**Futterkosten.** Die Möglichkeiten zur Kostensenkung von seiten der Technik, nämlich Vermeidung von Futtervergeudung und Luxuskonsum, wurden an anderer Stelle besprochen (s. Seite 154). Prinzipiell sollte der Legehennenhalter prüfen, ob er Legehennenfutter kauft oder durch Selbstmischen billigeres Futter erzeugen kann. Die Voraussetzung für Selbstmischen sind: Verfügbarkeit von betriebseigenem Getreide in ausreichender Menge und Qualität, ausreichende Lager- und gegebenenfalls Trocknungskapazität, Mahl- und Mischvorrichtungen und nicht zuletzt gute Kenntnisse über die nötige Futterzusammensetzung. Sind die Voraussetzungen für das Selbstmischen nicht gegeben, so kann die Angebotssituation am Mischfuttermarkt ausgenutzt werden, das preisgünstigste Futter zu kaufen. Am preisgünstigsten ist das Futter, mit welchem man mit dem eingesetzten Geldwert die meisten Eier produziert. Anhaltspunkte über den Futterwert eines Mischfutters geben die Futterwertleistungsprüfungen (s. Seite 124).

**Bestandsergänzung.** Hier stellt sich zunächst die Frage, welche Herkunft unter den gegebenen Bedingungen das beste wirtschaftliche Ergebnis bringt. Angaben über die Leistungsfähigkeit sind den Leistungsprüfungsergebnissen zu entnehmen. Schließlich ist zu prüfen, ob die Junghennen im eigenen Betrieb aufgezogen werden, oder von einem spezialisierten Junghennenbetrieb gekauft werden sollen (s. Seite 116). Wichtig sind jedoch auch hier nicht die Kosten der Junghenne an sich, sondern die Beziehungen zwischen Preis und Leistung.

**Unterbringung.** Zu den Kosten der Unterbringung gehören die Abschreibungen für

## Relativer Arbeitszeitbedarf bei verschiedenen Eiersammelverfahren

in der Bodenhaltung mit verschiedenen Bestandsgrößen. Stall ohne Sammelgang = 100%
nach HAMMER (Jahrbuch für die Geflügelwirtschaft 1985)

| | Hennenplätze | | | |
| | 500 | 1000 | 3000 | 6000 |
|---|---|---|---|---|
| Handsammlung (Stall ohne Sammelgang) | 100 | 100 | 100 | 100 |
| Handsammlung (Stall mit Sammelgang) | 80 | 74 | 70 | 65 |
| Stall mit Automatik-Nest | 78 | 59 | 59 | 56 |
| Stall mit Sammelband | 66 | 57 | 50 | 47 |

den Stall und die Einrichtungen, sowie die Kapitalzinsen. Der durch die Bauhülle verursachte Kapitalbedarf pro Hennenplatz verringert sich mit zunehmender Besatzdichte im Stall. Da in der Bodenhaltung keine so hohe Besatzdichte zu erreichen ist wie in der Käfighaltung, sind die Kosten für die Bauhülle in der Käfighaltung niedriger. Die Kosten für die Stalleinrichtung sind in der Bodenhaltung etwas geringer als in der Volierenhaltung, aber deutlich höher als in der Käfighaltung (s. Tabelle S. 166).

Der gesamte Kapitalbedarf pro Hennenplatz ist bei geringer Tierzahl in der Bodenhaltung kleiner als in der Käfighaltung. Die Zahl, bei der sich die Verhältnisse zugunsten der Käfighaltung wenden, liegt bei etwa 1500 bis 2000 Tieren pro Stall.

Dabei ist zu beachten, daß in der Bodenhaltung ab 5000 Tieren keine Kostendegression mehr durch Vergrößerung des Bestandes zu erreichen ist.

**Lohnkosten.** Die Lohnkosten sind auch im bäuerlichen Betrieb in die Kalkulation mit einzubeziehen, sobald die Arbeit auch in an-

## Erzeugerpreise 1995 in Abhängigkeit vom Absatzweg

(Quelle: Statistisches Bundesamt)

| | Preis<br>DPf je Ei |
|---|---|
| Großhandel und ambulante Aufkäufer | 12,7 |
| Großverbraucher (Einzelhandel, Hotels) | 16,6 |
| Einzelverbraucher (Straßenverkauf, Wochenmärkte) | 21,6 |

deren Betriebszweigen eingesetzt werden könnte. Haltungsform und Tierzahl sollten deshalb bei der Planung sorgfältig auf den Arbeitsbedarf geprüft werden. Die benötigte Arbeitszeit pro Tier und Tag ist in der Bodenhaltung höher als in der Käfighaltung. Der Unterschied nimmt mit zunehmender Tierzahl zu.

Da bis zu 74% des gesamten Arbeitsbedarfs auf das Sammeln der Eier entfällt, enthält das Eiersammelverfahren die größten Möglichkeiten zur Einsparung von Lohnkosten. Sammelbänder oder Automatiknester wirken sich gegenüber Sammeln von Hand besonders bei Beständen von mehr als 1000 Hennen positiv auf den Arbeitszeitbedarf aus (Tabelle oben). Hinzu kommt, daß bei der Einrichtung einer automatischen Eiersammelanlage kein Eiersammelgang vorgesehen werden muß. Dies reduziert wieder die Kapitalkosten für die Bauhülle.

In der Tabelle oben sind die Spannweiten der Möglichkeiten zur Verringerung des Arbeitsaufwandes in Boden- und Käfighaltung aufgezeigt. Es ist dabei zu bedenken, daß die Mechanisierung meist mit einem erheblichen Kapitalaufwand einhergeht. Stehen Arbeitskräfte zur Verfügung, sollte deshalb sorgfältig

Saisonale Schwankungen der Eierpreise basierend auf Angaben der Kölner Eiernotierungen von 1974 bis 1984, Handelsklasse A, Gewichtsklasse 4 (Baaken, 1986).

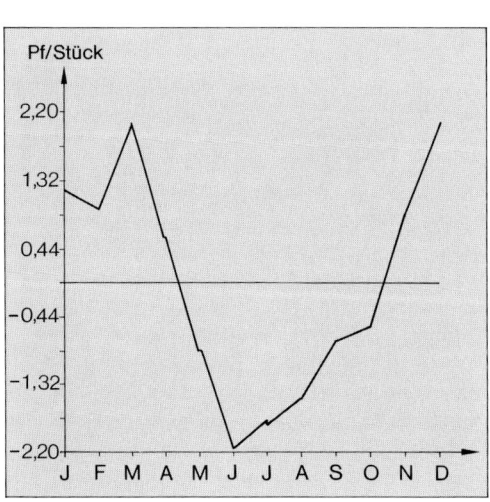

abgewogen werden, ob nicht ein geringer Mechanisierungsgrad wirtschaftlicher ist. Dies ist besonders dann angezeigt, wenn die zu bewältigende Arbeit keine besonderen körperlichen Anstrengungen erfordert. Die Frage, ob das Eiersammeln automatisiert werden sollte, hängt von einer Vielzahl von Faktoren ab, z.B. der Sammelleistung, dem Arbeitslohn und den Investitionskosten der Sammelanlage. Allgemein liegt die kritische Grenze für die Automatisierung des Eiersammelns bei Käfiganlagen etwa bei 2000 Hennen.

## Erlöse

Die Erlöse aus der Legehennenhaltung entstehen hauptsächlich aus dem Verkauf der Eier. Daneben sind noch als geringere Komponenten der Verkauf der Suppenhennen sowie der meist nicht berücksichtigte Wert des Hühnermistes als Dünger zu nennen.

Neben der Legeleistung spielt der Eierpreis die wirtschaftlich entscheidende Rolle. Die üblichen jahreszeitlichen und längerfristigen

## Produktionskosten bei verschiedenen Haltungsverfahren bei einer Bestandsgröße von 1000 Hennen (in DM/Henne, Pfg/Ei) (nach NORDHUES 1987)

| Kostenart | Käfig DM | (%) | Volieren DM | (%) | Boden DM | (%) | Auslauf DM | (%) |
|---|---|---|---|---|---|---|---|---|
| Junghenne | 7,74 | (12,8) | 7,74 | (10,8) | 7,74 | (10,3) | 7,74 | (9,5) |
| Futter | 22,50 | (37,2) | 23,00 | (32,0) | 24,00 | (31,9) | 24,50 | (30,2) |
| Unterbringung | 4,80 | (7,9) | 7,50 | (10,4) | 9,75 | (13,0) | 10,25 | (12,6) |
| Arbeit | 20,00 | (33,1) | 26,00 | (36,1) | 26,00 | (34,5) | 30,00 | (37,0) |
| Tierarzt/Hygiene | 0,25 | (0,4) | 0,35 | (0,5) | 0,40 | (0,5) | 0,60 | (0,7) |
| Variable Gerätekosten | 0,30 | (0,5) | 0,30 | (0,4) | 0,30 | (0,4) | 0,45 | (0,6) |
| Energie/Wasser | 0,75 | (1,2) | 0,80 | (1,1) | 0,80 | (1,0) | 0,80 | (1,0) |
| Zinsen | 0,68 | (1,1) | 0,70 | (1,0) | 0,75 | (1,0) | 0,78 | (1,0) |
| Allgemeinkosten | 0,50 | (0,8) | 0,50 | (0,7) | 0,50 | (0,7) | 0,50 | (0,6) |
| Vermarktung (ohne Arbeit) | 3,00 | (5,0) | 3,00 | (4,2) | 3,00 | (4,0) | 3,00 | (3,7) |
| Zusatzkosten durch höheren Knickeier- und Schmutzeieranteil | – | | 2,0 | (2,8) | 2,00 | (2,7) | 2,50 | (3,1) |
| Gesamtkosten/Henne | 60,52 | | 71,89 | | 75,25 | | 81,12 | |
| Kosten pro Ei/Pfg | 20,0 | | 24,8 | | 27,8 | | 31,5 | |

## Nährstoffgehalt von Hühnerkot in %
(Jahrbuch für die Geflügelwirtschaft, 1987)

| | Frischkot | Trockenkot | Hühner-gülle | Bodenhal-tungskot | Broiler-tiefstreu |
|---|---|---|---|---|---|
| Trockensubstanz | 22,0 | 80 | 15,5 | 78 | 76 |
| Org. Substanz | 17,4 | 60 | 10,9 | 57 | 63 |
| Asche | 4,6 | 20 | 4,6 | 21 | 13 |
| N | 1,3 | 3,5 | 0,7 | 2,6 | 3,6 |
| P | 0,5 | 2 | 0,28 | 1,5 | 1,1 |
| $P_2O_5$ | 1,1 | 4,6 | 0,64 | 3,4 | 2,6 |
| K | 0,5 | 2 | 0,28 | 1,6 | 1,4 |
| $K_2O$ | 0,6 | 2,4 | 0,34 | 1,9 | 1,7 |
| Ca | 2,4 | 8,5 | 0,70 | | 1,7 |
| CaO | 3,4 | 12 | 0,98 | | 2,3 |

Nährstoffwert der Kotmenge/Huhn/Jahr: etwa 1,80 DM (1 kg N = 1,– DM, 1 kg $P_2O_5$ = 0,50 DM, 1 kg $K_2O$ = 0,30 DM).

Schwankungen des Eierpreises kann der Produzent kaum beeinflussen. Ausschlaggebend für den Preis, den der Hühnerhalter für sein Erzeugnis erhalten kann, ist aber der Markt, auf dem er verkauft.

Der Preis nimmt beträchtlich zu je näher der Verkauf beim Einzelverbraucher ansetzt. Obwohl der höhere Preis auch einen höheren Vermarktungsaufwand mit sich bringt, ist die Selbstvermarktung attraktiv. Der Vermarktungsaufwand ist von Betrieb zu Betrieb äußerst unterschiedlich. Je nach Geschick und Organisation des Verkaufs sowie der Struktur der Abnehmer, werden pro Stunde zwischen 100 und 2500 Eier pro Person vermarktet. Im Durchschnitt muß mit Vermarktungskosten von 4–5 DPf pro Ei gerechnet werden. Hiervon entfallen 0,6–1,0 DPf auf das Fahrzeug und der Restbetrag auf den Lohn. Die Spanne der Vermarktungskosten reicht von 0,3 bis 10 DPf pro Ei.

Beim Eierverkauf ab Hof liegt der Vermarktungsaufwand im gleichen Größenbereich. Es werden lediglich die Kosten für das Fahrzeug gespart. Da die Selbstvermarktung einen Preisvorteil von 5–6 DPf pro Ei erbringt, stellt sie einen wesentlichen Beitrag zur Sicherung und Steigerung des Einkommens aus der Geflügelhaltung dar. Für die Selbstvermarktung spricht neben dem höheren Preisniveau auch die Tatsache, daß sich die saisonalen Preisschwankungen auf der Verbraucherebene kaum auswirken, die Selbstvermarktung deshalb eine größere Einkommenssicherheit bringt. Darüber hinaus bietet sie die Gelegenheit, auch andere selbsterzeugte Produkte, wie Suppenhennen, Masthähnchen etc., zusammen mit den Eiern zu vermarkten. Allerdings ist eine sorgfältige Abstimmung der Produktion auf die Nachfrage erforderlich.

Der Verbraucher erwartet – besonders vom Selbstvermarkter – eine regelmäßige Belieferung, ein gleichbleibendes, breites Sortiment und höchste Qualität. Um ein ausreichendes Größenklassensortiment anbieten zu können, und auch jederzeit ausreichend Ware zur Verfügung zu haben, muß der Selbstvermarkter ständig mehrere Altersgruppen an Legehennen halten. Durch sorgfältige Planung des Einstalltermins von Junghennen und der Termine für Legepausen lassen sich sowohl Nachfragespitzen – vor Weihnachten und Ostern – als auch typische Nachfragedefizite – im Juli und August – ausgleichen. Diese Methode ist dem Ansammeln von Lagervorräten oder dem Zukauf von Eiern vorzuziehen, da

dies oft zur Beanstandung des Frischezustandes führt.

Der Erlös aus dem Verkauf von Suppenhennen ist sehr gering, wenn die Hennen an Schlachtereien abgegeben werden. Sie lagen in den letzten 10 Jahren zwischen 0,88 und 0,24 DM pro kg Lebendgewicht. Dies entspricht 1,76 bzw. 0,48 DM pro Henne. Der Selbstvermarkter kann dagegen für eine geschlachtete Suppenhenne einen Preis von 4–5 DM erzielen. Die Abgabe von geschlachtetem Geflügel ist durch die Geflügelfleisch-Ausnahmeverordnung geregelt (s. Seite 180).

Der Wert des Geflügelkotes als Dünger wird in der Wirtschaftlichkeitsrechnung meist nicht berücksichtigt. Die Nährstoffgehalte sind in Tab. S. 169 angegeben. Eine Henne produziert pro Jahr etwa 1 kg Stickstoff, 1 kg Phosphat ($P_2O_5$) und 1 kg Kalium ($K_2O$). Dies entspricht einem Marktwert bzw. einer Ersparnis an Düngemitteln in Höhe von insgesamt 1,80 DM pro Tier.

## Vergleich der Wirtschaftlichkeit von Boden- und Käfighaltung

Aus der Kostenaufstellung geht hervor, daß der Kapitalbedarf für Gebäude und Einrichtung von der Käfig- über die Volieren-, Boden- und Auslaufhaltung ansteigt. Die Arbeitskosten sind in alternativen Haltungssystemen höher als in der Käfighaltung. Diese tragen im wesentlichen dazu bei, daß die Produktionskosten pro Ei im Käfig günstiger ausfallen als in der Bodenhaltung (Tabelle S. 169). Außerdem ist der Futterverzehr in der Bodenhaltung höher als in der Käfighaltung. Trotz höherer Kosten in den genannten Bereichen kann es Situationen geben, in denen die Produktion in alternativen Haltungssystemen sinnvoll ist. Bei vorhandenen Gebäuden und Flächen ist zu prüfen, ob nicht die Bodenhaltung vorteilhafter ist. Die Kosten der Stalleinrichtung sind möglicherweise durch Eigenleistungen zu begrenzen.

## Bestimmungen zur Vermarktung von Eiern

Die Vermarktung von Eiern ist durch EG-Verordnungen (EWG Nr. 1274/91) geregelt. Sie gelten damit für alle Länder der EG. Das Verpacken von Eiern ist danach nur in zugelassen Packstellen erlaubt. Ausgenommen von diesen Bestimmungen ist die Direktvermarktung vom Erzeuger zum Verbraucher ab Hof, auf Wochenmärkten oder an der Haustür. 1995 wurde die Verordnung in wesentlichen Punkten geändert. Die folgenden Ausführungen beziehen sich auf die Fassung vom April 1995. Nach den EG-Verordnungen werden die Eier in Güteklassen (A, B und C) sowie in Gewichtsklassen eingeteilt. Darüber hinaus wird die Kennzeichnung der Eier geregelt.

Nach der „Hühnereier-Verordnung" aus dem Jahr 1995 müssen Eier, die an den Verbraucher abgegeben werden, spätestens ab dem 18. Tag nach dem Legen kühl, d.h. bei einer Temperatur von 5° bis 8°C gelagert werden.

## Kriterien für die Güteklasse A

Schale und Kutikula müssen sauber und unverletzt sein. Die Luftkammer muß unbeweglich sein und darf eine Höhe von 6 mm nicht überschreiten (Abb. Seite 172). Das Eiweiß muß klar, durchsichtig, gallertartig fest, und frei von Einlagerungen aller Art sein. Der Dotter muß beim Durchleuchten ohne deutliche Umrisse nur schattenhaft sichtbar und fest in der Mitte des Eies verankert sein. Auch der Dotter darf keine Einlagerungen von Fremdstoffen enthalten. Die Keimscheibe darf nicht sichtbar entwickelt sein. Untypische Gerüche sind nicht zulässig. Von der

Güteklasse A sind demnach alle Eier ausgeschlossen, die schmutzig sind. Als Schmutz gelten Ansammlungen von Blut, Kot, Eiauslauf, Staub. Vereinzelte Schmutzpartikel und sogenannte Abrollspuren, die von den Drahtböden der Käfige oder Nester herrühren, werden geduldet. Eier der Klasse A dürfen nicht gewaschen oder auf sonstige Art gereinigt werden. Durch Waschen wird die Kutikula zerstört und damit das Eindringen von Keimen in das Ei gefördert. Haltbarmachen ist nicht erlaubt, auch Kühlung in Räumen unter 5 °C ist verboten.

## Kriterien für die Güteklasse B

Eier der Klasse B sind „haltbar gemachte" Eier. Sie müssen – mit Ausnahme der Luftkammerhöhe von maximal 9 mm – die gleichen sichtbaren und geruchlichen Qualitätskriterien erfüllen wie Eier der Klasse A. B-Eier müssen rot gestempelt werden. Man unterscheidet drei Kategorien:
- nicht künstlich gekühlte und haltbar gemachte Eier. Sie sind mit „B" zu stempeln,
- gekühlte Eier, die in Räumen mit künstlicher Kühlung unter 5 °C gelagert wurden (Stempel Δ),
- haltbar gemachte Eier, die mit oder ohne Kühlung in einem Gasgemisch gelagert oder sonstigen Haltbarmachungsverfahren unterworfen wurden.

| Kenn-Nummern für die Herkunftsbezeichnung von Eiern | | | |
|---|---|---|---|
| Belgien | 1 | Baden-Württemberg | 01 |
| Bundesrepublik Deutschland | 2 | Bayern | 02 |
| Dänemark | 7 | Berlin | 03 |
| Frankreich | 3 | Bremen | 04 |
| Griechenland | 10 | Hamburg | 05 |
| Italien | 4 | Hessen | 06 |
| Luxemburg | 5 | Niedersachsen | 07 |
| Niederlande | 6 | Nordrhein-Westfalen | 08 |
| Spanien | 11 | Rheinland-Pfalz | 09 |
| Portugal | 12 | Saarland | 10 |
| Österreich | 13 | Schleswig-Holstein | 11 |
| Finnland | 14 | Brandenburg | 12 |
| Schweden | 15 | Mecklenburg-Vorpommern | 13 |
| | | Sachsen | 14 |
| | | Sachsen-Anhalt | 15 |
| | | Thüringen | 16 |

Frisches und lang gela-
gertes Ei bei der Durch-
leuchtung: Beim
frischen Ei ist die Luft-
kammer klein und der
Dotter nur schattenhaft
sichtbar.

Eier mit stark verform-
ten Schalen sind nicht
marktfähig, auch wenn
die innere Eiqualität ein-
wandfrei ist.

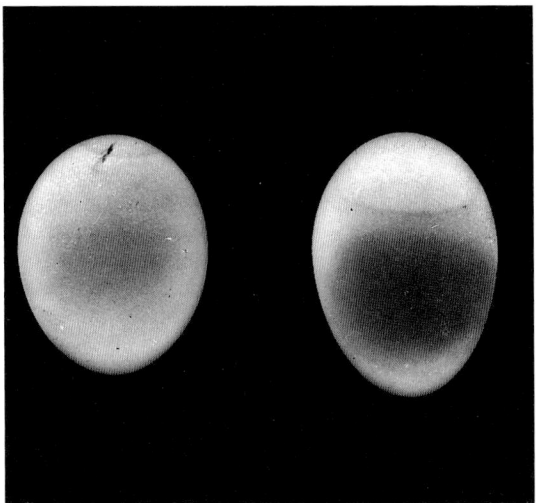

Zu unterscheiden sind
Eihaltersprünge (links)
und Lichtsprünge
(rechts). Eihalter-
sprünge entstehen vor
dem Abschluß der Scha-
lenbildung im Legetrakt.
Die Kutikula ist unver-
letzt. Lichtsprünge sind
auf Einflüsse nach dem
Legen zurückzuführen.
Die Kutikula ist verletzt.

Anomale Eiformen: läng-
liches und kugelförmi-
ges Ei.

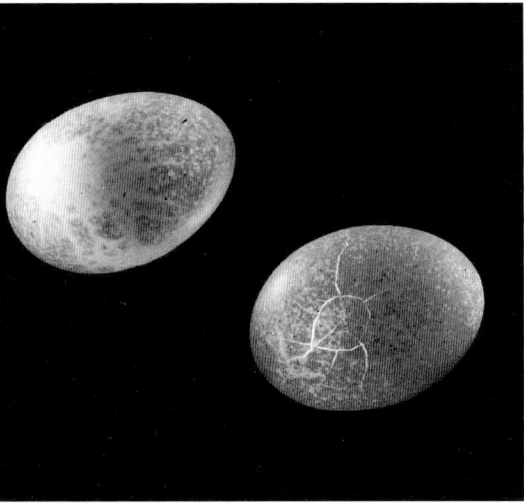

Starke Furchungen, die
wahrscheinlich durch
mechanische Beschädi-
gung im Legetrakt ver-
ursacht wurden.
Extrem kleine und große
Eier treten meist zu
Beginn und am Ende der
Legeperiode auf.

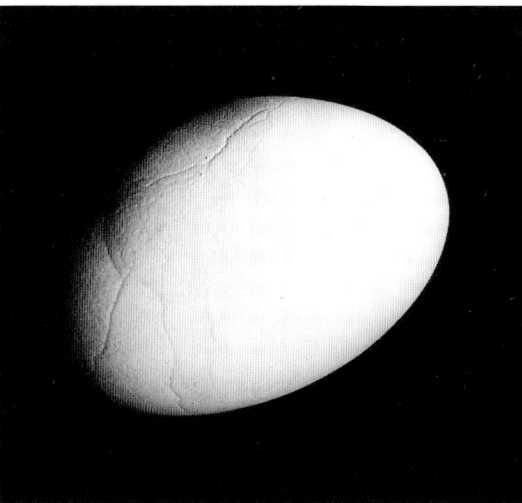

## Kriterien für die Güteklasse C

Eier der Klasse C sind alle Eier, die nicht den Anforderungen der Qualität A oder B entsprechen. Diese Eier dürfen nur an Eierproduktenhersteller oder an Betriebe der Nahrungsmittelindustrie abgegeben werden. Sie müssen mit „C" gestempelt sein.

## Kennzeichnung der Eier

Zur Angabe des „Alters" der Eier können das Legedatum oder das Verpackungsdatum eingesetzt werden. Das Legedatum muß auf alle Eier gestempelt werden. Diese Geräte sind zur Zeit noch sehr teuer und deshalb für den bäuerlichen Betrieb wirtschaftlich nicht tragbar. Es verbleibt somit die Angabe des Packdatums auf der Verpackung. Als weitere Angabe ist für Eier der Güteklasse A das Mindesthaltbarkeitsdatum zwingend. Dieses Datum errechnet sich aus dem empfohlenen Verkaufsdatum (21 Tage) zuzüglich 7 Tage. Es beträgt somit 28 Tage nach dem Legen. Nach der „Hühnereier-Verordnung" 1995 muß der Hinweis auf der Verpackung angebracht werden: „nach Ablauf des Mindesthaltbarkeitsdatums durcherhitzen". Diese Regelung gilt auch für die Direktvermarktung. Mindesthaltbarkeitsdatum und Verbraucherhinweis sind auf einem Schild neben der Ware anzugeben.

Eier, die in Kleinpackungen verkauft werden, dürfen mit dem Wort „EXTRA" oder „EXTRA FRISCH" bezeichnet werden, wenn sie der Güteklasse A angehören und die Luftkammer zum Zeitpunkt der Verpackung kleiner als 4 mm ist. Die Kleinpackungen müssen mit einer Banderole verschlossen sein, die außer dem Wort „Extra" oder „EXTRA FRISCH" noch das Verpackungsdatum oder das Legedatum trägt. Sie dürfen unter diesen Bezeichnungen nur bis zum 7. Tag nach der Verpackung oder bis zum 9. Tag nach dem Legen vermarktet werden.

In Kisten verpackte Eier müssen auf einer Banderole die Kenn-Nummer der Packstelle, die Güteklasse, die Größenklasse und die Verpackungswoche aufweisen. Die Kenn-Nummer der Packstelle enthält 3 kodierte Zahlen. Die Zahl gibt das Herkunftsland an. Die beiden folgenden Stellen geben das Bundesland (z. B. Baden-Württemberg 01) und die letzten beiden Stellen die Nummer der Packstelle innerhalb des Bundeslandes an.

Die Verpackungswoche entspricht der laufenden Jahreswoche. Hierbei ist zu beachten, daß eine Vordatierung erlaubt ist. Eier, die ab Donnerstag verpackt werden, können die Nummer der folgenden Woche erhalten. Die vordatierten Packungen dürfen jedoch nicht in dieser Woche zum Verkauf angeboten werden.

Als weitere freiwillige Angaben können das empfohlene Verkaufsdatum (Mindesthaltbarkeitsdatum minus 10 Tage), der Hinweis: nach Kauf kühl lagern und die Ursprungsbezeichnung (Ort, Region, Land der Erzeugung) angegeben werden. Des weiteren sind zusätzliche werbewirksame Angaben zulässig, soweit diese nicht zur Irreführung des Verbrauchers geeignet sind.

Wichtig für den bäuerlichen Geflügelhalter ist die EG-Bestimmung, daß neben den o. g. Deklarationen nun auch Angaben zur Haltungsform zugelassen sind. Eier von Hühnern aus Auslaufhaltung können als „Eier aus Freiland" deklariert werden, wenn die Tiere mindestens 10 m$^2$ Freiland pro Tier zur Verfügung haben. „Eier aus intensiver Auslaufhaltung" müssen von Hennen stammen, die mindestens 2,5 m$^2$ Auslauf zur Verfügung haben. „Eier aus Bodenhaltung" stammen aus Bodenhaltungssystemen mit einer Besatzdichte von maximal 7 Tieren pro m$^2$ Bodenfläche, wobei mindestens $1/3$ der Stallfläche eingestreut sein muß.

Darüber hinaus sind die Angaben „Eier aus Volierenhaltung" bei Volieren mit einer maximalen Besatzdichte von 25 Tieren pro m$^2$ und mindestens 15 cm Sitzstange pro Henne sowie die Bezeichnung „Käfighaltung" zugelassen. Auch Angaben zum Ort, Gebiet und EG-Mitgliedsstaat sind zulässig. Sie müssen sich verbindlich auf den Ort der Erzeugung (nicht der Verpackung) beziehen.

## Gewichtsklassen

Neben der Güteklasse ist die Angabe der Gewichtsklasse erforderlich.

| **Gewichtsklassen bei Eiern** | | |
|---|---|---|
| | Klasse | Gewicht (g) |
| XL | sehr groß | > 73 |
| L | groß | 63–73 |
| M | mittel | 53–63 |
| S | klein | < 53 |

# Hähnchenmast

Das Masthähnchen war vor noch nicht allzu langer Zeit eine Spezialität, die vom Verbraucher geschätzt und dementsprechend gut bezahlt wurde. In den letzten 10 bis 15 Jahren ist die Präferenz für Hähnchen stark abgesunken. Die Ursachen hierfür sind in erster Linie darin zu sehen, daß das Masthähnchen als Massenware produziert und zu Billigpreisen vermarktet wurde. Bedingt durch die niedrigen Verbraucherpreise ist auch für den Erzeuger die Ertragssituation äußerst schwierig geworden.

Die Qualität des Masthähnchen hat darunter gelitten, daß die Mastdauer drastisch gekürzt wurde. Ein Hähnchen erreicht zur Zeit bereits im Alter von 35 Tagen sein Schlachtgewicht von 1600–1700 g. Dabei wird zwar eine optimale Futterverwertung erzielt, das Tier hat in diesem Alter jedoch noch keine optimale Fleischqualität.

Inzwischen zeichnet sich eine Tendenz ab, wonach schwerere, qualitativ bessere Hähnchen, stärker gefragt und entsprechend besser bezahlt werden. Hier kann der bäuerliche Betrieb durch die Produktion besserer Qualität in Verbindung mit der direkten Vermarktung eine interessante Einkommensquelle nutzen.

## Entwicklung vom Küken zum Masttier

Zur Mast werden Hybridlinien, die meist aus 3-Linien-Kreuzungen stammen, herangezogen. Neben den üblichen, frühreifen Broiler-Linien, sind Küken spezieller Hybriden zu erhalten, die sich zur Mast auf hohes Endgewicht eignen, die sogenannten Rooster. In der Regel werden männliche und weibliche Küken gemischt eingesetzt. Das Geschlecht ist in der normalen Mast auf Endgewichte bis 1500 g ohne Belang. Bei höherem Endgewicht neigen jedoch die weiblichen Tiere besonders stark zur Verfettung und sollten deshalb früher geschlachtet werden als die männlichen Tiere.

In der Tabelle S. 175 sind Gewichtsentwicklung, Futterverbrauch und Futterverwertung von Masthähnchen über 7 Wochen dargestellt. Ausgehend von einem Kükengewicht von ca. 40 g steigt das Körpergewicht bis zum Ende der 7. Lebenswoche auf 2240 g an. Die Futterverwertung als wichtigstes wirtschaftliches Kriterium nimmt jedoch mit zunehmendem Alter stark ab. Auf die Besonderheiten der verlängerten Mast wird später eingegangen werden (s. Seite 176).

## Wärme und Licht während der Mast

Broilerküken haben allgemein ein höheres Wärmebedürfnis als Küken von Legelinien. Der Temperaturbedarf bei Heizung mit Wärmestrahlern oder bei Raumheizung ist in der Tabelle S. 175 angegeben.

Zur Energieeinsparung wird der beheizte Raum der jungen Küken zunächst eingeschränkt und danach entsprechend dem Bedarf der wachsenden Tiere erweitert. Allgemein muß die Heizung auf eine Kapazität von 150 kcal oder Wärmeeinheiten pro m$^2$ Stallfläche ausgelegt sein. Der Energiebedarf pro Masttier beträgt etwa 0,25 l Heizöl oder 100 g Gas (bei Gasstrahlern).

In Anbetracht der hohen Energiekosten neigt der Mäster dazu, die Lüftungsrate zu senken. Es muß hier jedoch darauf hingewiesen werden, daß sich die dabei entstehenden Schadgaskonzentrationen negativ auf die Entwicklung der Tiere auswirken. Ein besserer Weg zur Energieeinsparung ist in diesem Fall die Installation von Anlagen zur Wärmerückgewinnung (s. Seite 114).

Als Beleuchtung hat sich in der Broilermast Dauerlicht bei geringer Lichtintensität eingebürgert. Es hat sich gezeigt, daß Dauerlicht gegenüber einem natürlichen Hell-Dunkel-Wechsel im Tagesrhythmus günstig auf die Futterverwertung wirkt. Dies ist darauf zurückzuführen, daß der Rhythmus der Futteraufnahme im Tagesverlauf bei Dauerlicht gleichmäßiger abläuft. In letzter Zeit konnte nachgewiesen werden, daß Hell-Dunkel-Wechsel in rascher Folge (z.B. 30 Minuten Licht, 30 Minuten Dunkel) den gleichen Effekt haben wie Dauerlicht (s. auch Legehennen Seite 142). Die Lichtintensität kann von 3

## Wachstumsleistungen, Futterverbrauch und Futterverwertung von Jungmasthühnern (nach Tüller, Jahrbuch für die Geflügelwirtschaft 1997)

| Lebenswoche | 1.+2. | 3. | 4. | 5. | 6. | 7. |
|---|---|---|---|---|---|---|
| Gewicht am Ende der Woche, g | 298 | 655 | 973 | 1385 | 1806 | 2238 |
| Ø Gewichtszunahme/Tag, g | 23 | 51 | 53 | 59 | 60 | 54 |
| Gesamtfutterverbrauch, g | 368 | 551 | 577 | 804 | 950 | 1126 |
| Ø Futterverbrauch/Tag, g | 28 | 69 | 96 | 115 | 136 | 141 |
| Gesamtfutterverwertung (Futterverbrauch: Lebendgewicht) | 1,42 | 1,49 | 1,60 | 1,71 | 1,84 | 1,99 |
| Futterverwertung in den einzelnen Lebenswochen (Futterverbrauch/Woche: Zunahme) | 1,42 | 1,54 | 1,81 | 1,95 | 2,26 | 2,61 |

## Temperaturbedarf bei Broilerküken
am 1. Tag und in der 1. bis 6. Woche, in °C

| | 1. Tag | 1. Wo. | 2. Wo. | 3. Wo. | 4. Wo. | 5. Wo. | 6. Wo. |
|---|---|---|---|---|---|---|---|
| Temperatur unter dem Wärmestrahler | 35 | 32 | 29 | 26 | – | – | – |
| Raumtemperatur bei Heizung mit Wärmestrahler | 26 | 26 | 26 | 24 | 22 | 20 | 20 |
| Raumtemperatur bei Warmluftheizung | 33 | 33 | 31 | 29 | 26 | 24 | 21 |

Watt (Glühlampen) pro m² in der ersten Woche auf etwa 1,5 Watt pro m² im späteren Mastabschnitt abgesenkt werden. Die Lichtintensität sollte aber nicht unter 1 Watt/m² absinken.

## Haltungsformen und Stalleinrichtung

Nach den EU-Vermarktungsnormen für Geflügelfleisch sind verschiedene Arten extensiver Mastverfahren vorgesehen. Sie stellen besonders für den bäuerlichen Geflügelmäster mit Direktvermarktung eine Möglichkeit dar, sich von der Standardware abzuheben und höhere Preise zu erzielen. Zur Zeit wird von dieser Möglichkeit nur noch wenig Gebrauch gemacht. Es ist daher angebracht, hierauf näher einzugehen. Prinzipiell sind nach der EU-Vermarktungsnorm für Geflügelfleisch Deklarationen nach Fütterung und nach Haltung möglich. Hinweise auf Getreide unter der Formulierung „gefüttert mit … % …" können z.B. gegeben werden, wenn der Anteil von Getreide in der Ration, die während des größten Teils der Mast verfüttert wird, mindestens 65% beträgt, wobei der Anteil an Getreidenebenerzeugnissen (z.B. Kleie) höchstens 15% einnehmen darf. Bei einer spezifischen Getreideart muß der Anteil des deklarierten Getreides mindestens 35%, bei Mais 50% betragen.

In der Haltung werden Extensive Bodenhaltung, Auslaufhaltung, Bäuerliche Auslaufhaltung sowie Bäuerliche Freilandhaltung unterschieden. Bei der Extensiven Bodenhaltung ist die Besatzdichte pro m² Stallfläche auf 12 Tiere und maximal 25 kg Lebendgewicht begrenzt. Die Hähnchen dürfen frühestens mit 56 Tagen geschlachtet werden. Bei der Auslaufhaltung ist die Besatzdichte im Stall auf maximal 13 Tiere und 27,5 kg Lebendgewicht geregelt. Die Tiere müssen jedoch mindestens während der Hälfte der Lebenszeit tagsüber ständigen Zugang zu vorwiegend begrünten Freiluft-Ausläufen von 1 m² pro Tier haben. Das während der Ausmast verabreichte Futter muß mindestens 70% Getreide enthalten. Die Breite der Ausgänge zu den Ausläufen muß mindestens 4 m pro 100 m² Stallfläche betragen.

Die Bäuerliche Auslaufhaltung ist durch eine Besatzdichte im Stall von maximal 12 Tieren und 25 kg Lebendgewicht pro m² gekennzeichnet. Bei beweglichen Ställen (Hütten) mit einer Fläche bis zu 150 m² Bodenfläche, die auch nachts offen bleiben, kann die Besatzdichte 20 Tiere oder 40 kg pro m² betragen. Allgemein ist die Größe der einzelnen Produktionsstätten auf eine Nutzfläche von maximal 1600 m² begrenzt, pro Stall dürfen maximal 4800 Hähnchen gehalten werden. Die Auslauffläche pro Tier muß mindestens 2 m² betragen. Spätestens ab einem Alter von 6 Wochen muß Zugang zum Auslauf tagsüber gewährt werden. Die Masttiere müssen von einer anerkannt langsam wachsenden Rasse stammen. Das Mastfutter muß einen Getreideanteil von mindestens 70% aufweisen. Das Schlachtalter darf nicht unter 81 Tagen liegen.

Die Bäuerliche Freilandhaltung entspricht der Bäuerlichen Auslaufhaltung, mit der Ausnahme, daß der zu gewährende Auslauf zeitlich unbegrenzt sein muß.

Hinter den komplizierten und schwer begründbaren Bestimmungen der EU-Vermarktungsordnung steht die Absicht, die Qualität der Masthähnchen zu verbessern und den Tieren eine tiergerechte Umwelt anzubieten. Auch wenn sich der Einfluß der Haltung nicht in allen Fällen auf objektiv erfaßbare Qualitätsmerkmale nachweisen lassen wird, so ist doch der Einfluß auf die subjektive Empfin-

dung des Verbrauchers nicht zu vernachlässigen.

Die Hähnchenmast erfolgt in der Regel in Bodenhaltung. Die Käfighaltung hat sich in diesem Bereich hauptsächlich deshalb nicht durchgesetzt, weil die schweren Tiere sich auf Drahtgitter Brustblasen zuziehen, die dann zu einer Abwertung des Schlachtkörpers führen. Die Auslaufhaltung von Masthähnchen ist in Deutschland nicht üblich. In Frankreich und Italien dagegen gibt es zahlreiche Programme zur Erzeugung von speziellen Markenhähnchen, bei denen Auslauf vorgeschrieben ist. Allgemein werden für diese Produktionsrichtung langsam wachsende Rassen oder Kreuzungsprodukte herangezogen. Bei der in Frankreich weit verbreiteten Produktion „Label rouge" ist die Mastdauer auf 82 Tage festgelegt. Ab dem Alter von 6 Wochen muß den Tieren tagsüber Zugang zu einem Auslauf gewährt werden. Teilweise werden die Ausläufe mit Mais bebaut. Sobald die Maispflanzen 20–30 cm hoch sind, werden sie nicht mehr durch die Hühner beschädigt.

Aufgrund des schnellen Umtriebes bei der Geflügelmast sollten universelle Fütterungs- und Tränkeinrichtungen für alle Altersstufen eingesetzt werden. Hierzu dienen Futterketten oder über Rohranlagen befüllte Futtertröge bzw. -schalen, die in der Höhe verstellbar sind. In kleinen Beständen kann das Futter von Hand verabreicht werden. In diesen Fällen benutzt man in den ersten Tagen kleine Längströge. Später können die Tiere aus Rundautomaten versorgt werden. In größeren Beständen ist die automatische Beschickung der Tröge angebracht. Bei der Auswahl der Fütterungsanlage muß berücksichtigt werden, daß zur Reinigung des Stalles alle Vorrichtungen entfernt werden müssen. Es haben sich deshalb Futterketten und Rohrfütterungsanlagen bewährt, die sich leicht zur Seite bewegen oder zur Decke hochziehen lassen.

Bei Rohrfutteranlagen benötigt man 1 Rundtrog oder 1 Futterschale (Durchmesser 40 cm) für 70–100 Tiere. Dies entspricht einer Troglänge von 1,25–1,75 cm pro Tier. Bei Futterketten sind 2–3 cm Troglänge pro Tier vorzusehen.

Die Tränkeinrichtungen müssen ebenfalls auf verschiedene Höhen einstellbar sein. Bei Mastküken werden in der Regel ventilgesteuerte Rundtränken (Abb. links), gelegentlich jedoch auch noch Rinnentränken benutzt. In letzter Zeit werden Mastställe immer häufiger

**Das Auffinden des Wassers unmittelbar nach dem Einsetzen ist für das Broilerküken wichtig. Es ist deshalb darauf zu achten, daß genügend Tränken vorhanden sind und die Höhe des Trograndes sich in Schulterhöhe des Kükens befindet.**

Über Rohranlagen beschickte Futterschalen können bei Broilerküken schon vom ersten Tag an eingesetzt werden.

mit Cuptränken oder Nippeltränken mit Wasserauffangschalen ausgerüstet, die in Strängen zwischen den Futterreihen verlaufen. Cup- und Nippeltränken sind pflegeleicht. Im Gegensatz zu den Stülp- und Rundtränken müssen sie während des Mastdurchganges nicht häufig gereinigt werden. Außerdem entsteht weniger Spritzwasser. Die Einstreu bleibt im Tränkbereich relativ trocken. Eine Rundtränke (Durchmesser 37 cm) reicht für 70-100 Tiere. Bei Rinnentränken werden 1-1,5 cm Tränkenlänge benötigt. Die Anzahl der Nippel/Cups richtet sich nach dem Wasserdurchlaß. Je nach Fabrikat werden 12-22 Tiere pro Nippel oder Cup versorgt. Besonders im Sommer ist darauf zu achten, daß ausreichend Tränken zur Verfügung stehen. Als Einstreu werden die gleichen Materialien eingesetzt wie in der Bodenhaltung von Jung- und Legehennen. Wegen der hohen Besatzdichte und der Kotbelastung der Einstreu besonders gegen Mastende sollte die Grundlage möglichst saugfähig sein (s. Seite 149).

# Fütterung von Mastgeflügel

Gutes Wachstum und günstige Futterverwertung sind die Grundlagen für eine wirtschaftliche Geflügelmast. Der Mäster muß deshalb Sorge tragen, daß seine Tiere ständig mit ausreichend Futter und Wasser versorgt sind. Um den Küken das Auffinden von Trog und Tränke zu erleichtern, sollte die Lichtintensität in den ersten sieben bis neun Tagen bei etwa 3 Watt pro $m^2$ liegen.

Die Verabreichung des Futters in Form von Pellets führt zu einer Verbesserung der Futteraufnahme und des Wachstums. Die Pellets sollten in den ersten Lebenstagen einen Durchmesser von 2 mm nicht überschreiten. Später ist eine Pelletgröße von 4,5 mm angebracht.

Zur Ausnutzung der hohen Wachstumskapazität der Mastküken müssen diese Tiere eine konzentriertere Ration erhalten als Küken von Legerassen. Laut DLG-Standard (Seite 82) gibt es für die Mast vier Typen. Die ursprünglich vorhandenen Alleinfutter für Masthühnerküken I und II wurden jeweils mit einem zusätzlichen Typ mit etwas höherem Protein- und Energiegehalt ergänzt (s. Tabelle S. 82). Somit wurde eine Anpassung an die Empfehlungen für die Praxis durchgeführt, die in der Regel höher lagen als die Mindestwerte nach Normtyp. Proteinreiche Futtertypen für die ersten Masttage werden auch Starterfutter genannt. Für die Kurzmast (bis 35 Tage) wird in der ersten Woche ein Futter mit 23% Rohprotein und 13,0 MJ UE emp-

Die automatisch befüllbaren Rundtröge sind in ihrer Höhe verstellbar. Am Ende der Mastperiode, beim Ausstallen der Tiere, werden sie zur Decke gezogen.

## Fütterungsprogramm für Mastgeflügel

| Alter (Tage) | Futtertyp | Rohprot. (%) | Energie (UE) | einzuplanende Menge pro Tier |
|---|---|---|---|---|
| 1–12 | Starter | 23–25 | 13,0 | 200 g |
| 11–36 | Typ I | 22–23 | 12,6 | 2050 g |
| 28–42 | Typ II | 18–19 | 12,2 | 550 g |

fohlen (Mastkükenalleinfutter I). Das protein- und energieärmere Mastkükenalleinfutter mit 22% Rohprotein und 12,6 MJ UE wird vom 1. Tag an eingesetzt, wenn das Anfangswachstum etwas verzögert werden soll, z.B. um die Beinstabilität zu verbessern. Meist findet es in der Phase von der 2. Woche bis zum Ende der Mast seine Verwendung. Allerdings muß beachtet werden, daß bei geringem Energiegehalt der Futterverzehr ansteigt und die Futterverwertung schlechter wird.

Oftmals wird jedoch ein relativ hochwertiges Futter nach Typ I vom ersten bis zum letzten Tag gefüttert. Insbesondere in kleinen Beständen lohnt sich ein aufwendiges Fütterungsprogramm nicht. Bei der Mast mit nur einer Futtersorte ist jedoch darauf zu achten, daß diese keine Antikokzidia enthält.

Muß aus hygienischen Gründen ein Mastfutter mit Kokzidiostatika verabreicht werden,

ist auf jeden Fall die Absetzfrist einzuhalten. In den letzten 3 bis 5 Tagen (nach festgesetzter Absetzfrist) vor der Mast ist ein Kokzidiostatika-freies Futter zu verwenden. Dieses kann in jedem Fall dem Typ II entsprechen.

Werden in der sogenannten verlängerten Mast (42–49 Tage) schwere Masthühner erzeugt, so wird in den ersten 10 Tagen ein Futter mit 23% Rohprotein gegeben. Der Energiegehalt sollte gering sein – etwa 12,3 bis 12,6% MJ UE. Diese Ration mit dem weiten Energie-Proteinverhältnis ist vom physiologischen Standpunkt aus nicht ausgewogen. Sie bewirkt jedoch eine Verringerung des Fettansatzes. Vom 11. bis 28./30. Tag wird der Proteingehalt auf 22%, und anschließend bis zum Ende der Mast auf 18% abgesenkt. Auch hier muß ein Absetzfutter ohne Antikokzidia eingesetzt werden, wenn vorher Antikokzidia verwendet wurden.

Im bäuerlichen Betrieb stellt sich die Frage, ob auch hier eine Futterherstellung im eigenen Betrieb möglich ist. Dies wird in den meisten Fällen scheitern, da für eine gute Wachstumsleistung und Futterverwertung nur pelletiertes Futter in Frage kommt, und eine Pelletieranlage so teuer ist, daß sie sich für den einzelnen Betrieb nicht lohnt.

Neuerdings wird jedoch die Getreidebeifütterung, d. h. das zusätzliche Angebot von hofeigenem Getreide, vor allem Weizen, zum Fertigfutter diskutiert. Die Beifütterung erfolgt durch Zumischen des unvermahlenen Weizens zum Handelsfutter oder durch das Angebot von Weizen in getrennten Trögen. Versuche haben gezeigt, daß die Weizenbeifütterung durchaus wirtschaftlich sein kann. Allerdings müssen hierbei einige Punkte beachtet werden.

Die Weizenbeifütterung bedeutet eine Verringerung des Rohproteingehaltes sowie des Lysin-, Methonin- und Cystingehaltes der Gesamtration. Außerdem erfolgt auch eine Reduktion der Mineralstoffe und des Antikokzidia-Gehaltes in der Gesamtration. Die Beifütterung sollte deshalb nicht vor der Vollendung der 2. Lebenswoche beginnen.

Nach bisherigen Ergebnissen ist eine Beimischung von bis zu 30% Weizen ab 21 Tage Alter, oder steigende Mengen von 5–30% vom 15. Tag an möglich. Der stufenweisen Steigerung des Weizenanteils ist dabei der Vorzug zu geben. Sie erlaubt eine kontinuierliche Anpassung des Magen-Darm-Traktes an die veränderte Futterart. Eine optimale Zusatzmenge wurde noch nicht genau festgestellt. In ungünstigen Fällen muß mit einer Verzögerung der Mast um 2–3 Tage und einer geringfügigen Verschlechterung der Futterverwertung gerechnet werden. Dieser Nachteil wird jedoch durch den günstigen Preis der Gesamtration durch den billigen Weizen aufgehoben. In Fällen starker Belastung mit Kokzidien muß allerdings die Konzentration von Antikokzidia im Handelsfutter erhöht oder auf eine Verabreichung geeigneter Antikokzidia über das Trinkwasser umgestellt werden.

# Einfangen und Transport von Broilern

Broiler werden in der Regel in zentrale Schlachtereien geliefert. Der Schlachttermin richtet sich nach der Terminplanung der Schlachterei. Da die Mastdauer ebenfalls nur

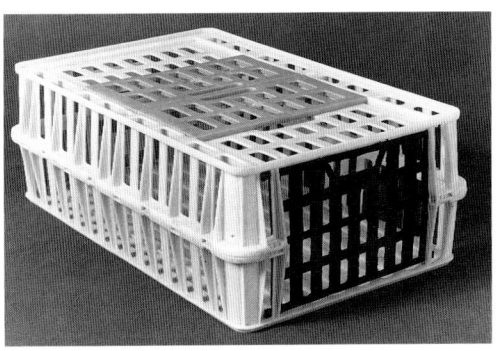

Broilertransportkäfig aus Kunststoff.

in einem engen Zeitraum verkürzt oder verlängert werden kann, muß schon der Termin des Einstallens mit der Schlachterei abgestimmt sein. Meist wird die gesamte Planung des Einstallens und Schlachtens zentral von der Schlachterei organisiert. Der Transport erfolgt entweder über Transportfahrzeuge der Schlachterei oder durch den Broilermäster selbst. Die Transportkästen bestehen meist aus Plastik. Sie sind seitlich und an der Oberseite mit großen Lüftungsöffnungen versehen (Abb. oben). Der Boden muß für Kot undurchlässig sein, sollte jedoch kleine Bohrungen aufweisen, damit das Wasser nach der Reinigung besser ablaufen kann. An den Seiten müssen überstehende Leisten dafür sorgen, daß beim Stapeln genügend Luftraum zwischen den Behältern bleibt. Eine Höhe von 23 cm sollte nicht überschritten werden, da sonst die Gefahr besteht, daß die Tiere übereinanderklettern und sich gegenseitig beschädigen oder erdrücken. Die maximale Besatzdichte liegt gemäß den Angaben der Transport-Verordnung (s. S. 57) für Masthähnchen mit Gewichten zwischen 1,5 und 2,0 kg bei 300–350 cm$^2$ pro Tier.

Die Transportdauer bei Mastgeflügel darf 24 Stunden nicht überschreiten. Der Lastwagen oder Anhänger sollte seitlich offen sein. Er muß jedoch zum Schutz gegen Regen und Kälte mit einem Dach oder eine Plane abgedeckt sein. Zwischen dem Dach oder der Plane und dem obersten Transportbehälter ist ein Mindestabstand von 10 cm unbedingt einzuhalten.

Das Einfangen der Broiler erfolgt meist bei Nacht. Um eine Beunruhigung der Tiere zu vermeiden, ist eine Beleuchtung mit Blaulicht vorteilhaft. Blaulicht ist für Hühner nicht sichtbar. Die Tiere bleiben an ihrem Ruheplatz und lassen sich leicht aufnehmen. Vor allem wird vermieden, daß sie in eine Ecke laufen und sich gegenseitig erdrücken.

Das Einfangen und Einsetzen in die Transportbehälter muß schonend erfolgen. Quetschungen und Knochenbrüche führen zu Qualitätsmängeln am Schlachtkörper. Bei größeren Beständen sollte der Transport der Behälter durch spezielle Förderbänder oder Rollbahnen erleichtert werden.

Neuerdings werden auf dem Markt Großgeräte angeboten, die ein automatisches Einfachen der Tiere ermöglichen.

Die anschließend anfallenden Arbeiten der Reinigung, Desinfektion und Vorbereitung des Stalles für den nächsten Durchgang sind identisch mit den bei der Bodenhaltung für Hennen beschriebenen Maßnahmen.

## Schlachten und Vermarkten

Während für gewerbsmäßige Geflügelschlachtereien das Geflügelfleischhygienegesetz voll zur Anwendung kommt, das über verschiedene Verordnungen die Zulassung des Betriebes, die Beurteilung und Kennzeichnung sowie die Beschau der lebenden und toten Tiere regelt, gibt es für kleinere Betriebe eine Ausnahmeverordnung.

## Gesetzliche Vorschriften

Nach der Geflügelfleischausnahmeverordnung vom 19.7. 1976 ist es dem Landwirt gestattet, frisches Geflügelfleisch, das aus eigener Produktion stammt, in geringen Mengen direkt an den Verbraucher (auf Wochenmärkten) oder an ein Einzelhandelsgeschäft abzugeben. Die Voraussetzungen und Bestimmungen können wie folgt zusammengefaßt werden:

Die Schlachtung und der Verkauf müssen dem zuständigen Amtstierarzt gemeldet werden. Dieser prüft zweimal jährlich die Hygiene der Tierhaltung, der Schlachtung des Geflügels und der Behandlung des Geflügelfleisches. Daraufhin stellt er eine Bescheinigung aus, die beim Verkauf stets mitgeführt werden muß. Der Geflügelhalter ist verpflichtet, zweimal pro Jahr einen Antrag auf Prüfung durch den Amtstierarzt zu stellen.

Die Ausnahmeverordnung gilt nur für Landwirte, die jährlich nicht mehr als 2500 Puten oder Gänse oder jährlich nicht mehr als 10000 Stück Legehennen oder Jungmastgeflügel halten. Insgesamt dürfen jährlich nicht mehr als 6000 kg Geflügelfleisch abgegeben

werden (die Verordnung wird aufgrund dieser Bestimmungen landläufig auch „Höchstmengenverordnung" genannt).

Die Vermarktung über den Wochenmarkt darf nur im Umkreis von 50 km erfolgen. Im Einzelfall können die Behörden Überschreitungen dieser Grenzen genehmigen.

Es darf nur frisches (kein gefrorenes) Geflügel und nur in Form von ganzen Schlachtkörpern (unzerteilt) angeboten werden. Die Vermarktung von Teilstücken, Hälften oder Vierteln auf diesem Wege ist nur bei Puten erlaubt. Das Fleisch muß unmittelbar nach dem Schlachten auf eine Kerntemperatur von +4 °C gekühlt werden. Diese Temperatur muß auf dem gesamten Vermarktungsweg eingehalten werden. Das Fleisch darf nicht länger als vier Tage nach dem Schlachten angeboten werden.

Bei Abgabe an den Einzelhandel sind die Schlachtkörper in durchsichtigen und farblosen Plastikschutzhüllen zu verpacken und so zu kennzeichnen, daß die Herkunft bis zur Abgabe an den Verbraucher feststellbar ist. Landwirte, die Geflügelfleisch nach der Ausnahmeverordnung verkaufen wollen, sollten sich weitere Informationen vom zuständigen Amtstierarzt und vom Geflügelwirtschaftsverband beschaffen.

Es muß darauf hingewiesen werden, daß das Geflügelfleisch als Lebensmittel dem Lebensmittelgesetz und dem Arzneimittelgesetz unterliegt. Hernach ist es verboten, Lebensmittel für andere herzustellen oder in den Verkehr zu bringen, die gesundheitsschädlich sind oder unzulässige Rückstände von Arzneimitteln enthalten.

Das Schlachten von Geflügel zur Vermarktung nach der Geflügelfleischausnahmeverordnung hat in einem hygienisch einwandfreien Raum zu erfolgen. Der Boden muß planbefestigt und mit einem Abfluß versehen sein. Die Seitenwände sind mit Fliesen zu belegen. Im Schlachtraum ist eine „reine" und „unreine" Seite durch eine Wand abzutrennen. Im unreinen Teil erfolgt das Töten, Brühen und Rupfen, im reinen Teil das Waschen, Ausnehmen, Kühlen und Verpacken. Tische und Geräte müssen aus leicht zu reinigendem, nicht-rostendem Material bestehen. Eine Handwaschgelegenheit mit warmem und kaltem Wasser mit Desinfektionsmöglichkeit ist vorgeschrieben. Das Schlachtpersonal muß beim Gesundheitsamt einen Gesundheitspaß beantragen und in regelmäßigen Abständen untersucht werden.

## Schlachtung

Vor dem Schlachten sollte den Tieren das Futter entzogen werden. Es hat sich gezeigt, daß ein Futterentzug von 6–8 Stunden ausreicht, um den Darmtrakt so weit zu entleeren, daß keine Behinderungen beim Ausnehmen auftreten. Längere Fastenzeiten (zuweilen werden 24 Stunden empfohlen) führen zu unnötigen Gewichtsverlusten. Wasser sollte den Tieren bis zum Einfangen ständig zur Verfügung stehen.

**Töten.** Laut Tierschutzgesetz ist das Töten der Tiere erst nach einer Betäubung erlaubt. Die Tiere werden deshalb zunächst mit einem leichten Schlag auf den Hinterkopf betäubt. Danach erfolgt das Töten durch Entbluten. Am einfachsten ist der Entblutungsschnitt seitlich unterhalb der Ohrscheiben. Hierdurch wird die Hauptschlagader durchtrennt und das Blut kann schnell und ungehindert abfließen. Häufig wird auch der Schnabelstich praktiziert. Hierbei wird ein schmales Messer in den Schnabel des betäubten Tieres eingeführt und durch einen Stich durch den Rachen in Richtung Hinterkopf das Kleinhirn zerschnitten. Durch die Zerstörung des Kleinhirns lösen sich die nach der Betäubung verkrampften Muskeln. Dies erleichtert das Ausbluten und das Rupfen der Tiere.

Zur Erleichterung des Schnabelstiches wurde die sogenannte Schlachtzange entwickelt. Sie hat auf einer Seite einen flachen Schenkel, der auf dem Kopf des Tieres angesetzt wird und auf der anderen Seite ein Messer. Das Messer wird in den Rachen eingeführt und durchschneidet beim Zudrücken der Zange das Kleinhirn des Huhns.

Zum Betäuben, Töten und Ausbluten der Tiere empfiehlt es sich, die Tiere in einem sogenannten Schlachttrichter zu fixieren. Er verhindert, daß die Tiere durch Flattern die Arbeit behindern und den Schlachtraum mit Blut bespritzen. Das Blut kann so durch Rinnen oder andere Behälter unterhalb des Trichters aufgefangen und beseitigt werden.

**Rupfen.** Nach dem Ausbluten muß sofort mit dem Rupfen begonnen werden. Bei Hühnern empfiehlt sich das nasse Rupfen. Die Tiere werden 15 bis 20 Sekunden in 50–55 °C heißem Wasser gebrüht. Damit das heiße Wasser an die Federkiele gelangen kann, muß das Tier kräftig bewegt werden. Bei höheren Temperaturen und verlängerter Brühdauer ist zwar das anschließende Rupfen leichter, die

Kleine Trommelrupfmaschine für den bäuerlichen Betrieb.

Haut wird jedoch geschädigt und unansehnlich. Dies ist besonders dann zu vermeiden, wenn die Tiere als Frischware verkauft werden sollen.

Zunächst werden die schwer entfernbaren Schwung- und Steuerfedern gerupft. Danach

Rupfmaschine und Schlachthaken zum Ausnehmen und Zerlegen von Geflügel.

sind die restlichen Federn zu entfernen. Das Rupfen von Hand ist anstrengend und nimmt viel Zeit in Anspruch. Müssen größere Stückzahlen geschlachtet werden, kann die Arbeit durch einfache Trommelrupfer mechanisiert werden. Die Federn werden dabei nach dem Brühen durch rotierende Gummizapfen abgeschlagen (Abb. S. 181). Allerdings ist danach meist noch ein Nachrupfen der Schwungfedern, Stoppeln und schwer zu entfernenden kleinen Federn an den Flügeln und Unterschenkeln nötig. Die verbleibenden Haarfedern werden über einer Spiritusflamme abgesengt.

**Ausnehmen.** Geflügel wird heute zum überwiegenden Anteil in „bratfertigem" Zustand angeboten; das heißt, der Schlachtkörper ist ausgenommen, Kopf und Ständer sind entfernt und die genießbaren Innereien, Magen, Herz, Leber, sowie der Hals werden in einem Plastikbeutel verpackt in den Schlachtkörper gelegt.

Um die gerupften Schlachtkörper entsprechend zuzubereiten, werden sie an den Ständern an Schlachthaken gehängt (s. Abb. S. 181). Danach sind folgende Arbeiten nötig:
• Entfernen des Kopfes
• Loslösen der Hals- und Nackenhaut, Ablösen des Halses
• Entfernen des oberen Teils von Luft- und Speiseröhre sowie des Kropfes
• Öffnen der Bauchhöhle im Kloakenbereich
• Herausnehmen von Magen, Darm, Leber, Milz, Herz und Geschlechtsorganen
• Loslösen und Entfernen von Lunge und Nieren.

Das sorgfältige Lösen der Haut im Hals- und Nackenbereich sowie das Entfernen der Luft- und Speiseröhre erleichtern die spätere Entnahme der Eingeweide. Die Öffnung der Bauchhöhle erfolgt durch den Kloakenschnitt. Hierbei wird die Kloake durch einen kreisförmigen Schnitt gelöst. Der Darm kann dann zusammen mit Magen und Leber entnommen werden. Es ist dabei darauf zu achten, daß der Darm nicht verletzt wird, damit kein Kot in die Bauchhöhle gelangt. Drüsenmagen und Darm werden vom Muskelmagen entfernt. Sodann wird der Muskelmagen aufgeschnitten und die Innenseite nach außen gestülpt (Farbfoto Seite 17). Die lederartige Innenhaut des Magens kann dann leicht abgeschält und zusammen mit den Speiseresten beseitigt werden. Von der Leber muß die Gallenblase vorsichtig entfernt werden, um ein Auslaufen der Gallenblase zu vermeiden.

Die Lunge sitzt fest in den Ausbuchtungen der Wirbelsäule und ist deshalb meist schwer zu entfernen. In größeren Schlachtereien wird diese Arbeit mit Hilfe eines Lungenabsaugers erledigt. Die Anschaffung eines solchen Gerätes dürfte sich jedoch für den bäuerlichen Betrieb nicht lohnen.

## Reinigen, Kühlen, Verpacken

Ist das Ausnehmen abgeschlossen, müssen die Schlachtkörper unverzüglich gekühlt werden. Vorher ist jedoch nochmals eine Reinigung nötig. Besonders die Körperhöhle muß von den Blut- und Lungenresten gesäubert werden. Dies kann durch Duschen erfolgen. Diese Vorreinigung ist wichtig, da die vorhandenen Verunreinigungen den Verderb der Ware drastisch beschleunigen können.

Die Kühlung kann entweder im Naß- oder im Trockenkühlverfahren durchgeführt werden. Nach dem Geflügelfleischhygienegesetz muß der Schlachtkörper unverzüglich auf eine Kerntemperatur von 4 °C gekühlt werden. Im Naßkühlverfahren werden die Tiere in Wasserbecken gelegt. Um ein Ansteigen der Wassertemperatur zu verhindern, ist ein häufiger Wasserwechsel notwendig. Nach etwa 2 bis 3 Stunden werden die Schlachtkörper aus dem Wasser genommen und zum Abtropfen aufgehängt. Das Abtropfen erfolgt schneller und gründlicher, wenn der Rumpf nicht – wie üblich – an den Schenkeln, sondern am Hals oder an einem Flügel aufgehängt wird, so daß die Bauchöffnung nach unten gerichtet ist.

Die Ware wird dann in Plastikbeutel verpackt und bis zum Verkauf im Kühlschrank oder Kühlraum gelagert. Nach dem Ausnehmen, Reinigen und Rupfen können die Schlachtkörper auch direkt in einen Kühlraum gebracht werden. Die Trockenkühlung ist hygienischer als die Naßkühlung, da sich im Kühlwasser Bakterien ausbreiten können. Sie erfordert jedoch einen speziellen Raum mit entsprechender Klimatisierung. Außerdem muß hier mehr als beim Naßkühlverfahren darauf geachtet werden, daß die Haut beim Schlachtvorgang – besonders beim Brühen und Rupfen – nicht beschädigt wird. Schon kleine Verletzungen führen zu Verfärbungen der Haut und mindern somit die äußere Qualität. Ein Austrocknen der Haut ist beim Trockenkühlverfahren durch eine hohe Luftfeuchtigkeit zu verhindern.

## Arbeitsaufwand und Kosten bei der Broilermast
bei etwa 20 000 Tierplätzen.

| Art der Arbeit | AK Minuten pro Tier | % des gesamten Arbeitsaufwands | Kosten Dpf. pro Tier |
|---|---|---|---|
| Kontrolle/Betreuung | 0,22 | 31 | 7,3 |
| Einfangen/Verladen | 0,18 | 26 | 6,0 |
| Reinigung/Einrichtung | 0,30 | 43 | 10,0 |
| Gesamt | 0,70 | 100,0 | 23,3 |

## Wirtschaftlichkeit der Mast

In der Hähnchenmast werden die Tiere 35–37 Tage lang gehalten. Sie erreichen dabei ein Mastendgewicht von ca. 1,6–1,7 kg bei einer Futterverwertung von ca. 1 : 1,78 (kg Zuwachs : kg Futter). Die Erzeugungskosten setzen sich dabei folgendermaßen zusammen.

Wie aus der Kostenaufstellung hervorgeht, beträgt der Futteranteil mehr als 60%. Die Futterverwertung ist somit ein entscheidender Faktor in der Broilerproduktion.

Neben den Tierkosten, die vom Geflügelmäster kaum beeinflußt werden, schlagen vor allem die Kosten für Heizung, Gebäude und Einrichtungen (Abschreibungen) zu Buche. Die Arbeitskosten in der Broilermast setzen sich folgendermaßen zusammen:

Die Arbeitskosten pro Tier steigen mit sinkender Tierzahl erheblich an. So muß man bei 10000 Tierplätzen mit 1,2 AKmin und bei nur 1000 Tierplätzen mit 5 AKmin pro Tier rechnen. Dies entspricht einer Kostenbelastung von 0,40 bzw. DM 1,66 pro Tier. Bei den Arbeitskosten wurde von einem Stundenlohn von etwa DM 10,– ausgegangen.

Die Produktionskosten von 2,33 DM pro Hähnchen entsprechen etwa 1,40 DM pro kg Lebendgewicht. Die Erzeugerpreise lagen in den letzten Jahren unter 1,50 DM. Somit wirft die Hähnchenproduktion – wenn überhaupt – einen geringen Gewinn ab.

Durch gezielte Anhebung der Qualität müßte es dem Selbstvermarkter aber möglich sein, sich preislich vom Massenprodukt abzuheben und einen wesentlich höheren Erlös zu erzielen. Eine Möglichkeit ist das Angebot schwerer Tiere aus einer verlängerten Mast. Die verlängerte Mast erbringt Tiere, die geschmacklich besser sind und ein günstigeres Fleisch-Knochen-Verhältnis haben. Bedingt durch die längere Mast und das höhere Körpergewicht sind die anteiligen Kosten des

## Erzeugerkosten in der Broilermast
(Jahrbuch für die Geflügelwirtschaft 1997)

| Kostenart | Pfg/Tier | % der Gesamtkosten |
|---|---|---|
| Tiere | 57,8 | 24,8 |
| Futter | 133,0 | 57,1 |
| Tierarzt/Hygiene | 2,6 | 1,1 |
| Strom/Heizung/Wasser | 7,6 | 3,3 |
| Einstreu | 1,5 | 0,6 |
| Löhne | 5,4 | 2,3 |
| Zinsen | 0,9 | 0,4 |
| Unterbringung | 23,5 | 10,1 |
| Allgemeine Kosten | 0,5 | 0,2 |
| Gesamtkosten | 233,0 | 99,9 |

Tiermaterials, der Heizung, der Arbeit für Einstallen, Ausstallen, Schlachten und Vermarkten relativ geringer als bei der Kurzmast. Dem stehen jedoch erhöhte Kosten durch eine schlechtere Futterverwertung und höhere Abschreibungen (bedingt durch die verlängerte Mastdauer) gegenüber. Außerdem ist erschwerend, daß hier eine getrennte Mast der männlichen und weiblichen Tiere erforderlich ist. Die Wachstumskapazität der weiblichen Tiere ist im Alter von etwa 6 Wochen weitgehend ausgeschöpft, so daß die Tiere später hauptsächlich Fett ansetzen. Männliche Tiere zeigen dagegen bis 10 Wochen einen guten Zuwachs.

In Modellrechnungen hat sich gezeigt, daß die Kosten bezogen auf das produzierte Lebendgewicht nur unwesentlich höher lagen als bei der Kurzmast über 36 Tage. Geht man davon aus, daß bei der direkten Vermarktung ein höherer Preis erzielt werden kann, so ist die Produktion schwerer Hähnchen durchaus eine Einkommensmöglichkeit für den landwirtschaftlichen Betrieb.

# Anhang

## Literaturverzeichnis

AEL-Merkblatt: Sichere Elektroinstallation in der Landwirtschaft, Essen, 1982

AEL-Merkblatt 14: Stallüftung: Planungs- und Bedienungshinweise, Essen, 1978

ARTMANN, R.: Elektronische Prozeßsteuerung in der Geflügelproduktion. DGS 6, 1987, S. 155–160

Anonym: Marktübersicht über Nippeltränken. DGS 41, 1984, S. 1264–1267

BAAKEN, H.-J.: Marktwirtschaftliche Einflüsse auf die Nutzungsdauer (I). DGS 47, 1986, S. 1377–1380

BESSEI, W.: Die Anwendung einer natriumarmen Ration zur Steuerung der Legepause bei Legehennen. Arch. Geflügelk. 42, 1978, S. 115–122

BEZZEL, E.: Ornithologie. UTB, Verlag Eugen Ulmer, Stuttgart, 1977

BÖHM, R.: Stalldesinfektion – heute wichtiger denn je. DGS 42, 1987, S. 1254–1259

CIELEJEWSKÍ, H.: Wärmerückgewinnung: Meßergebnisse aus der Praxis. DGS 6, 1985, S. 155–157

CLAUSEN, N.: Mikroprozessorgesteuerte Klimaregelung in Geflügelställen. Lohmann Informationen, Jan./Febr. 1985, S. 1–3

COMBERG, G: Tierzüchtungslehre. Verlag Eugen Ulmer, Stuttgart, 1980, 3. Aufl.

DORN, P.: Handbuch der Geflügelkrankheiten. Verlag Eugen Ulmer, Stuttgart 1971.

ECKHOF, W., E. GRIMM, A. HACKESCHMIDT UND V. NIES, 1994: Umweltverträglichkeitsprüfung für Anlagen der Tierhaltung. KTBL Arbeitspapier 189 KTBL Darmstadt.

Faber, H. v. und H. HAID: Endokrinologie. Verlag Eugen Ulmer, Stuttgart, 1980, 3. Aufl.

FALCONER, D.S.: Einführung in die quantitative Genetik. UTB, Verlag Eugen Ulmer, Stuttgart, 1984

FLOCK, D.K. und H. LEITHE: Nutzung von Einzelgenen in der Geflügelzucht. Lohmann Information Jan./Febr. 1981

FUHRKEN, E.: Weizen an Legehennen. DGS 35, 1986, S. 1029–1033

FUHRKEN, E.: Geflügelmast mit Weizen und Ackerbohnen. DGS 18, 1987, S. 508–509

HAMMER, W.: Arbeitszeit- und Kapitalbedarf: Einfluß unterschiedlicher Besatzdichte. DGS 47, 1983, S. 1346–1347

HAMMER, W.: Arbeitszeit- und Kapitalbedarf: Wahl zweckmäßiger Stallbreite. DGS 48, 1983, S. 1372–1373

JEROCH, H. 1998: Faustzahlen zur Geflügelfütterung. In: Jahrbuch für die Geflügelwirtschaft 1998. Verlag Eugen Ulmer, Stuttgart 111–138

JUNGBLUTH, T.: Ventilatoren für die Stallklimatisierung. DGS 17, 1986, S. 489–491

KAPS, P.: Wärmetauscher in Geflügel- und Schweinemastställen. DGS 18, 1987, S. 511–513

Landwirtschaft, B. und eV, 1998: Hilfestellung bei Genehmigungsverfahren für Tierhaltungen. Baubriefe Landwirtschaft, 38, Landwirtschaftsverlag GmbH, Münster-Hiltrup.

LEUSCHNER, P.: Neue Regelsysteme bei der Zwangsbelüftung. In: Schriftenreihe der Landtechnik Weihenstephan: Stallklima. 1982, S. 55–65

LOEFFLER, K.: Anatomie und Physiologie der Haustiere. UTB, Verlag Eugen Ulmer, Stuttgart, 1981

LUCAS, A.M. und P.R. STETTENHEIM, 1972: Avian Anatomy Integument. Agricultural Handbook 362, USDA, Washington, USA

MAIERHANS, D. und H. MENZI, 1995: Freilandhaltung von Legehennen. DGS 9: 12–17

NESER, S., 1996: Möglichkeiten zur Emissionsminderung im Bereich Intensivtierhaltung. Seminar, Bayerisches Landesamt für Umweltschutz, 7. Nov. 1996.

PEITZ, L. und B. PEITZ: Hühner halten. Verlag Eugen Ulmer, Stuttgart, 1985

SCHIRZ, S., 1989: Handhabung der VDI-Richtlinien 3471 Schweine und 3472 Hühner. KTBL, Darmstadt

SCHOLTYSSEK, S. und P. DOLL: Nutz- und Ziergeflügel. Verlag Eugen Ulmer, Stuttgart, 1978

SCHOLTYSSEK, S.: Geflügel. Verlag Eugen Ulmer, Stuttgart, 1987

SEEMANN, G.: Mast und Verarbeitung schwerer Broiler (I): Ergebnisse der verlängerten Mast. DGS 18, 1983, S. 484–487

SEEMANN, M.: Bedeutung der Weizenzufütterung. DGS 19, 1986, S. 561–564

SEEMANN, M., J. GERLACH und R. DOLUSCHITZ: Mast und Verarbeitung schwerer Broiler (II): Rentabilität der verlängerten Mast. DGS, 1983, S. 510–514

SMIDT, D.: Tierzucht. Landwirtschaftliches Lehrbuch, Band 2. Verlag Eugen Ulmer, Stuttgart, 1982, 5. Aufl.

Tierschutz 1994: Legehennen – 12 Jahre Erfahrung mit Haltungssystemen in der Schweiz. Bericht der Arbeitsgruppe Geflügel des Schweizer Tierschutz STS, Hrsg. STS, Basel pp32

TÜLLER, R.: Neuere Technik im Legehennenstall: Kotbandanlagen mit Belüftung. DGS 34, 1986, S. 1001–1006

TÜLLER, R. und H.J. VELTEN: Hähnchenmast: Mit wieviel Festmist muß man rechnen? DGS 16, 1987, S. 443

TÜLLER, R.: Koträumung in Geflügelställen. DGS 19, 1987, S. 531–534

TÜLLER, R. und A. ALLMENDINGER: Geflügelhaltung: Stallbau, Klima, Einrichtungen. DGS 9, 1987, S. 243–246

TÜLLER, R. und A. ALLMENDINGER: Geflügelhaltung: Stallbau, Klima, Einrichtungen. DGS 21, 1987, S. 593–597

TÜLLER, R., A. ALLMENDINGER: Geflügelhaltung: Stallbau, Klima, Einrichtungen. DGS 28, 1987, S. 847–853

TÜLLER, R., A. ALLMENDINGER: Geflügelhaltung: Stallbau, Klima, Einrichtungen. DGS 35, 1987, S. 1047–1053

VOGT, H.: Die neue WPSA-Formel zur Schätzung des Gehaltes an umsetzbarer Energie im Geflügelmischfutter. Kraftfutter (8) 1984

VOGT, H.: Mineralstoffbedarf und Empfehlungen zur Mineralstoffversorgung von ausgewachsenem Geflügel. Kraftfutter (9) 1984, S. 324–326

WEGNER, R.-M., H.W. RAUCH und H.G. TORGES, 1981: Vergleichende Versuche mit Legehennen in Bodenhaltung mit und ohne Auslauf und in Käfigen. Planung, Ablauf und leistungsbezogene Ergebnisse. Vorträge des FAL-Kolloquiums am 26. und 27. Mai 1981. In: Landbauforschung Völkenrode. Wissenschaftliche Mitteilungen der Bundesforschungsanstalt für Landwirtschaft Braunschweig-Völkenrode (FAL) Sonderheft 60: 23–38

WOERNLE, H.: Geflügelkrankheiten. Verlag Eugen Ulmer, Stuttgart, 1994, S. 51–99.

ZEDDIES, J.: Betriebswirtschaftliche Bewertung des Flüssigmistes. Landtechnik 10, 1983, S. 431–437

## Veterinäruntersuchungsämter

### Baden-Württemberg

88326 Aulendorf: Staatl. Tierärztliches Untersuchungsamt, Löwenbreitestr. 18/20, Postfach 1127, 88321 Aulendorf, Tel. 07525/942-0, Fax 942-200

88326 Aulendorf: Tierseuchenkasse Baden-Württemberg, Geflügelgesundheitsdienst, Talstr. 17, Tel. 07525/942-272, Fax 942-288

79108 Freiburg: Geflügelgesundheitsdienst im Tierhygienischen Institut Freiburg, Am Moosweiher 2, Tel. 0761/1502-130 (Durchw.), 1502-0 (Zentrale), Fax 1502-299. e-Mail: poststelle@thifr.vet.bwlvet.bwl dbp.de

69115 Heidelberg: Staatl. Tierärztliches Untersuchungsamt, Czernyring 22a/b, Tel. 06221/506-6, Fax 29697 (Tel. Geflügelgesundheitsdienst 27000 od. 506-770 u. 506-771)

70174 Stuttgart: Tierseuchenkasse Baden-Württemberg, Geflügelgesundheitsdienst, Azenbergstr. 16, Tel. 0711/1849-424, Fax 1849-421

### Bayern

90419 Nürnberg: Landesuntersuchungsamt für das Gesundheitswesen Nordbayern, Heimerichstr. 31, Tel. 09131/654-0, Fax 764-601

85764 Oberschleißheim: Institut für Geflügelkrankheiten, Lehrstuhl für Geflügelkunde, Veterinärstr. 3, Tel. 089/31561970, Fax 315619-82, außerhalb der Dienstzeiten: Tel. 0172/9320561, e-Mail: Geflügelinstitut@.avian.vetmed.uni-muenchen.de

85764 Oberschleißheim: Landesuntersuchungsamt für das Gesundheitswesen Südbayern, Veterinärstr. 2, Tel. 089/31560-1

85586 Poing: Tiergesundheitsdienst Bayern e.V., Senator-Gerauer-Str. 23, Tel. 089/9091-0, Fax 9091202

92421 Schwandorf: Tiergesundheitsdienst Bayern e.V., Oberpfalz, Hoher-Bogen-Str. 10, 92421 Schwandorf, Tel. 09431/7134-0, Fax 7134-50

**Berlin**

14195 Berlin: Institut für Geflügelkrankheiten, Koserstr. 21, Tel. 030/8383861, Fax 8385824

10557 Berlin: Institut für Lebensmittel, Arzneimittel und Tierseuchen; ein Geschäftsbereich im BBGes., Invalidenstr. 60, Tel. 030/39784-30, Fax 39784-400, Gbltr. Dr. Hans-Joachim Klare

**Brandenburg**

15236 Frankfurt (Oder)-Mariendorf: Staatl. Veterinär- und Lebensmitteluntersuchungsamt, Ringstr. 1030, Frankfurt/ O.-Markendorf

**Bremen**

28217 Bremen: Landesuntersuchungsamt für Chemie, Hygiene und Veterinärmedizin, St. Jürgen-Straße, Gebäude 13, 28205 Bremen, Tel. 0421/361-15503 od. 6129, Fax 361-15238

27572 Bremerhaven-F.: Lebensmittelüberwachungs-, Tierschutz- und Veterinärdienst, Freiladestraße 1, Postfach 290355, 27533 Bremerhaven, Tel. 0471/72041 bis 72045 und Tel. 0471/75038-9, Fax 71875

**Hamburg**

20539 Hygiene Institut Hamburg, Abteilung Lebensmittelhygiene und Veterinärmedizinische Diagnostik, Marckmannstr. 129a, Leiter Dr. med. vet. E. Frese, Tel. 040/78962-272, Fax 78964-539

**Hessen**

60528 Frankfurt/M.: Staatl. Medizinal-, Lebensmittel- u. Veterinäruntersuchungsamt Südhessen, Außenstelle Frankfurt, Deutschordenstr. 48, Tel. 069/678020

35392 Gießen: Institut für Geflügelkrankheiten, Fachbereich Veterinärmedizin, Justus-Liebig-Universität, Frankfurter Str. 91, Tel. 064/99-38430 und 99-38433, Fax 99-38439

35396 Gießen: Staatl. Medizinal-, Lebensmittel- und Veterinäruntersuchungsamt Mittelhessen, Marburger Str. 54, Tel. 064/13006-0

34131 Kassel: Staatl. Medizinal-, Lebensmittel- und Veterinäruntersuchungsamt, Druseltalstr. 67, 34131 Kassel, Postfach 410160, 34114 Kassel, Tel. 0561/31010, Fax 3101-242

**Mecklenburg-Vorpommern**

17034 Neubrandenburg: Landesveterinär- und Lebensmitteluntersuchungsamt Rostock – Außenstelle Neubrandenburg, Demminer Str. 46–48, Briefadresse: Postfach 1804, 17008 Neubrandenburg, Tel. 395/422011, Fax 422016

17498 Insel Riems: Bundesforschungsanstalt für Viruskrankheiten der Tiere, Friedrich-Loeffler-Institute, 17498 Insel Riems, Tel. 0383/5170, Fax 7151 oder 7219

18059 Rostock: Landesveterinär- und Lebensmitteluntersuchungsamt Mecklenburg-Vorpommern, Thierfelder Str. 18, Tel. 0381/4035-0, Fax 4001510

19057 Schwerin-Neumühle: Landesveterinär- u. Lebensmitteluntersuchungsamt, Außenstelle Schwerin, Neumühler Str. 10–12, Tel. 0385/797501, Fax 797504

**Niedersachsen**

26603 Aurich: Landwirtschaftskammer Weser-Ems, Institut für Tierzucht, Tierhaltung und Tiergesundheit, Annahmestelle Aurich, Am Pferdemarkt, 26603 Aurich, Tel. 04941/921153

38124 Braunschweig: Staatliches Lebensmitteluntersuchungsamt, Dresdenstr. 2 u. 6, Postfach 4518, 38035 Braunschweig, Tel. 0531/4841000, Fax 4841001

37073 Göttingen: Tierärztliches Institut der Universität, Geflügelabteilung, Geiststraße 7, Tel. 0551/393391, Fax 393382

30453 Hannover: Ahlemer Institut der Landwirtschaftskammer Hannover, Zentrum für Tiergesundheit, Milch- und Lebensmittelanalytik, Heisterberg Allee 12

30559 Hannover: Klinik für Geflügel der Tierärztl. Hochschule Hannover, Bünteweg 17, Tel. 0511/9538771, Fax 9538580. Es werden nur Einsendungen durch Tierärztinnen/Tierärzte bzw. nach telef. Rücksprache bearbeitet.

30173 Hannover: Staatliches Veterinär-Untersuchungsamt, Eintrachtweg 17, Tel. 0511/28897-0, Fax 28897-99

49716 Meppen: Landwirtschaftskammer Weser-Ems, Institut für Tierzucht, Tierhaltung und Tiergesundheit, Nebenstelle Meppen, August-Preishof-Str. 1, Tel. 059319351-0, Fax 20631

26121 Oldenburg i.O.: Landwirtschaftskammer Weser-Ems, Institut für Tierzucht, Tierhaltung und Tiergesundheit, mit Nebenstelle Meppen, Mars-la-Tour-Straße 1, 26121 Oldenburg, Postfach 2549, 26015 Oldenburg, Tel. 0441/801-644-645, Fax 0441/801-666

49082 Osnabrück: Landwirtschaftskammer Weser-Ems, Institut für Tierzucht, Tierhaltung und Tiergesundheit, – Nebenstelle Osnabrück–, Am Schölerberg 7, Tel. 0541/56008037, Fax 56008050

21680 Stade: Staatl. Veterinäruntersuchungsamt Oldenburg, – Außenstelle Stade –, Heckenweg 6, Tel. 04141/9336, Fax 933777

**Nordrhein-Westfalen**

59821 Arnsberg: Staatliches Veterinär-Untersuchungsamt, Zur Tauberneiche 10/12, Tel. 02931/8090, Fax 809290

53115 Bonn: Institut für Anatomie, Physiologie und Hygiene der Haustiere der Universität Bonn, Katzenburgweg 7–9, Tel. 0228/732804

53229 Bonn (Roleber): Tiergesundheitsamt der Landwirtschaftskammer Rheinland, Siebengebirgsstr. 200, Tel. 0228/434-332

32758 Detmold: Staatl. Veterinär-Untersuchungsamt, Westernfeldstr. 1, Tel. 05231/911-9, Fax 911-503

47798 Krefeld: Staatl. Veterinäruntersuchungsamt, Deutscher Ring 100, Tel. 02151/849-0, Fax 849302

48151 Münster: Chemisches Landes- und Staatl. Veterinäruntersuchungsamt, Sperlichstr. 19, 48151 Münster: Postfach 1980, 48007 Münster, Tel. 0251/9821-0, Fax 9821-2150

48147 Münster: Institut für Tiergesundheit, Milchhygiene und Qualitätssicherung der Landw.kammer W.-L., Postfach 5980

48135 Münster: Nevinghoff 40, 48147 Münster, Tel. 0251/2376-685, Fax (LK MS) 2376-846

**Rheinland-Pfalz**

56073 Koblenz: Landesveterinäruntersuchungsamt Rheinland-Pfalz, Blücherstr. 34, Tel. 0261/404050

**Saarland**

66121 Saarbrücken: Staatl. Institut für Gesundheit und Umwelt, Abt. Veterinärwesen Sachsen, Standort Chemnitz – Abteilung Tierische Lebensmittel und Veterinärmedizinische Diagnostik, Zschopauer Str. 186, Tel. 0371/539100, Fax 539109

01217 Dresden: Landesuntersuchungsanstalt für das Gesundheits- und Veterinärwesen Sachsen, Sitz Dresden – Standort Dresden, Reichenbachstr. 71/3, Postfach 200274, 01192 Dresden, Tel. 0351/81440

04107 Leipzig: Landesuntersuchungsanstalt für das Gesundheits- und Veterinärwesen Sachsen, Sitz Dresden – Standort Leipzig, Beethovenstraße 25, 04107 Leipzig, Postfach 100826, 04008 Leipzig, Tel. 0341/97880, Fax 9788159

**Sachsen-Anhalt**

06112 Halle: Landesveterinär- und Lebensmitteluntersuchungsamt Halle, Freiimfelder Str. 66/68, Tel. 0345/5643-0, Fax 5643-439

39554 Stendal: Landesveterinär- und Lebensmitteluntersuchungsamt, Postfach 148, Tel. 03931/6310, Fax 631153, Dr. habil. Körber, Haferbreiter Weg 132/135, 39576 Stendal (Amtsleiter)

**Schleswig-Holstein**

24537 Neumünster: Lebensmittel- und Veterinäruntersuchungsamt des Landes Schleswig-Holstein, Max-Eyth-Str. 5, Tel. 04321/904-5, Fax 904-619, L.: Dr. Hanke Ley

**Thüringen**

99084 Erfurt: Thüringer Medizinal-, Lebensmittel- und Veterinäruntersuchungsamt, Juri-Gagarin-Ring 124, Tel. 0361/37800, Fax 378801

# Untersuchungs- und Forschungsanstalten

in denen Futtermitteluntersuchungen werden:

53229 **Bonn:** Landwirtschaftliche Untersuchungs- und Forschungsanstalt, Siebengebirgsstr. 200, 53229 Bonn, Postfach 300864, 53188 Bonn, Tel. 0228/434-0, Fax 434-202

64295 **Darmstadt:** Hessische Landwirtschaftliche Versuchsanstalt, Rheinstr. 91, Tel. 06151/8855, Fax 885999

85354 **Freising:** Bayerische Landesanstalt für Bodenkultur und Pflanzenbau, Vöttinger Str. 38, Tel. 08161/710, Menzinger Str. 54, 80638 München, Tel. 089/17800-0

85350 **Freising-Weihenstephan:** Bayer. Hauptversuchsanstalt für Landwirtschaft der Technischen Universität München, Alte Akademie 10, Tel. 08161/71-3381/82, Fax 71-4216

20355 **Hamburg:** Institut für Angewandte Botanik, Abtlg. Landwirtschaftliche Chemie, Marseiller Str. 7, Postfach 302762, 20309 Hamburg, Tel. 040/4123 2362, Fax 41236593

06120 **Halle-Lettin:** Landwirtschaftliche Untersuchungs- und Forschungsanstalt des Landes Sachsen-Anhalt, Schiepziger Str. 29, Tel. 0345/55840, Fax 5584102

31787 **Hameln:** Landwirtschaftliche Untersuchungs- und Forschungsanstalt, Finkenborner Weg 1 A, Postfach 100655, 31756 Hameln, Tel. 05151/9871-0, Fax 9871-11

07743 **Jena:** Thüringer Landesanstalt für Landwirtschaft, Naumburger Str. 98, Tel. 0364/683-250, Fax 683390

76227 **Karlsruhe:** Staatliche Landwirtschaftliche Untersuchungs- und Forschungsanstalt Augustenberg, Neßlerstr. 23, Tel. 0721/9468-0, Fax 9468-112, Postanschrift: Postfach 430230, 76217 Karlsruhe

04159 **Leipzig-Möckern:** Sächsische Landesanstalt für Landwirtschaft, Fachbereich Landwirtschaftliche Untersuchungen/I. UFA, Gustav-Kühn-Str. 8, Tel. 0341/917740, Fax 9174211

80638 **München:** Bayerische Landesanstalt für Bodenkultur und Pflanzenbau (LBP), Dienstsitze: Menzinger Str. 54, Tel. 089/178000-0, und Vöttinger Str. 38, 85354 Freising, Tel. 08161/71-0

48147 **Münster (Westf.:** Landwirtschaftliche Untersuchungs- u. Forschungsanstalt – Joseph-König-Institut, Nevinghoff 40, Tel. 0251/2376-745, Fax 2376597

26121 **Oldenburg:** Landwirtschaftliche Untersuchungs- und Forschungsanstalt der Landwirtschaftskammer Weser-Ems, Jägerstr. 23–27, Postfach 2549, 26015 Oldenburg, Tel. 0441/8010, Fax 801899

18059 **Rostock:** Landwirtschaftliche Untersuchungs- und Forschungsanstalt der MS Landwirtschaftsberatung Mecklenburg-Vorpommern/Schleswig-Holstein, Graf-Lippe-Str. 1, Tel. 0381/203070, Fax 2030790

67346 **Speyer:** Landwirtschaftliche Untersuchungs- u. Forschungsanstalt, Obere Langgasse 40, Tel. 06232/136-0, Fax 629544

70599 **Stuttgart (Hohenheim):** Landesanstalt für landwirtschaftliche Chemie (710) Universität Hohenheim, Emil-Wolff-Str. 14, Briefadresse 70593 Stuttgart, Tel. 0711/459-2671, Fax 459-3495

## Bildquellen

### Farbfotos

Werner Bessei und Leopold Peitz, Stuttgart-Hohenheim: Seite 17 (6).

Rudi Proll, Dossenheim: Seite 18 oben links, Seite 35 Mitte rechts, Seite 36 oben (2), unten links.

Josef Wolters, Bottrop: Seite 18 oben rechts, Mitte (2), unten (2), Seite 35 oben (23), Mitte links, unten (2), Seite 36 Mitte rechts, unten rechts.

### SW-Fotos

Werner Bessei, Rom: Seite 27, 48, 66, 99.

Joachim Feist, Pliezhausen: Seite 45, 47, 101 u., 146, 147 (3), 156 u., 167 rechte Spalte (3), 171, 174 (2).

E. Greuel, Bonn: Seite 64 (2).

Peter Hensch, Kall-Keldenich: Seite 101o.

Institut f. Kleintierzucht, Stuttgart-Hohenheim: Seite 142.

Lohmann Tierzucht GmbH, Cuxhaven: Seite 43, 73, 89, 113, 127, 133 u., 151 (2), 169, 170.

Leopold Peitz, Stuttgart-Hohenheim: Seite 49.

Petersen, Bonn: Seite 167 l. Spalte (3).

Reinders Werkfoto: Seite 172.

Salmet, Heusenstamm: Seite 7, 130 o., 155, 156 o.

Agrarpress, Dr. Schiffer: Titelfoto, Seite 50, 77, 82, 125, 128, 129, 131, 132, 133 o., 143, 149.

Specht Werksarchiv, Hans Giesbert KG, Mömbris: Seite 130 u.

Josef Wolters, Bottrop: Seite 41.

### Zeichnungen

Joannis Selveris, Rommelshausen.
Seite 127: Reiner Benz, Stuttgart.

# Sachregister

# KOMPETENT BERATEN

## Fachinformationen für die Geflügelwirtschaft und Schweineproduktion

 Alles zum Thema Geflügel- und Schweineproduktion

Attraktive Fachbeiträge in Farbe

Spezialseiten über Strauße und Kaninchen

Jeden Monat über 50 Seiten geballte Information

Aktuelle Marktdaten

## Interessiert?

Dann haben Sie jetzt die Gelegenheit, das **DGS - MAGAZIN** kennenzulernen. Fordern Sie einfach ein kostenloses Probeheft an beim Verlag Eugen Ulmer, Postfach 70 05 61, 70574 Stuttgart oder faxen an 0711/4507-120.

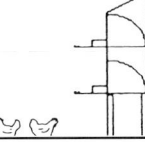